부족리더십

조직의 미래는 문화에 달려 있다

데이브 로건 · 존 킹 · 헤일리 피셔-라이트 지음
염철현 · 한선미 옮김

TRIBAL LEADERSHIP

Leveraging Natural Groups to Build a Thriving Organization

한울
아카데미

TRIBAL LEADERSHIP

Leveraging Natural Groups to Build a Thriving Organization

Dave Logan, John King, and Halee Fischer-Wright

HARPER
BUSINESS

차 례

옮긴이 서문

/

『부족 리더십: 조직의 미래는 문화에 달려 있다』는 데이브 로건Dave Logan과 존 킹John King, 헤일리 피셔-라이트Halee Fischer-Wright의 공저인 *Tribal Leadership*(2008)을 한국어로 옮긴 것이다. 그들은 말(언어)이 사람 사이의 소통의 도구로 기능할 뿐 아니라, 부족의 문화 수준을 결정한다는 연구 결과를 제시한다. 부족 구성원 사이에서 오가는 말을 통해 조직의 문화 단계를 진단하는 이 접근법은 매우 이색적이고 흥미롭다. 굳이 "언어는 존재의 집이다"라는 하이데거의 말을 인용하지 않더라도 사람과 사물의 성격이나 특징을 규정짓는 말의 특성을 고려하면, 부족 구성원이 쓰는 말의 유형은 분명 그 부족의 문화 수준을 반영할 수밖에 없을 것이다.

세 명의 저자들은 이 책을 저술하기 위해 무려 10년 동안 스물네 개 기업의 직원 2만 4000명을 대상으로 연구를 수행하고, 이들이 사용하는 언어를 기준으로 그들이 속한 조직문화의 단계를 규명했다. 저자들은 언어가 실제를 규정한다는 전제를 깔고, 조직문화 속에 자리 잡은 언어와 행동에 초점을 맞추어 조직문화의 단계를 1단계에서 5단계까지 구분했다. 각 문화 단계는 독특한 말하는 방식, 관계 유형, 관계 구조를 가지고 있으며, 부족문화는 한 번에 한 단계씩 상승하는 특징이 있다.

여기에서 다섯 단계 조직문화의 특성을 간략하게 소개한다. 먼저 1단계는 전체 조직의 2%를 차지하며 이 단계의 구성원들은 '인생, 꼬인다, 젠장, 부수다, 못한다, 자르다'와 같은 부정적이고 극단적인 말을 한다. 이들은 다른 사람들로부터 소외되며, '인생 꼬이네'라는 관점을 가지고 폭력 조직을 만드는 등 자신의 극단적인 적대감을 표출한다. 2단계는 전체 조직에서 25%를 차지하는데 '보스, 인생, 못한다, 포기, 그만두다, 꼬인다' 등의 말을 쓴다. 이것은 1단계에서 사용하는 언어와 유사하지만, 1단계와 달리 '나의 인생'에 방점을 둔다. 이들은 주변과 단절되어 있고, 자신이 아닌 다른 사람의 인생에만 운이 따른다는 믿음을 갖고 있다. 3단계는 전체 조직의 49%로 가장 많은 분포를 나타내며, 전형적으로 개인주의적인 언어를 사용한다. 그들은 '나, 나를, 나의, 직장, 했다, 한다, 가지다, 갔다'처럼 자신을 중심에 놓고 모든 상황을 표현한다. 예컨대 "이번에 회사에서 사상 최대의 매출을 올린 것은 '내가' 낸 아이디어 덕분이다"라는 말처럼 자신이 중심이 되고, 자신을 밖으로 과시하는 말을 하는 것이다. '나는 대단하지만, 너는 아니다'라는 개인 차원의 심리가 지배적인 이들은 마치 외로운 전사처럼 행동한다. 그러나 전체 조직에서 22%를 차지하는 4단계는 1, 2, 3단계와는 다른 언어를 구사한다. 이들은 '우리, 우리의, 팀, 하다, 그들, 가지다, 해냈다, 헌신, 가치'와 같이 '나'보다는 '우리' 또는 '파트너십'을 강조하면서, 구성원이 공유하는 가치에 근거해 의사를 결정한다. 사람과 가치에 기반을 두고 삼자관계를 형성하는 4단계는 '우리는 대단해, 저들은 그렇지 않지만'이라는 언어를 통해 부족에 대한 자부심을 드러낸다. 마지막으로 5단계는 전체에서 2%를 차지하는데, 이 문화 단계는 세상을 순수한 경이로써 바라보고 구성원 간에 조직이 지향하는 핵심 가치와 숭고한 대의를 공유한다. 이들은 자신들과 공명共鳴하는 가치를 가진 누구와도 지속적인 네트워크를 형성하며 역사에 길이 남을 일을 한다. 이 5단계 문화의 부족은 다른 부족이 쉽게 넘볼 수 없는 우위를 차지한다.

『부족 리더십』을 번역하며 기업의 경영 철학에 관심을 가지게 되었다. 기업이란 항상 환경 변화에 민감하며 변화를 주도하는 조직이기 때문이다. 최근 기업에 의한 사회적 공헌의 패러다임이 '사회적 책임corporate social responsibility'에서 '공유가치 창출creating shared value'로 이동하고 있는 것으로 파악된다. 이 같은 패러다임의 변화는 경영 철학의 변화일 뿐 아니라 조직문화의 변화라는 점에서 주목하고 싶다. 주지하는 것처럼 공유가치 창출은 단순한 사회 공헌에서 나아가 기업의 경제적 이윤과 사회적 · 환경적 가치를 함께 만들어낸다는 기업 경영 철학을 말한다. 이는 유엔에서 언급한 '지속가능한 성장sustainable development'처럼 기업 역시 '지속가능한 경영', 즉 다양한 이해관계자와 협력하고 공생함으로써 경제적 · 사회적 · 환경적 책임을 다하는 동시에 스스로를 성장시킬 수 있다는 논리이다. 이러한 기업 경영 철학의 변화는 "고기가 물을 떠나 살 수 없는 것처럼 기업도 사회를 떠나서는 존재할 수 없다"라는 삼성전자 이건희 회장의 말에서도 잘 드러난다. 이처럼 기업에서 기업의 핵심 가치와 숭고한 대의를 자신들이 속한 사회와 공유하며 지속가능한 경영을 하려는 것은, 어떻게 보면 우리 기업의 문화 단계에도 의미 있는 변화가 나타나는 징조라고 볼 수 있다.

번역 작업의 마침표를 찍으면서 우리나라의 기업이나 정부 부처, 대학, 관공서는 5단계의 문화 단계 중 어디쯤에 놓여 있을지를 생각하게 된다. 부족이 사용하는 언어가 바뀌면 그 부족의 문화 단계가 바뀌며, 실제 업무 효율성의 주요 지표들도 개선되는 것으로 나타났다. 예컨대 저자들은 부족이 4단계 수준의 문화가 되었을 때 구성원의 직무 만족도, 미래의 성공에 대한 기대감, 업무 성과 등이 30%가량 향상되었다는 연구 결과를 제시하고 있다. 이제 부족의 리더들은 조직의 문화를 관찰하고 구성원들이 사용하는 언어를 경청하는 능력을 키워야 한다. 말의 수준이 곧 문화의 수준이고, 문화의 수준이 곧 기업의 경쟁력이다. 부족에서 1, 2단계의 문화에 해당하는 말을 사용하는 구성원이 지배적이라면, 부족의 리더는 경각심을 가지고 문화를 업그레이드하기 위해 노력해야 한다. 3단계에 해당하는 언어 사용이 지배적이라면, 4단계 문화로 이동하기 위해 노력해야 할 것이다. 그런 점에서 이 책은 부족의 리더가 조직문화를 어떻게 정의하고 업그레이드할 것인가에 대한 구체적이고 실질적인 지침과 사례를 제공하고 있다.

이 책의 번역은 '우리' 두 사람이 해냈다. 원서의 내용에 경영학, 심리학, 사회학, 인류학, 교육학, 코칭, 리더십 등 다양한 분야가 겹쳐 있어 번역 작업에 어려움이 많았음을 고백한다. 그런 점에서 본문 중 코칭 및 퍼실리테이션Facilitation의 철학적 배경을 독자들에게 알기 쉽게 소개하고, 기업의 내부 환경과 특성을 기술하는 작업에서 기업의 CEO로서뿐 아니라 인증전문코치와 인증전문퍼실리테이터로 활동하고 있는 한선미 님의 활약이 컸음을 밝혀둔다. 이 책은 한마디로 기업 리더십의 새로운 관점을 열어주었다. 조직 안에서 활동하는 부족 리더들이 '부족 리더십'을 발휘해 조직문화를 개선하고 경영 효율화를 달성하는 데 이 번역서가 도움이 되길 바란다. 마지막으로 어려운 환경에서도 출판을 흔쾌히 허락해주신 도서출판 한울의 김종수 사장님을 비롯한 임직원과, 창의적이면서도 세심하게 교정 작업을 해준 박준규 편집자에게 고마운 마음을 전하고 싶다.

2015년 9월
옮긴이를 대표해
염철현

감사의 글

/

이 책의 출간을 가능하게 해준 우리 부족의 사람들을 소개하게 된 것을 기쁘게 생각한다. 먼저 우리 부족의 심장이라 할 수 있는 잭 베넷Jack Bennett을 소개하겠다. 그는 우리 컨설팅 회사의 COO[1]인 동시에, 우리의 변함없는 친구이자 지원자였다. 그가 회사를 계속 경영해준 덕분에 우리는 어려움 없이 연구하고, 가르치며, 저술할 시간을 가질 수 있었다. 잭은 어떤 업무도 마다하지 않았으며, 우리가 요청하기도 전에 필요한 일을 알아서 척척 처리해주었다.

우리는 기꺼이 인터뷰에 참여해 딱딱한 연구 결과를 인간미 넘치는 이야기로 바꾸어준 사람들에게도 감사를 전한다. 스콧 애덤스Scott Adams, 돈 벡Don Beck, 캐럴 버넷Carol Burnett, 고든 바인더Gordon Binder, 캐슬린 칼시다이스Kathleen Calcidise, 짐 클리프턴Jim Clifton, 게리 콜Gary Cole, 글렌 에스너드Glen Esnard, 베르너 에르하르트Werner Erhard, 마이크 에루지온Mike Eruzione, 브라이언 프랑스Brian France, 대니얼 카너먼Daniel Kahneman, 데이비드 켈리David Kelly,

---

1 최고운영책임자(Chief Operating Officer). CEO 아래의 직위이다. _ 옮긴이

밥 클릿가드Bob Klitgaard, 마틴 코일Martin Koyle, 프랭크 조던Frank Jordan, 톰 마호니Tom Mahoney, 바니 펠Barney Pell, 샌디 루브Sandy Rueve, 마크 루먼스Mark Rumans, 스티븐 샘플Steven Sample, 브라이언 섹스턴Brian Sexton, 밥 토비아스Bob Tobias, 채리스 밸런트Charise Valente, 켄 윌버Ken Wilber, 조지 짐머George Zimmer, 그리핀 병원의 리더들과 시카고 디자인포유Design For You의 부족(특히 윌리엄과 모건)들에게.

매끄럽지 못해 읽기 괴로웠을 우리의 연구 결과 초안을 읽으며 좋은 아이디어를 제시해준 사람들도 소개한다. 마커스 베리Marcus Berry, 그레이스 쳉Grace Cheng, 짐 크루피Jim Crupi, 로리 고피건Loree Goffigan, 그레천 크누센Gretchen Knudsen, 제이 이누마Jay Iinuma, 안나 마리아 라슨Anna Maria Larsen, 메건 오도넬Megan O'Donell, 로버트 리치먼Robert Richman, 조디 톨런Jody Tolan, 그레그 보르왈러Greg Vorwaller에게 거듭 감사의 말을 전한다.

우리는 서던캘리포니아 대학교University of Southern California(이하 USC)의 최고경영자 석사과정, 의료관리 석사과정, 회계 석사과정, 그리고 마셜 MBA의 학생들에게 수년간 도움을 받았다. USC의 학생들은 우리의 아이디어를 다듬어서 완성도를 높여주었고, 그 과정에서 많은 부족적 리더들이 탄생했다. 이 책은 또한 USC가 제공한 멘토링과 '안전한 공간'이 없었다면 세상에 나오지 못했을 것이다. 이 기회를 빌려 마셜 경영대학원의 교직원에게 감사를 전한다.

우리의 에이전트 보니 솔로Bonnie Solow에게 특히 감사한다. 그녀의 철두철미한 직업 정신, 지지, 조언이 없었다면 이 책은 출판되기 어려웠다. 우리는 보니와 그녀의 특별한 친구 루루와 만난 일을 잊지 않을 것이다.

보니가 소개한 편집자 에단 프리드먼Ethan Friedman은 우리의 프로젝트를 한 단계 높은 곳으로 끌어올렸다. 그는 우리에게 코멘트와 격려를 아끼지 않았으며, 문자 그대로 이 책을 세상으로 나오게 만들어준 하퍼콜린스

HarperCollins의 부족을 소개해주었다. 하퍼콜린스의 세라 브라운Sarah Brown, 루스 매네스Ruth Mannes, 조지아 모리세이Georgia Morrissey, 빅토르 민고비츠Victor Mingovits, 헬렌 송Helen Song, 안나 채프먼Anna Chapman, 레아 칼슨-스탄니식Leah Carlson-Stanisic, 니야메케 왈리야야Nyamekye Waliyaya에게 감사를 전한다.

우리는 하나의 부족으로서 이 책을 집필했지만, 그럼에도 데이브, 존, 헤일리에게는 개인적으로 감사를 전하고 싶은 이들이 있다.

존이 감사를 표하고자 하는 부족 리더 및 파트너의 리스트에는 폴 부스Paul Buss, 릭 치체스터Rick Chichester, 마이크 피츠제럴드Mike Fitz-Gerald, 조지 칼리스George Kallis, 스콧 캐플런Scott Kaplan, 랜디 맥나마라Randy McNamara, 마샤 모턴Marsha Morton, 딘 올리버Dene Oliver, 크레이그 로빈스Craig Robbnis, 그리고 캔디스 시버스 모건Candace Shivers Morgan이 있다. 존은 카오스와 복잡계 이론chaos and complexity theory을 인문 과학과 결합할 수 있도록 영감을 제공해준 산타페연구소의 교육가와 사상가들에게 감사를 보낸다. 또 그는 인생의 핵심적인 관심사를 구체화시키는 일에 도움을 준 '랜드마크 교육Landmark Education'에도 감사를 표한다. 존은 자신의 첫 번째 멘토 밴더풀J. H. Vandapool에게 감사하며 이렇게 말한다. "밴더풀은 언제나 젊은이들의 꿈과 열정을 보면서, 그 젊은 리더들이 불가능한 꿈을 이룰 수 있게끔 훈련시키고 발전시키는 일에 일생을 헌신했다. 그는 수없이 많은 젊은이에게 영향을 주었으며, 나 또한 매일 그가 가져다준 변화를 느낀다." 밴더풀 외에도 존의 가족, 특히 인생의 핵심 가치와 인간관계를 강조했던 그의 어머니 메리 킹은 아직도 인간의 상호작용에 관한 그녀의 부드럽고 지적인 철학을 가르치고 있다. 마지막으로 그는 딸 크리스타Krista, 사위 마크Mark, 세 명의 귀여운 손녀 카이라Kyra, 줄리엣Juliet, 킬리Keely에게 마음속 깊이 감사한다.

헤일리는 의학, 사업, 인생 및 우정과 관련해 그녀의 멘토가 되어준 강인한 여성 부족 리더들에게 감사하고자 한다. 그레이스 카푸토Grace Caputo,

데일 싱어Dale Singer, 리사 웨더비Lisa Wetherbee, 트레이시 베라넥Tracy Beranek, 줄리 짐벨먼Julie Zimbelman, 팻 매튜스Pat Mattews, 조시 제임스Josie James, 그리고 그녀의 할머니 아이다 피셔Ida Fischer. 또 그녀는 그녀의 역할 모델이 된 제이컵슨A. D. Jacobson, 월트 해거티Walt Haggerty, 마크 루먼스에게 특별한 감사를 보내면서 이렇게 덧붙인다. "나는 부모님들께 특별한 사랑과 감사의 말을 전하며 남편 마이클에게도 깊은 감사를 보낸다. 그는 변함없는 반려자인 동시에 이따금씩 신선한 아이디어를 가져다주는 사람이다."

데이브가 감사의 말을 전하고자 하는 파트너와 부족 리더들은 다음과 같다. 스킵 비브Skip Beebe, 칼라 와이즈먼 브라이트Karla Wiseman Bright, 리치 캘러핸Rich Callahan, 밥 머틀Bob Myrtle, 존 올렌John Ollen, 그리고 사업과 학문의 멘토들이었던 팀 캠벨Tim Cambell, 데이브 카터Dave Carter, 마이크 더피Mike Duffy, 빌 코언Bill Cohen, 톰 커밍스Tom Cummings, 워런 베니스Warren Bennis, 베벌리 케이Beverly Kaye, 피터 마스턴Peter Marston, 퍼트리샤 라일리Patricia Riley, 버니 슈니퍼트Bernie Schnippert. 또한 데이브는 친구이자 스승인 마이클 젠센Michael Jensen과 스티브 자프론Steve Zaffron 등 '바베이도스 그룹Barbados Group'에도 감사를 표한다. 그리고 두 사람, 켄 윌버와 베르너 에르하르트에게 특별한 감사를 표한다. 켄은 바쁜 일정과 건강 문제에도 시간을 할애해 우리를 연구의 마지막 단계로 안내해주었다. 베르너는 흔들림 없는 우정으로 데이브를 격려하며 그의 이야기를 들어주었고, 데이브를 새로운 생각으로 이끌었다. 데이브가 가장 감사해야 할 사람은 아내 하트Harte이다. 데이브는 이렇게 말한다. "당신은 내 아내이자 가장 강력한 지지자일 뿐 아니라 우리의 제안서와 각 장의 초안을 읽어준 첫 번째 독자야. 이 책의 많은 부분은 당신과 해변에서 나눈 긴 대화에서 나왔어. 당신이 아니었다면 우리는 에이전트 보니를 찾지도 못했을 거야. 당신은 변함없는 반려자이자 내 최고의 친구야. 그래 맞아! 바로 당신이야말로 부족 리더야!"

추천의 글

/

창업한 지 채 10년도 지나지 않은 '자포스Zappos'는 연간 총매출액 10억 달러가 넘는 기업으로 성장했고, ≪포천Fortune≫으로부터 '일하고 싶은 100대 기업'에 선정되기도 했다. 자포스의 성공은 주로 단골 고객과 입소문 덕분이었다. 우리의 브랜드는 최상의 고객 서비스로 알려지게 되었지만, 사실 기업의 최우선 순위는 고객 서비스가 아니다.

우리가 최우선 순위에 두는 것은 바로 기업 문화이다. 우리는 올바른 문화를 가질 수만 있다면, 다른 대부분의 것들(최상의 고객 서비스, 지속적인 브랜드, 비즈니스의 구축 등)은 기업 문화의 자연스러운 부산물이 될 것이라는 신념을 가지고 있다. 이는 장기적으로 볼 때, 기업의 브랜드와 문화가 동전의 양면이라는 우리의 신념으로까지 거슬러 올라간다.

우연한 기회로 『부족 리더십Tribal Leadership』, 즉 기업 문화를 구축하기 위해 우리가 직관적으로 행해왔던 수많은 일들을 성문화한 책을 발견했을 때, 나는 놀라지 않을 수 없었다. 나는 2008년 이 책의 양장본이 출판된 직후 저자들을 만났다. 그리고 그들이 자포스의 문화를 직접 경험하고, 우리의 문화를 다음 단계로 이동시킬 방법에 관해 논의할 수 있도록 라스베이거스 본사로 저자들을 초대했다.

자포스에서 우리는 시행착오를 겪으며 많은 것을 배울 수 있었다. 나는 『부족 리더십』이 자포스의 창업 이전에 출간되었더라면 사업 과정에서 많은 시간을 아끼고 심적 고통을 줄일 수 있었을 거라 생각한다. 이 책에 담긴 핵심 원리는 매우 중요했기에 우리는 따로 시간을 쪼개 직원들에게 『부족 리더십』을 가르치기도 했다. 지금은 '삼자관계triads'나 '4단계 행동'과 같이 이 책에서 서술한 개념과 문장들이 우리 기업 문화의 핵심을 이루고 있다.

자포스에서 우리는 장기적이면서도 지속적으로 성장하는 비즈니스 모델을 구축할 방법을 고심하고 있다. 그리고 『부족 리더십』은 그러한 일에서 매우 중요한 아이디어를 제공한다.

현재 당신의 기업 문화가 어떤 단계일지 모르지만, 『부족 리더십』은 당신의 기업을 다음 단계로 상승시키는 데 도움을 줄 수 있다. 한 번에 한 단계씩 말이다.

토니 셰이Tony Hsieh

뉴욕타임스 베스트셀러 『행복 배달Delivering Happiness』 저자

자포스 닷컴(www.zappos.com) CEO

서문

/

약 5년 전, 나는 USC 마셜 경영대학원의 신임 부원장인 데이브 로건 Dave Logan과 점심을 함께했다. 그는 USC 최고경영자 프로그램의 책임자로서 기업의 최고경영자들을 가르치고 컨설팅을 했던 경험을 책으로 출판하고자 했다. 식사를 마치고 후식으로 차가 나왔을 때, 그는 나에게 이런 질문을 했다. "책의 독자층은 누구로 해야 합니까?" 나는 이 질문이 모든 저자가 고민해야 할 핵심적인 질문이라고 생각하면서, 비즈니스 전문가에게 뭔가 영향을 미칠 만한 책을 써야 한다고 대답했다. 또한 그에게 그가 잘 알고 있는 것뿐 아니라 향후 5년 동안 조직의 리더들이 직면할 수 있는 가장 중요한 이슈들에 대해서도 쓰는 것이 좋겠다고 말했다. 데이브 로건, 존 킹John King, 헤일리 피셔-라이트Halee Fischer-Wright가 고백하길, 『부족 리더십』은 크렘 브륄레Crème brulée[1]에 대한 이야기를 주고받다가 떠오른 아이디어라고 한다. 이 세 사람은 우리가 지금까지 알고 있던 리더십

---

1 달걀, 설탕, 우유, 생크림 등을 섞어 만든 커스터드 위에 설탕을 가열해 녹여 먹는 디저트. _ 옮긴이

에 새로운 내용을 추가하는 동시에, 일반적인 통념에 도전하는 책을 저술했다. 5년 전까지만 해도 나는 이 세 사람의 선견지명을 전혀 깨닫지 못했다는 사실을 고백해야겠다. 나는 기업만이 아니라 국가 차원에서도 이 책보다 더 시의적절한 책은 없다고 생각한다.

이 책은 너무나 흔하기 때문에 오히려 자각하지 못하는 사실, 즉 '인간은 부족을 형성한다'라는 사실에 주목한다. 로건, 킹, 피셔-라이트는 부족 안에서의 리더십과 부족을 이끄는 사람들 간의 관계를 강조한다. 그들은 이 관계가 어떻게 리더가 발전하고, 위대해지며, 세상에 기여하는가에 대해 중요한 질문을 던진다고 주장한다. 리더가 부족을 형성하며, 리더가 부족을 발전시키기 때문이다. 그리고 이러한 행동의 결과는 리더 자신에게로 되돌아온다. 즉, 리더는 부족을 위해 스스로 헌신함으로써 한 개인의 힘으로 이룰 수 있는 것보다 훨씬 더 위대한 존재가 된다.

이 책은 10년 동안 스물네 개 조직에서 2만 4000명을 대상으로 진행한 현장연구의 결과물이다. 저자들은 딱딱한 통계자료를 들이미는 대신, 자신들의 연구 결과의 본보기라 할 만한 인물들을 찾아 그들의 이야기를 이 흥미로우면서도 유익한 책에 담았다. 그들은 평균적인 부족을 우수한 부족과 구별하는 기준이 바로 문화라는 것을 알게 되었다. 더 나아가 부족 문화는 1단계의 '인생 꼬이네'부터 5단계의 '인생은 위대해'에 이르기까지 다양한 단계가 존재한다. 또한 세 사람의 저서는 왜 일부 부족이 가치, 개성, 고상함에 대한 논의를 요구할 때 다른 부족들은 이를 거부하는지에 대해서도 설명한다. 내가 생각하기에 이 책을 집필하는 과정에서 가장 중요했던 인터뷰 중 하나는 암젠Amgen(미국의 거대 제약 회사)의 전 CEO 고든 바인더Gordon Binder와의 인터뷰라고 생각한다. 바인더는 정교하게 기업 부족을 구축하고 구성원들이 위대한 일을 달성할 수 있도록 방해하지 않는 바람직한 부족 리더의 모델이라 할 수 있다.

이 책은 몇 가지 까다로운 질문을 던진다. 왜 위대한 리더들은 새로운 환경에서 종종 실패를 겪는가? 왜 평균적인 리더들이 간혹 자신의 실력보다 더 뛰어난 성과를 내는가? 왜 위대한 전략들은 성공하는 경우보다 실패하는 경우가 훨씬 더 많은가? 저자들은 이 질문들에 대한 답을 리더와 부족 간의 관계에서 찾을 수 있다고 주장한다. 위대한 부족들이 그들의 위대한 리더들을 인정할 때, 위대한 리더들도 위대한 부족을 건설하게 되고 역사에 남을 만한 노력을 하게 된다.

약 2년 전쯤, 나는 함께 강의를 진행하던 스티븐 샘플Steven Sample 당시 USC 총장과 같이 기말 리더십 과제로 제출된 비디오 한 편을 보았다. 학생 그룹 중 하나가 경제적으로 어려운 고등학생들이 새크라멘토까지 날아가 캘리포니아 주정부의 지도자들에게 교육을 받을 수 있도록 펀드를 조성해 지원하는 내용이었다. 그들은 언젠가 존 킹과 함께 작업했던 학생들이었다. 그 비디오는 리더의 행동이 개인과 부족의 가치를 향한 변함없는 헌신으로 갈고 닦인다는 킹의 메시지에 초점을 맞추고 있었다. 그 학생들은 그들 자신의 부족의 리더가 되는 방법을 찾게 되었을 때 감동을 받았다. 이 책 속에 담긴 통찰들은 조직을 변화시킬 힘을 가지고 있을 뿐 아니라, 인간의 마음에 감동을 줄 수도 있다. 이것은 실제로 그 조직들을 한층 더 강력하게 만들어준다.

워런 베니스Warren Bennis

1부

부족 리더십의 시스템

tribal leadership

1

기업 부족

모든 조직은 몇 개의 소도시들을 합쳐놓은 것과 같다. 당신이 소도시에서 태어났다면, 그곳에 사는 주민들을 생각해보기 바란다. 만약 소도시 출신이 아니라면, 돈 헨리Don Henley의 노래 「순수의 종말The End of Innocence」에 나오는 가사 "우리 각자의 가슴속에 남아 있는 소도시"를 떠올려보기 바란다. 그곳에는 기업의 임원과 보안관이 살고 있고 목사의 아내와 교사 사이의 스캔들이 있다. 또 그곳에는 차기 시장이 누가 될 것이며, 누가 이사를 가고, 곡물 가격(또는 유가, 또는 월마트의 초임)이 어떻게 될지에 관한 이야기가 있다. 이뿐만이 아니다. 그곳에는 도시 보안관의 아들이자 또래 아이들의 스타인 고등학생이 아빠가 집에 없는 주말을 틈타 개최하는 파티도 있다. 그곳에는 교회의 신도들, 술집 친구들, 독신 남녀, 독서 모임 회원, 철천지원수들이 있다. 또한 그곳에는 보안관 집에서 파티를 연다는 계획이 왜 당시에는 좋은 생각처럼 보였는지, 또 비싼 카펫에 맥주를 쏟아서 얼마나 죄송하게 생각하는지를 설명하는 타고난 지도자들도 있다.

이처럼 도시의 사람들은 각각 다르고, 그들의 역할도 가지각색이다. 그러나 그들 사이에는 차이점보다 유사점이 더 많으며, 이는 미국 네브래

스카 주에 소재한 기업부터 뉴욕이나 말레이시아 쿠알라룸푸르에 소재한 기업까지 전 세계의 어디에서든 마찬가지이다.

우리는 이 소도시들을 '부족tribe'이라고 부른다. 이 부족들은 마치 우리의 유전자에 새겨지기라도 한 양 정말 자연스럽게 형성된다. 부족들은 인간이 마지막 빙하기에서 살아남고, 농업 공동체와 이후의 도시를 건설하는 데 도움을 주었다. 마치 새들이 무리를 이루고 물고기가 떼를 짓듯, 사람들은 '부족'을 형성한다.

한 개의 부족은 20명에서 150명 사이의 집단으로 구성된다. 누군가가 당신의 부족에 속하는지의 여부는 어떻게 알 수 있을까? 만일 당신이 길을 걷다 그 사람을 봤을 때 멈추어 서서 "안녕하세요!"라고 인사한다면, 그 사람은 당신의 부족이다. 또한 당신의 휴대폰과 이메일 주소록에 연락처가 저장된 사람들 역시 당신의 부족이다. 위에서 말한 '150명'이란 숫자는 부분적으로 말콤 글래드웰Malcolm Gladwell의 저서 『티핑 포인트The Tipping Point』를 통해 대중에게 널리 알려진 로빈 던바Robin Dunbar의 연구 결과를 인용한 것이다. 어떤 부족이 150명을 넘어서게 되면, 그 부족은 자연스럽게 두 개의 부족으로 갈라지게 된다.

우리 연구진이 관찰한 기업 부족들은 세계 최대의 재무 서비스 기업에서 일하는 유능한 관리자들, 미국에서 가장 존경받는 병원의 의사와 간호사와 행정가들, 거대한 첨단기술 기업의 R&D 담당자들, 메이저 제약 회사의 실무책임자들, 그리고 USC 최고경영자과정(Executive MBA)의 학생들에 이르기까지 다양하다.

기업 내의 부족들은 일을 하지만, 때로는 많은 일을 하기도 하지만, 꼭 일을 하기 위해서만 부족이 형성되는 것은 아니다. 부족은 생계를 위해 돈을 버는 것을 포함해 인간이 큰 힘을 쏟는 일에 필요한 기본적인 구성요소라고 할 수 있다. 따라서 부족의 영향력은 팀, 기업 전체, 심지어는 슈퍼스타 CEO보다 더 크다. 기업 내에서 부족들은 신임 리더가 성공하게 될지 쫓겨나게 될지를 결정하며, 구성원들이 얼마나 많은 업무를, 얼마나 잘할 수 있는지도 결정한다.

어떤 부족들은 모든 구성원에게 탁월함을 요구하며 지속적으로 진화해나가고, 또 어떤 부족들은 최소한의 성과에 만족한다. 무엇이 이 같은 성과의 차이를 만들까? 바로 부족의 리더이다.

부족 리더는 부족을 형성하는 데, 더 정확히 말하면 부족의 문화를 업그레이드하는 데 자신의 힘을 쏟는다. 만약 부족의 리더가 리더로서 자신에게 주어진 역할을 성공적으로 수행한다면 그 부족은 그를 리더로 인정하고, 최선의 노력을 다하며, 맹목적인 충성을 바치고, 경이로운 성공으로 보답할 것이다. 부족 리더들이 운영하는 부서와 기업들은 생산성과 수익률부터 직원 유지율에 이르기까지 성과를 판단하는 업계의 기준이 된다. 이들 조직과 기업에는 부득이하게 임금을 삭감하게 되더라도 이를 감수하고 리더를 위해 일하겠다는 인재들이 넘쳐난다. 부족 리더들은 단시간에 승진을 거듭하기 때문에 왕왕 그들이 차기 CEO가 될 것이라는 소문이 나기도 한다. 부족 리더들의 노력은 그다지 힘써 실행할 만한 가치가 없어 보이기 때문에, 사람들은 그들이 성취하는 일을 볼 때마다 혼란에 빠진다. 부족 리더들 역시 자신들이 정확히 무엇을 다르게 했는지 잘 설명하지 못한다. 그러나 이 책을 읽게 된다면, 당신은 그들의 성공을 설명할 수 있고 또 모방할 수도 있을 것이다.

역사를 통해 널리 알려진 부족 리더 중 한 사람이 바로 미합중국의 초대 대통령 조지 워싱턴George Washington이다. 열세 개 식민지의 주민들을 한 국가의 국민으로 바꾼 것은 그의 독보적인 업적이라 할 만하다. 사실 워싱턴이 실제로 한 일은 네트워크로 연결된 일련의 부족들에게 하나의 정체성(이것은 '사람들이 무엇을 말하느냐?'를 통해 가늠할 수 있다)을 부여하는 것이었다. 첫 번째 부족은 100명도 채 되지 않았던 버지니아 사교 집단의 부유층이었고, 두 번째 부족은 55명의 대표로 구성된 대륙회의였다. 세 번째는 신대륙군의 장교 집단이었다. 워싱턴은 매번 집단의 '부족다움'을 인식시키거나 그들이 공통적으로 가졌던 주제, 즉 자유의 가치, 영국 왕이 최근 부과한 세금에 대한 증오, 전투의 승리를 향한 갈망에 대해 이야기하도록 함으로써 집단의 단합을 이끌었다. 워싱턴이 모든 부족이 추구할 공동의 목표를 규정했을 때, 임무는 순조롭게 진행되었고 사람들은 '우리는 대단해'라는 언어를 사용하게 되었다. 워싱턴의 탁월한 점은 리더가 부족을 형성하고 부족이 리더를 만드는 과정 속에서 매번 사람들과 그들의 목표가 서로 일치되도록 만들었다는 데 있다. 워싱턴의 사례를 통해 우리는 부족 리더십이 어떻게 형성되고 작동되는가를 알 수 있다. 부족이 리더를 포용할 때, 리더도 부족을 한 단계 높은 경지로 끌어올린다. 부족과 리더는 서로를 창조한다.

본론으로 들어가기 전, 우리가 수행한 연구 방법에 대해 간략히 설명하고자 한다. 이 책은 지난 10년 동안 전 세계 스물네 개 조직 2만 4000명을 대상으로 수행한 연구의 결과물이다. 우리는 이 연구를 통해 이 책에서 사용하게 될 각각의 개념, 정보, 그리고 원칙을 이끌어냈다. 우리는 이 연구의 통계적 내용이 아닌, 연구를 하면서 우리가 만났던 사람들에게 깊은 감명을 받았다. 그들은 원칙에 따라 살면서 수없이 많은 직원, 소비자, 지역사회 속 시민들의 삶을 한층 풍요롭게 만들었다. 결과적으로 이 책은 우리에게 감동을 준 그 개인들에 관한 이야기라 할 수 있다. 우리는 그들이 당신에게 또한 감동을 주길 바란다.

우리는 다음과 같은 비유를 통해 이 책의 특징을 설명하고자 한다. 대부분의 대중적인 경영학 서적들은 벽난로에서 불이 타오르고 있는 아늑하고 따뜻한 통나무집과 같다고 할 수 있다. 이런 책은 편안하면서도 삶의 긍정적인 면을 부각하는 내용으로 채워져 있으며, 여러 사람들과 순간들의 스냅사진으로 꾸며져 있다. 독자들은 그 책을 재미있게 읽을 수 있고, 그 책에서 주장하는 원칙들을 우리의 경험 안에서 마치 사실인 양 공명시킬 수도 있다. 그러나 이러한 통나무집은 개인적인 경험담으로 만들어진 것이다. 우리가 지난 50년을 돌이켜보면 알 수 있듯, 이것들 대부분은 시간이 흐르고 경제적 사이클이 변화함에 따라 무너졌다. 비록 안락할지언정, 구조적으로 더욱 강화될 필요성이 있다. 또 다른 서적들은 통계적 자료에 근거해 편찬되었으며, 그 결론 역시 신뢰할 만하다. 하지만 이런 책들을 읽다 보면 마치 1970년대에 세워진 어느 마천루의, 깜박이는 형광등 아래 철제 책장이 놓여 있는 좁은 방을 방문하는 것 같은 느낌이 든다. 그들은 폭풍에도 끄떡없는 견고한 구조를 갖고 있지만, 그것을 읽을 때면 피곤해지고 기운이 빠진다.

우리는 마천루의 구조적 견고함을 지닌 동시에 페르시아 양탄자, 체리나무 책상, 벽 한 면을 차지한 유리창, 한두 개 정도의 석제 난로가 있는 책을 만들려 했다. 당신은 사람들에 관한 이야기를 읽게 되겠지만, 곧 철저한 연구에 기반을 둔 이면의 원칙들에 대해 확신하게 될 것이다. 우리는 연구 결과를 제시하면서 이론적 틀이나 연구 주제 같은 학술적 개념을 피하기 위해 최선을 다했다. 불가피하게 타인의 연구 결과를 인용해야 할 때는 가능한 한 그들의 연구 결과는 물론 그들의 인격에 대한 이야기도 담았다. 이렇게 수행된 우리의 연구가 확고한 결론에 이를 때마다, 우리는 이 결론의 완벽한 본보기, 전형적인 사례라 할 수 있는 실제 인물들을 찾아다니며 이 책의 핵심 내용에 인간적인 얼굴을 담아내고자 했다. 우리와 함께 여행을 하다 보면 암젠 전 CEO 고든 바인더, 나스카NASCAR(미국 개조 자동차 경기 연맹)의 회장 브라이언 프랑스Brian France, 아이디오IDEO의 설립자 데이비드 켈리David Kelly, 갤럽Gallup의 CEO 짐 클리프턴Jim Clifton, 작가 켄 윌버Ken Wilber와 돈 벡Don Beck, 〈딜버트Dilbert〉[1]의 작가 스콧 애덤스Scott Adams, 여배우 캐럴 버넷Carol Burnett, 노벨상 수상자 대니얼 카너먼Daniel Kahneman, 1980년 올림픽에서 금메달을 딴 미국 하키 팀의 주장이자 영화 〈미라클Miracle〉의 주인공인 마이크 에루지온Mike Eruzione을 만날 것이다.

우리는 이들과 그 밖의 많은 사람들, 그리고 비즈니스 분야에 새로운 바람을 불러올 일련의 연구들로부터 큰 도움을 받았다. 당신이 우리 연구의 학술적인 측면을 보고 싶다면, 연구 방법론에 대해 설명한 '부록 B'의 내용을 참고하길 바란다. 간단히 말하면, 부족이란 사람들이 그 자신과 자신의 일, 그리고 타인에 대해 설명하기 위해 쓰는 언어에서 생성된다. 대부분의 사람에게 언어란 깊은 고민 없이 일상적으로 사용하는 그 무엇이다. 부족 리더들은 조지 워싱턴이 식민지, 군대, 대륙회의에서 사용할 공동의 부족 언어를 만들었던 것처럼, 개인과 조직을 변화시키고자 할 때 사용하는 언어의 방법을 알고 있다.

우리는 그들이 사용한 원칙과 도구를 끌어내 기꺼이 새로운 방법에 도전하려 한 기업과 조직에 그것을 적용했다. 일부는 효과가 있었지만, 어떤 것은 실패하기도 했다. 우리는 이 연구를 통해 배운 여러 교훈을 하나씩 정리했고, 이 책은 그러한 연구와 실제적 경험을 토대로 쓴 것이다.

1. 부족 리더십의 로드맵

대부분의 사람들은 부족 리더십을 여행으로 묘사한다. 그들은 이 여행을 통해 자신과 주변 사람들을 더 잘 이해하게 되고, 궁극적으로 어떤 행

1 미국의 시사만화가 스콧 애덤스가 그린 풍자만화. 주인공 딜버트가 겪는 부조리한 직장생활과 사회생활을 주된 내용으로 하고 있다. _ 옮긴이

동이 자신의 직장에 더 효과적일지를 정확히 알게 된다고 설명한다.

하지만 그들은 부족의 역동성을 간과하고 있다. 우리의 인터뷰에 응했던 사람들은 언제 모든 것을 명확히 이해하게 되었는지, 언제 자신의 기업을 하나의 부족으로 볼 수 있게 되었는지, 언제 무슨 일을 하면 좋을지를 정확히 알게 되었는지(조지 워싱턴이 200년도 더 전에 앞으로 무엇을 해야 할지를 어느 정도 알았던 것처럼 말이다)에 대해 설명했다. 이 책의 1부에서는 부족 리더에 관한 통찰과 그들이 사용하는 언어를 살펴보려 한다. 다음 2장에서는 이 책의 핵심 주제에 해당하는 부족 단계를 소개할 것이다.

부족 단계는 거대한 철판에 들러붙은 컨베이어 벨트처럼 느리게 움직인다. 벨트가 움직임에 따라, 사람들은 자연스럽게 현재 단계에서 다음 단계로 이동한다. 이 책 앞쪽의 장章들에서는 당신의 사회초년생 시절, 즉 갓 대학을 졸업해 사람들에 대해 잘 알지도 못하고 자신의 아이디어를 어떻게 도출해내야 하는지도 몰랐던 시기를 상기시켜줄 것이다. 당신은 바로 이러한 단계에 갇힌 채 이에 맞추어 부족의 일부를 구성하는 한 무리의 사람들을 보게 될 것이다. 그중 절대 다수의 사람들은 중간 단계에 머무르게 될 것이고, 그 단계에서 자신들의 언어를 말하고 익숙한 방식으로 일할 수 있는 부족을 찾게 될 것이다. 후반부 장들에서는 당신의 경력에서 맞이하게 될 절정기를 설명하고, 당신에게 어디에서든 성과를 낼 수 있는 사람을 알아보는 통찰력을 제공할 것이다.

이후의 장들에서는 먼저 문화의 5단계를 소개한 뒤, 각각의 단계를 살펴보며 어떤 행동이 중요한 영향을 미치게 될 것인지와 어떻게 당신의 성공 시점을 알 수 있는지에 대해 집중적으로 조명할 것이다. 각 문화 단계는 독특한 '핵심 지렛대'를 가지고 있기 때문에 각 단계를 정확하게 이해하는 것이 매우 중요하다. 만약 당신이 핵심 지렛대를 부정확하게 적용한다면, 평범한 수준의 부족으로 남게 될 것이다.

이 책은 세 영역으로 구성되었다. 첫째는 이 책의 본문에 해당하는 '이야기'이다. 둘째는 우리가 부족 리더십의 시스템을 설명하면서 던진 여러 질문에 대한 답변을 기록한 '기술 노트'이다. 당신과 같이 구체적이고 정밀한 분류를 좋아하는 사람들에게는 이 노트가 유용할 것이라 생각한다. 셋째는 '코칭 정보'인데, 여기에서는 각 장의 핵심 목표를 달성할 수 있는 구체적인 행동 수순을 설명한다. 만일 요약본을 원한다면 '부록 A'를 참조하기 바란다. 이 매뉴얼에서는 당신이 뛰어난 부족을 건설하는 데 도움을 줄 핵심적인 행동 수순을 알려줄 것이다.

우리는 이제까지 배웠던 모든 것을 공유하기 위해 이 책을 저술했다. 이 책의 목표는 당신이 우리의 도움 없이도 부족 리더가 될 수 있도록 하는 것이다. 우리가 제공하는 교훈은 우리 주변을 자세히 관찰한 결과 도출된 것이며, 그런 점에서 우리 역시 다른 모든 사람과 마찬가지로 부족 리더십을 공부하는 학생이라고 믿는다. 우리는 당신의 성공과 실패를 공유하며 함께 배워나갈 수 있기를 기대한다. 이를 위해 '부록 C'에서 컬처싱크를 소개하고 이 책의 마지막 부분에 우리 연구진의 연락처를 기록했다. 우리는 당신에게서 배운 것들을 웹사이트(www.triballeadership.net)와 논문, (주로 대학에서의) 강의, 그리고 연설에 활용할 것이다.

2. 부족 리더십의 목표

이 책의 목표는 당신에게 부족 리더, 즉 어떤 단계의 집단에서든 모든 구성원을 위해 컨베이어 벨트를 움직이는(그리고 더 빨리 움직이도록 만드는) 사람의 시각과 도구를 제공하는 데 있다. 부족 리더십은 직장이 더 효과적으로 기능하도록 만들고, 위대한 전략적 성공을 거두며, 구성원들이 받는 스트레스를 줄이고, 즐거움을 더해준다. 요약하자면, 이 책의 핵심은 최고의 인재들이 일하고 싶어 하고 세상에 긍정적인 충격을 가져오는 좋은 조직을 당신이 만들 수 있도록 하는 데 있다.

위대한 조직을 건설하려면 '핵심 지렛대'를 사용해 사람들을 느린 컨베이어 벨트에서 떼어낸 뒤, 자연스럽게 다음 단계로 이동할 수 있도록 해야 한다. 사람들을 충분히 벨트에서 떼어놓을 수 있다면 당신은 더 높은 과업을 수행하는 데, 더 유능한 부족을 만드는 데 부족의 역동성을 활용할 수 있다. 각 단계에서는 이전의 단계보다 더 많은 성과를 내면서도 더 즐겁게 일할 수 있다. 결국 부족 리더십이란 자신과 타인(부족 리더가 이끄는 부족)을 떼어내는 방법을 아는 사람들로 채워진 기업을 말한다.

그럼 지금부터 더 위대한 조직을 건설할 수 있도록 하는 요점, 즉 다섯 가지의 부족 단계에 대해 살펴보기로 하자.

핵심 요약

- 부족은 서로를 잘 아는 20~150명의 사람들로 구성된 집단이다. 부족에 속한 사람은 길을 걷다 다른 구성원을 보게 되었을 때 멈추어 서서 "안녕하세요!"라고 인사할 것이다.
- 그들은 당신의 휴대폰이나 이메일 주소록에 연락처가 저장된 사람들이다.
- 소기업이 하나의 부족이라면, 대기업은 여러 부족이 한데 모여 구성된 부족이라고 할 수 있다.

tribal leadership

2

다섯 가지의 부족 단계

코네티컷 주 더비에 있는 그리핀Griffin 병원에 가보면 마치 고급 백화점인 '노드스트롬Nordstrom'에서 의료 서비스를 받는 것 같은 느낌을 받는다. 방문객은 주차 담당 직원을 만나면서부터 이곳이 평범한 의료기관이 아니라는 것을 감지하게 된다. 내원객의 자동차 유리창을 닦아주는 그들은 수많은 환자들의 이름을 정확하게 기억하고 있다. 또 병원 정문을 지나면 바로 옆에 놓인 작은 그랜드 피아노에서 흘러나오는 부드럽고 우아한 선율을 들을 수 있다. 뒤를 이어 화단의 신선한 꽃과 나무에서부터 향기가 풍겨온다. 몇 년간 그리핀 병원은 훌륭한 병원이라는 평판뿐 아니라 훌륭한 고용주라는 평판까지 얻으며 국제적인 관심을 끌었다. 이 병원은 ≪포천≫이 선정하는 '일하기 좋은 직장'에 7년 연속으로 선정되었으며, 최근에는 4위를 기록하는 쾌거를 이뤘다.

그리핀 병원에는 수많은 영웅들이 있지만, 그중에서도 오랫동안 부족 문화를 개선하기 위해 노력해온 두 명의 부족 리더가 단연 돋보인다. 그 중 하나는 원장 겸 CEO인 패트릭 차멜Patrick Charmel이다. 큰 키와 날씬한 몸매, 검은 머리를 가진 40대 중반의 그는 겸손함과 타인을 향한 배려가

묻어나는 부드러운 목소리의 소유자이다. 그는 흡사 첨단기술 회사의 대표와 성직자를 섞어놓은 듯한 인상을 준다. 차멜은 지역에 소재한 대학을 다니던 중 이곳에서 인턴으로 일하며 그리핀 병원과 첫 인연을 맺었고, 예일 대학교에서 공중보건학 석사 학위를 취득한 후 돌아와 정규직원이 되었다. "병원 직원 중 어떤 이는 아직도 나를 열아홉 살의 인턴으로 기억하고 있어요." 그는 말한다. "그들은 자신의 직위가 무엇이든 거리낌 없이 내게 말을 걸어오지요. 내 기분이 엉망일 때도요."

또 다른 영웅은 부원장 빌 포완다Bill Powanda로, 반백의 머리를 한 60대 중반의 그는 유창한 어휘를 구사하는 매력적인 남성이다. 그는 어떤 이야기의 인간적인 측면을 볼 때마다 쉽게 감동을 받는 유형이다. 물론 그리핀 병원은 지역사회와 소통할 수 있는 다양한 경로를 두고 있기는 하지만, 그 안에 담긴 열정을 바깥 세상에 알리는 일에서 포완다와 견줄 이는 없다. 그리핀 병원에서 태어난 그는 주 상원의원과 지역 상공회의소 회장을 역임하기도 했다. 차멜이 포완다의 인턴으로 일을 시작한 이래, 두 사람은 28년 동안을 함께하고 있다.

그리핀 병원에서 오랜 시간 일해온 사람들은 오늘날의 성공을 기적으로 생각한다. 1980년대 중반까지만 해도 이 병원은 코네티컷 주에서 가장 낡은 의료시설이었고, 환자 만족도와 시장점유율도 계속 떨어져서 직원과 의사를 채용하기도 어려웠다. 한마디로 '퍼펙트 스톰perfect storm'[1]의 한가운데에 있었다고 할 수 있다. 당시 쇠퇴하는 제조업 도시에서 베드타운으로 변모하던 이 지역을 향해 젊고, 고등교육을 받았으며, 다양한 교통수단을 이용할 줄 아는 주민들이 물밀듯 밀려왔다. 그들은 또한 높은 수준의 의료 서비스를 원하고 있었다. 그리핀 병원의 이사회는 지역 주민

1 여러 악재가 겹친 최악의 상황을 이르는 말. _ 옮긴이

의 인식에 관한 설문조사를 벌여 다음과 같이 질문했다. '당신이 가장 피하고 싶은 병원은 어디입니까?' 응답자 중 32%가 '그리핀 병원'이라고 응답했다. 그리핀 병원은 사실상 끝장난 것처럼 보였고 이 위기에서 벗어날 방법은 없는 것 같았다.

우리가 지금껏 봐왔던 부족 리더들이 그러했듯, 차멜과 포완다는 하늘에서 내려온 슈퍼맨처럼 위기에 빠진 병원을 구하지는 않았다. 그 대신 그들은 직원, 자원봉사자, 이사, 큰 발언권을 가진 지역사회의 리더들에게 활기를 불어넣었고, 이 부족들의 노력은 결국 병원을 살리는 전환점이 되었다. 어떻게 보면 차멜은 병원 일에 직접 개입했다고 할 수 없다. 그는 뒤에서 슬쩍 밀거나 당기는 식으로 활약한 뒤, 겸손하게 모든 공로를 병원의 사람들에게 돌리면서 이렇게 말했다. "우리의 성공은 우리만의 독특한 문화가 있음을 보여주는 증거입니다. 돌이켜보면, 병원을 살리는 과업에 직원들이 참여하지 않았다면 우리는 절대 성공할 수 없었을 거예요. 나는 바로 그것이 우리 병원만의 차별화된 전략이었다고 생각합니다."

차별화 전략은 "그리핀 병원은 독자적으로 생존해야 하는가? 아니면 또 다른 의료기관의 일부가 되어야 하는가?"라는 질문과 함께 시작되었다. 포완다는 자신의 사무실 유리창을 응시하며 말했다. "우리 병원은 대단히 독립적이면서도 치열한 경쟁이 벌어지는 지역사회에 위치해 있습니다. 이곳의 사람들은 쇼핑에서 예배에 이르기까지 그들이 필요로 하는 모든 일을 한자리에서 해결하는 데 익숙해져 있지요."

그리핀 병원의 관리자들이 선택의 기로에 놓여 있는 동안, 일부 간부들도 개인적인 의미에서 '퍼펙트 스톰'을 맞았다. 차멜의 아버지는 뉴저지주의 어느 병원에서 심장 수술을 받았다. 또 다른 부회장은 자동차 사고로 병원에 입원했다. 포완다의 장인은 수술이 불가능한 위암 판정을 받고 그리핀 병원에 입원했다. 암 자체는 치료할 수 있었지만 종양 뒤쪽에 자리 잡고 있는 궤양에서 계속해서 피가 흘렀고, 의사들은 이 궤양을 치료할 수 없다고 말했다. 장인은 30일 넘게 집중 진료실에 입원했다. 포완다는 "장인이 피를 흘릴 때마다 직원들이 수혈을 했지요"라고 회상한다. 입원한 지 37일이 지났을 때 담당 의사는 환자와 그 가족들에게 오늘부터 수혈을 중단하겠다고 선언했고, 화가 난 장모는 지팡이를 짚고 그 의사를 쫓아가 다시는 병실에 얼씬하지도 말라고 소리쳤다. 이후 환자의 가족과 응급조치 팀의 의사는 한 젊은 의사에게 궤양 제거 수술을 맡겼다. 수술은 성공적이었고, 퇴원한 포완다의 장인은 다시 암으로 쓰러질 때까지 14개월을 더 살았다.

포완다는 이렇게 회상한다. "장인의 입원과 수술, 죽음으로 이어진 일련의 경험은 내 개인적인 삶을 바꾸는 중대한 사건이 되었습니다. 다른 사람들이 저와 같은 경험을 하지 않도록 해야겠다는 열망이 솟구쳤지요. 환자와 그 가족을 위해 더 인간적이며 환자 중심적인 의료 모델을 개발하기로 결심했습니다."

독자적으로 살아남기로 결정한 그리핀 병원은 환자를 최우선으로 하는 병원이 되기 위해 스스로를 재구축했다. 이때 생긴 변화 중 하나로, 그리핀의 간부들은 직원에게 문제가 생길 때마다 거기에 집중하며 해결책을 찾을 수 있도록 도와주게 되었다. 한 이사는 "우리 병원이 산부인과 병동의 환자들을 만족시킬 수 있다면, 그들 중 다수를 우리의 단골 고객으로 만들 수 있을 것이다"라고 주장했다. 하지만 그들이 원하는 것이 무엇이란 말인가? 그 이사는 "환자에게 직접 물어보자"라고 제안했다.

포완다는 말한다. "그때부터 우리는 마케팅 연구에 몰두했고, 결국 이 분야에서 선구자가 되었지요." 그리핀 병원은 설문조사를 벌였고, 포커스 그룹focus group을 조직했으며, 차멜과 여직원 한 명은 (베개의 도움을 받아) 임산부와 그 남편 행세를 하며 근처 병원의 산부인과 병동을 찾아다녔다.

포완다는 "우리는 젊은 부모들이 무엇을 원하는지에 대해 수집하고 목록으로 정리했지요"라고 회상했다. 목록에는 다음과 같은 것들이 있었다. (환자 곁을 지나다니고 싶어 하지 않는 임산부들을 위한) 임산부 전용 출입문, 더블베드, 초기 분만의 진통을 완화하기 위한 자쿠지Jacuzzi(거품 목욕이 가능한 욕조), 주방이 있는 가족 방, 하루 24시간 1주 7일 동안의 방문 허용, 신선한 꽃, 온천 같은 분위기, 친절한 의사가 해주는 개별 치료 등.

간부들은 수집된 다양한 목록을 체크하고 환자들에게 우선적으로 제공할 수 있는 것이 무엇인지에 대해 논의했다. 이때 차멜의 부족 리더십이 발휘되었다. 그는 회의를 중단시키고, 보기 드물게 날 선 목소리로 이렇게 말했다. "지금 뭘 하고 있는 겁니까?" 잠시 어색한 침묵이 흐른 뒤, 그는 말을 이어나갔다. "우리는 환자들이 무엇을 원하는지 알고 있습니다. 그러니, 그들이 원하는 걸 모두 다 해줍시다." 그리핀 병원의 지도자들도 동의했다. 산부인과 병동을 새롭게 디자인하는 작업이 시작되었고, 이는 훗날 미국 동북부 지역 산부인과 병동의 기준이 되었다.

가장 어려웠던 일은 직원들을 파트너로서 참여시키는 일이었다. 병원의 간부와 이사들은 자기들끼리 협력하는 데에는 익숙했지만, 직원과 함께 일하는 것에 대해서는 낯설어했다. 당시 CEO 보좌역이었던 차멜과 다른 간부들은 직원들에게 새로운 비전을 말하는 대신, 전체 직원을 열두 집단으로 나눠 하루에 한 집단씩 직원 수련회를 실시했다. 수련회 아침마다 간부는 병원이 처한 '퍼펙트 스톰'에 대해 설명한 뒤, 직원들에게 "당신이 환자라면, 병원에 무엇을 기대하시겠습니까?"라고 질문했다. 포완다는 이때를 회상하며 감동하는 빛이 역력했다. "정말 대단했지요. 직원들은 이전의 그리핀 병원이나 전국의 다른 병원과는 완전히 다른 그림을 그려줬어요. 자유로운 면회, 자신의 건강 상태에 대한 더 많은 정보, 성심껏 돌봐주는 직원 …… 바로 그들 자신이 직원인데도 말이지요! 모든 사람이 깜짝 놀랄 수밖에 없었어요." 열두 집단의 직원들 거의 대부분이 비슷한 것을 원한다고 이야기했고, 이때 거론된 주제들, 즉 의료의 질, 서비스, 존중, 품위는 그리핀 병원의 핵심 가치를 떠받치는 기둥이 되었다.

신축 건물을 디자인하는 과정 중, 차멜은 새 디자인의 핵심 요소를 담은 실물 크기의 병원 모형을 만들어 창고에 배치했다. 직원들은 이것을 보고 쪽지에 의견을 적어 제출했는데, 실제 건축가에게 제출된 요청사항만 수백 건에 달했다. "사람들은 지금까지도 벽에 있는 콘센트를 가리키면서 '저것도 내가 바꾸자고 할 때까지는 저쪽 끝에 있었지'라고 말하고는 하지요." 포완다의 말이다.

COO로 승진한 차멜은 CEO와 의견이 충돌했다. CEO는 그리핀 병원의 전액출자 회사인 건강관리기구[2]에 집중 투자하는 것만이 살길이라고 생각했다. 하지만 차멜은 그리핀 병원의 자산을 건강관리기구의 성장을 지원하는 데 사용하는 것에 반대했다. 자산을 이전한 결과 환자에 대한 서비스는 악화되었고, 그리핀이 스스로에게 부여한 사명을 완수할 추진력도 잃게 되었다. 싸움의 결과 차멜은 해고되었다.

병원 직원들의 신임을 받던 COO 차멜이 해고되자 혁명이 시작되었다. 비공인 직원 회보는 모든 직원들에게 "노랑 리본을 패용하라. 그리핀 병원을 구하고, 차멜을 복직시켜라"라고 촉구했다. 탄원, 불신임 투표, 지역공동체 회의, 이사회, 컨설턴트와 조사위원회의 자문에 따른 조치 등 3개월의 혼돈을 겪은 뒤, 그들은 CEO와 사무총장의 사직을 요구했다. 이사회는 차멜의 복직을 승인했다.

차멜이 임시 CEO로 복직하는 날, 400명도 넘는 직원, 자원봉사자, 지

2 Health Maintenance Organization. 일정한 연회비를 받고 종합적인 의료 서비스를 제공하는 민간 의료 단체. _ 옮긴이

역사회의 리더, 그리고 기자들이 노란 풍선으로 채워진 병원 입구에서 깜짝 리셉션을 벌여 그를 환영했다. 그리핀 병원이 '부족 리더'를 맞이하는 감동적인 순간이었다.

그리핀 병원과 차멜에 대한 직원들의 충성도는 놀라웠다. 병원은 차멜의 복귀와 함께 해고자들을 복직시켰고, 그리핀에서 다섯 번째 미국인 탄저병 사망자가 발생하는 극심한 공황 상태에서조차 돈 잡아먹는 건강관리기구와의 관계를 마무리하는 등 여러 가지의 어려운 결정을 내렸다. 그 결과, 지금은 그리핀 병원의 기적을 확인하고 싶어 하는 수많은 사람들이 이곳으로 몰려오고 있다. 병원에서는 환자 중심의 진료 모델을 견학하기 위해 온 타 병원 방문객들에게 유료 안내를 실시하고 있다. 현재까지 타 병원에서 파견된 600여 개의 팀이 그리핀에 돈을 지불했다. 2005년에는 연방정부 보건복지부에서 차멜을 의료 연구 및 질 향상을 위한 국가자문위원으로 임명했으며, ≪포천≫은 7년 연속으로 그리핀 병원을 최고의 직장에 선정했다. 차멜은 이 같은 결과가 병원에 대한 직원들의 자긍심과 환자에 대한 헌신 덕분이라고 밝히고 있다. 포완다의 사무실에는 코네티컷 주의회가 시민과 지역사회를 위해 큰 공로를 한 인물에게 수여하는 '올해의 토가(Toga)인 상'과 함께 빌 클린턴Bill Clinton 미국 대통령과 콜린 파월Colin Powell 국무장관과 함께 찍은 사진이 걸려 있다. 차멜과 포완다는 모든 공로를 그리핀 병원의 사람들뿐 아니라 지역사회로 돌린다. 우리가 차멜에게 그가 이룩한 가장 위대한 업적이 무엇이냐고 물었을 때, 그는 잠시 고민한 뒤 이렇게 답했다. "사람을 관찰하며 철학을 배운 것이라 생각합니다. 그들은 내게 영감을 불어넣었지요."

1. 부족 리더십의 부상

차멜과 포완다의 행동은 다른 대부분의 리더들의 행동과 어떻게 달랐을까? 첫째, 그들은 대개 그리핀의 부족 구성원들(직원, 자원봉사자, 환자) 간의 강력한 유대 관계를 형성하는 데 노력을 쏟았다. 둘째, 그들은 직원들에게 무엇을 하라고 말하는 대신, (이를테면 수련회를 통해) 자신들이 다루는 문제에 대해 직원들도 고민하도록 만듦으로써, 자신들의 문제를 모든 이의 문제로 만들었다. 셋째, 그들은 직원들이 각자의 방식으로 부족이 당면한 목표에 기여하도록 했다.

가장 중요하면서도 가장 알아채기 힘든 업적은 그들이 그리핀의 부족 문화를 정체시키지 않고 조금씩 앞으로, 한 단계 한 단계씩 키워나가 병원의 사람들이 일에 대한 무관심 대신 변혁에 대한 열정을 품고 주어진 문제에 도전하게끔 만들었다는 점이다.

차멜과 포완다가 한 일은 한 문장으로 요약할 수 있다. '그들은 부족을 형성했으며, 그들 자신의 말대로 부족은 그들을 리더로 인정했다.' 차멜과 포완다가 부족을 우선시할수록 사람들 역시 더 그들을 존경하며 인정했고, 더 큰 신뢰와 더 위대한 업적을 향한 헌신으로 보답했다. 이것이야말로 부족 리더십의 요체이며, 당신 역시 이 책에서 제시하는 원리를 터득한 후에는 얼마든지 부족 리더십을 발휘할 수 있을 것이다.

오늘날 그리핀 병원을 방문해 병원의 지도자, 직원과 대화를 나누다 보면, 얼핏 봤을 때 지나칠 정도로 겸양하는 모습을 확인할 수 있다. 차멜과 포완다는 완고하게 모든 찬사가 직원들에게 돌아가야 한다고 주장하는 반면, 모든 임직원들은 병원의 성공을 두 사람의(그리고 많은 다른 사람들의) 공으로 돌린다. 누가 옳을까? 부족 리더십의 차원에서 보면 양쪽 모두 옳다. 부족을 형성한 리더가 없었다면 '평범'의 문화가 만연해졌을 것이고, 뛰어난 영감을 가진 부족이 없었다면 리더는 자신의 재능을 발휘할 수 없었을 것이기 때문이다.

오늘날 그리핀 병원을 내방하는 환자들은 단순한 고객이 아니라 부족의 구성원으로 대우를 받는다. 의사들은 환자와 간호사 사이에 강력한 유대 관계를 형성시키고, 관리자들은 사람들을 단합시키며 부족에게 무엇이 최선인지를 결정하도록 한다. '퍼펙트 스톰'을 넘긴 이후 몇 년 동안 그리핀은 리더들로 가득 찬 병원이 되었다.

모든 부족들은 각각의 지배적인 문화를 가지고 있으며, 이것은 1단계에서 5단계까지로 구분된다. 대부분의 부족은 4단계의 안정된 조직문화를 목표로 하는데, 때로는 5단계로 도약하는 경우도 있다. 모든 조건이 동등하다면 3단계보다는 4단계가, 4단계보다는 5단계의 문화가 더 큰 성과를 달성할 수 있다(5단계 문화는 불안정하지만 획기적인 혁신을 만들어낼 수 있다). 집단과 그 구성원은 한 번에 한 단계씩 상승할 수 있으며, 사람들을 1단계에서 2단계로 이동시키는 데 필요한 행동은 2단계에서 3단계로 이동시키는 데 필요한 행동과 다르다. 각 단계는 조용히 사람들을 앞으로 나아가게 하는 독자적인 일련의 핵심 지렛대를 갖고 있기 때문에, '통나무집 경영학 서적'에서 제시하는 대부분의 보편적인 원리들은 오직 한 가지 단계에서만 작동한다. 만약 다른 단계에서 그 원리들을 따르려 하면 실패하게 될 것이다. 부족이 기업의 가장 강력한 자동차라면, 문화는 부족의 엔진에 해당한다.

차멜과 포완다가 그리핀 병원의 경영을 시작할 때, 그들은 당장 엔진을 수리해야 하는 몇 개의 부족들(하나의 부족은 기껏해야 150명이라는 사실을 기억할 것)을 떠안았다. 부족 리더십에서 사용하는 언어의 관점에서 볼 때, 당시 그들은 주로 2단계 문화에 머무르고 있었다. 리더들은 사람들을 이끌어 3단계로 안내했고, 각기 다른 일련의 핵심 지렛대를 이용해 다시

4단계로 이동시켰다. 전성기(그리핀 병원에서는 전성기가 여러 번 반복되고 있다)가 되었을 때 그리핀은 5단계 문화 속에서 활약했다.

각 문화에는 사람들이 말을 할 때, 이메일을 보낼 때, 농담을 주고받을 때, 심지어 복도에서 서로를 지나칠 때마다 보이는 고유한 대화 또는 '주제theme'가 있다. 그리핀 병원의 부족문화는 주차 담당 직원이 방문객의 이름을 기억하고 간호사가 마치 친한 친구를 소개하듯 환자를 의사에게 소개하는 장면에서 확인할 수 있다.

이 책의 1부를 읽고 나면, 당신은 사소한 대화 속에서조차 두 사람 사이에 존재하는 이러한 주제들을 들을 수 있게 될 것이다. 그럼 지금부터 다섯 가지의 부족 단계에 대해 자세히 살펴보기로 하자.

2. 1단계

다행히, 대부분의 전문직은 1단계에 해당하지 않는데(미국의 전문직 중 2% 정도만이 1단계에 해당한다), 이 단계의 문화는 거리의 폭력 조직이나 산탄총을 들고 출근하는 사람들의 사고방식 속에서 찾아볼 수 있다. 만약 1단계의 사람들이 티셔츠를 입고 다닌다면, 거기에는 '인생 꼬이네'라는 문구가 쓰여 있을 것이다. 이들은 매우 적대적인 성향을 띠며, 폭력적이고 불공평한 세상에서 성공하기 위해 서로 똘똘 뭉친다. 이 책을 읽는 사람들 대부분은 여기에 해당하지 않겠지만, 영화 〈쇼생크 탈출The Shawshank Redemption〉을 통해 1단계의 문화를 적나라하게 본 경험은 있을 것이다. 많은 인류학자의 주장에 따르면 인간 사회 역시 씨족들이 서로 싸우다가 소멸하는 1단계 문화에서 시작되었다고 한다. 우리는 1단계를 깊이 있게 다루지 않을 것이다. 대개의 조직들은 1단계에 해당하는 사람들을 채용하지 않으며, 설사 채용한다 해도 곧 해고하기 때문이다. 다만 4장에서 당신이 1단계에 대해 알아두어야 할 것들, 가령 이것을 어떻게 발견할 수 있고, 어떻게 사람들이 여기에서 벗어나 전진하게끔 할 수 있는지에 대해 살펴볼 것이다.

우리는 1단계에 해당하는 몇몇 조직들을 상대로 컨설팅을 했다. 한 곳은 일련의 회계 부정이 스캔들로 터지며 소멸했고, 또 다른 곳에서는 직원이 아무런 양심의 가책 없이 돈을 횡령하는 등 끊임없이 문제가 발생하고 있었다. 세 번째 조직은 너무나 스트레스가 심해 직원 하나가 산탄총을 소지한 채 출근했음에도 놀라는 사람이 없을 정도였다.

3. 2단계

직장에 있는 부족 중 25%가 1단계에서 비약적으로 발전한 2단계 문화에 해당한다. 2단계에 있는 사람들은 '내 인생 꼬이네'라는 말로 집약될 수 있는 언어를 사용한다. 2단계의 사람들은 소극적으로 적대감을 나타낸다. 그들은 결정을 내릴 때마다 팔짱을 낀다. 열정을 불러일으킬 만한 그 어떤 흥미도 느끼지 못한 채 말이다. 또 그들의 웃음에는 빈정거림과 체념이 가득 담겨 있다. 2단계에서 이루어지는 대화는 이전의 대화들을 답습하며, 이전의 대화들처럼 실패로 귀결된다. 2단계의 사람들은 때때로 관리자의 간섭으로부터 자신의 사람들을 보호하려 한다. 2단계의 주제들로부터 발생한 분위기와 '내 인생 꼬이네'라는 언어는 무심한 희생자 무리를 만들어낸다.

만약 당신이 회의에 참석해 열정적으로 새 아이디어를 제안했는데 참가자들이 소극적으로 반응한다면, 당신의 조직은 2단계 문화에 놓여 있다고 볼 수 있다. 2단계 문화는 우리가 드라마 〈오피스The Office〉[3]를 시청할 때나 차량관리국[4]을 방문했을 때 볼 수 있다. 이 단계의 문화에서는 혁신에 대한 기대나 절박함이 없고, 사람들은 어떤 일에서든 결코 책임을 지려 하지 않는다. '퍼펙트 스톰'을 맞이했을 때의 그리핀 병원이 바로 이 2단계에 놓여 있었다.

대기업의 문화는 대부분 2단계에 놓여 있는데, 이곳의 부서들은 기업의 전략이나 방향에 별다른 영향을 주지 못하는 경우가 많다. 거의 모든 부서가 2단계 문화에 있긴 하지만 특히 인력 관리, 물품 조달, 회계 부서에서 이런 경향이 더 흔하게 나타난다. 여기만큼은 아니지만 이사회, 임원 수행원, 판매부, 운영부에서도 2단계의 문화를 목격할 수 있다.

수년 전 우리는 연방정부 산하의 기관을 상대로 컨설팅을 수행한 적이 있다. 우리가 그 기관에 막 도착했을 때, 그곳 직원과 관리자들은 사무실 문이나 칸막이 공간의 출구에 서서 복도 쪽을 내다보고 있었다. 그들은 방금 잠에서 깬 것처럼 보였다(진짜로 자다 일어난 사람도 많았다). 그들은 '나는 낚시가 더 좋아'나 '나는 주말이 기다려져'라고 쓰인 커피 잔을 들고 있었다. 팀의 형성, 동기부여 연설, 핵심 가치에 관한 논의, 새로운 전략의 수립 등 그 어떤 것도 이 부족에게는 중요하지 않았다. 이 부족은 2단계 문화에 고착되어 꿈쩍도 하지 않았으며, 그 결과 거의 아무런 성과도 내지 못했다. 부족은 새로운 아이디어를 좀처럼 내놓지 못했고, 설사 아이디어가 나와도 거의 실행에 옮겨지지 않았다.

이러한 집단에게 뭔가 새로운 것을 요구하기에 앞서 부족 리더십이 초점을 맞추어야 할 사항은, 이들을 2단계에서 3단계로 이동시키는 것이다. 5장에서 2단계의 핵심 지렛대를 알려줄 것이다.

---

3 사무용품 회사에서 일어나는 에피소드를 그린 드라마로 2005년부터 2013년까지 장기간 방영된 인기 드라마이다. _ 옮긴이

4 Department of Motor Vehicles. 운전면허 시험, 차량 등록 등의 업무를 담당하는 주정부 기관. _ 옮긴이

4. 3단계

미국 전체의 직장인 중 49%가 3단계 부족문화에 해당한다. 이 단계에서 주로 사용하는 언어는 '나는 대단해', 좀 더 구체적으로 말하면 '나는 대단해. 너는 아니지만'이다. 보통 전성기를 맞아 활약하는 의사, 교수, 변호사, 판매원 등이 이 3단계에 해당한다고 볼 수 있다. 3단계 문화에서는 아는 것이 힘이다. 그래서 사람들은 고객과의 접촉에서 기업에 대한 농담에 이르기까지 모든 정보를 저장한다. 3단계의 사람들에게는 오직 승리만이 중요하며, 이 승리는 극히 개인적이다. 그들은 개인 단위에서 경쟁자보다 더 많은 일을 하고 더 깊이 생각한다. 이러한 문화는 '외로운 전사들'의 집합소 같은 분위기를 조성한다. 타인의 도움과 지지를 갈망하지만, 타인이 자신만큼의 야망과 능력을 갖지 못한 것에 대해 늘 실망하는 것이다. 힘들고 고된 일을 해야 하는 그들은 개인적으로 충분한 시간을 갖지 못하거나 전폭적인 지지를 받지 못하는 것에 불만을 느낀다.

▌기술 노트

각 문화 단계마다 사람들이 부족의 다른 사람에게 사용하는 언어와 행동을 관찰할 수 있다. 이것들은 특정한 유형을 나타내는데, 이러한 언어와 행동은 언제나 거의 완벽하게 상호 대응을 이룬다. 그 결과 각각의 문화 단계는 각 단계에 맞는 독특한 분위기를 연출한다. 부족 리더십으로 훈련받은 사람은 직장 동료들에게 걸어가는 몇 분 동안에도 이 분위기를 감지할 수 있다.

3단계 사람들은 승리하는 것, 다른 사람을 이기는 것, 가장 똑똑한 사람이 되고 가장 성공하는 것을 통해 얻게 되는 '대박'에 중독되어 있다. 이러한 사람들이 지나친 자의식을 가졌다고 성급히 판단해서는 안 된다. 이

사회가 그들을(그리고 우리를) 이렇게 만들었음을 기억해야 한다. 초등학교에 입학했을 때 '2 더하기 2는 4'라는 사실을 아는 아이는 상을 받고, 중학교에서 A를 받으면 선생님과 부모님의 미소 띤 얼굴을 볼 수 있으며, 대학수학능력시험SAT의 수학 과목에서 A+를 받으면 명문 사립 스탠퍼드 대학교에 입학할 수 있다. 이후에는 추천서를 받아 MBA에 들어가고 취업 면접을 본 뒤 원하는 직장에 입사하는 성공 가도를 만끽할 수 있다. 지난 30년간의 경험만으로 충분치 않다면 서점에 가서 경영학 서적들을 찾아보기 바란다. 마키아벨리Machiavelli에서 로버트 그린Robert Greene의 『권력의 법칙The 48 Laws of Power』과 도널드 트럼프Donald Trump의 얼굴이 나온 온갖 책에 이르기까지 사람들을 3단계에 진입시키고 그 안에 머무르도록 하는 일은 이미 수십억 달러의 산업이 되었다. 그리핀 병원의 사례를 예로 들면 병원 직원들이 환자의 개인적 경험을 자신의 책임으로 생각하는 수준이 되었을 때, 그들은 비로소 3단계의 문화로 이동하게 되었다.

대부분의 전문직과 마찬가지로 우리가 종사하는 직업 역시 거의 3단계에 놓여 있다고 보면 된다. 이 3단계의 문화는 개인 단위로 성공을 측정하는 많은 기업에서 흔하게 볼 수 있으며, 특히 기업 간부와 판매원에 대한 평가에서 두드러지게 나타난다. 우리는 건축, 부동산, 건강관리, 법률, 그리고 우리가 너무도 잘 알고 있는 대학에서도 3단계의 문화를 목격할 수 있었다.

대학에서 개최되는 전형적인 교수회의는 3단계 문화의 한계를 보여준다. 교수들은 한 사람씩 의견을 제시하며 무엇이 실행되어야 하는지에 대해 자신의 생각을 말한다. 그 결과 가장 교육적인 프로그램은 마치 위원회가 짜놓은 각본대로 흘러가는 것처럼 보이게 된다. 실제로도 그렇기 때문이다. 학생들 가운데에는 교수들이 서로 의사소통을 제대로 하기나 하는지 궁금해하는 이가 많은데, 사실 그리 빈번하게 대화가 오가지는 않는다. 최소한 중요한 주제에 관해서만큼은 그렇다. 대학의 교수들은 그들의 개인적인 연구를 수행하면서, 아이디오의 데이비드 켈리가 말한 대로 "무대 위의 현자"처럼 강의를 한 뒤 강의실을 나간다. 대학의 직원들은 교수들이 이 세계의 작은 부분만을 본다고 불만을 토로하는데, 이것이 타당한 비판인 경우가 많다. 하지만 3단계의 문화에 의해 운영되는 조직의 구성원은 이런 비판을 받았을 때 모욕감을 느낀다. 전직 우주선 관리자는 우리에게 이렇게 말했다. "나는 직장을 떠날 때까지 사랑을 받았다고 생각했다. 그러나 현재는 아무도 내게 성탄절 카드를 보내주지 않는다."

3단계에 해당하는 부족은 각 개개인들이 매우 뛰어난 스타들로 구성되어 있는데, 이 스타 군단을 하나의 팀으로 바꾸는 것은 결코 쉽지 않다. 이 스타 군단의 문화를 상승시키기 위해 새로운 전략을 제공할 경우, 이들은 새로운 전략을 포용하거나 처음부터 배척하는 극단적인 모습을 보여줄 것이다. 거듭 강조하지만, 부족 리더십의 초점은 우선 현재 부족이 놓여 있는 문화 단계를 상승시키는 데 두어야 한다. 6장과 7장에서는 3단계를 위한 핵심 지렛대를 알려줄 것이다.

5. 4단계

3단계에서 사용하는 언어('나는 대단해')와 4단계에서 사용하는 언어('우리는 대단해') 사이의 간격은 그랜드캐니언만큼이나 넓고 크다. 전체 직장의 부족문화에서 4단계가 차지하는 비중은 22%인데, 이 단계에 있는 사람들은 주로 '우리는 대단해'라는 언어를 사용한다.

비록 그리핀 병원은 5단계에 진입하고는 있지만, 아직도 대부분의 사람들은 4단계에 놓인 기업으로 볼 수 있다. 4단계와 5단계 사이에 놓인 그리핀 병원에서는 두 명의 직원이 복도에서 만날 때마다 서로가 부족의 또 다른 사람을 만났다는 사실에 즐거워한다. 또 어떤 직원이 자신의 부족을 떠나게 되면, 그의 자의식은 상실감에 고통스러워한다. 우리가 보았던 것처럼 빌 포완다는 온전히 그 자신이고, 직원도 온전히 그들 자신이다. 집단적인 광신은 존재하지 않는다. 병원에서 근무하는 모든 사람들은 행복하고, 영감으로 가득 차 있으며, 거짓이 없다. 이것이 높은 수준에 도달한 기업의 부족문화이다. 당신은 차멜이 그의 사무실에서 일하는 모습에서, 그리고 직원들의 얼굴에서 4단계 문화의 특성을 확인할 수 있다.

부족을 4단계 문화로 이끄는 리더는 마치 집단이 자신을 이끄는 것 같다고 느낀다. 4단계의 부족 리더십은 몹시 수월해 별다른 노력이 필요하지 않을 때조차 있다. 우리가 그리핀 병원을 처음 방문했을 때, 그리고 지금도 가장 인상 깊은 장면은 구성원들이 우리와 눈을 맞추며 그들의 자신감을 표현한 것이었다. 그들의 이런 행동은 다른 병원에서는 찾아보기 힘든 매우 이색적인 것이었다.

그리핀 병원에서 회의하는 모습을 본다면, 먼 거리에서도 어떤 진동을 느낄 수 있다. 그 진동은 바로 '부족의 자부심'으로, 4단계 문화에서 발견되는 독특한 분위기이다. 그러나 '우리는 대단해' 부족에게는 언제나 경쟁자가 있다. 이 경쟁자를 찾는 태도는 4단계 문화의 유전자에 새겨진 것이다. 사실, '우리는 대단해'를 온전히 쓰면 다음과 같다. '우리는 대단해. 저들은 그렇지 않지만'이다. USC 미식축구 팀의 경우, '그렇지 않은 저들'에 해당하는 팀은 UCLA(그리고 전국 미식축구 대회 우승을 놓고 경쟁하는 다른 팀들)이다. 애플Apple의 운영체제 담당 엔지니어에게는 마이크로소프트의 엔지니어가 경쟁자이다. 종종 경쟁자는 같은 기업 내에 있는 타 집단을 가리킬 수도 있다. 부족은 자신만의 경쟁자를 찾아 헤매는데, 이 경쟁자를 결정할 권한을 가진 유일한 사람이 바로 부족 리더이다. 포완다의 경우, 그리핀 병원이 경쟁할 만한 가치가 있는 유일한 상대는 보건 의료 사업을 하는 모든 사람이라고 주장했다. 여기에서 4단계의 법칙을 찾아낼 수 있다. 그것은 바로 '경쟁자가 대단할수록 부족은 더 강력해진다'이다. 그리핀 병원의 경우, 만약 경쟁자가 하나의 병원에 지나지 않았다면 지금처럼 성공하지 못했을 것이다.

사람들은 자주 차멜과 포완다에게 어떻게 하면 자신이 원하는 대로 부족을 이끌어갈 수 있느냐고 질문한다. 이 질문에 대한 대답은 두 가지로 정리할 수 있다. 하나는 4단계를 목표로 부족의 문화를 형성해나감으로써 부족의 사람들에게 리더로서 인정을 받는 것이다. 또 다른 하나는 각 문화의 단계가 서로 연속되어 있다는 사실을 기억하는 것이다. 따라서 그리핀 병원과 같은 유형의 문화를 형성하려면 우선 3단계 문화에 속한 사람들이 필요하다. 차멜과 포완다는 4단계의 '우리는 대단해'라는 특성을 고취시키기에 앞서 병원 부족을 2단계에서 3단계로 이동시켜야 했다. 우리는 뒤에서 어떻게 이것이 가능한지에 대해 생각할 것이다.

8장에서는 4단계 부족 리더십의 영역에 대해 다룬다. 집단이 이 수준에 도달하게 되면, 구성원들은 스스로를 공동의 목표를 가진 부족의 일원으로 생각하게 된다. 그들은 공유되는 핵심 가치에 헌신하며 서로가 서로에게 책임을 진다. 4단계의 사람들은 〈오피스〉에 나올 법한 성과 중심주의나 3단계 문화에서 주된 특징으로 거론했던 개인적인 문제를 방관하지 않는다. 부족의 4분의 3은 4단계 아래에 놓여 있으며, 부족 리더십이 형성된 직장에서는 4단계에 만족하지 않는다. 결과적으로 사람들은 '나는 대단해'(3단계)의 수준에서 들락날락하게 된다. 이 책의 목적은 당신과 당신의 부족이 4단계로 진입하게 해 위대한 기업을 만들 수 있도록 도와주는 것임을 기억하기 바란다. 부족들은 한 번에 한 단계씩만 이동하기 때문에, 오직 4단계의 사람들만이 최고 단계인 5단계로 도약할 수 있다.

▌기술 노트

서양에서 '부족'이라는 단어는 사회적 단위를 대표하는 말로 사용되어왔는데, 이것은 집단보다는 크고 사회보다는 작다. 우리 역시 이런 관점에서 부족이란 단어를 사용하고 있다. 『소용돌이 역학(Spiral Dynamics)』의 저자 돈 벡을 포함해 아프리카에서 일했던 경험이 있는 사람들은 우리에게 부족이라는 단어를 사용하지 말라고 주의를 주었다. 우리 역시 아프리카에 다녀온 뒤로 그 우려를 이해하게 되었다. '부족 중심주의(tribalism)'라는 말은 고문, 전쟁, 대량 학살을 연상하게 한다. 이는 우리가 의도한 것과 명백히 다른 의미이다. 우리가 말하는 '부족 리더십'은 4단계의 문화를 의미하는데, 이것은 핵심 가치의 공유와 상호의존적인 전략을 강조하는, '우리는 대단해'라는 언어에 토대를 둔 문화를 말한다. 부족 중심이란 말은 개발도상국 중 일부 지역에서 종종 사용되는 것처럼, 1단계의 특성인 폭력과 극단적인 호전성을 의미한다. 그러나 4단계에서는 인종 청소를 비롯한 다른 모든 유형의 끔찍한 행위를 상상조차 할 수 없다.

6. 5단계

4단계는 5단계로 뛰어오르기 위한 발판에 해당한다. 우리가 전체 직장의 부족문화 중 2% 미만을 차지하는 5단계를 설명하려 할 때마다, 그런 것이 실존하겠느냐는 회의적인 시선을 받고는 한다. 5단계에서 사용하는 언어는 '인생은 위대해'이며, 이 단계의 사람들은 사회적 통념에 어긋난 행동을 하지 않는다. 이 단계의 사람들은 무한한 잠재성이 깃든 언어를 사용하며, 어떻게 하면 집단이 역사에 오래 남을 만한 일을 할 것인가에 초점을 맞추고 있다. 그래서 그들은 경쟁자를 꺾고 승리하는 대신 전 지구적인 차원에서 긍정적인 영향력을 행사하려고 한다. 이 집단의 분위기는 '순수한 경이innocent wonderment'로 표현할 수 있는데, 사람들은 다른 부족과 경쟁하는 것이 아니라 어떤 의미 있는 가능성과 경쟁한다.

5단계의 팀은 놀라운 혁신을 달성한다. 최초로 매킨토시 컴퓨터를 만들어낸 팀은 5단계에 속했는데, 우리는 이런 분위기를 암젠에서도 볼 수 있었다. 이 5단계의 특성은 순수한 리더십, 비전, 그리고 영감으로 요약할 수 있다. 5단계의 팀은 단기간에 폭발적으로 작업한 뒤 조직을 재편성하고 하부 구조의 문제에 집중하기 위해 4단계로 물러난다. 스포츠에서는 이것의 힘이 올림픽 금메달과 슈퍼볼 우승컵이라는 성과를 가져오며, 기업에서는 리더십이 새로운 역사를 만들어낸다. 그리핀 병원의 문화는 4단계와 5단계의 중간에 놓여 있지만, 세계 최고의 조직 모델이라고 할 수 있다. 다음의 표에서는 다섯 가지의 문화를 요약했다.

다섯 가지의 부족 단계

부족 단계	분위기	자주 사용하는 말
5단계	순수한 경이	"인생은 위대해"
4단계	부족의 자부심	"우리는 대단해(저들은 그렇지 않지만)"
3단계	외로운 전사	"나는 대단해(너는 아니지만)"
2단계	무심한 희생자	"내 인생 꼬이네"
1단계	극도의 적개심	"인생 꼬이네"

7. 부족 단계의 업그레이드

영화 〈오스틴 파워Austin Powers〉에 등장하는 미니미Mini Me는 비록 이블 박사Dr. Evil에게 충성하는 추종자이긴 하지만, 당신 역시 그의 충성심을 본받을 필요가 있다. 이블 박사를 도울 때의 미니미는 망설임 없이 오스틴 파워를 죽이거나 괴롭히려 들었다. 반대로 충성의 대상이 오스틴으로 바뀌었을 때, 이 작은 영웅은 이블 박사의 영향에서 벗어나려 안간힘을 썼다. 어쩌면 부족을 지배하는 문화 안에서는 우리 모두 이 미니미와 같을지 모른다.

만일 어떤 사람이 3단계 문화의 부족에서 오랫동안 지내왔다면, 그는 다른 환경으로 이동했을 때조차 여전히 그 문화에 자부심을 가지게 된다. 그의 행동을 자세히 들여다보면, 그것은 그가 흠뻑 빠져 있는 문화로부터 영향을 받았음을 알 수 있다. 그래서 본질적으로 사람들을 둘러싼 문화는 서로에게 영향을 주고받는다고 보아야 한다. 또한 시간이 갈수록 그 사람이 말하는 언어와 부족 단계의 언어는 동시에 일어난다. 당신은 미니미와 그의 보스가 서로에게 영향을 주고받았다고 말할 수 있다.

만일 우리가 부족의 문화 단계별로 누가, 어떤 유형의 언어를 얼마나 많이 말하는가를 파악하고, 누가 리더인가에 대해 알 수 있다면 그 부족의 성과를 예측할 수 있을 것이다. 그리핀 병원을 특별하게 만든 한 가지 요소로서 4단계 언어를 말하는 4단계 사람의 숫자가 많다는 점을 꼽을 수 있다. 만약 그리핀 병원에서 누군가가 1단계 또는 2단계의 언어를 말한다면, 부족은 그 사람을 배척할 것이다. 고령의 CEO가 차멜을 해임했을 때 그리핀 병원의 부족들은 그 결정을 따르지 않았다. 이것은 부족의 힘이 무엇인가를 보여준 매우 적절한 사례이다. 조직의 CEO가 의사결정을 하면 그대로 시행될 것이라고 생각할 수 있지만, 실제 시행 여부를 결정하는 것은 부족이다. 만약 우리가 부족의 충고를 거절한다면, 오히려 부족이 우리를 몰아낼 것이다. 어느 조직이건 부족의 지배적 단계를 변화시킬 능력을 소유한 사람은 거의 없다. 만약 그런 사람이 있다면 그가 바로 부족 리더라고 할 수 있다.

우리가 관찰했던 대부분의 기업들은 2, 3, 4단계가 혼합된 부족으로 구성되어 있으며, 사람들 중 다수가 '내 인생 꼬이네'(2단계)와 '나는 대단해'(3단계) 사이의 경계선상에서 왔다 갔다 하는 것으로 나타났다. 그럼 지금부터는 이들 각 단계의 실제적인 결과에 대해 살펴보기로 하자.

기업에서는 개인적인 문제를 중시하는 3단계의 사람들과 비전 중심의 4단계 사람들 사이에서 갈등이 끊이질 않는데, 이때 2단계 사람들은 누가 승리하는가를 보기 위해 팔짱을 끼고 앉아 있다. 기업의 임원들은 변화를 불러오는 것이 너무나도 어렵다는 사실에 좌절하고, 고위 간부는 잭 웰치 Jack Welch의 책을 읽으며 하위 10%에 해당하는 직원들을 해고한다. 물론 그렇게 해도 크게 달라지는 것 없이 매번 같은 상황이 되풀이된다. 이 기업은 『누가 내 치즈를 옮겼을까?Who Moved My Cheese?』를 수백 권씩 구입하거나, 직원들을 시간 관리 훈련에 등록시킨다. 나아가 이 부족의 CEO는 분기별 이익 창출을 위해 싸우고, 인력 관리 책임자는 왜 기업 분위기 조사에서 신뢰와 커뮤니케이션 분야가 항상 낮은 점수를 보이는가에 대해 의구심을 품는다. 사람들은 직장이 온통 정치판이라며 투덜대고, 기업은 많은 비용과 시간을 투자했음에도 지배적인 분위기를 바꾸지 못한다.

지금까지 우리는 사람들이 항상 부족을 형성하며, 지배적인 문화 단계에 따라 성과가 나타난다는 사실을 살펴보았다. 전체 부족의 성과를 다음 단계로 움직이게 하는 방법은 임계량을 다음 단계로 움직이는 것이다. 이 과정은 사람들이 다른 언어를 사용하도록 하는 것과 더불어 그들의 행동을 변화시켜 많은 사람을 개인적으로 이동시키는 것과 관계된다. 이렇게 될 때 부족 스스로가 새로운 문화를 형성할 수 있다. 그리핀 병원의 사례에서 보았던 것처럼, 4단계의 문화가 튼튼한 뿌리를 내리게 되면 3단계 이하의 언어를 사용하는 사람들을 용납하지 않을 것이다.

부족에 속한 각각의 사람은 단계별 여행을 하는데, 부족에 따라 그 여행을 길게 만들 수도 짧게 만들 수도 있다. 부족 리더로서 당신이 해야 할 일은 각 구성원의 여행을 촉진시키고 새로운 환경을 조성해 4단계를 형성하도록 하는 것이다. 이렇게 될 때 그리핀 병원의 사례에서 볼 수 있었던 것처럼 부족은 그 자체를 하나의 부족으로 여기고, 당신을 리더로 인정할 것이다. 이것이 간략하게 정리한 부족 리더십의 개념이다.

이 책에서 우리는 개인을 연구 대상으로 하고 있지만, 그렇다고 해서 그들의 신념, 태도, 욕구, 아이디어 등 직접적으로 관찰할 수 없는 것들에 관심을 두지는 않는다. 부족 리더십은 오로지 두 가지의 요인, 즉 사람들이 사용하는 말과 그들이 형성하는 관계 유형에만 초점을 맞춘다(그러나 5단계에서는 딱 한 가지 예외가 있다). 어떤 단계에 있는 어떤 사람을 다음 단계로 상승 이동시킨다는 것은 그 사람이 사용하는 언어를 변화시키고, 다른 관계 유형을 형성하도록 돕기 위해 개입한다는 것을 의미한다. 이런 현상이 여러 사람들에게 일어나게 되고, 새로운 문화 단계가 지배적이 될 때 전체 부족은 변화를 경험하게 될 것이다. 우리는 이렇게 개입하는 방식을 '핵심 지렛대'라고 부르는데, '부록 A'에서는 다섯 가지 문화 단계에 대해 요약해 설명했다.

▌기술 노트

대부분의 연구자들과 다르게 우리는 사람들이 어디에서 왔는지, 즉 심리학자들이 '사회경제적 지위'라고 부르는 것에는 관심이 없다. 우리는 연령, 성별, 소득, 민족성에도 관심이 없다. 우리는 연구의 토대를 닦을 때 아시아, 유럽, 아프리카의 자료를 아울렀지만 그들의 모국어조차 무시했다. 우리는 그들의 성격 유형을 파악하지도, IQ를 측정하지도, 교육 수준도 묻지 않았다. 오히려 우리의 연구는 사람들을 이해하는 전통적인 방식, 즉 그들이 사용하는 언어를 통해 그들의 실체를 파악했다. '부록 B'에서 우리를 도와준 학자들을 포함해 모든 이야기를 하겠지만, 이렇게 설명하면 이해하기 쉬울 것이다. 어떤 사람이 세계를 바라볼 때, 그는 자신이 사용하는 언어 스크린을 통해 세계를 여과시키는데, 이 과정은 물고기에게 물이 보이지 않듯이 그에게는 보이지 않는다. 마치 녹색 유리를 통해 숲을 보는 것처럼, 우리는 한 가지의 인상 속에서 세계와 우리가 쓰는 말을 본다. 무엇이 정말로 녹색이고, 무엇이 녹색이 아닌가를 알 수 없다. 우리가 눈에 긴 깔때기를 대고 돌아다니다가 그것이 있다는 사실을 잊어버리게 된다면, 우리는 인생이 단지 녹색일 뿐이라고 생각하게 될 것이다.

8. 단계를 통한 여행

우리는 다양한 단계의 사람들이 이 책을 읽게 될 것으로 생각한다. 누차 반복해 말하지만 이 책의 목표는 부족의 리더가 각 단계의 언어와 습관을 배우고, 타인을 고무시키며, 모든 사람을 5단계의 기본적인 토대가 되는 4단계의, '우리는 대단해'라는 언어를 사용하는 단계로 상승 이동시킬 수 있게끔 하는 데 있다. 당신은 이 여행을 혼자 할 수는 없다. 당신의 부족은 당신에게 도움을 줄 수도 있지만, 마음먹고 해보고자 하는 것을 방해할 수도 있을 것이다. 사실, 당신은 누군가가 당신과 함께 할 때에만 앞으로 나아갈 수 있다. 부족은 아주 총명하거나 엄청난 재능을 가진 각각의 개인보다도 영향력이 더 크다는 점을 명심하기 바란다. 당신이 앞으로 나아갈 때 당신은 부족의 리더가 될 것이다. 그렇지만 당신이 당신의 부족 단계를 상승시키지 못하면 리더로서의 자격을 잃게 된다. 이 규칙의 유일한 예외는 기존의 부족을 새로운 부족으로 바꾸어 그들 스스로를 변화시킨 사람에게서나 찾아볼 수 있다.

외부에서의 코칭이 없다면, 사람들은 매우 천천히 앞으로 나아간다. 대개 아이들은 유치원 첫날을 2단계로 시작하는데, 그들은 격리되어 있고, 갇힌 느낌을 받으며, 집에 가고 싶어 한다. 간략하게 말하면 유치원에 가는 날부터 그들의 인생은 꼬인 것이 다름없다. 그들은 친구들을 사귀고, 큰 붓으로 그림을 그리며, 알파벳을 배울 때 성취감을 느끼고 "나는 꽤 대단해"라고 말하며 3단계로 상승한다. 대부분의 정형화된 교육과정에서는 아이들이 모르는 것을 보여주고, 지식을 전하며, 시험과 논문으로 지식을 얻었다는 것을 증명할 기회를 제공함으로써 의도적으로 대학원까지 사람들을 3단계에 머무르도록 만든다. 학생들은 어떤 성적을 받는가에 몰두하면서 2단계 또는 3단계의 어딘가에서 졸업을 하게 된다.

사람들이 처음 취업을 하게 되면 그들은 자신의 성취에 대해 말하면서도 친구들을 그리워하는데, 이때 그들은 다시 2단계와 3단계 사이의 어딘가에 놓이게 된다. "상사가 엿 같다"(그리고 "내 인생이 엿 같다")라고 말하기 시작할 무렵, 사람들은 잠시 곤궁에 빠지거나 좌절을 느끼는데, 바로 이때 2단계로 퇴보하게 된다. 여기에 이르러 그들은 주말마다 〈딜버트〉가 얼마나 자신의 현실을 잘 대변하고 있는지, 얼마나 자신이 무력한지에 대해 이야기할 것이다. 그러다가 자신의 특기와 성공을 찾게 되고, 3단계 중반으로 조기에 상승 이동하게 되면서, 다시 '나는 대단해'라는 언어를 사용하게 된다. 실제로 많은 사람들은 멘토링으로 2단계의 사람들에게 봉사하면서 3단계의 삶을 살아간다. 종종 이 멘토링은 도널드 트럼프가 말한 "이것이 내가 하려는 것이다Here's what I would do"와 거의 비슷하게 들리기도 한다. 이 세상의 내로라하는 전문가들은 대개 3단계에 해당한다. 변호사, 회계사, 의사, 중개인, 판매인, 교수, 심지어 성직자조차 그들의 지식과 행동으로 평가받는다. 이렇게 각자가 받은 평가 점수는 3단계의 확실한 증명서가 된다. 이 시점에서 '팀'은 스타급과 조연급 배역(외과 의사와 간호사, 선임 변호사와 준변호사, 목사와 집사, 교수와 조교)으로 구성된다.

사람들은 두 가지 방식 중 한 가지 방식을 통해 4단계로의 상승을 시도한다. 한 가지는 3단계만으로는 자신이 갈망하는 성공을 보장하지 못한다는 직관을 가지게 되면서 지역사회와 더 강력한 네트워크를 추구하는 것이다. 또 다른 하나는 첨단기술과 과학 분야에서 공통적으로 찾아볼 수 있는 방식으로, 한 사람 이상이 참여할 수 있는 한층 고도의 기술적인 프로젝트에 참여하는 것이다. 이렇게 형성된 집단은 3단계의 '스타급과 조연급 배역' 이상의 실질적인 팀으로서 역할을 해내게 된다. 사람들은 스타급과 조연급이 서로 협력하면 기대보다 더 큰 성과를 달성할 수 있다는 확신이 서게 될 때 팀에 더 헌신적인 기여를 하려 한다. 1980년대 중반까지만 해도 4단계에 해당하는 집단을 쉽게 찾아보기 어려웠다. 당시만 해도 사람들은 수행해야 할 과업과 기술적 요구 조건의 복잡성이 부각되었을 때 4단계로 내몰리는 경향이 있었다. 오늘날 경영대학원은 그들의 사명이 팀 플레이어를 증명(그 증명이 4단계의 사람처럼 행동할 수 있는 3단계 사람이라는 것을 증명한다고 할지라도)해내는 것이라고 믿는다. 7장에서 우리는 사람들이 4단계로 도약하는 데 필요한 통찰을 탐색하고자 한다. 이런 통찰들은 지적이면서도 정서적인, 심지어는 정신적 차원의 많은 수준과 맞아떨어진다. 우리는 미국의 전문가들 다수가 전성기 시절에 3단계의 언어('나는 대단해')를 말하는 문화에 고착되어 있는 것은 아닌지 크게 우려하고 있다. 또 7장에서는 당신에게 두통, 즉 우리가 데이터를 분석하고 무엇이 정말로 위대한 리더를 만드는지를 판단하기 위해 앓았던 바로 그 두통을 선사할 골칫거리에 대해 살펴볼 것이다.

9. 다음 단계로의 이동이 약속하는 것

일반적으로 부족문화는 3단계가 정상에 위치한 종 모양을 형성하는 것으로 나타난다. 부족이 종 모양의 중심을 3단계에서 4단계로 옮기게 되면, 그리핀 병원과 조지 워싱턴 시대의 초창기 미국이 그랬듯 부족은 자신은 물론이고 타인도 볼 수 있게 된다. 우리는 수십 명의 부족 리더들에게 안정적인 4단계의 문화를 만들었을 때, 다음과 같은 결과들을 얻게 될 것이라고 귀띔해주었다.

- 사람들은 그들의 가치에 따라 숭고한 대의명분을 위해 협력하고 일한다.
- 작업 과정에서 사람들 간의 마찰이 줄어듦에 따라 두려움과 스트레스 역시 줄어든다.
- 리더십에 저항하던 모든 부족이 그것을 적극적으로 추구하게 된다.
- 사람들은 그 기업에 머무르며 일하고 싶어 하고, 이는 장기적으로 그 기업이 인재를 쟁취하기 위한 경쟁에서 승리하도록 만든다.
- 업무에 대한 직원들의 참여도가 증가하면서, 그들은 '월급도둑'에서 벗어나 자신의 일에 전력을 쏟게 된다.
- 부족이 직원들에게 어떻게 생각하고 어떻게 행동해야 하는지를 가르치기 때문에, 조직의 학습은 한층 수월해진다.
- 사람들의 건강 상태가 향상되면서, 사고율과 병가 사용일이 감소한다.
- 사람들의 열정, 시장에 대한 지식, 그리고 창의성이 생기고 공유될 때 성공적이며 경쟁력 있는 전략을 수립하고 실행하는 것이 훨씬 더 쉬워진다.
- 사람들이 더 큰 생기와 즐거움을 느낀다.

지금까지의 내용을 요약하면, 4단계의 부족들로 구성된 기업은 더 큰 이익을 내고, 더 유능한 사람을 고용하며(물론 기존 직원의 능력을 향상시키기도 한다), 시장에 더 많은 기여를 하고, 더 즐겁게 일한다. 결과적으로 모든 사람이 승리한다. 여기에 적응하려 하지 않거나 하지 못하는 2단계와 3단계의 몇몇 개인들을 제외한다면 말이다.

다음 장은 이 책의 항해도라 할 수 있는 부분이다. 대부분 기업 부족들은 3단계나 그 이하 단계에 놓여 있다. 그렇다면 당신의 부족은 어디에 있을까? 다음 장은 당신이 자신의 위치를 알 수 있도록 도와줄 것이며, 부족의 여정에 꼭 필요한 몇 가지 규칙을 알려줄 것이다. 그런 뒤 당신의 부족 집단이 다음 단계로 상승 이동하는 데 도움이 될 도구를 제공할 장으로 안내할 것이다.

핵심 요약

- 몇몇 부족이 다른 부족보다 더 효과적인 것은 문화 때문이다. 사람들은 말을 할 때마다 다섯 가지의 부족 단계 중 어느 하나의 특성을 나타내게 된다. 2단계는 1단계보다, 3단계는 2단계보다, 4단계는 3단계보다, 5단계는 4단계보다 더 높은 성과를 달성한다.
- 대개, 중간 규모와 대규모 부족(50~150명)에서는 동시에 몇 개의 문화 단계가 작동된다.
- 부족 리더십은 문화 속에 자리 잡은 언어와 행동에 초점을 맞춘다.
- 부족 리더십은 우리가 직접 관찰할 수 없는 인지, 신념, 태도, 기타 요소들에 대해서는 다루지 않는다.

tribal leadership

3

부족의 단계별 특성 및 부족 리더의 조건

직장 안의 부족들 중 4분의 3 정도가 3단계 또는 3단계 이하의 문화에 놓여 있다고 보아야 한다. 앞에서도 강조했지만 이 책의 목적은 당신이 당신의 부족을 4단계의 문화로 상승 이동시키는 데 도움을 주는 것이다. 이 장에서는 부족 리더십의 단계별 특성을 살펴보고, 부족 리더가 어떻게 해야 효과적으로 역할을 수행하며, 효과적으로 지렛대를 이용할 수 있는가에 대해 살펴보게 될 것이다.

1. 단계별 부족의 신호

당신의 부족이 어느 단계에 위치하는가를 알아보기 위해서는 사람들이 무슨 말을 가장 많이 하는지 경청하고, 사람들이 어떤 직무 관계를 형성하는지 파악할 필요가 있다. 당신은 당신의 부족 안에서 여러 문화 단계의 구성 요소들을 볼 수 있을 것이다. 다음에서 가장 보편적인 것들을 정리했다.

1단계의 신호 대부분의 사람들은 마치 자신이 조직의 관심으로부터 멀리 떨어져 있는 것처럼 말한다. 그들이 뭉칠 경우 자신만의 독자적인 규칙, 주로 집단에 대한 절대적 충성에 따라 움직이는 고립된 폭력 조직을 결성하게 된다. 많은 사람들이 사회적으로 고립되어 있으며, 누구에게도 이러한 사실을 말하지 못한다. 그들의 이야기는 한 문장으로 요약된다. "인생에서 좋은 일이라곤 하나도 없고, 살아남기 위해서라면 무슨 짓이든 괜찮다." 주먹다짐이나 험악한 욕을 하는 등의 폭력 행위는 물론이고 도둑질이나 공공기물 파괴와 같은 행동도 문제가 된다. 만약 이런 행동들을 당신의 직장에서 목격할 수 있다면 당신의 직장 문화는 1단계에 해당한다. 4장으로 가 거기서부터 이 책의 끝까지 읽어보기 바란다.

2단계의 신호 사람들은 마치 자신이 조직의 관심으로부터 단절되어 있는 것처럼 말하며, 일이 어떻게 돌아가든 신경 쓰지 않는다. 그들은 살아가는 데 필요한 최소한의 일만을 하고, 그 외에는 어떤 도전이나 열정도 보여주지 않는다. 또한 수동적이면서도 적극적인 행동(어떻게 하면 직무에서 벗어날 것인가 또는 어떻게 하면 상사를 피할 것인가)을 장려하는 집단을 형성한다. 이 단계의 사람들이 하는 이야기는 한 문장으로 요약된다. "어떤 시도나 노력도 그들의 환경을 바꾸지는 못할 것이며, 포기하는 것만이 가장 현명한 일이다." 관리적인 측면에서 보았을 때도 어느 것 하나 제대로 이루어지지 않는다. 즉, 팀의 형성, 훈련, 심지어 성과가 적은 사람들을 추려내 해고하는 일조차 이 지배적 분위기를 바꾸는 데 아무런 힘을 발휘하지 못한다. 이 단계의 문화는 채워지지 않은 욕구, 속박, 실망, 그리고 억압된 분노가 분출되는 바닥없는 우물과 같다. 5장으로 가 거기서부터 이 책의 끝까지 읽어보기 바란다.

3단계의 신호 사람들은 어떤 일에든 활기차게, 헌신적으로 참여한다. 하지만 좀 더 깊게 들여다보면, 그들 대부분은 오직 자신에 대해서만 이야기하며, 타인보다 더 명석하고 더 우수하다는 것을 보여주는 데에만 관심을 두고 있다. 그들은 자신이 팀의 일에 더 우선순위를 둔다고 생각하지만, 그들의 행동을 보면 개인적인 일에 더 우선순위가 있음을 알 수 있다. 그들은 일대일의 관계만을 형성하기 때문에, 만약 그들이 열 명을 관리한다면 그저 열 개의 관계만을 형성한다. 그들은 좀처럼 여럿이 함께 모이지 않으며, 필요할 때를 제외하고는 정보를 공유하려 하지 않고, 타인보다 더 많이 알고 있는 것을 자랑스럽게 여긴다. 그들은 타인과의 경쟁에서 승리하는 것을 가장 중요하게 생각하지만, 이는 지극히 개인적인 차원이다. 이 단계의 사람들은 그들이 충분한 시간이나 지원을 얻지 못하며, 주변 사람들이 자신만큼 유능하거나 헌신적이지 않다는 것에 불만을 나타낸다. 3단계는 2단계와 상징적인 관계를 가지기 때문에 2단계에서부터 시작하는 것이 중요하다. 5장으로 가 거기서부터 이 책의 끝까지 읽어보기 바란다.

4단계의 신호 팀은 공유되는 가치와 공동의 목표에 초점을 맞춘 규범을 따른다. 정보는 집단 내부에서 막힘없이 전달되며 구성원들 간의 관계는 공유되는 가치에 의해 형성된다. 그들은 "다음에 해야 할 일은 무엇인가요?"라고 질문하면서 지금 중요한 것을 달성하기 위해 자유롭게 파트너십을 형성할 줄 안다. 그들이 사용하는 언어의 초점은 '내'가 아니라 '우리'이다. 만약 두 명의 구성원이 서로 싸운다면, 이를 본 또 다른 구성원은 두 명을 자신의 추종자로 만들려 드는 대신 그들의 관계를 회복시켜 주는 데 주안점을 둘 것이다. 4단계의 집단은 2단계와 달리 3단계의 경쟁에서 승리한 사람들로 구성되어 있고, 진정한 파트너십을 맺을 준비가 되어 있다. 부족의 리더로서 당신이 이 단계의 사람들에게 가장 먼저 해주어야 할 일은, 각 구성원이 안정적으로 4단계에 정착하도록 하는 것이다. 4단계에 있는 대부분의 구성원은 스트레스를 받게 될 경우 곧바로 3단계로 떨어질 가능성이 있기 때문이다. 7장으로 가 거기서부터 이 책의 끝까지 읽어보기 바란다.

5단계의 신호 5단계의 집단은 좀처럼 경쟁하지 않는다. 다만 이들은 자신들의 문화가 타 문화와 비교했을 때 얼마나 대단하고, 자신들이 이룩한 성과가 산업 표준보다 얼마나 앞서는가에 관심을 둔다. 이들의 대화 주제에는 무한한 잠재력이 깃들어 있으며, 이것들에 대한 제약은 오직 상상력과 집단 헌신이라는 기준뿐이다. 이 문화 단계의 사람들은 그 자신의 가치에 헌신하는 것 못지않게 상대방의 가치에 대해서도 헌신함으로써, 그 누구와도 함께 일할 방법을 찾을 수 있다(4단계와는 다르게 5단계의 초점은 '우리의 가치'가 아니라, 공명하는 가치이다). 이 단계에서는 두려움과 스트레스가 거의 없으며 직장 내 갈등도 없다. 이 5단계에 속하는 조직의 사람들은 자신들이 전 세계의 주목을 받는다고 여기고는 하는데, 실제로 그렇다. 이들은 역사를 만드는 주역들이기 때문이다. 여기에서 당신이 해야 할 주요 직무는 5단계를 지속적으로 유지하는 데 필요한 조직 내 인프라가 제 위치에서 제대로 역할을 수행하고 있는지 확인하는 것이다. 9장으로 가 거기서부터 이 책의 끝까지 읽어보기 바란다.

2. 부족 리더가 되는 방법

부족의 리더로 부상하기 위해서는 조직의 부족문화를 상승 이동시킨다는 뚜렷한 목적을 갖고 부족의 단계에 맞추어 그에 적합한 핵심 지렛대를 사용해야 한다. 우리가 연구에서 발견한 사실은, 각 개인은 부족 안에서 변화를 만들어낼 때 자발적으로 더 많은 일을 한다는 것이다. 당신이 조직에서 부족 리더로 도약하는 데 필요한 준비 작업은 다음과 같다.

- 다섯 가지 문화 단계의 언어와 관습을 배워라.
- 부족 구성원이 어떤 언어를 사용하는지 경청하라. 기본적으로 누가, 어떤 단계에 있는가를 파악하라.
- 당신은 부족 내에서 최소한 4단계에 위치하고 있어야 '중력의 중심(center of gravity)'으로서 역할을 수행할 수 있다. 이것은 당신이 다른 언어를 말하며, 당신을 둘러싼 관계의 구조를 이동시킬 때에만 가능한 일이다. 7장은 이 책에서 가장 중요한 내용을 다루고 있다. 7장에서 당신은 한편으로는 4단계의 가치를 확인하겠지만, 다른 한편으로는 3단계에서 비롯되는 공허함을 확인하게 될 것이다. 우리는 당신이 7장의 내용에 대해 생각해보고 당신의 인생에 중요한 영향을 주는 사람들과 토의할 시간을 가지라고 권하고 싶다. 부족 리더십이란 단순히 아이디어를 변화시키거나 지식을 습득하는 것이 아니라 언어와 관계를 변화시키는 것이며, 지성의 함양에 관한 것이 아니라 행동에 관한 것임을 기억하기 바란다.
- 당신이 4단계에 정착하기 위해서는 당신의 곁에서 당신을 지속적으로 지지해줄 강력한 네트워크를 만들어야 한다. 이 점에 대해서는 9장과 10장에서 중점적으로 다루게 될 것이다.
- 당신이 위에서 제시한 행동들을 했을 때 비로소 당신 주변의 부족을 상승 이동시킬 수 있을 것이다. 결과적으로 부족에서 4단계 문화를 형성하는 리더야말로 자타가 인정하는 부족 리더로서의 위상을 갖게 된다는 점을 기억하기 바란다.

만일 당신이 위에서 제시한 준비 작업을 성공적으로 마치고 당신이 속한 부족의 핵심 집단을 4단계로 상승 이동시켰다면, 그들을 매우 신속하게 안정화시키면서 3단계로 떨어지지 않도록 하는 요령을 구사할 수 있다. 9장에서 11장까지는 4단계의 부족이 3단계로 떨어지지 않게 하는 기술들을 설명하게 될 것이다. 삼자관계, 가치, 숭고한 대의 개발, 부족 전략 수립에 특히 주의를 기울여라. 우리의 연구 결과에 따르면, 준비된 리더들은 90일 내로 대부분의 부족들을 완벽하게 한 단계 높은 곳으로 상승 이동시킬 수 있으며, 소득에서부터 직원 만족에 이르기까지 모든 것을 향상시킬 수 있다. 당신은 우리의 웹사이트(www.triballeadership.net)에서 무료로 제공되는 다양한 도구와 자원을 통해 도움을 받을 수 있다.

이어지는 다섯 개의 장에서 우리는 각 단계를 경험하며, 부족 리더가 부족 내에서 어떤 효과적인 방법을 활용해 개인들을 다음 단계로 상승 이동시키는지 보게 될 것이다. 그럼 지금부터 우리는 각 문화 단계의 언어와 습관에 초점을 맞추도록 한다. 우선 4장에서는 1단계의 문화에 대해 설명할 것이다.

핵심 요약

- 각 문화 단계는 독특한 표현 방식, 행동 유형, 그리고 관계 구조를 가지고 있다.
- 조직에서 부족 리더는 두 가지 역할을 수행해야 한다. 하나는 그들의 부족에 존재하는 문화를 경청하는 것이고, 다른 하나는 특정한 핵심 지렛대를 사용해 부족의 단계를 상승 이동시키는 것이다.

2부

리더로서 당신의 여행:
단계를 통해 타인을 이끌기

tribal leadership

4

1단계: 해체 위기

프랭크 조던Frank Jordan은 매우 어려운 유년기를 보냈다. 그는 열 살이던 1945년에 어머니를 잃는 아픔을 겪었다. 그는 양부모에게 입양될 때까지 친척이나 학교 친구들의 가족과 함께 살았다. 열다섯 살이 될 때까지 5년 동안, 조던은 샌프란시스코 안에서 여덟 번이나 거처를 옮겨 다녔다. 그는 "나는 혼자 보내는 시간이 많았어요. 아이에게 그것은 위험천만한 일이었지요. 그러다 열두 살 때 우연히 '보이스 앤드 걸스 클럽Boys & Girls Club'을 알게 되었는데, 만약 그 클럽이 아니었다면 내가 어떤 인간이 되었을지 잘 모르겠어요"라고 말했다. 나중에 그에 대해 자세히 설명하겠지만, 조던은 경찰청장과 샌프란시스코 시장을 역임하며 입지전적으로 놀라운 성공을 이루었다. 현재 그는 일흔한 살의 나이로 미래 세대를 위한 프로젝트에 투자하는 '고든 앤드 베티 무어 재단Gordon and Betty Moore Foundation'의 부족 리더로 활약하고 있다.

조던에 관한 이야기 중 많은 부분은 우리에게 매우 이색적으로 보일 수 있겠지만, 이 책의 후반부에서 그에 대해 추가적으로 설명할 기회가 있을 것이다. 아마 그가 지닌 가장 돋보이는 특성을 꼽으라고 한다면, 그는 어떤 사람도 포기하지 않는다는 것, 특히 우리 중 많은 이들이 아예 본 척도 하지 않는 이들, 즉 1단계의 사람조차 포기하지 않는다는 점이다. 우리의 연구 대상인 전문직 미국인 중 1단계는 2% 미만을 차지하고 있지만, 실제로 우리 사회에서 이들이 차지하는 비율은 2%가 넘는 것으로 보인다. 만약 당신이 1단계 사람에게 인생에 대해 어떻게 생각하느냐고 물어본다면, 그들은 "인생은 불공평해", "제발 날 좀 내버려둬", "당신 일이나 잘해"라고 답변할 것이다. 이 장에서 우리는 1단계에 대해 상세하게 살펴볼 것이다. 우리는 1단계를 면밀히 관찰하고, 그것이 실제로 어떻게 작용하며, 당신이 1단계의 사람들에게 어떻게 영향력을 행사할 수 있을지에 대해 살펴볼 것이다.

1. 1단계

1단계에는 초기, 중기, 후기가 있다. 1단계 초기에 해당하는 집단은 '인생 꼬이네'라는 관점에 따라 행동한다. 이 책을 읽는 많은 독자들에게는 1단계 초기에 해당하는 사람들이 마치 화성에 사는 생명체같이 낯설게 느껴질 수도 있겠지만, 실제로 수백만의 미국인들이 이 단계에 있으며 이들 중 다수가 개인이나 기관의 고용인으로 살다 인생을 마치게 된다. 앞으로 기업은 1단계에 놓인 집단을 위해 무엇을 해야 할 것인가에 대해 더 적극적인 관심을 기울여야 하며, 우리 사회 또한 그들을 수용하는 데 더 많은 노력을 기울여야 할 것이다.

조던은 샌프란시스코에서 경찰청장을 지낸 지역사회의 저명인사지만 때로는 지역사회의 행사에서 냉대를 받기도 한다. 사람들은 그를 향해 "당신이 골칫덩이야"라고 말한다. 조던이 "왜 그렇게 생각하지요?"라고 물으면, 사람들은 멸시하는 듯한 말투로 "당신이 내 동생을 체포했잖아",

"우리 집 문을 망가뜨렸잖아"라는 식의 말을 하면서 그에게 불평을 늘어놓는다.

조던은 우리에게 말한다. "그들의 입장에서 볼 줄 알아야 해요. 그들은 자기 인생이 엉망진창이라고 느끼며 분노하지요. 하지만 그 분노를 누구에게 해소해야 할지는 몰라요. 그러니 그들의 말을 들어주고, 들어주고, 또 들어줘야 하는 거지요." 우선 그는 사람들이 경찰을 불신하는 이유를 모두 경청한 뒤, 이렇게 말한다고 했다. "그때 나도 그 자리에 있었어요. 지금 당신의 상황이 얼마나 어려운지는 잘 모르겠지만, 나 역시 어려운 상황인 건 마찬가지예요."

그는 지역사회의 구성원이나 아이들을 한 명씩 만나는 자리에서 자신의 삶을 이야기할 때마다, 폭력 행위와 감옥 생활로 인생을 망친 자신의 젊을 적 친구들에 관한 이야기를 꺼내고는 한다. "어떤 친구는 남의 차를 훔쳤고, 또 어떤 친구는 부모의 지갑에서 돈을 훔쳤지요. 가게에서 물건을 훔친 적도 있었고요. 정말 아무런 거리낌도 없이 그런 짓을 했어요. 우리는 영화관 옆문으로 누군가가 나오는 것을 보면 그 안으로 몰래 들어가 공짜 영화도 봤지요. 만일 그런 삶을 계속 살아갔다면, 질 나쁜 인간들 중 하나로 인생이 끝났겠지요." 우리는 이 '질이 나쁜 인간들'이라는 말을 '1단계의 부족'으로 바꿔 부를 수도 있을 것이다.

"가령 마흔다섯 명의 아이들에게 말을 건네면, 겨우 다섯 명 정도가 내 말에 귀를 기울이지요." 그의 목소리에는 절망감마저 깃들어 있었다. 우리는 물었다. "당신은 그 다섯 아이들에게 무엇을 해주지요?" 일이 순조롭게 진행되는 경우, 그는 문제의 아이들을 보이스 앤드 걸스 클럽에 가입시킨다고 한다. 거기에는 거의 모든 문제에 대처할 수 있는 멘토와 교사들이 있다는 것이다. 조던의 행동은 옳았다. 1단계 초기(감옥과 폭력 조직의 영역)를 벗어날 수 있는 최선의 방식은 다른 단계의 부족에 참여하는 것이기 때문이다.

샌프란시스코로부터 수천 마일 떨어진 도시에서 톰 마호니Tom Mahoney, 채리스 밸런트Charise Valente, 그리고 브라이언 섹스턴Brian Sexton은 1단계 초기의 사람들로부터 우리를 보호하는 임무를 맡고 있다. 그들은 시카고에 소재한 일리노이 주 검찰청 폭력 담당 검사들이다. 은행가처럼 입고 다니는 톰은 언제 어디서나 농담을 꺼낸다. 청바지에 큰 버클이 달린 벨트를 차고 다니는 채리스는 영락없는 마리스카 하지테이Mariska Hargitay(〈Law & Order: 성범죄전담반〉에서 여형사로 연기한 배우)다. 성가대 소년과 같은 목소리에 중년 운동선수를 연상케 하는 커다란 체구의 브라이언은 팀장을 맡고 있다. 톰과 채리스는 부팀장이며 그들의 팀은 열일곱 명의 검사로 구성되어 있다.

일반적으로 나이가 어린 폭력 조직원은 폭력 전과가 있는 가족, 즉 삼촌, 아버지, 심지어 할아버지가 폭력 조직원인 집에서 태어난다. 이들은 지역사회에서 아무런 역할도 하지 못하고, 그 가족의 아이는 많은 경우 모범으로 삼을 아버지상像이 변변찮기 때문에 폭력 조직이 그 가족을 대리한다. 어느 정도 성장한 아이들은 재산범죄財産犯罪를 저지르다 붙잡히고 소년원 신세를 지게 된다. 그들은 출소하면 폭력 조직으로부터 '지위'를 부여받는다. 브라이언은 "이러한 환경에 노출된 그들의 가치 체계는 엉망진창이 된다. 그들은 맥도날드에서 최저 임금을 받으며 일을 할 수도 있고, 마약 판매를 통해 하루에 수천 달러를 벌 수도 있다"라고 말한다.

검사들은 1단계의 사람들을 잘 알고 있다. 톰과 채리스에 따르면, 1단계의 사람들은 일반적인 오해와 달리 지능이 부족해서 이 단계에 머무르는 것이 아니다. 물론 대부분의 폭력 조직원들이 제대로 된 교육을 받지 못한 것은 사실이지만, 일부 폭력배들은 대출 사기를 저지르는 데 필요한 정교한 전략을 개발할 정도로 두뇌가 명석하다. 그들 중 어떤 이는 한 기독교 라디오 방송국을 습격해 방송이 금지된 랩 음악의 무삭제 버전을 방송하는가 하면, 경찰이 습격할 것이라든가 총을 쏠 것이라는 등의 정보를 사전에 파악해 암호로 조직원들에게 알려주기도 했다.

무려 예순 명의 폭력배들이 평소에 입는 옷 대신 하얀 티셔츠에 청바지를 맞추어 입고 법정에 나타난 사건에서 볼 수 있듯, 그들은 필요하다면 법정에 나타나 증인을 위협하는 일도 자주 한다. 또 그들은 증인뿐 아니라 근처에 사는 배심원을 위협하기도 한다.

세 명의 검사들은 자신들의 일에 매우 열정적으로 임한다. 그러나 폭력 조직원이 살아가는 모습을 말할 때마다, 그들의 얼굴은 우려와 공감, 비애로 가득 찬다. 채리스는 "이 아이들은 대개 부모나 보호자에 의해 방임되거나 학대를 당한다. 더 큰 문제는, 그렇게 사는 것 외에는 그들에게 다른 선택지가 없다는 사실이다"라고 말했다.

"이런 삶의 끝에서 기다리는 것은 감옥 아니면 죽음뿐이다." 브라이언의 말에 두 명의 부팀장들도 고개를 끄덕였다. "이것은 정말 비극이다."

2. 1단계 탐색

1단계의 사람들에게 "인생이란 무엇인가?"라고 물어보면, "불공평해", "젠장", "무의미해", "엿 같아" 등의 대답이 돌아온다. 우리가 1단계 사람들로부터 들었던 가장 공통적인 말은 "인생 참 꼬이네"이다. 1단계 사람들은 인생 자체가 원래 꼬인다고 믿는다. 사실상 그들의 인생관은 그들이 사용하는 언어에 잘 나타나 있다고 할 수 있다.

이 연구를 시작한 지 얼마 안 되었을 무렵, 우리는 아이들을 폭력 조직에서 구제하고자 했던 청소년 센터를 위해 컨설팅 프로젝트를 수행한 적이 있다. 이때 데이브는 '세상 물정을 하나도 모르는' 어린 신출내기와 대화를 시도한 적이 있는데, 마치 서로 다른 언어를 사용하는 사람들의 대화처럼 그들은 어떤 소통도 할 수가 없었다. 데이브는 몇 번이나 그를 격려해보려 했지만, 아이는 팔꿈치를 괴고는 이렇게 말했다. "아저씨가 뭘 알아요." 그 말이 옳았다. 사실, 우리 중 그 누구도 그들에 대해 아는 것이 없었다.

그것은 녹색 필터 속에서 빛나는 빨간 전등과 같다. 옆에서 아무리 빨간색이라고 말하더라도, 녹색 렌즈를 끼고 있는 사람에게는 녹색으로밖에 보이지 않는 법이다. 아무리 데이브가 그 아이의 인생이 꼬이지 않았다고 말하더라도, 그 아이의 입장에서는 자신의 인생이 정말로 꼬여 있었고, 오히려 이를 보지 못하는 데이브가 어리석게 보인 것이다.

3. 1단계: 내부에서 보는 관점

그렇다면 1단계에서 살아가는 사람들의 삶은 어떤 모습일까? 아마도 그것은 꼬일 대로 꼬인, 가치, 비전, 도덕 따위에 아무런 의미도 없는 삶일 것이다. 이러한 삶의 모습을 보고 있노라면 인생은 불공평하고, 세상은 비열한 장소이며, 우리 모두는 결국 죽을 수밖에 없다는 명백한 삶의 진실을 지금껏 못 본 척 해온 것이 아닌가 하는 의심마저 든다. 물론 모든 이들이 계속 못 본 척할 수 있다면 삶은 꽤 괜찮게 보일지도 모른다. 그렇지만 결국 핵심은 '꼬인 인생'이다. 그러니 현재의 상황에 자연스럽게 굴복하는 것이 더 낫고, 더 쉬울 수도 있다. 검사들이 우리에게 말했던 것처럼, 1단계의 사람들은 자신들이 자발적으로 이런 삶의 방식을 선택한 것이라고 생각하지 않는다. 다만 '사는 게 원래 그렇지'라며 수긍하고 받아들인 것일 뿐이다.

▌코칭 정보: 선택을 강조하라.

프랭크 조던은 이렇게 말했다. "처음 내가 '여러분도 선택할 수 있습니다'라고 했을 때, 그들은 내 말을 믿으려 하지 않았어요. 그래서 나는 이렇게 말했지요. '나도 여러분과 마찬가지입니다. 나 역시 홀어머니와 살았고, 선택의 여지는 많지 않았습니다. 그러나 난 봉사하는 인생을 택했습니다. 여러분도 그렇게 할 수 있습니다.'" 그에게는 주목할 만한 두 가지 삶의 자세가 있다. 첫째, 그는 어떤 문화 단계에 있는 사람이든 상대를 무시하지 않았고, 그 결과 느리게나마 상대와 친밀한 관계를 쌓아나갔다. 둘째, 그는 1단계의 사람들이 보지 못하는 것, 즉 선택을 강조했다. "만약 그들이 다른 선택이 가능하다는 것을 알게 된다면, 그들 역시 폭력 조직원이나 마약상보다 더 나은 인생을 선택할 수 있을 겁니다."

1단계의 사람들은 자신이 다른 사람들로부터 단절되었다고 느낀다. 그들에게 인생은 '저만치 멀리 떨어진 곳'에 있는 것처럼 느껴지고, 이 세상은 자신을 환영하지 않는 것처럼 보인다. 어쩌면 그들의 내면 가장 깊숙한 곳에 자리 잡고 있는 것은, 진실이 아닌 것에 현혹되어 위선을 부리지 않겠다는 삶의 태도인지도 모른다. 결국 사람은 죽을 수밖에 없는 유한한 존재임을 잘 알고 있는데, 왜 그렇지 않는 척 위선을 떤단 말인가? 1단계 사람들이 그들의 말을 통해 표현하고 싶은 것은 바로 이런 관점이다.

1단계 사람들의 이러한 인생관은 그들 스스로에게 극도의 적개심을 갖게 한다. 이 단계의 사람들은 자신들의 욕망에 쉽게 굴복할 가능성이 높다. 자신들의 가치에 반하는 행동을 하는가 하면, 폭력, 자살, 마약과 온갖 유형의 섹스도 마다하지 않는다. 1단계 수준의 사람들이 이런 행동들을 오랫동안 탐닉하게 되면, 여기에 중독되어 '인생 꼬이네'라는 그들의 시각을 점차 강화시킨다.

그들에게 중독을 나타내는 지표 중 하나는 자신이 매우 특별하다고 생각하는 것이다. 우리가 만났던 1단계의 사람들 중 많은 이가 분노에 찬 목소리로 학교의 교사들이 자신의 재능을 인정해주지 않아 학교를 그만뒀다거나, 자신의 비범함을 몰라주는 친구와 진정한 우정을 나눌 수 없었다고 말한다. 1단계의 사람들은 정상적으로 기능하는 부족(2단계 이상의 부족)이 특별한 자신을 따돌렸다고 생각한다. 그들은 소외되었고, 방황하며, 어떤 충동적인 행동도 자제하려 들지 않는다.

우리가 수행한 실증적인 연구에서 살펴본 것처럼, 1단계의 사람들은 세 개의 갈림길에서 한 곳으로 향하게 된다. 1단계 부족(폭력 조직 등), 죽음, 2단계 부족. 감옥의 경우는 대부분 1단계 문화에 속한다(물론 예외적인 경우도 있다. 남아프리카공화국의 감옥에서 수감 생활을 하면서도 동료 죄수들에게 책 읽는 법을 가르치며 그들이 최소한 2단계까지는 올라갈 수 있도록 노력한 넬슨 만델라Nelson Mandela는 4단계, 어쩌면 5단계에 속하는 인물이다). 슬픈 일이지만 1단계 초기에 해당하는 사람들의 대부분이 이 단계에서 벗어날 수 있는 방법은 오직 죽음밖에 없다. 또한 1단계 부족은 테러리스트 조직이 발생하는 온상이기도 하다.

4. 1단계 초기

1단계 초기에는 1단계의 전형이라 할 수 있는 성향의 부족들이 모여 있다. 그들은 두 가지의 서로 다른 경로를 통해 1단계에 도달한다. 그중 하나는 사람들이 기존에 속해 있던 부족(2단계 이상의 부족)과 관계가 끊어지며 1단계로 내려오는 경우이다. 그들은 길을 잃고, 소외되며, 외로워하다가 1단계로 들어오게 된다. 모든 부족은 그 구성원들에게 그들이 누구인가를 알려주는데, 1단계 부족 역시 '인생 꼬인다'라는 말을 반복적으로 주입시킴으로써 구성원에게 정체성을 부여한다. 앞서 소개한 검사들의 말에 따르면 폭력 조직의 몇 안 되는 규칙 중 하나는 충성이며, 이 때문에 조직원은 조직을 떠나고 싶어도 떠날 수가 없다고 한다.

사람들이 1단계 초기로 오는 두 번째 경우는 기존의 부족이 자신을 '알아봐' 주지 않는다고 느낄 때, 즉 자신의 특별함을 몰라준다고 생각할 때이다. 반면 다른 부족, 즉 1단계 초기의 부족은 자신의 재능을 알아봐 주기 때문에 사람들은 자신의 소속을 바꾸고는 한다.

1단계 초기 부족의 특성을 파악했다면, 교도소 시스템에 대한 의문을 느끼게 될 것이다. 교도소로 오는 사람들은 원래 각양각색의 부족에 속해 있던 이들이지만, 대부분의 교도소 문화는 1단계에 속한다. 죄수들이 복역을 시작하는 순간, 교도소의 새로운 부족은 죄수들에게 그들이 누구이고 인생이 어떻게 돌아가는지에 대해 말해준다. 많은 경우, 형기를 마친 범죄자들은 자신이 원래 속해 있던 부족의 사람들(가족도 포함)로부터 버림을 받고 1단계의 부족으로 표류해온다. 다시 말해 현재의 교도소 시스템은 사람들을 1단계라는 벼랑으로 몰아간다고 할 수 있다. 이러한 상황은 그들을 고용하는 조직에도 문제가 된다.

5. 1단계 중기

일반적으로 1단계 중기의 사람들은 2단계에서 내려온 사람들로 이루어져 있는데 이들은 심각한 중독 증상을 보인다. 자신의 욕망에 탐닉하게 된 이들은 기존의 부족에게 버림받고 오갈 데가 없어지게 된다. 소속된 부족 없이 오랜 시간 방황하게 된 이들이 최종적으로 정착하는 곳이 1단계 초기 부족이다.

우리는 연구를 수행하는 과정에서 조지프Joseph이라는 예술가를 알게 되었다. 그는 그의 작품과 창작 방법을 이렇게 설명했다. "사람들은 내가 작업하는 모습을 보며 그저 그림을 그린다고 말하지만, 사실 나는 전문용어로 '조각기법sculpting'이라 불리는 기술을 써요. 이 기술을 위해 향정신성向精神性 약을 복용한 뒤 마인드 컨트롤을 하지요." 그는 며칠간 코카인을 복용한 뒤 내리 이틀 동안 현실 세계에서 벗어나 창작 활동에 몰입한다. 그러다가 환각에서 깨어나게 되면, 조지프는 그사이에 가족들, 즉 아내와 딸, 어머니가 '30일 벌칙'이라 불리는 규칙에 따라 자신을 한 달 동안 집 밖으로 쫓아냈다는 사실을 깨닫게 된다. 그러면 조지프는 느릿느릿 1단계를 떠나 2단계로 되돌아간다. 이 2단계는 '인생 꼬이는' 1단계와 대조적으로 '그의 인생이 꼬이는' 곳이다.

우리는 조지프가 속한 부족의 구성원인 윌리엄William과 인터뷰를 했다. 시카고에서 디자이너 겸 종합건설업자로 일하고 있는 그는 조지프의 정신이 멀쩡할 때 종종 그를 하청업자로 고용한다고 말했다. 그는 자신이 조지프를 대하는 방식에 대해 이렇게 설명한다. "이것은 마치 영화 〈호스 위스퍼러The Horse Whisperer〉와 같습니다. 만약 어린 말이 잘못을 저지르면, 우두머리 말은 그 말을 무리에서 쫓아냅니다. 하지만 완전히 내치지는 않지요. 어느 정도 시간이 지나면, 우두머리는 그 어린 말을 무리로 돌아오게 한 다음 다시 기회를 줍니다. 죄는 미워하되 죄인은 사랑하는 겁니다. 내 방식이 딱 이렇지요." 쫓겨난 죄인들은 1단계 중기로 떨어진다.

윌리엄, 조지프와 같은 유형의 부족에 속한 릭Rick은 절도 전과 18범이다. 그의 친구들은 그를 절도광으로 부른다. 그는 절도로 체포될 때마다 1단계 중기로 떨어져 배척되고, 해고당하며, 소외된다.

사실 당사자가 1단계 중기로 떨어져 소외감을 느끼는 동안, 주변 사람들은 그를 기다리고, 지켜보며, 그가 회복되기를 소망한다. 그리고 그가 회복되었을 때, 2단계 이상의 부족들은 그들의 귀환을 환영하는 동시에, 그에게 보호관찰처분을 내린다. 몇몇 사람들은 몇 개월 동안이나 1단계 중기에 머무르기도 한다. 많은 유명 예술가와 작가들이 이 단계에서 괄목할 만한 작품을 완성하는 일도 있긴 하지만, 대부분은 1단계 초기로 떨어지거나 마약 복용 등으로 생을 마감한다.

▌ 코칭 정보: 경계를 설정하고, 절대 포기하지 마라.

윌리엄의 충고는 우리의 연구 결과와도 일치한다. 우리와 인터뷰를 했던 절대 다수의 관리자들은 마약을 복용하거나 알코올에 중독된 직원들, 심지어는 강간과 살인을 저지른 직원들의 문제를 처리해왔다. 아마 당신은 이것이 인사부의 업무라고 말할지도 모르겠지만, 우리가 만난 많은 관리자들은 이들 직원들을, 설령 그들이 해고된 뒤라도 포기하지 않았다. 관리자들은 전(前) 직원들에게 전화를 하거나 직접 만나면서 지속적인 인간관계를 맺는다. 감옥에 면회를 가기도 한다. 이런 대우를 받은 전 직원들 중 다수가 원래의 회사로 돌아오는데, 그들은 어떻게든 1단계에서 벗어나 다른 길을 찾겠다는 의지를 갖게 된다.

6. 1단계 후기

이 책을 읽는 독자들은 아마도 자신이 향정신성 약품이나 코카인을 즐기는 악마들과는 다를 거라 생각하겠지만, 모든 사람에게는 이 같은 악마가 자리 잡고 있다. 겉보기에 성공한 것처럼 보이는 3단계 이상의 사람들도 때때로 1단계로 굴러 떨어진다. 의사들도 가끔은 자기치료를 하며, 교수들은 연구 조교의 업적을 가로채 자신의 것으로 삼는다. '도덕적으로 올곧은' 직원이라 할지라도 회사가 보너스를 주지 않으면 컴퓨터 장비를 훔친다. 얼마나 교육을 많이 받았든, 머리가 좋든, 우리 모두는 언제든지 1단계 후기로 떨어질 수 있다. 그 순간이 왔을 때 우리의 '인생은 꼬이며', 우리는 무슨 짓이든 저지를 수 있게 된다. 1단계에 빠진 사람들을 돕는 일은 우리 역시 그곳으로 내려갈 수 있다는 사실을 직시하는 일에서부터 시작한다.

만약 이 악마가 너무 오랫동안 날뛰게 되면, 1단계에 있던 사람들은 1단계 중기로 이동한다. 자신의 부족으로부터 소외되어 홀로 있게 되는 것이다. 이러한 사람들 중 대다수는 매일 밤마다 필름이 끊길 정도로 술을 마셔대다 아침에 일어나 직장으로 향한다. 반면 몇몇 사람들은 중독을 치료하기 위해 도움을 요청하며, 자신의 부족과 상호의존적 관계를 형성한다. 만일 이러한 상호의존적 관계가 충분히 튼튼할 경우, 부족은 그들의 삶에 개입하게 된다. 이때 사람들은 두 가지 중 하나를 선택하라는 압박을 받게 된다. 중독에서 벗어나 2단계로 상승 이동할지, 아니면 계속 중독 상태로 남아 1단계 중기에 혼자 남든지.

7. 타인을 상승 이동시키기

이 책에서 여러 차례 강조하고 있지만, 본질적으로 단계를 상승 이동시킨다는 것은 어떤 단계에 놓여 있는 사람들이 그 단계에서 사용하는 언어와 행동을 포기하고 그다음 단계에서 사용하는 언어와 행동을 채택하는 것을 의미한다.

몇 개의 하위 단계(예를 들어 1단계의 초기, 중기, 후기)를 건너뛰는 것은 가능하지만, 그렇다고 단계를 통째로 건너뛸 수는 없다. 즉, 어떤 사람이 1단계에서 바로 3단계로 이동할 수는 없다는 뜻이다. 마치 보드게임 모노폴리Monopoly의 '출발점'과 같이, 반드시 2단계를 거쳐야 한다. 간혹 이 과정은 부족의 교체를 의미하기도 한다.

1단계에서 2단계로 이동하는 데에는 두 가지의 방법이 있다. 첫 번째는 1단계에 속한 당사자가 사용하는 언어를 '인생 꼬이네'에서 2단계의

'내 인생 꼬이네'로 바꾸는 것이다. 1단계와 2단계 사이의 차이점은 매우 큰데, 2단계로 상승 이동한다는 것은 '인생은 원래 결함투성이야'라고 말하는 대신 '인생은 내가 아닌 다른 사람만을 위한 거야'라고 말하게 되는 것을 의미한다. 우리가 조지프와 만나 인터뷰를 했을 때, 그는 마치 인생의 전환기를 겪었던 사람처럼 말했다. "난 내 예술을 포기할 수밖에 없었어요. 안 그랬으면 가족을 잃었을 테니까요." 자신은 남들처럼 예술을 할 수 없었다는 이 말은, 자신이 환경의 희생양이라고 말하는 것처럼 들린다. 이처럼 그는 '내 인생은 꼬였다'라고 말함으로써, 2단계로 이동하게 되었다.

두 번째는 공격적인 행동을 용납하지 않는 부족으로 이동하는 것이다. 한때 폭력 조직에 몸담았다가 최근 교회에서 운영하는 청소년 센터에 다니기 시작한 남자가 있었는데, 그의 어머니는 우리에게 이렇게 말했다. "걱정스러워요. 아들이 예전에는 그렇게 활기가 있었는데, 요즘은 너무 빈둥거리는 것 같거든요." 이것을 부족이라는 관점에서 해석하면, 그녀의 아들은 극도의 적대감이라는 불(1단계)에서 나와 무심한 희생자의 수동성(2단계)으로 자리를 옮긴 것이다. 이것은 그에게 발전을 의미한다. 우리가 그 아들과 인터뷰를 했을 때, 그는 슬퍼 보이는 얼굴로 말했다. "여기는 정말 엿 같아요. 아는 사람이 한 명도 없다고요." 그는 1단계의 특성인 소외에서 2단계의 특성인 단절로 옮겨간 것이다. 만일 이 상황에 놓여 있는 사람들이 이후에 나올 조언들을 따른다면, 그들은 3단계 이상으로 상승 이동하게 될 것이다.

이 책을 관통하는 원칙으로 이 장을 마무리 짓고 싶다. "모든 사람들에게 선택권을 줘라. 그리고 죽은 이들을 일으키려 하는 대신 살아 있는 이들과 함께 일하라." 1단계에 속한 이들 가운데에는 더 나은 인생을 살고자 하는 사람들이 있는데, 우리는 그들에게도 기회를 주라고 고용주에게 조언하고 싶다. 앞서 조지프를 채용했던 윌리엄은 그의 회사인 디자인포유Design For You의 일부 부서에 전 폭력 조직원, 범죄자, 중증 마약중독자였던 이들을 고용했다. 그는 사람들이 1단계에서 벗어나도록 돕는 것이 우리 사회 모든 구성원의 책임이라고 믿고 있다. 또한 그는 설사 사람들이 1단계의 유혹을 벗어나지 못하더라도, 그들을 쫓아내지 않는다. 만약 그들이 극도의 적대감을 보일 경우 그는 〈호스 위스퍼러〉처럼 그들을 쫓아내지만, 그들이 다시 정상으로 돌아올 때까지 지켜본다. 다음 장에서 우리는 사람들이 2단계로 상승 이동할 때 어떤 일이 일어나는가에 대해 살펴볼 것이다.

8. 1단계의 요약

- 1단계의 사람들은 다른 사람들로부터 소외되며, '인생 꼬이네'라는 관점을 갖고 있다.
- 1단계 사람들이 모일 경우, 그들은 폭력 조직을 만드는 등의 형태로 자신의 극단적인 적대감을 표현하는 행동을 한다.

9. 1단계 사람을 위한 핵심 지렛대

- 사람들을 다음 단계로 상승 이동시키려면 그 단계에 걸맞은 행동을 하도록 독려하라. 이것은 공동 작업자와 점심을 먹고, 사회적 활동에 참여하며, 회의에 참석하는 것을 의미한다.
- 나아가 인생 자체가 나쁜 것이 아니라는 사실을 깨닫도록 독려하라. 가령 1단계 사람이 당신의 인생이 썩 괜찮은 것을 보게 되면 그 자신의 인생도 나아질 수 있다.
- '인생 꼬이네'라는 언어를 공유하는 사람들과의 관계를 끊을 수 있도록 독려하라.

10. 성공 지표

- 2단계 사람은 1단계 사람이 사용하는 '인생 꼬이네'라는 언어를 사용하는 대신, '내 인생 꼬이네'라는 언어를 사용할 것이다. 즉, 그의 관심은 일반화된 불평에서 자신의 인생이 제대로 기능하는 것을 가로막는 구체적인 이유들로 이동한다. 특히 그는 타인의 능력, 사회적 장점, 대인 관계와 자신의 그것을 비교할 것이다.
- 그는 1단계의 극단적인 적개심을 나타내는 대신 2단계의 수동적인 무심함을 보일 것이다. 이러한 변화는 부족 리더십에 익숙하지 않은 사람의 눈에는 후퇴로 비칠 수도 있지만, 사실 이것은 그에게 중요한 진전이다.
- 그는 1단계 사람들과의 사회적 관계를 단절할 것이다.

tribal leadership

5

2단계: 단절과 이탈

2단계에서 사용하는 언어는 '내 인생 꼬이네'이며, 이들은 전체 직장 문화의 25%를 차지한다. 이 단계의 사람들은 자신이 환경의 희생자이며, 자신의 아이디어나 야망을 실현할 방법이 없다고 생각한다. 그들에게 새로운 비전을 보여줄 경우, "전에도 실패했는데 이번이라고 잘되겠어?"라는 반응을 보인다. 그들은 수동적인 삶을 살면서 먹고 사는 데 필요한 최소한의 일만을 한다.

2단계 사람을 찾는 것은 어렵지 않다. 대부분의 사람들이 싫어하는 조직을 찾아가면 되기 때문이다. 차량관리국이나 병원 사무국을 방문해 잡지나 들여다보며 45분 넘게 기다리노라면, 느릿느릿 움직이는 그곳의 접수원들이 과연 살아 있기나 한 것인지 의심스러워질 때가 있다. 또 공항 검색대에 여행객들이 터미널 입구까지 긴 줄을 서서 기다리는데도 자기들끼리 웃고 떠드는 안전요원들의 모습을 보고 있노라면, 마치 그들은 여행객들이 비행기를 놓치기 직전이라는 사실을 모르는 것처럼 보인다.

외부인들은 2단계의 사람들을 보며 분개한 목소리로 두 가지 질문을 던지곤 한다. "왜 이런 상황에서조차 뭔가 해보려는 사람이 아무도 없는 거지?" "어떻게 사람이 이렇게 멍청할 수 있지?" 최근에 비행기에 탑승한 적이 있는 데이브는 승무원들이 음료수를 제공하는 것을 '잊어버렸을' 때 이렇게 말했다. "저렇게 멍청한데도 어떻게 살아 있을 수 있지? 그래도 저 사람들의 뇌가 심장을 움직여야 한다는 걸 잊지는 않은 모양이지?"

2단계 사람들을 데리고 무언가를 하는 것은 어려운 일이다. 대부분의 기업 관리자들은 2단계 사람들을 발전시키려 하지도 않을뿐더러, 그들을 이 무심함의 영역에 계속 머무르도록 만드는 기술을 훈련받기까지 한다. 이렇다 보니 조직에서 2단계 수준의 문화는 3단계 다음으로 흔히 볼 수 있다. 우리는 백악관의 최고위직, 아시아의 은행 간부, ≪포천≫이 선정한 500대 기업의 이사회, 이탈리아 성당, 그리고 '미국에서 가장 일하기 좋은 곳'으로 선정된 기업에서도 2단계 문화를 목격할 수 있었다. 전체 직장의 부족 중 약 25%를 2단계가 지배하는데, 이 비율은 조직이 매우 어려운 시기(경기 침체, 의료보험의 상환율 감소, 항공사들의 치열한 경쟁, 미국에 공장을 둔 제조사들 간의 경쟁)를 겪게 될 때 더 증가한다. 조직의 업무가 기계화되어 구성원들이 마치 자신을 기계의 일부처럼 느낄 때, 그래서 더 이상 창의적으로 행동할 수 없다고 느낄 때, 조직에서는 2단계 문화가 나타난다. 우리는 4단계, 5단계와 같이 활기찬 조직문화를 가진 기업조차 시간이 지나면서 점점 관료화가 진행되어가는 것을 보았다. 이처럼 부족의 관료화가 진행되면 조직문화는 3단계나 2단계로 떨어지게 된다.

1단계의 경우에도 그러했지만, 2단계의 경우도 해당 부족의 구성원의 관점에서 바라볼 경우 약간 다른 것이 보인다. 2단계 부족은 한결같고, 변함없으며, 다른 단계가 건네는 충고를 완강하게 거부한다. 이 장에서는 어떻게 2단계가 작동하고, 무엇이 사람들을 이 단계에 붙들고 있으며, 어떻게 우리 자신과 다른 사람들을 발전시킬 수 있는지를 살펴보고, 궁극적으로 어떻게 해야 부족이 2단계에서 벗어날 수 있는지 알아보고자 한다.

1. 2단계: 내부의 관점

2단계와 3단계는 서로를 필요로 한다. 첨단기술 회사의 관리자로 근무하고 있는 로저Roger의 이야기는 이러한 역동성을 보여준다.

금요일 이른 아침, 로저는 회사로 출근하기 위해 시카고에서 서부 해안행 비행기에 탑승했다. 그는 전날 밤 회사에서 새로 출시할 상품에 대한 소비자의 반응을 미리 파악하기 위해 포커스 그룹과 함께 작업했고, 그 탓에 매우 피곤했다. 그는 공항에서 회사로 가는 승용차 안에서 휴대폰의 음성 메시지를 확인했다. 다섯 개의 메시지가 있었는데, 여느 금요일 아침과 비교할 때 많은 숫자였다.

첫 번째는 고문 변호사로부터 온 메시지였는데, 로저의 팀에서 만든 제품 중 하나가 경쟁 회사의 저작권을 침해해 소송에 휘말릴 가능성이 있다는 내용이었다. 두 번째와 세 번째 메시지는 패닉에 빠진 팀원이 보낸 것으로, "큰일 났어요! 빨리 오세요!"라는 말과 함께 끝났다.

네 번째는 다시 고문 변호사가 남긴 메시지였는데, 이번에는 스피커폰을 통해 저장된 음성이었다. "회사의 법무 자문위원께서 자넬 보고 싶어 하셔." 몇 달 뒤 우리와 만난 자리에서, 로저는 당시의 느낌을 이렇게 설명했다. "어조가 완전히 달랐어요. 순간 누군가 했을 정도지요." 그는 이렇게 덧붙였다. "그림이 딱 그려졌어요. 회사에서 호랑이로 소문난 법무 자문위원이 고문 변호사의 어깨 너머에서 노려보고 있는 장면이요. 난 회사에서 자문위원과 마주한 적이 한 번도 없었어요. 그 호랑이가 나를 찾았다는 말은 아주, 아주 나쁜 소식이 기다린다는 뜻이었지요."

마지막 메시지는 로저의 상사인 토드(여기에서는 실제로 있었던 일을 묘사하되 실명 대신 가명을 사용하기로 한다)가 남긴 것이었다. "호랑이가 자넬 보고 싶대! 도대체 일이 어떻게 돌아가는 거야? 지금 어디 있어?" 조금 전의 고문 변호사가 그러했듯, 토드의 어조 역시 평소와는 완전히 달라 마치 처음 보는 사람 같았다.

마침내 로저는 직장에 도착했다. 그는 당시의 이야기를 들려줬다. "사무실에 도착했을 때, 나는 여행으로 잔뜩 지치고 너저분해진 상태였어요. 모퉁이를 돌아 내 사무실로 가보니 입구에서 토드의 부하 직원이 날 기다리고 있었지요. 내게 이렇게 말하더군요. '복도에서 기다려주세요. 토드를 데려올게요.' 기다리는 동안 내 사무실을 살펴볼 수 있었지요. 내 물건들이 모두 박스 안에 담겨 있더군요. 벽에 걸려 있던 사진까지 잘 포장되어 있었고요. '오, 맙소사! 이건 말도 안 돼!' 잠시 후 토드가 와서 말했어요. '법무 자문위원이 아래층에서 자넬 기다리고 있어.' 내 짐을 여기에 좀 내려놓을 수 있냐고 물었더니 이렇게 말하더군요. '안 돼, 지금 바로 가야 해.' 믿을 수가 없었지요. 난 내 사무실을 가리키며 말했어요. '토드, 3년간 일한 결과가 이건가요?' 사람들이 몰려들었지요. 내 팀원들은 겁에 질린 표정이었어요. 토드는 이미 몸을 돌려 열 걸음이나 앞서서 걸어가고 있더군요. 정말 믿을 수 없었어요. 그의 부하 직원들이 내 팔을 잡고 나를 끌고 갔어요. 마치 보안요원이 나를 사무실에서 끌어내는 것 같았지요."

그렇게 그들이 열다섯 걸음쯤을 걸었을 때, 토드가 로저를 향해 몸을 돌리면서 외쳤다. "하하! 속았지!" 미안한 표정을 짓고 있는 자신의 부하 직원과 하이파이브를 하며, 토드는 외쳤다. "이 짓도 꽤 힘이 드는군!" 로저의 팀원들은 로저와 눈을 마주치려 하지 않았다.

"그럼 이게 다 장난이었단 말입니까?" 로저의 물음에 토드는 이렇게 대답했다. "자네가 해고당한 거? 맞아. 장난이었어. 최소한 지금은 그렇지. 하지만 법무 자문위원이 자넬 만나고 싶어 하는 건 사실이야. 저작권 문제는 정말 너저분하니까. 서둘러. 그 친구가 우릴 기다리고 있어."

토드는 로저를 호랑이가 기다리는 사무실로 데려갔다. 로저는 그곳에서 두 시간 동안 고문에 가까운 미팅을 해야 했다. 이후 자신의 사무실에서 짐을 푼 그는 집으로 돌아가 낮잠을 잔 뒤 오후 내내 테니스를 치면서 분노를 삭였다.

토드와 같은 상사들은 조직문화를 파괴하기 십상이다. 그들의 행동은 마치 지진이나 폭탄과 같다. 사람들은 뿔뿔이 흩어져 책상 밑으로 숨고, 그중 일부는 회사 건물을 떠나, 다시는 돌아오지 않는다. 비상사태가 종료되면 그들은 서로의 안부를 확인하고, 부상자를 치료하며, 사망자를 애도한 뒤 앞으로 또 언제 이런 일이 터질지 모른다는 불안감 속에서 일하게 될 것이다.

이 같은 상사와 이런 돌발적이고 잔인한 행위(설령 고용인을 격려하는 것처럼 보이는 행위일지라도)를 묵인하는 회사를 향해 침묵으로 항의하는 과정에서 많은 에너지가 낭비된다는 사실은 그리 놀랍지 않을 것이다. 그 결과 형성되는 문화는 2단계의 기초가 된다. 이 문화의 구성원들이 쓰는 말에는 그들이 희생자이며 무기력하다는 메시지가 담겨 있다. 그들은 자신의 인생이 꼬였다고 말한다. 인생 그 자체가 꼬인 것(1단계)이 아니라, 자신의 인생이 꼬였다는 것이다. 그들은 자신의 상사가 잘 나가는 모습을 보면서 상사를 테플론Teflon 인간,[1] 즉 어떤 잘못을 해도 처벌받지 않는 인간으로 묘사한다. 로저의 상사인 토드는 회사의 부사장이다. 그는 포르쉐 자동차를 몰고, 많은 돈을 벌어들이며, 업계에서 존경을 받고, 종종 헤드헌터로부터 스카우트 제의를 받기도 한다.

3단계('나는 대단해. 너는 아니지만')의 전형적인 인물인 토드와 같은 상사 밑에서 일하는 사람들에게는 두 개의 선택지가 있다. 상사와 싸우든

1 테플론은 프라이팬 표면을 매끄럽게 해 들러붙지 않도록 하는 코팅제이다. 숱한 실수와 스캔들에도 비판이 달라붙지 않는다는 사람을 이른다. _ 옮긴이

지, 얌전히 항복하든지. 상사와 싸우는 사람은 3단계로 이동하는데, 이 경우 우두머리 자리를 놓고 벌어지는 개들의 싸움과 같은 주도권 싸움이 시작된다. 만약 로저가 3단계로 이동했다면 그가 가장 원하던 것을 내놓아야 했을 것이다. 노스웨스턴 대학교Northwestern University 켈로그 경영대학원Kellogg School of Management에서 MBA를 취득한 후 찾아온 첫 번째 승진을 말이다. 로저가 브랜드 매니저Brand manager[2]로 승진하기도 전에 2단계를 벗어나려 했다면, 그의 커리어는 추진력을 잃었을 것이다.

로저의 선택은 그 자신의 말마따나 '꾹 참고' 받아들이는 것이었다. 비록 지적이고 야심만만했지만, 그는 원하는 것을 얻기 위해 잠시 동안 (본인의 표현을 인용하자면) '애완용 강아지'가 되기로 했다. 일시적으로 그는 스스로를 그 자신의 열정과 단절시켰고, 애써 무감각하게 부조리한 일을 참아냈던 것이다.

로저와 비슷한 처지에 놓인 많은 사람들이 승진을 위해 온갖 어려움을 견뎌낸다. 하지만 승진 뒤 그들은 또 다른 상사에게 희생당하고 있는 자신을 발견하게 된다. 이런 일은 모든 직업에서 발생하는데, 우리는 심지어 2단계에 고착된 몇몇 CEO(다행히 모든 CEO가 이런 것은 아니다)가 '이사회가 고집을 부리는 바람에 올바른 방향으로 기업을 이끌 수 없다'라고 불평하는 것을 들은 적도 있다.

2단계에 머물러 있는 한, 사람들은 스스로를 운명의 주인이라고 생각하지 못한다. 그 결과 그들은 책임을 회피한다. 대개 이런 말들을 쓰면서 말이다. "한번 해보긴 할 게요." "장담은 못해요." "상사가 그거 보고 뭐라고 할지 잘 모르겠네요." "우리도 그런 건 못한다고요." "그건 우리 회사 정책이랑 안 맞아요." "다른 사람더러 이래라저래라 잔소리할 순 없잖아

---

2 특정 상품의 마케팅 전략 책임자. _ 옮긴이

요." 물리학자들은 일work을 시간time으로 나눔으로써 힘power의 값을 구하는데, 이 관점으로 보면 2단계의 사람들이 사용하는 말은 아무런 힘이 없다고 할 수 있다. 하루 종일 떠들어도 변하는 게 없기 때문이다.

간혹 2단계는 사람이 아니라 시스템이 원인일 때가 있다. 우리는 사업 초창기까지만 해도 5단계에 있었던 어느 기업과 함께 일을 한 적이 있다. 그 기업은 과거에 새로 직원을 채용하면서 '모범 경영'이 이루진다고 알려진 기업의 관료들을 다수 채용했는데, 그로부터 10년 뒤 한 여자 직원이 우리에게 이렇게 말했다. "나는 한때 내 일을 내게 부여된 사명으로 생각했어요. 그런데 지금 보니 고작 서류나 뭉개는 일이었네요. 하지만 그렇다고 그만두기에는 보수가 너무 좋아요. 그래서 그냥 참고 하는 거지요." 이렇게 그녀의 인생은 꼬였고, 이 기업의 지배적인 문화 또한 2단계로 떨어졌다. 황금수갑Golden handcuffs[3]조차 사람들을 2단계에 묶어놓는 함정이 되는 것이다.

또 2단계 사람들이 사용하는 언어는 핵심 가치를 회피한다. 우리가 2단계의 사람들에게 그들의 삶을 이끄는 원칙을 질문할 때마다, 사이비 철학 같은 답변이 돌아온다. 가령 한 공기업의 관리자는 이렇게 말했다. "저 역시 가치가 중요한 거라고 생각했어요. 하지만 결국 이것이 나를 실망시킬 뿐이라는 사실을 알게 되었지요." 이처럼 2단계 전반에는 냉소, 빈정거림, 체념이 난무하는 조직문화가 형성되면서 기업의 생산성에도 부정적인 영향을 미치게 된다.

로저와 비슷한 처지에 놓인 사람들 대부분은 결국 3단계로 상승 이동하게 된다. 그런데 이 단계에 진입한 이들은 그들이 과거 증오하던 부류

---

3 기업의 주요 인사나 임직원들에게 높은 급여 혹은 인센티브 등을 지급함으로써 이들이 회사에서 유출되는 것을 방지하는 것. _ 옮긴이

의 인간들, 즉 그들의 상사와 비슷한 인간이 된다(다음 장에서 살펴보겠지만, 사실 이 3단계에 너무 오래 머무를 필요는 없다). 그 전까지 이들은 소외감을 느끼는 다른 이들과 서로 힘을 합치는데, 이로써 2단계 문화가 형성된다. 만약 이 문화가 2단계 초기에 해당한다면, 이 집단은 1단계의 상징 중 하나인 적대적 행동을 할 위험이 있다. 대부분의 2단계 문화는 2단계 중기 단계에 놓여 있는데, 이들은 우리의 동료이자 의료보험사의 CFO인 스콧 위너Scott Weiner가 '단단하게 뿌리박은 보통 사람'이라고 부르는 부류의 사람들이다. 2단계 후기는 바로 로저가 경험했던 단계이다. 이들은 승진에 목을 매며 목적을 달성할 때까지 온갖 일들을 견뎌내는 집단이다.

2. 2단계 초기

2단계 초기의 사람들은 1단계와 2단계 사이의 변두리에 놓여 있어 항상 1단계로 후퇴할 위험에 처해 있다. 과거 우리는 어느 대형 제조업체의 컨설팅을 한 적이 있다. 이 무렵 이 회사는 아시아 쪽으로 위탁 경영을 시작하면서 직원을 대규모로 해고했는데, 그 과정에서 2단계 초기로 떨어지게 되었다. 비록 미국 공장의 폐쇄는 아무 사고 없이 진행되었지만, 이때 관리자들은 어느 부서가 먼저 폐쇄될 것인가를 두고 내기를 벌여 직원들을 격분케 했다.

1단계에서 상승 이동한 사람들은 2단계 초기에서 멈추는 경우가 많다. 앞 장에서 언급한 조지프 역시 2단계 초기에 머무르고 있다. 즉, 그는 1단계의 위험(다시 '인생 꼬이네'라는 언어를 입에 담으며 약물 남용으로 나타나는 극단적인 적대감을 표출할 위험)에 노출된 것이다. 심지어 그는 정신이 멀쩡할 때조차 인생 자체가 자신에게 불리하게 돌아가고, 세상은 다른 일부의 사람들만을 위해 존재한다고 믿는다. 보호관찰을 받는 사람들 역시 2단계 초기에 해당할 가능성이 높은데, 이는 그들이 저지른 과오 때문이기도 하고 사람들이 그들에 대해 갖는 선입관 때문이기도 하다.

▌코칭 정보: 1단계의 행동에 대해 무관용의 원칙을 보여라.

2단계 사람들을 안정시키는 지름길은 1단계 행동을 관용하지 않는 다른 사람들 사이에 두는 것이다. 만약 2단계 사람들이 1단계의 행동을 되풀이하지 않는다면, 사람들은 그들을 원래의 부족에 편입시켜야 한다. 반대로 그들이 다시 과거의 습관으로 되돌아가 누구의 말도 들으려 하지 않는다면, 부족은 그들에게 어떻게 하면 돌아올 수 있는지에 관한 명확한 규칙(조지프가 마약을 복용할 때마다 받았던 '30일 벌칙'과 같은)을 알려줘야 한다.

2단계의 사람들이 함께 모이는 자리에서는 주로 회사의 처우나 시스템이 얼마나 자신을 망가뜨리는지에 관한 이야기가 나온다. 앞 장에서 본 사람들과는 달리, 그들의 주된 불평의 대상은 인생 전반이 아닌 자신의 인생이다. 끊임없는 절망만을 보는 1단계의 사람들과 대조적으로, 2단계의 사람들은 자신의 인생이 제대로 돌아갈 가능성이 있다는 것을 안다.

2단계 초기의 사람들은 자신보다 상위 단계에 있는 사람들에게도 영향을 미친다. 2단계 초기는 불안정하기 때문에 1단계의 깊은 구렁으로 떨어질 위험성이 있고, 이 때문에 제조업 회사 등의 관리자들은 직장 내 폭력이나 자살과 같은 자멸적인 행동을 두려워한다. 실제로 우리는 파산한 닷컴dot-com 기업에서 몇 건의 자살을 목격한 적이 있다. 사람들은 5단계('우리는 무슨 일이든 할 수 있어. 우리는 소매업을 혁신하고 있다고.')에서 4단계('우리는 경쟁자들보다 나아. 현금을 더 많이 보유하고 있으니까.'), 3단계('네 직장을 잃었구나. 유감이야. 하지만 나는 아직 직장을 잃지 않았어.'), 2단계('난 실업자야. 희망이 안 보여. 내 포르쉐 자동차는 다른 사람한테 넘어갔고.'), 그리고

1단계(마약과 자살)로 떨어졌다. 사람들은 2단계 초기의 사람들이 이러한 행동을 저지르는 것, 즉 1단계로 되돌아가는 것을 두려워한다. 이전의 단계에서 빠른 속도로 추락했던 사람의 경우라면 더욱 그러하다. 한 관리자는 직장을 그만둔 직원에 관해 이렇게 표현했다. "저 사람, 완전히 무너진 것처럼 보여요. 언제쯤 괜찮아질까요?"

2단계 초기에 속한 사람들은 세 가지의 길 가운데 하나를 따르게 된다. ① 구성원 대부분이 2단계 초기인 부족을 찾아 그곳에 머무른다. ② 자신의 분노를 삭이며 상위 단계로 올라간다. ③ 조지프와 같이 1단계로 떨어진다.

3. 2단계 중기

외부에서 2단계 중기의 사람들을 보면, 4단계('우리는 대단해')와 유사하게 보이는 경우가 있다. 탄탄한 유대감을 과시하며 뭉치기 때문이다. 그러나 4단계 부족과는 달리, 그들은 누군가, 또는 무언가가 자신을 붙잡고 앞길을 가로막고 있다는 신념으로 뭉친다. 그 장애물은 상사일 수도, 시스템일 수도, 불충분한 교육일 수도, 부모가 자신을 능력 있는 인간으로 키워주지 못했다는 믿음일 수도 있다. 중요한 것은 그들이 현재뿐 아니라 미래에도 이 장애물이 사라지지 않을 것이라고 여긴다는 점이다. 이 때문에 그들은 자포자기하고, 서로 뭉쳐 핍박받는 이들을 위한 지지 단체를 형성한다.

장애물 가운데서도 가장 유력한 용의자는 상사이다. 2단계 중기를 상징하는 것 중 하나는 개인 공간의 벽이나 커피 기계, 또는 플라스틱 인조 식물의 잎사귀에 걸린 만화 〈딜버트〉이다.

어떤 점에서 〈딜버트〉 제작자 스콧 애덤스는 자신의 인생이 꼬인다고 생각하는 사람들의 대변인이다. 그들 입장에서는 자신들이 밥맛 떨어지는 인간을 위해 일하는 것처럼 보이기 때문이다. 불편한 사실이지만, 미국의 전문직 종사자 중 25%의 직장에서 〈딜버트〉에 나올 법한 일들이 벌어지고 있다.

나쁜 경영자를 '얼간이 보스'로 묘사해 웃음거리로 만드는 것이 애덤스의 장기인데, 실제로 2단계 중기의 사람들 중 상당수가 이와 비슷한 일을 하는 데 시간을 보내는 것으로 보인다. 그들은 "내 인생이 꼬이는 건 보스 때문이야"라는 말을 입에 달고 산다. 따라서 2단계 사람들의 내면을 표현하는 일에서 애덤스를 따라올 사람은 없을 것이다.

우리는 애덤스와 인터뷰를 하며 왜 수많은 직장인들이 그렇게 불행한 것인지, 왜 자신은 아무것도 할 수 없다고 생각하는지에 대해 이야기를 나누었다. 그는 이렇게 말했다. "'얼간이 보스'는 조직의 시스템에서 만들어져요. 만약 당신이 진심으로 직원들을 잘 보살피는 사람을 고용한다면, 바로 그 리더 때문에 일이 제대로 안 돌아갈 거예요. 당신은 그에게서 '우리 아이들이 야구 경기에 출전하는데 그것도 안 보고 일할 수는 없잖아요? 마감 날짜를 좀 연장하면 어떨까요?' 같은 소리를 듣게 되겠지요. 직원들이 보스를 만만하게 여기게 되면 죽은 친척의 장례식에 가야 한다느니 어쩌느니 하며 쉬려고 하겠지요. 보스에게는 어느 정도의 강인함과 냉혹함, 사악함evil이 필요해요. 이런 게 없으면 그 조직의 시스템은 무너질 수밖에 없어요."

'사악함'은 애덤스가 신중하게 고른 말이었다. 〈딜버트〉에 등장하는 상사가 어떤 종류의 보스냐고 물었을 때, 그는 이렇게 대답했다. "형편없는 보스지요. 내가 강조했다시피 리더십은 악함에 대한 심오하면서도 천부적인 감각이 필요해요. 리더십의 핵심은 사람들이 스스로 하고 싶어 하지 않는 일을 하게 만드는 거지요. 가령 '이 상자 안에 들어 있는 맛있는

쿠키를 먹어라'고 말하기 위해 리더십이 필요하지는 않겠지요."

애덤스는 말을 이어갔다. "그렇다고 해서 직원에게 많은 보너스를 줄 테니 주말에 가족과 시간을 보내는 대신 출근하라고 하는 것은 어떨까요? 이건 그냥 순수하게 사악한 거예요. 당신은 상대방에게 그다지 득이 되지 않는 일을 시키려 하고 있고, 상대방도 그 일이 자신에게 크게 득이 되지 않는다는 걸 알고 있는 상황이지요. 그러나 당신이 리더에 걸맞은 기술과 라스푸틴Rasputin[4]과 같은 능력을 발휘한다면, 어찌어찌 상대방에게 자신이 원하는 일을 시킬 수 있겠지요. 리더십의 본질은 사람들로 하여금 자신의 이익과 관계없는 일을 하게 만드는 거지요."

애덤스는 3단계에 대한 완벽한 풍자라 할 수 있는데, 이것은 왜 3단계의 보스가 사용하는 언어, 즉 '나는 대단해(너는 아니지만)'에 대한 반응으로서 2단계의 문화가 형성되는가를 분명하게 설명해준다. 그는 또한 왜 2단계의 사람들이 3단계 보스를 위해 일하느냐는 질문, 즉 '당신의 보스가 그렇게 얼간이라면, 왜 다른 회사로 옮기지 않는 겁니까?'라는 질문에 대해서도 답을 준다.

그의 대답은 이렇다. "난 샌프란시스코 크로커 은행Crocker Bank에서 근무한 적이 있어요. 당시까지만 해도 나는 그곳에서 일어나는 일이 다른 곳에서도 그대로 벌어지진 않을 거라고 믿었지요. 그러다 그곳에서 커다란 문제가 발생했고, 나는 직장을 바꿨어요. 직장의 이름이 바뀌었고, 건물도 바뀌었지요. 그런데 나를 괴롭히는 인간들은 거의 그대로였어요."

애덤스는 덧붙였다. "〈딜버트〉를 처음 연재했을 때, 여러 사람들로부

---

4 그리고리 라스푸틴(Grigorii Rasputin). 러시아 제국의 수도사로, 혈우병을 앓던 황태자 알렉세이를 치료한 일을 계기로 황제 니콜라이 2세의 총애를 받았다. 이후 제멋대로 권력을 휘두르다 귀족들에게 암살당했는데, 살해당할 당시 청산가리가 든 음식을 먹거나 총에 맞고도 죽지 않아 불사신이라는 소문이 돌았다. _ 옮긴이

터 편지를 받았어요. 내 만화를 보고 직장을 바꾸려는 생각을 포기했다더군요. 어차피 새 직장도 마찬가지일 테니까요."

애덤스는 사람들이 어느 회사에나 '사악한 보스'가 존재할 수 있음을 자각할 때, 그 조직의 업무 효율이 떨어지는 동시에 조직의 '사악한 보스'가 기업 DNA의 일부로서 받아들여진다고 주장했다(우리는 특정한 단계의 특성을 설명하면서 '사악'이라는 말을 쓰지 않으려고 한다. 애덤스를 위해 변호하자면, 우리는 그가 극적인 효과를 묘사하기 위해 이 단어를 썼다고 믿는다. '나쁜 bad', '사악한evil', '틀린wrong'과 같은 단어의 사용은 문제가 있다. 그 대상에 지워지지 않는 낙인을 찍어 사람들의 자유로운 사고를 방해하기 때문이다).

4. 2단계 중기의 함정

2단계는 대개 사악한 보스에 대한 반응으로 형성되지만, 다른 원인도 많다. 우리의 연구 결과, 2단계의 사람들은 불충분한 교육, 빈약한 사회적 관계망, 부족한 정치적 기술, 전략적 사고의 부재, 성공에 필요한 초과업무를 허용치 않는 배우자의 지원 부재를 탓하기도 했다.

바로 이 지점에서, 부족문화 풍자의 대가인 애덤스와 우리 연구진은 2단계 부족을 바라보는 관점이 서로 다르다는 사실이 드러났다(우리는 〈딜버트〉의 새로운 악당으로 우리가 등장하는 것이 아닌가 하는 두려움에 애덤스에게 그러지 말아달라고 요청했지만, 그는 웃는 얼굴의 이모티콘만을 보내왔다).

'내 인생 꼬이네'라는 말을 입에 달고 사는 2단계 중기의 많은 사람들은, 그들이 불평하는 문제가 제거되어도 거기에 전혀 영향을 받지 않는다. 만약 관리자가 그들의 불만사항을 해결할 경우, 그들은 또 밖으로 나가 불만거리를 들고 온다. 우리의 연구 결과에 따르면, 사람들은 '얼간이 보스'에 대해서뿐 아니라 기업의 이름(너무 길어 이메일에 적는 것이 귀찮기 때문에), 화씨 72도(너무 더워서), 출력까지 '영원'에 가까운 시간이 걸리는 프린터(사실 10초 걸린다) 등등으로도 불평불만을 쏟아냈다.

심지어 '왜 사람들의 인생은 그렇게 꼬이는가?'에 대해 경청하는 과정에서 우리 자신들도 '내 인생이 꼬이는 것 같은' 기분에 빠졌다. 그것은 마치 불평하는 이들과 함께 2단계로 추락하는 느낌이었다. 가령 누군가로부터 "직장 동료에게서 암내가 나요"라는 말을 들으면 우리는 속으로 '그러면 미식축구 라이트 가드right guard를 맡기면 딱이네'라고 생각했고, "직장 상사가 내 친구에게 심술궂게 굴어요"라는 말을 들으면 '당신 문제가 아니잖아'라고 생각했으며, "작업장 바닥이 너무 미끄러워요"라는 말을 들었을 때는 '왁스칠이라도 했나 보지'라고 생각했다. 이처럼 불평불만을 들을수록 우리의 인생도 꼬이는 것 같았다. 사실, 그 누구도 2단계가 사용하는 언어에서 자유로울 수 없다. 그들의 데이터를 수집하는 이들까지 포함해서 말이다.

'도대체 2단계에서는 무슨 일이 벌어지는 걸까?'라는 의문이 들었다. 그들은 그저 불평하는 수준을 넘어, 어딘가 비참해 보이기까지 하다. 우리가 2단계로 떨어졌을 때, 한 관리자가 우리를 돕고 싶다고 말한 적이 있다. 이때 우리는 프로작Prozac(우울증 치료제)이나 좀 차갑게 식혀달라고 대답했다(그 관리자는 웃었지만, 어쨌든 우리는 나중에 이 일을 사과했다).

2단계 사람들은 무슨 수를 써서라도 책임을 회피하면서 단절과 분리의 상태로 남아 있기 위한 명분을 찾아낼 것이다. 우리는 공개적인 세미나에서 얼마나 신속하게 2단계가 형성되는지 보여줄 수 있는 방법을 고안했다. 우리는 종종 수백 명 또는 그 이상의 사람들에게 이렇게 말한다. "이제부터 여러분께 왜 우리 인생이 꼬이는지를 알려드리겠습니다. 이걸 듣고 나면 여러분도 우리처럼 되실 겁니다." 그리고 이렇게 말한다. "이곳에서 여러분과 같이 있어야 하기 때문에 우리 인생이 꼬이지요."

처음에는 무거운 침묵이 방안을 가득 채운다. 사람들은 서로를 둘러보거나, 잔을 만지작거리거나, 카펫의 무늬를 보면서 애써 주의를 딴 곳으로 돌린다.

이때 누군가 말한다. "당신의 말을 경청해야 해서 내 인생이 꼬여요!" 어색한 침묵이 흐른 뒤, 여기저기서 키득대는 소리가 난다.

우리가 "누가 말했나요?"라고 질문하면, 아무도 대답하지 않는다. 경우에 따라서는 그 말을 한 사람 주변에 있는 이들이 손가락으로 그 사람을 가리킨다.

그다음 우리는 다시 묻는다. "지금 말한 사람보다 더 인생이 꼬인 사람 있나요?"

"세 시간이나 운전을 해서 이곳에 왔는데 헛소리나 듣고 있어서 내 인생이 꼬여요." 다시 웃음소리가 나지만, 이번 웃음은 더 오래 간다.

"시어머니가 우리와 같이 살아서 내 인생이 꼬여요!"

"직장 상사가 여기 있어서 험담을 못하기 때문에 내 인생이 꼬여요!"

"사립학교에 다니는 애가 셋이나 있어서 내 인생이 꼬여요!"

"회사에서 또 의료보험 정책을 바꾸려고 해서 내 인생이 꼬여요!"

이런 식의 말들이 하나둘씩 나오기 시작한다. 웃음소리도 점점 더 커진다. 마침내 세미나에 참석한 모든 사람들이 자신의 인생이 얼마나 꼬였는지를 말하게 된다. 집단 유형에 따라 약간의 차이는 있지만(의사들은 점잖고, 판매원들은 그렇지 못하다) 방 안은 이내 시끌벅적해진다. 너무나 소란스럽기 때문에 우리는 마이크를 끄고 테이블 쪽으로 가 사람들의 얼굴을 하나하나 마주 보며 소리쳐야 한다. "이제 됐어요! 그만하세요!"

그 뒤에도 완전히 조용해질 때까지는 좀 더 시간이 걸린다. "1년에 80시간이나 훈련을 받아야 해서 내 인생이 꼬여요." "읽어야 할 메일이 200통이나 있어서 내 인생이 꼬여요."

마치 각본이라도 있는 것처럼, 이 불평 고백의 장은 거의 똑같은 마무리로 끝난다. "이 토론은 내가 평소에 하는 일을 떠올리게 해서 내 인생이 꼬여요!"

이런 식으로 2단계 문화를 형성하는 데 실패했던 적은 거의 없었다. 여기에 해당하지 않을 것 같은 사람들(교회 지도자, 주 상원의원, 판사, 대학의 학장, 회계사, 수석 코치, 마지막으로 정말, 정말 많은 의사들)에게 시도했을 때도 결과는 마찬가지였다.

▌코칭 정보: 문화를 업그레이드하라. 음모설을 공격하지 마라.

2단계 초기와 중기에서 음모설(conspiracy theory)이 형성된다. 이것은 인지적 지속성(cognitive consistency, 모든 것이 이치에 맞길 원하는 경향)을 향한 우리의 욕구와 일정한 통제력을 발휘하고 싶다는 심리적 동기에서 비롯된다. 2단계 사람들이 우리에게 말했던 것처럼, "일이 돌아가는 모양새를 보며 준비할 수 있기 때문"이다. 결과적으로 음모설은 2단계 문화에서 환영받는다. 우리가 들었던 음모설은 이런 식이다. "공장 문을 닫으려고 한다." "회사를 매각하려고 한다." "봉급을 10% 삭감하려고 한다." 흔히 관리자들은 이런 말을 부정하면서 음모설을 공격하는데, 이 같은 대응 방식은 관리자 개인에 대한 구성원의 신뢰를 위태롭게 만든다. 게다가 이 방식은 거의 효과가 없다. 사람들은 엔론(Enron)의 전 CEO 켄 레이(Ken Lay)가 사원들에게 회사가 회생할 거라고 장담했던 것을 기억하고 있다.[5] 우리는 사람들에게 2단계 구성원들이 보스를 사악한(스콧 애덤스의 표현) 인간으로 생각한다는 점을 상기시키고는 한다. 개인적인 신뢰관계는 무의미하다. 사실 음모설을 부인하는 것은 많은 것을 감추고 있다는 반증이 될 수도 있다. 더 효과적이고 세련된 접근 방식은 문화를 업그레이드하는 것이다. 이 점에 대해서는 다음 장에서 논의하게 될 것이다. 만약 문화가 2단계에서 3단계로 이동하면, 음모설은 저절로 사라지게 된다.

---

5 미국의 천연가스 기업이었던 엔론은 주요 경영자들의 분식회계 등으로 파산 직전의 상

이것이 바로 2단계의 핵심이다. 얼마나 교육을 받았든, 성공했든, 재능을 갖췄든, 야망이 있든, 깨우쳤든 간에 2단계는 함정을 쳐놓고 먹잇감을 기다리고 있다. 한 사람을 불평하기 시작하면 다른 사람도 불평하게 되고, 결국 모든 사람들이 부정적인 말만 하게 된다. 이러한 불만의 순환은 조직 전체가 참여하면서 더욱 커진다. 방금 전의 세미나를 떠올려보자. 사람들은 웃음을 통해 누군가의 불만에 동조하며 지속적으로 불만을 강화시켜나갔다. 직장 부족에서 비슷한 일이 벌어질 경우 침울한 분위기가 연출되는데, 이는 마치 영화 속 영웅이 자신의 힘으로 막을 수 없는 거대한 음모를 발견했을 때의 분위기와 비슷하다. 우리는 "그들이 우리의 혜택을 뺏어간다", "그들이 식비 보조금을 삭감한다" 같은 말들을 들었다. 이 말들은 이런 식으로 이어지게 된다. "오래지 않아 그들은 우리의 일을 인도에 외주로 넘길 것이다." "이사회가 직장을 폐쇄하기로 결정했다는 말을 들었다."

우리는 달라이 라마Dalai Lama나 교황과 같이 깨우친 사람들은 이런 식으로 흔들리지 않을 것이라는 희망을 품고 있다. 그러나 내심 우리는 그들 역시 이러한 비관적인 흐름에 동참하거나, 최소한 은연중에 추종자들로 하여금 동참하게 만들 것이라고 생각한다. 우리 모두의 그림자 속에 숨어 있는 2단계의 언어는 언제 튀어나올지 모른다.

▌코칭 정보: 사람들에게 그들 자신이 가치 있는 존재라고 말하라.

2단계의 언어 시스템이 말하는 것은 결국 '난 가치가 없어'이다. 결과적으로 사

황에 놓여 있었다. 그럼에도 회사 경영에 무관심했던 당시 CEO 켄 레이는 이런 사정도 모른 채 회사가 곧 회생할 것이라고 말하고 다녔고, 얼마 지나지 않아 엔론은 결국 파산했다. _ 옮긴이

람들은 단절되고 분리된 느낌을 갖게 되고, 그들의 문화는 마찬가지로 분리된 다른 누군가를 위한 지지 집단으로 기능한다. 관리자는 직원의 삶에 개인적인 관심을 가짐으로써 2단계 문화를 해체할 수 있다. 단, 이것은 틀에 박힌 방식으로 해서는 안 된다(가령 관리자가 모든 직원의 생일을 기억하려는 모습을 보면 2단계 사람들은 '스케줄 관리라도 하려나 보지?'나 '부하 시켜서 케이크나 사오게 하려고?'라는 식으로밖에 받아들이지 않는다). 직원 자녀의 이름과 나이, 그리고 그들의 취미와 관심 분야를 아는 보스는 '이달의 우수 직원' 같은 프로그램을 시행하는 보스보다 훨씬 낫다.

조직 구성원이 "난 가치가 없어"라고 말할 때 상사가 할 수 있는 최상의 답은 이렇게 말하는 것이다. "자네는 귀한 인재야! 자네가 버틸 수 있도록 내가 돕겠네!" 베벌리 케이Beverly Kaye와 샤론 조던-에번스Sharon Jordan-Evans는 『그들을 사랑하라, 그렇지 않으면 그들을 잃을 것이다Love 'Em or Lose 'Em』라는 책에서 귀중한 조언을 해준다. 이 조언은 이 장 말미에 소개되는 문화를 진일보시키기 위한 행동과 결합할 때 최고의 효과를 낸다.

2단계에는 그 지배적인 문화(경영자가 아니라)에 의해 지목된 '현자'와 같은 이들이 있다. 우리의 고객 중 하나는 이들을 "'책임 회피'의 성화聖火를 수호하는 이들"이라고 부른다. 우리 중 한 사람이 일했던 대규모 비영리 조직에서, 우리는 선배 직원이 젊은 신입사원에게 하는 충고를 우연히 듣게 되었다. "너무 열심히 일하지 마. 괜히 기대감만 키운다고. 중요한 건 '척'하는 거란 말이야. 혹사당하는 척하면 아무도 안 괴롭힐 거고, 다른 사람 탓인 척하면 원하는 걸 얻을 거고, 다른 부서로 옮기려는 척하면 연봉 협상 때 봉급이 올라갈 거라고."

2단계 중기의 문화는 책임 회피와 불평불만이 끝없이 반복되는 현장이다. 그 결과, 직원들을 괴롭히는 문제를 해결해서 그들의 신뢰를 얻으려

하는 관리자는 문화라는 이름의 흡혈귀에게 자신의 에너지와 인내심을 빼앗긴다. 요구사항도 끝없고, 불만도 끝없다. 결국 대부분의 관리자들은 자신이 할 바를 다 했다고 생각하며 모든 노력을 포기한다.

기술 노트

우리는 연구를 통해 사람들이 타인의 문화적 단계를 정확하게 밝혀낼 수 있다는 사실을 발견했다. 사람들은 설문, 초점 면접(focused interview)용 질문, 사회도(社會圖, sociogram)[6]를 활용하는 전문 관찰자 못지않게 정확하다. 단, 예외가 하나 있다. 사람들은 그 자신의 단계만큼은 두 단계씩 올려서 보는 경향이 있다. 1단계의 사람들은 자신이 3단계라고 생각하며, 2단계의 사람들은 자신이 4단계라고 생각한다. 자신이 2단계인지 4단계인지 어떻게 알 수 있을까? 자신에게 어떤 힘이 있는지를 보면 된다. 자신이 사용하는 말이 조직에 변화를 가져다주는가? 당신의 인간관계는 핵심 가치와 이어져 있는가? 당신과 부족을 묶어주는 것은 무엇인가? 공동의 적인가? 아니면 '우리는 못 이길 거야'라는 공통의 관점인가?

5. 2단계 후기

앞에서 사례로 제시했던 첨단기술 회사의 관리자 로저가 우리에게 자신의 이야기를 들려줬을 때, 그는 더 이상 2단계의 사람이 아니었다. 그는 사무실 벽에 〈딜버트〉를 걸어놓지도, 범상함의 단계에 발목이 잡혀

6 집단 내에서 사람들이 맺는 인간관계를 알아보기 위한 방법 중 하나이다. 대상자에게 간접적인 질문을 하거나 그의 생활 과정을 관찰해 대상자가 누구와 친하고 소원한지를 밝히고 이를 선으로 연결한 도표이다. 이를 통해 집단 내의 친소(親疏) 관계 및 전체적인 인간관계 구조를 알아볼 수 있을 뿐 아니라, 집단 내의 소집단 분포와 집단의 실질적인 리더를 발견할 수 있다. 서울대학교 교육연구소, 『교육학용어사전』(서울: 하우동설, 1994). _ 옮긴이

있지도 않았다. 집단적인 체념의 빈민가에서 빠져나온 그는 기업의 직원을 대표하고 있었으며, 승진을 앞두고 있었다.

2단계 후기의 사람들은 '내 인생 꼬이네'보다는 '나는 대단해'(3단계)라는 언어를 쓰고 싶어 한다. 그들은 보통 토드 부사장 같은 '얼간이 보스' 때문에 자신의 경력이 잠시 후퇴하긴 했지만, 또 한 번의 승진과 정치적 책략, 또는 실세인 임원의 도움으로 자신이 끝내 성공할 것이라고 생각한다. 그들을 2단계에 붙잡아두는 것은 '나는 곧 대단해질 거야'라는 신념이다. 역설적인 것은 이 '곧'을 '당장'으로 바꾸기만 해도 3단계로 이동할 수 있다는 사실이다. 언어가 단계를 만들기 때문이다.

비록 우리의 연구가 연령이나 교육 수준보다는 언어 사용과 관계 구조에 더 초점을 두고 있기는 하지만, 우리는 자신의 경력이 1단계 또는 2단계 전기라고 말하는 사람들 가운데 상당수가 2단계 후기에 해당한다는 사실을 발견했다. 그뿐 아니라 성공을 거두었음에도 일순간의 불운(승진 기회를 놓쳤거나, 장기간 질병을 앓았거나, 이혼했거나, 나쁜 부서에 배치되었거나) 때문에 차질을 빚은 사람들 가운데에서도 2단계 후기를 발견할 수 있었다. 이들은 다시 게임에 참여할 방법, 또는 아예 게임에서 빠질 방법을 찾고 있었다.

2단계 후기 사람들은 시간이 지남에 따라 3단계로 (다시) 올라가거나 포기하고 범상함의 단계에 뿌리를 내리게 된다. 그중 물러난 이들은 2단계 중기에서 '원로' 대우를 받게 되는데, 이 원로들은 스콧 애덤스의 말마따나 "시스템 안에서 만들어진 사악함"과 처음 만나게 된 젊은 사람들을 상담하며 이렇게 가르친다. "시도하고 실망하는 것보다는, 포기하는 것이 더 낫다."

▌코칭 정보: 문화 전반에 관한 문제를 다루는 대신 일대일로 일하라.
경영의 기준이 될 만한 충고가 하나 있다. "당신이 진지하게 사람들의 문제를 다룬다면, 그들은 힘을 얻을 것이다." 하지만 이 충고는 2단계 후기와 그 이상의 단계에서나 적절하다. 2단계 초기는 부족을 지지하는 안정성이 부족하며, 2단계 중기는 불평불만이 끝없이 샘솟는 샘물이다. 경청의 기술을 발휘하고 문제를 해결하려 했음에도 실패했다면, 당신은 2단계 중기 이하를 상대하고 있는 것이다. 그렇게 하는 대신 변화를 원하는 사람들과 일대일로 일하라. 문화를 업그레이드하라. 그러면 사람들은 자신의 문제를 스스로 해결할 것이다.

우리는 기업이 2단계 후기에 더 많은 관심을 두어야 한다고 믿는다. 일반적으로 기업은 3단계 사람들이 운영하기 때문에, 2단계 후기의 집단은 필요한 자원을 거의 제공받지 못한다. 2단계 후기는 보스의 마음속에서 '과오의 대가를 치르는' 사람들이거나, 기회를 얻어도 결코 그것을 살리지 못하는 사람들이다. 우리와 이야기를 나눴던 많은 임원들은 2단계 후기를 생존경쟁의 장, 적자만이 생존하는 곳이라고 믿고 있었다.

이 장의 초기에 소개했던 로저는 적자생존에 성공했다. 그는 그렇게 원했던 승진을 하자마자 직장을 떠났다. 현재 그는 벤처 회사, 본인의 말을 빌리자면 "어디에도 얼간이 보스가 없는" 회사를 만들어 바쁜 시간을 보내고 있다. 다시 강조하지만 기업은 2단계 후기와 그들의 불만의 원인인 3단계에 더 관심을 둘 필요가 있다. 그렇지 않으면 로저와 같은 유능한 인재를 잃게 된다.

6. 코칭을 통한 발전

사람들이 2단계에서 빠져나오기 위해서는 세 가지 열쇠가 필요하다.

첫째, 자신보다 한 단계 더 높은 사람하고만 소통을 한다. 이 원칙은 모든 단계에 적용된다(단, 12장에서 논의할 5단계는 예외이다). 가령 2단계 부족의 리더들은 3단계, 즉 '나는 대단해'라는 언어를 사용해야 한다.

▌코칭 정보: 그릇을 키워라.

우리의 연구 과정에서 만난 관리자들은 자신들이 2단계의 언어를 쓰지 않는다고 자랑스럽게 말했다. 하지만 이것은 문제가 있다. 우리 모두는 이따금씩 2단계로 떨어지기 때문이다. 2단계의 언어를 쓰지 않을 경우, 당신은 사람들의 말을 진심으로 경청할 수 없을 것이다(이 경청이야말로 가장 강력한 부족 리더십 기술임에도 말이다). 우리는 문화적 언어를 말할 수 있는 능력을 '그릇'이라고 부른다. 만일 어떤 사람이 오직 3단계와 4단계의 언어만을 말한다면, 우리는 그 사람이 두 단계짜리 그릇을 가지고 있다고 말한다. 부족 리더들은 거의 예외 없이 모든 단계의 언어를 구사한다. 이 책은 언어와 관계 구조에 관한 것임을 기억하라. 2단계 언어를 이해하거나 그것에 관한 견해를 형성하는 것만으로는 충분하지 않다. 부족 리더인 당신은 자기 입으로 직접 2단계 언어를 말할 필요가 있다. 그렇게 했을 때에만 당신은 2단계 부족과 신뢰를 구축할 수 있으며, 그 부족을 발전시키기 위해 핵심 지렛대를 사용할 수 있다.

둘째, 변화를 원하는 2단계의 구성원 몇몇(이들은 2단계 후기에 속해 있다)을 찾아 함께 작업하되, 그들과 일대일로 작업한다. 우선, 상대방에게 당신이 그에게서 잠재성을 발견했으며, 그의 리더십 개발을 돕고 싶다고 설명하는 것에서부터 시작하라. 상대방이 2단계에 오랜 시간 머물렀다면, 칭찬에 대한 면역이 생긴 그는 당신이 교묘한 말로 자신을 이용하려 드는 것이 아닌지 의심할 것이다. 당신의 목적은 당신의 의도와 더불어 그의 능력에 대한 확신을 상대방이 믿게끔 하는 데 있다.

당신이 이 과정을 시작함과 동시에, 당신은 그를 3단계로 이끄는 생명

줄이 될 것이다. 즉, 그에 대한 당신의 멘토링을 통해 그는 위대해지는 것이다. 만일 당신이 개인적인 관심을 멈추는 등의 행위로 그 생명줄을 너무 일찍 끊어버린다면, 그는 2단계로 후퇴할 위험에 처하게 될 뿐 아니라 심각한 냉소주의에도 빠지게 된다. 그가 잘 하고 있는 점들을 알려주고, 그가 구체적인 행동을 하는 데 필요한 방향을 제시하는 일에 시간을 할애하기 바란다. 이는 모두 그의 능력이 발전되는 결과로 이어진다.

▌코칭 정보: 세 사람의 힘을 이용하라.

2단계의 사람을 3단계로 끌어올리는 방법 중 하나는 그가 신뢰하는 3단계의 사람을 찾아 그들과 한자리에서 만나는 것이다. 이때 그 신뢰받는 사람이 2단계 사람의 든든한 버팀목이 되어준다면, 그 만남은 처음부터 매우 강력한 신뢰의 감정을 만들어낼 것이다.

세 번째 핵심 지렛대는 2단계에 속한 사람이 다른 사람과 양자관계兩者關係, dyadic relationship를 형성하도록 격려하는 것이다. 연구 과정에서 우리는 사람들에게 직장에서의 인간관계망을 그림으로 그려달라고 요청한 적이 있다. 그리고 이때 강한 유대 관계인 경우에는 굵은 선으로, 소원한 관계인 경우에는 얇은 선으로, 단순히 정보를 교환하는 수준인 경우에는 점선으로 그려달라고 주문했다. 2단계 사람들이 묘사한 인간관계는 대부분 얇은 선과 점선만으로 이루어져 있었고 그나마도 그 수가 많지 않았다. 반면 3단계 사람들은 자신을 중심으로 하는 부챗살 모양의 네트워크를 형성하고 있었다. 앞 장에 등장했던 윌리엄과 조지프의 부족 구성원 중 한 사람인 조던은 이러한 양자관계의 힘을 잘 보여준다.

조던은 10대 때부터 이미 심각한 약물중독자였다. 부모의 신고로 새벽 2시에 출동한 경찰이 자고 있던 그의 손목에 수갑을 채운 다음 그를 약물

치료 센터로 이송한 적도 있었다. 열아홉 살이 되었을 때 글자 그대로 시궁창에서 눈을 뜬 그는, 자신이 머무를 곳을 마련할 수 있는 사람은 오직 자신밖에 없다는 것을 깨달았다. 윌리엄의 말을 빌리자면 "성찰의 순간"이었다. 자신이 1단계에 있음을 깨달은 순간이라고도 할 수 있을 것이다. 마약을 끊은 그는 아는 사람 하나 없는 스타벅스 매장에서 일자리를 구했다. 그는 사람들 한가운데에 있었지만, 고립된 상태였다. 그는 2단계 초기로 이동했다. 타고난 이야기꾼이었던 조던은 손님들에게 커피를 내오며 상대와 잡담을 나눴다. 그는 손님들이 종사하는 낯선 직업들에 대해 알게 되었고, 부업으로 그 일들을 하나씩 해봤다. 이처럼 각각의 직업들은 양자관계를 통해 조던에게로 다가왔다. 마침내 2단계 후기로 이동한 그는, '얼간이 보스'가 있는 스타벅스를 떠나기로 결심했다. 조던은 2단계에 머무르던 당시를 이렇게 묘사했다. "난 내가 할 수 있는 모든 걸 했지만 보스는 야단만 쳤어요. 하루를 끝마칠 때마다 보스에게서 자신이 얼마나 일을 엉터리로 했는지 듣는다고 생각해보세요. '또 보증금에 사인 안 하면 그땐 해고인 줄 알아!', '또 앞치마 입고 화장실에 가면 그땐 해고인 줄 알아!' 이런 소릴 정말 질리도록 들었지요." 하지만 그의 목소리에는 분노가 깃들어 있지 않았다. 마치 다가올 모험을 기다리는 사람처럼, 조던은 낙관에 차 있었다. 그의 양자관계는 그를 다른 직장으로 향하게 했고, 그중에는 윌리엄의 직장도 있었다. 이렇게 해서 조던은 3단계 초기로 이동했다.

자료를 수집하면서 우리가 발견한 가장 중요한 통찰 중 하나는, 사람이 사용하는 언어는 언제나 구체적인 단계, 본질, 그리고 그 사람이 맺는 인간관계의 구조와 연결되어 있다는 사실이다. 조던이 이러한 양자관계를 형성했을 때, 그는 인간관계망의 중심에 서는 동시에 몇몇 상호적 부족의 일부가 될 수 있었다. 그의 3단계 언어가 보여주는 것은 '할 수 있다는 태도can-do attitude'이다. 그는 데이브가 가르치는 MBA 학생들이 들었다면 당혹할 말을 당당하게 내뱉는다. "주 단위 재무 목표 같은 건 때려치우세요. '아, 나는 이번 주에 300달러를 벌 거야. 그렇게 해야 하니까. 다음 주에는 600달러를 벌어야지.' 그러고선 매일 저녁 집으로 돌아와서 자신이 뭘 못했는지 체크하겠지요. '오늘 150달러를 벌기로 했는데 그러지 못했어. 그럼 내일은 꼭 벌어야지.' 나는 도무지 이해할 수가 없어요. 이따위로 사는 게 좋은가요? 나는 이렇게 '평균'에 맞추어 살고 싶지 않아요. 그런 삶에는 발 담그지 않을 거라고요. 내게는 좋은 마을에 살 수 있을 만큼 돈이 있고, 몇 가지 즐길 거리도 있어요. 지원도 조금 받고 있고요. 그러니 온종일 땀을 뻘뻘 흘려가며 일해야 한다고는 생각하지 않아요. 돈 버는 스트레스는 끔찍하잖아요? 모든 사람에게는 거기에서 벗어날 수 있는 능력이 있어요."

조던은 3단계로 상승 이동했다. 이 3단계는 가장 많은 직장인들이 속한 단계로, 다음 장의 주제이다. 이 단계는 2단계를 유발한다는 점에서 조직의 가장 큰 골칫거리인 동시에 4단계 부족 리더십의 토대가 된다는 점에서 가장 큰 기회이기도 하다.

7. 2단계의 요약

- 1단계와 구별되기는 하지만, 2단계 사람들 역시 자신에게는 없는 힘을 가진 것처럼 보이는 사람들에게 둘러싸여 있다는 점에서 주변과 단절되어 있다. 그 결과 그들은 '내 인생이 꼬이네'라는 언어를 사용한다. 1단계와 달리 2단계는 자신이 아닌 다른 사람의 인생에만 운이 따른다는 믿음을 갖는다.
- 2단계 사람들이 한자리에 모일 경우, 그들의 행동은 무심한 희생자의 특징을 보이게 된다.

8. 2단계 사람을 위한 핵심 지렛대

- 우선 그가 친구 한 사람을 사귀도록 돕고, 그 뒤 또 다른 친구를 사귀도록 도와라. 다시 말해, 그가 양자관계를 형성하도록 격려하라.
- 그가 3단계 '후기'의 사람들과 관계를 형성하도록 격려하라. 여기에 속한 사람들은 다른 사람의 멘토로 활약하며 상대방을 자신과 닮은 인간으로 만들고 싶다는 욕구를 품고 있다(다만, 이들은 다른 사람이 자신보다 더 뛰어난 인간이 되는 것을 용납하지는 않을 것이다).
- 일대일로 만나는 자리에서 그가 작업한 내용이 얼마나 대단한 것인지를 보여줘라. 특히 그가 어떤 영역에서 경쟁력이 있고, 어느 분야에 강점이 있는지를 보여줘라. 동일한 자리에서 그가 지니고는 있지만 아직 개발되지 못한 능력을 지적하되, 이때에도 긍정적인 어조를 결코 잃지 말아야 한다.
- 그가 단시간에 잘 해낼 수 있는 프로젝트를 배당하라. 주의할 것은, 이때 배당하는 프로젝트는 과도한 후속 작업이나 번거로운 일을 요구하지 않아야 한다는 사실이다. 그렇지 않으면 자칫 그가 사용하는 '내 인생이 꼬이네'라는 언어가 더욱 강화될 것이다.

9. 성공 지표

- 그 사람은 '내 인생 꼬이네' 대신 '나는 대단해'라는 언어를 사용할 것이다. 그는 유명 인사의 이름을 들먹이고, 자신의 성취를 강조하는가 하면, 허풍을 떨기도 할 것이다. 특히 그는 '나'나 '내'로 시작하는 말을 많이 하게 될 것이다.
- 그 사람은 자주 자신을 동료들과 비교하면서 깔보는 듯한 어조로 "저 사람들한테 뭔가 문제가 있는 거 아냐?"나 "저 사람들이 제대로 시도했다면 성공했을지도 모를 텐데"와 같은 말을 쓸 것이다. 이것은 3단계 특징인 외로운 전사의 모습이다.

tribal leadership

6

3단계: 서부극

누가 보더라도 마틴 코일Martin Koyle 박사는 아메리칸 드림을 실현한 사람이라 할 수 있다. 그런 그가 왜 저렇게 좌절하고 있을까?

동료 의사들로부터 세계적 수준의 외과의사라 평가받는 코일 박사는 최근까지 덴버에 있는 한 어린이 병원의 병원장을 지냈다. 하버드 대학교에서 레지던트 과정을 수료한 그는 현재 세계적으로 널리 사용되는 새로운 수술 기법을 개척한 장본인이기도 하다. 또한 코일 박사는 의료 관련 협회 두 군데에서 이사장으로 일한 경험도 있다. 그는 경제적으로 성공했고, 사랑스러운 자녀가 있으며, 의학에 대한 그의 열정을 사랑하고 존경하는 의대생들을 가르치고 있다. 그는 자신의 전공 분야에서 최고의 권위를 가진 의학 저널들에 여러 논문을 게재했고, 이집트, 아프리카, 캐나다, 이스라엘, 영국에서 강연을 하기도 했다. 그는 거의 해마다 제3세계 국가를 찾아 수술을 집도하거나 현지 의사들에게 멘토링을 하는 등의 자원봉사를 한다. 그는 명실공히 세계 최고 권위를 가진 외과의사 중 하나다.

이렇게 엄청난 성공을 거뒀음에도, 그는 우리와 만난 자리에서 이렇게 말했다. "나는 망가진 시스템의 희생자입니다. …… 난 아무런 지원도 받지 못했어요." 그는 말을 이어나갔다. "이 병원은 지키지도 않을 온갖 약속을 해서 나를 끌어들였어요. 어쩌면 내가 순진했던 건지도 모르지요. 하지만 약속이 지켜지지 않을 것이란 걸 깨달았을 때의 그 괴로움이란! 이 병원에서 나는 그저 하나의 소모품, 얼굴 없는 대체품에 지나지 않았어요. 그곳의 시스템 안에서는 내가 성공적인 리더라든가 수많은 사람들의 멘토였다는 사실은 중요치 않았지요. 오직 이 말만이 저주처럼 머릿속을 울렸을 뿐입니다. '당신이 이 병원을 위해 한 일이 뭐지요?'"

미국 전문직 종사자의 49%를 차지하는 사람들이 3단계, 즉 개인적 성취의 영역에 머무르고 있는데, 코일 박사 역시 그중 하나이다. 이 집단의 거의 모든 사람들과 마찬가지로, 그도 자신이 현재 성취한 것보다 더 많은 것을 투자했다고 믿고 있었다. 우리는 투자은행, 세일즈, 인문학(베스트셀러 작가와 전 세계에 갤러리를 둔 예술가 포함), 부동산, 기업, 목회, 첨단기술, 정부, 법률 분야에서 코일 박사와 같은 사람들을 만날 수 있었다. 우리와 인터뷰한 수많은 사람들의 이야기처럼 코일 박사의 이야기도 그를 최고로 인정받게 만들어준 일련의 성공들을 보여주지만, 이제 코일 박사는 자신을 탁월하게 해준 시스템에 좌절하고 있었다.

3단계의 핵심은 '나는 대단해'이다. 그리고 그 뒤에 감추어진 말은 '너는 아니지만'이다. 이 단계의 사람들에게 자신의 업무를 어떻게 평가하는지 물어보면 그들을 더 쉽게 이해할 수 있다. "난 이 일에 정통하지요." "난 웬만한 사람들보다 더 열심히 일합니다." "난 다른 사람들보다 더 잘하거든요." "사람들 대부분이 내 업무 수준에 못 따라옵니다." 그들이 사용하는 핵심어는 '나'라는 단어이다.

3단계의 사람들은 세계의 여러 위대한 기업들을 지배하고 있다. 그곳에는 나약한 사람들을 위한 자리가 없다. 코일 박사가 자신이 몸담고 있는 의학계에 대해 설명했을 때, 우리 연구진 중 한 사람이 "그건 마치 상대를 죽여야 내가 사는 '서부극the wild, wild west' 같군요"라고 말했다. 코일 박사도 웃으며 맞장구를 쳤다. "그 단어를 우리 병원 현관에 잘 보이게 부착해놔야 할 것 같습니다." 사실, 그 단어는 전 세계의 기업들 중 절반가량의 입구에 붙여놓아도 그리 어색하지 않을 것이다.

1. 3단계 초기

사람들은 즐거운 일을 찾고, 자신감을 얻으며, 자신의 재능을 인정받을 때 3단계로 진입하게 된다. 사람들은 개인적 야망을 자각하게 되는 것, 즉 자신이 해야 할 일을 깨닫고 성공 가도로 돌아서게 되는 것에 대해 이야기해주었다. "나 자신을 증명해야 해요." "난 이제 막 인정받기 시작했어요." "난 사람들을 끌어들여야 해요."

학부는 물론 캐나다의 의과대학도 우수한 성적으로 졸업한 코일 박사는 3단계 초기에 해당했다. 위대한 것을 성취한 다른 많은 사람처럼, 세계를 보고 배우고 싶다는 욕구를 품은 그는 로스앤젤레스의 카운티 USC 메디컬 센터에서 트라우마 전문의가 되기 위한 레지던트 과정을 밟았다. 재능 있고 성실한 의사로 인정받았던 코일은, 그럼에도 중도에 프로그램을 그만두었다. "내 도움을 받았던 사람들이 도리어 날 좌절시켰습니다. 물론 그 환자들에게는 잘못이 없습니다. 그들은 그저 각자의 인생의 희생자였을 뿐이니까요. 아무튼 나는 '왜 내가 이 일을 하는 거지?'라는 의문을 느꼈습니다." 이때 코일은 재능 있고 성실한 사람들과 일하고 싶다는 욕구를 내비쳤는데, 이는 우리가 다른 사람들과 했던 인터뷰에서도 공통적으로 거론되는 주제였다.

3단계로 진입하는 사람들은 2단계의 흔적인 자신의 자리, 재능, 동료에 대한 불안감을 나타낸다. '나는 대단해'라는 언어를 사용하는 3단계 사람들에게 이 두려움은 성취 욕구에 기름을 붓는 것이나 마찬가지이다. 우리는 칸쿤Cancun의 한 교육 프로그램에서 에이브러햄 매슬로Abraham Maslow의 이론을 실험한 적이 있다. 우리는 사람들에게 자신들이 생각하는 가장 큰 두려움을 종이에 적고 그것을 접어 통에 넣도록 했다. 대부분이 일류 대학원에서 MBA를 취득한 서른 명가량의 성공적인 임원들 모두가 "내가 사람들의 생각만큼 유능하지 않다는 사실을 다른 사람들이 알까 두렵다"라고 적었다. 이 실험의 결과는 2단계와 3단계 사이의 차이를 보여준다. '내 인생이 꼬이네'라는 언어를 쓰는 사람들에게 같은 불안감이 작용할 경우, 그들은 아무것도 하지 않은 채 "난 고작 이 정도밖에 못해. 최선을 다하지 않으니까" 같은 말을 입에 담는다. 반면 뛰어난 성취를 보여주는 3단계 사람들의 경우, 이러한 공포에 직면했을 때 "내가 이걸 할 수 있다는 사실을 모두에게 보여주겠어"라고 말하며 투지를 불태운다.

▌코칭 정보: 누군가를 지목해 그가 3단계라고 말하지 마라.

우리가 부족 리더십을 가르칠 때 사람들이 보인 가장 흔한 반응 중 하나는 특정한 누군가의 이름을 밝히며 "그 사람은 3단계예요"라고 말하는 것이었다. 이것은 그 사람을 빠져나오기 힘든 상자 안에 집어넣는 것과 같은 행동이다. 3단계는 일련의 언어와 행동 양식을 가리키는 것이지 '키가 크다'든지 '키가 작다'와 같은 영구적인 상태를 이르는 말이 아니다. 우리는 『소용돌이 역학』의 저자 돈 벡에게 그가 어떻게 연구를 했는지 물어본 적이 있는데, 그때 그는 이렇게 대답했다. "글쎄요, 나는 우선 오렌지(이 책의 3단계와 매우 유사한 의미이다)라고 불리는 사람과 이야기를 나눴습니다. 이건 그 사람이 오렌지라는 의미가 아닙니다. '오렌지의 특성을 보여주는 사람'이라는 뜻이지요." 이와 마찬가지로 '3단계'를 낙인처럼 사용해서는 안 된다. 그것은 언어와 행동에 대한 묘사임을 명심하자.

▌기술 노트

단계를 상승시키는 기초는 이전 단계를 이루던 모든 것의 구조를 재조정하는 것이다. 3단계, 특히 3단계 초기는 2단계의 특성과 겹치는 부분이 많다. 가장 중요한 차이는 개인의 무력감을 극복할 수 있도록 하는 성공에 대한 열정이다. 스스로 해내겠다는 의지는 점차 그가 사용하는 언어에 나타나기 시작한다. 다음 장에서 다루겠지만, 4단계로 이동한다는 것은 '나는 대단해'로부터 신념, 야망, 동기, 규율 등 모든 것을 가져와 그 순서를 다시 배치한다는 의미이다. 물론 4단계로 상승한다고 해서 3단계의 불같은 열정을 포기할 필요는 없다. 3단계를 졸업한다고 약해지거나 수동적으로 변하지는 않는다. 오히려 훨씬 더 강력하고 능률적인 인간이 된다.

▌코칭 정보: "당신에게 맞나요?"라고 질문하라.

USC 총장을 지낸 스티븐 샘플은 3단계에 대한 자신의 생각을 말했다. "대학에서 그것은 사람들이 자신의 과업에 집중할 수 있도록 하는 데 매우 유용합니다. 개인의 천재성이 오래 지속되도록 하지요." 몇 건의 특허를 가진 성공적인 엔지니어이기도 한 그는 이렇게 덧붙였다. "3단계는 엔지니어에게도 비슷한 도움을 줍니다." 3단계의 사람들은 노벨상과 같은 큰 상을 받거나 베스트셀러 작가가 된다. 3단계 사람들을 위한 일정한 환경이 제공된다면, 그들의 행동은 조직적인 성공을 불러온다. 『소용돌이 역학』의 돈 벡도 이 주장에 동의했다. "가장 먼저 던져야 할 질문은 '그 과업은 (3단계를) 필요로 하는가?'입니다." 만일 사람들에게 시스템이 요구하는 행동을 하지 말라고 가르친다면, 이것은 모두에게 해롭다. 벡은 이렇게 덧붙였다. "어떤 사람이 그 과업에서 요구하는 일을 하고 있다면, 그 사람을 괴롭힐 필요가 없습니다." 다만 어떤 과업이 있을 경우 그것이 3단계에서 더 성공적일지, 4단계에서 더 성공적일지를 생각해봐야 한다. 비즈니스에서도 점차 '나는 대단해'의 단계로는 불가능한 협업을 요구하는 경우가 늘고 있다. 가장 많이 인용되는 미국 학자인 동시에 통합연구회(Integral Institute)의 회장 켄 윌버는 말했다. "이제 비즈니스에서 중력의 중심은 3단계에서 멀어지고 있습니다." 우리도 그 의견에 동의한다.

많은 사람들은 3단계로 진입할 때 굳은 결심을 한다. 그들은 예전의 모습과는 다른 전문가로 변신해 존경과 위엄으로 사람들을 대하겠다고 굳게 다짐한다. 그들은 사람들에게 단순히 무엇을 해야 한다고 명령하는 대신, "그들에게 권한을 위임하겠다"고 맹세한다(나중에 우리 앞에서 이 맹세를 반복하기도 한다). 그러나 그들이 (코일 박사처럼) 권한 위임을 시도할 때, 그들을 둘러싼 시스템은 '사람이 가장 중요한 자산이다'라는 표어가 무색하게도 그들에게 아무런 지원도 제공하지 않는다. 3단계 사람들의 증언에 따르면 그들이 조직 구성원들의 발전을 위해 멘토가 되어주려 했을 때, 보스들은 이렇게 말했다고 한다. "왜 그런 일을 하려는 건가?" "자네 일이나 잘 해!" 결국 그들은 코일 박사와 같은 깨달음을 얻었다. 겉으로는 권한 위임을 강조하지만, 결국 그들의 회사는 상명하복의 문화로 돌아갔다.

스콧 애덤스(〈딜버트〉 작가)는 1998년에 동업자와 함께 '스테이시의 카페'(훗날 스콧 애덤스 음식점으로 개명한다)를 개업해 신임 보스가 되었다. 그는 말했다. "내가 알게 된 사실은 …… 나 자신이 보스를 잘할 만한 체질이 아니라는 거였지요. 난 너무 관대했어요. 내 성격은 '회사 차량이 필요하신가요? 그럼 두 대 다 끌고 가세요!'라고 말하는 쪽에 더 가깝지요. 다른 사람에게 고된 일을 시킬 수밖에 없다는 사실을 알게 된 나는 결국 사장을 그만뒀어요. 나는 아무런 결단도 내리지 않으려고 했으니까요."

애덤스는 결국 어려운 길을 택했고 관리자가 되는 것을 포기했다. 이 책을 읽은 당신은 또 다른 길을 선택하게 될지도 모른다. 우리 연구에 참여한 대부분의 사람들은, 그들의 표현을 따르자면, "알랑거리면서 시키는 일은 다 해줬음에도" 결국 시스템(그리고 기업)에 대한 실망감이 더 커졌다고 말했다. 코일 박사는 우리에게 이렇게 말했다. "나는 정말로 열심히 일했어요. 내 자신에게, 내가 돌보는 환자에게, 내가 지도하는 다른 의사들에게 최선을 다했습니다."

▌코칭 정보: 기다리지 마라.

우리 연구에서 만난 몇몇 CEO들은 자신이 명령과 통제의 규칙(상명하복)을 따를 수밖에 없다고 말하면서도, "내가 최고의 자리에 오르면 지금과는 다른 기준을 세울 겁니다"라고 맹세했다. 그러고는 이렇게 덧붙였다. "그러나 이사회, 월스트리트 증권가, 내 자신의 평판을 놓고 생각해보면 새로운 유형의 관리자가 되는 것은 비현실적이라고 생각합니다." 그들은 자신이 지금껏 해왔던 관리 방식에 고착된 것 같다고 보고했다. 그러나 이 책 후반부에 등장할 인물들은, 자신에게 필요한 모든 자원이 채 갖추어지기도 전에 지금과는 다른 방식으로 일하기로 결심했다. 만일 기업 부족의 지배적인 문화를 4단계로 이동시켰을 때 일이 더 잘 풀릴 것 같다는 생각이 든다면, 그 생각을 즉각 실천으로 옮겨보라고 제안하고 싶다.

3단계는 개인적인 성취의 명예를 맛보는 영역인 동시에, 타인에 의해 실망과 좌절을 맛보는 영역이기도 하다. "난 사람들이 열심히 일할 수 있도록 이끄는 보스가 될 겁니다." 뉴욕에 소재하는 어떤 대기업의 신임 관리자가 한 말이다. 6개월 뒤, 그는 이렇게 말했다. "사람들 대부분은 열심히 노력하는 것에 나만큼의 관심이 없는 것 같아요."

이 책을 읽는 당신 역시 다른 사람들에게 실망하게 될지 모른다. 우리의 경험으로 볼 때 커다란 성취를 이뤄낸 사람들 대부분은 다른 사람들에 대한 실망감을 드러내기 때문이다. 한 중견 의사(코일 박사는 아니다)는 이렇게 말했다. "간호사가 간호사인 데에는 다 이유가 있다는 걸 레지던트 때 알게 됐지요. 노력도 열심히 하지 않고, 그렇다고 두뇌가 명석한 것도 아니면서 의사가 되려고 하더군요." 어떤 변호사는 "난 사무직원들이 괜찮은 사람들이라고 생각합니다만, 그들은 저와 같은 동기부여가 되지 않는 것 같습니다. 동기부여만 제대로 됐다면 저처럼 변호사가 되었겠지요" 라고 말했고, 한 신임 세일즈 매니저는 "말을 꺼내기 어렵지만 내 아래의 직원들 대부분은 나만큼 열심히 일하지 않아요"라고 말했다. 3단계 사람들의 내면에는 노력한 사람만이 그에 상응하는 결과를 얻으며, 포기한 사람들에게는 그 어떤 보상도 있을 수 없다는 관점이 자리 잡고 있다.

코일 박사는 넉넉하지 않은 지원에도 굴하지 않고 자기 분야에서 최고의 자리에 올랐다. 3단계의 사람들은 어떤 역경에 부딪혀도 성공을 위해 시간을 쏟고, 노력하며, 연구하고, 정치적인 요령을 익힌다. 그러나 역설적이게도 3단계 사람들은 이렇게 외부의 지원 없이 성공했을 때 가장 외로움을 느낀다고 한다. 아무리 둘러봐도 주변에는 그들을 방해하거나 자포자기한 사람들뿐이기에, 그들의 성공을 진정으로 이해해줄 사람이 없기 때문이다.

코칭 정보: 상호 기여를 장려하라.

3단계 사람들은 자기 자신에게만 의존한다. 그들, 특히 3단계 후기의 사람들이 명심해야 할 사실은 한정된 자원인 시간으로 인해 그들의 능률이 제한될 것이라는 점이다. 그들이 타인의 도움을 받으면 받을수록, 그들은 그것이 단순한 도움이 아니라 성숙한 리더가 되는 데 필요한 요건이라는 것을 알게 될 것이다. 그가 타인에게 의존하는 전략을 세우기 시작하고, 타인도 그에게 의존하게 된다면, 그는 4단계를 향한 큰 도약을 하게 될 것이다.

2. 3단계 경제의 구축

대부분 미국 전문직 종사자들에게 3단계는 산의 정상에 해당한다. 왜 이렇게 됐을까? 1890년부터 1920년까지 대규모의 이민자가 미국으로 유입되었고, 농촌 인구의 80%가 수백만 개의 새로운 공장 일자리를 찾아 도시로 들어왔다. 그리고 이때 그들은 아이들도 함께 데리고 왔다. 농장에서는 많은 아이가 곧 많은 노동력을 의미했지만, 공장에서 많은 아이는 곧 무수한 사고와 착취 행위를 의미했다. 곧 아동의 복지와 노동 관행은 그 시대의 주된 과제가 되었고, 대부분 사람들은 부모가 공장에서 일하는 시간에 아이들을 보호하고 훈련시키기 위한 모종의 조치가 취해져야 한다고 생각했다.

그 해결책이란 공장 시스템과 매우 유사한 시스템 안에서 아이들을 교육시켜 새로운 세대의 노동자를 양성하는 것이었다. 학교에서는 벨이 울리면 수업을 시작하고, 벨이 울리면 휴식하며, 벨이 울리면 수업을 재개하고, 벨이 울리면 점심을 먹으며, 벨이 울리면 집으로 돌아간다. 학교에서 정답을 맞힌 아이들은 우등생이 되고 A 학점을 받는다. 이러한 새로운 시스템은 정교하게 설계된 질문 안에 담긴 가치를 중시하는 고전적인 교양 교육liberal education을 망쳐버렸다. 또한 이 같은 전환은 노동자를 착취하고, 그들을 2단계 또는 3단계에 해당하는 직업에 종사하도록 만들었다. 학교에서 아이들은 효과적인 노동자가 되는 데 필요한 내용, 즉 읽기, 쓰기, 셈하기를 배웠다. 이 시스템은 창의적 사고, 신중한 계획, 리더십, 혁신을 중시하지 않았다. 영리하게 순응하는 아이들이 우등생이 되었고, 훈육을 잘 견디는 아이들이 타의 모범이 되었다. 이 같은 방식은 또한 과제, 학점, 정답을 기초로 삼아 '나는 대단해(너는 아니지만)'라는 사고방식을 심어준 반면, 권한 위임, 창의성, 개인적 만족은 중시하지 않았다.

아이들이 성장해 어른이 되면 자신에게 익숙한 모델을 찾게 마련이다. 호루라기를 불면 일을 시작하고, 호루라기를 불면 쉬며, 호루라기를 불면 일을 재개하고, 호루라기를 불면 점심을 먹으며, 호루라기를 불면 집으로 간다. 모범 직원은 공장에서 일어나는 문제에 맞는 답을 알고, 규칙을 준수하며, 문제를 일으키지 않는 사람이다. 사람들은 그들이 은퇴할 때까지 이 패턴을 반복하도록 장려된다.

교육 시스템이 바뀌고 있지만, 우리를 포함한 비판가들은 그 변화의 속도가 너무 느리며, 새로운 접근 방식은 개인적 성공에 집착하는 3단계와 구분되는 4단계 사고를 구축할 수 있어야 한다고 믿는다.

사람들은 3단계 초기로 이동하는 사람들에게 연민을 갖는 경향이 있다. 직원들은 자주 (당사자가 없는 닫힌 사무실 문을 보며) "자기 능력을 증명해야 한다는 중압감을 느낄 그녀가 불쌍해요"라고 말하며, 영업부장은 뛰어난 성과를 올린 신입 판매원에 대해 "이번 달에는 꽤 잘해주었지만, 이 일은 원래 쉽지 않아요. 다음 달에는 상당히 힘들어할 거예요"라고 말한다. 그런가 하면 간호사는 신입 레지던트에 대해 이렇게 말한다. "좋은 분이지만 지시를 내리는 데 서툴러요. 그래서 우리가 도와줄 거예요."

3단계 초기의 사람들은 '나는 대단해'의 상태를 안정적으로 지속하지 못하기 때문에, 2단계 후기와 3단계 사이를 오르락내리락한다. 잘 풀리는 날에는 그들도 대단해지지만, 꼬이는 날에는 그들의 인생도 꼬인다. 어떤 관리자는 이처럼 들쭉날쭉한 상황을 이렇게 표현했다. "내 보스가 기분이 좋으면, 나도 기분이 좋다. 그가 화가 나면, 나도 엉망이 된다."

사람들이 자신의 재능을 인정해주는 부족을 만날 때, 그들은 3단계 중기로 이행된다. 상당한 수준의 교육을 요구하는 직업에서는 멘토가 직업교육을 마친 사람들로 하여금 그 직업에 대해 진지하게 고민할 수 있도록 이끈다. 이 때문에 많은 관리자들이 멘토로서의 업무를 맡는다. 코일 박사의 경우, 그는 레지던트 과정을 수료하지 않고 카운티 USC 병원을 떠났기 때문에 선택의 폭이 제한되었다. 그 당시 텍사스 주 법률은 코일과 같은 처지의 의사가 응급실 의사로 일하는 것을 허용하고 있었다. 이 덕분에 그는 다시 이 분야 최고의 자리에 오를 수 있었지만, 그 일이 "무척

지루했다"고 한다. 이 일을 하는 동안 그는 세계적으로 명성을 떨치던 한 외과의를 만났는데, 그는 코일이 하버드에서 레지던트 과정을 마저 마칠 수 있도록 설득했다. 이를 계기로 코일은 3단계 중기로 이동하게 되었다.

3. 3단계 중기

마침내 사람들이 자신의 수준에 맞는 것처럼 보이는 이들과 친구가 되었을 때, 그 부족의 도움을 받아 안정적으로 3단계에 정착한다. 실리콘밸리의 한 기술자가 한 말은 3단계의 특성을 잘 나타낸다. "다른 사람들과 잘 어울리지 못했던 나는 어느 날 내가 머리가 좋다는 걸 알게 됐지요. 그래서 스탠퍼드 대학교에 진학했고, 내 비전을 토대로 관계망을 구축했습니다. 지금은 다른 사람들과도 잘 어울려 지내고 있지요."

▌코칭 정보: 각자의 재능이 다르다는 점에 주목하라.

'나는 대단해'라는 언어 체계의 부작용 중 하나는 특정한 사람에 대한 측정 기준이 곧 다른 사람에 대한 기준이 된다는 점이다. 가령 우리는 성격, 리더십, 성격검사 결과 등을 중시하는 3단계 사람들을 적지 않게 만날 수 있었다. 그들은 이렇게 말하고는 했다. "ENTJ(MBTI 성격유형검사에 따른 열여섯 개의 성격유형 중 하나)야말로 최고의 성격이지요. 지금부터는 그 유형만을 고용할 겁니다." "전 완벽하게 D 유형(DISC 행동 유형에서 사용하는 구분 중 하나)이니 저와 비슷한 사람들하고만 일해야 합니다." "나는 머리가 좋으니 마찬가지로 머리 좋은 사람만 채용할 거예요." "난 나처럼 대인 관계가 좋은 사람과 일하고 싶어요." 좋은 코치라면 이런 태도가 장래에 문제를 일으킬 거라고 지적할 것이다. 똑같은 배경, 기질, 성격, IQ, 학습 형태를 가진 사람들이 운영하는 기업은 경쟁 기업의 입장에서는 만만한 목표물이다. 이는 그들이 얼마나 총명한지, 얼마나 능률적인지와 무관하게 리더들이 똑같은 약점을 공유하기 때문이다.

우리와 인터뷰한 3단계 중기의 사람들 중 많은 이들이 높은 지식을 요구하는 조직(의학, 법률, 교육, 심지어 정치)에서 일한다. 대학에 가면 우리는 이런 말을 자주 들을 수 있다. "내가 경영대학원에서 공부하는 주제는 공공정책보다 더 중요해요. 세계를 돌아가게 하는 건 경영이니까요." "철학이 대학에서 가장 중요한 과목인 이유는 그것이 사물의 본질을 이해하는 유일한 과목이기 때문이지요." "가장 중요한 과제는 사람들이 함께 일하도록 하는 거지요. 이것이 우리 학과의 학과장으로서 내가 하는 일입니다." 사람들은 자신을 높이 평가하는 것과는 대조적으로 타인에 대해서는 그 정도의 존경심을 보이지 않는다.

3단계 중기의 사람들은 이처럼 상대를 깎아내리는 것을 악의 없는 경쟁쯤으로 여긴다. 로펌 회사의 변호사들은 학위를 취득한 대학이나 전문영역과 같은 요인으로 동료를 폄하하곤 한다. 그러나 정작 당사자들은 이러한 폄하를 자신의 우월성을 나타내는 증거로 해석한다. 이런 식이다. "맞아. 빌은 내가 변변찮은 변호사라고 생각하는 것 같아. 하지만 그건 단순히 내가 하는 일이 뭔지도 잘 이해하질 못해서 그런 거야." 만약 우리가 이 문장에서 쓰인 언어를 면밀히 검토해본다면, 그것은 더 이상 경쟁의 영역이 아니라는 것을 알게 될 것이다. 전문성을 비교하는 대신 그저 노골적으로 타인을 깎아내릴 뿐이기 때문이다. 이것은 대통령 후보 연설에서 상대 후보가 자신보다 못하다는 것을 보여줌으로써 스스로를 추켜세우는 장면에서 가장 잘 드러난다. 이것은 3단계의 공통된 특성이다.

3단계 중기는 사람들이 그들 자신과 비슷해 보이는(즉, 비슷한 재능을 가졌거나 다른 재능을 가졌지만 비슷한 수준에 있는) 사람을 발견하는 곳이다. 데이브는 한 대형 병원에서 이 이상 명확할 수 없는 3단계의 특성을 경험했다. 그가 이 병원의 직원용 승강기에 타고 있을 때, 흰 가운을 걸친 남자 의사 세 명이 안으로 들어왔다. 그중 하나가 이렇게 말했다. "≪뉴잉글

랜드 의학 저널New England Journal of Medicine≫에 게재된 내 논문 봤나?" 옆 사람이 이렇게 말했다. "그래. 인상적이었어. 하지만 자네가 연구를 하는 동안(그의 목소리에는 비아냥거리는 느낌이 있었다) 난 수술실에서 누구보다도 많은 수술을 집도하고 있었지." 그들은 웃었다. 데이브는 그 모습이 마치 사교 클럽의 친구들 같다고 생각했다. 세 번째 의사가 말했다. "자네들이 연구를 하고 수술을 하는 동안, 난 이 병원에서 누구보다 많은 레지던트들을 관리했지. 의학계의 새로운 리더들을 가르친다고 해야 할까?" 그들은 다시 웃었다. 서로의 어깨를 두드리던 그들은 승강기 문이 열리자 걸어 나갔다. 그것은 정말 완벽하게 3단계를 묘사하는 장면이었다. 그들은 모두 같은 부족의 구성원이었으며, 자신과 같은 재능을 가진 동료에게 경의를 표했다. 그러나 결국 깊은 내면을 들여다보면, 그들의 메시지는 하나로 통일된다. '나는 대단해. 너는 아니지만. 나는 이걸 증명할 증거가 있어.'

▌코칭 정보: 4단계 부족의 뛰어난 결과를 지적하라.
결과는 3단계에서 매우 중요하기 때문에, 그러한 예시는 절대적이다. 다음의 몇몇 장에서 그런 사례들을 소개할 것이다.

코일 박사가 하버드 대학교에서 레지던트 과정을 수료했을 당시, 그는 자신이 보여준 각고의 노력, 타고난 재능, 그리고 헌신을 생각하며 엄청난 성공이 눈앞에 있을 거라고 기대했다. "그 당시 난 외과 책임자로 발탁되지 않을까 내심 기대했지요." 그러나 그는 훨씬 더 작은 부서의 책임자가 되었다. 무엇이 잘못되었을까?

그는 "시스템이 잘못된 보상을 하고 있습니다"라고 말했는데, 이것은 우리 연구에 참여한 수천 명의 생각과 일치한다. 비록 우리가 수집한 이야기의 주인공들은 서로 다른 장애물에 부딪히긴 했지만, 그 결과는 동일했다. 얼마나 재능을 가졌든, 또는 얼마나 열심히 일했든 관계없이, 그들의 노력은 일방적이고 편협한 결정으로 좌절되었다. 코일은 자신이 세 명의 주인을 위해 일한다고 말했다. 병원, 비용 청구 부서, 대학이 바로 그것이다. "어떤 것을 성취하려면 그들의 허가가 필요하지만, 그들은 결코 허가해주질 않습니다." 이제 그는 어떻게 하면 시스템을 효율적으로 운영할 수 있는지 알게 되었지만, 문제는 세 명의 '주인'이 구성원 전체의 이익 대신 자신의 밥그릇에 더 관심을 갖는 사람들에 의해 운영된다는 점이다. 결과적으로, 코일 박사가 주도한 프로젝트는 아무런 성과를 보지 못했다. 지난 일을 되돌아보며 코일 박사는 그동안 쌓였던 울분을 이렇게 표현했다. "난 그저 상품일 뿐입니다. 내가 얼마나 의대생들에게 헌신했는가나 내 성과가 얼마나 선구적인가는 중요하지 않지요. 내가 오늘 그만둔다면, 그들은 즉시 날 대체할 사람을 찾을 겁니다."

이와 같은 인간의 상품화는 3단계 중기 사람들을 몹시도 낙담시킨다. 많은 변호사들도 비슷비슷한 이야기를 들려줬다. "내가 얼마나 열심히 했는지는 중요하지 않아요. 날 평가하는 건 내가 누구이냐가 아니라 내 결과지요." 코일 박사는 더 노골적으로 말했다. "우리 가운데 많은 이들이 스스로를 성공한 사람으로 여깁니다. 그들이야말로 이 시스템의 진정한 생존자들이지요."

결과적으로 코일 박사와 같은 사람들은 성공에 필요한 지원을 거의 받지 못한다. 그러나 활력 넘치는 품성을 지닌 그들은 더 열심히 노력하고, 해결책을 찾으며, 시스템의 변변찮은 지원에도 굴하지 않고 놀라운 업적을 이룩한다. 우리는 부동산 중개업자들로부터 이런 말을 자주 들었다. "회사가 보조 사원 한 사람을 더 채용해서 나를 돕게 하면, 난 엄청난 수익을 가져다줄 수 있을 겁니다. 왜 그들이 그런 투자를 하지 않는지 정말

이해할 수 없어요." 한 정부 소속의 학자는 이렇게 말하기도 했다. "저한테 박사과정을 끝마친 새내기 하나만 붙여준다면, 세계를 변화시킬 놀라운 일을 이룩할 수도 있을 겁니다. 그런데 그들(의사결정권자들)은 그렇게 생각하지 않는 것 같더군요."

3단계 중기의 사람들은 조직에서 새롭게 떠오르는 별들이 제대로 대접받지 못한다는 것을 안다. 코일 박사는 말한다. "열등감과 자존심으로 똘똘 뭉친 의사들이 내 주변에는 너무 많아요. 그들은 자신보다 더 뛰어난 누군가가 나타나면, 그를 완전히 매장시키려 들지요." 그는 웃으며 이렇게 덧붙인다. "아니면 작은 시설 같은 곳으로 보내버리든가요."

코일 박사가 들려준 것 같은 좌절감으로 인해, 3단계의 많은 사람들은 상황과 인간을 읽어내는 거의 초능력에 가까운 능력을 개발한다. 대형 회계 회사의 한 친구는 이렇게 말했다. "사내정치社內政治를 보면서 회사 돌아가는 모양새를 대충 알게 됐지." 또 미국 중서부에 위치한 대형 제조사의 어떤 임원은 이렇게 말했다. "난 행정 보조원들과 잡담을 하며 무슨 일이 벌어지는지를 항상 예의주시하지요. …… 만약 행정 보조원들이 뭉친다면 세계를 경영할 수도 있을 겁니다." 이 친구와 임원은 사내정치에서 한 발 앞서 나가기 위해 3단계의 강인함과 재능을 이용하는 것이다.

많은 사람들은 직장 생활을 하는 내내 3단계 중기에 머무른다. 그러나 그들이 차츰 중년이 되어가면서, 신입 직원들의 요구와 점점 복잡해지는 회사의 사정으로 인해 3단계 후기로 이동하게 된다.

4. 3단계 후기

숨 쉬듯 자연스럽게 싸우고 이길 수 있게 된 노련한 3단계 중기의 사람들은 자연스럽게 또 다른 에너지의 배출구를 찾게 된다. 어떤 이는 외부에서 그 배출구를 찾기도 한다. 코일 박사는 망가진 것처럼 보이는 시스템의 바깥에서 성공하고자 자신의 지식과 근면을 이용할 방도를 찾았다. 그는 캘리포니아의 유명 음식점 세 곳(인앤아웃 버거, 트레이더 조, 캘리포니아 피자 키친)의 프랜차이즈를 콜로라도 주 덴버에 내고자 했다. 인앤아웃 버거는 프랜차이즈를 내지 않겠다고 답했고, 트레이더 조는 콜로라도의 주법이 체인점에서 술을 판매하는 것을 금지한다고 알려왔다. 캘리포니아 피자 키친의 경우, 콜로라도 사람들의 미각이 자신들의 상품을 음미할 수 있을 만큼 충분히 발달하지 못했다는 답장을 보냈다(코일 박사가 덧붙이길 처음 편지를 보내면서 그는 체인점을 세우기에 적합한 곳 네 군데를 제안했는데, 그중 현재 세 곳에 캘리포니아 피자 키친 체인점이 세워졌다고 한다). 비록 제대로 된 성과를 얻지는 못했지만, 그는 최근에 워싱턴 대학교 의대 교수 겸 소아비뇨기과 과장직을 맡은 것 외에도 자신의 야망과 재능을 발산할 출구를 찾은 것처럼 보인다.

보통 사람들은 나이가 마흔을 넘기거나 개인적인 슬픔을 경험한 후 3단계 후기로 이동한다. 슬픈 일이지만 코일 박사도 둘째 아들을 암으로 잃었다. 그는 이렇게 말했다. "25년 동안 의사를 해오고 숱한 생사기로를 지나며 온갖 트라우마를 경험했음에도, 아들의 죽음은 내게 삶이 얼마나 깨지기 쉬운 것인지를 일깨워주었습니다. 가족과 함께하는 시간이 그 무엇보다 소중하다는 것도 알게 됐고요." 3단계 후기로의 이동이 비극으로 이루어지든 성숙으로 이루어지든 간에, 이 단계의 사람들은 자신의 것을 다른 이들과 나누고 싶다는 욕구에 빠진다. 코일 박사 역시 전 세계 방방곡곡을 돌아다니며 다른 사람들을 가르치는 데 시간을 보냈고, 지금도 열정적으로 학생을 가르치거나 환자를 돌보고 있다. 그는 인터뷰가 끝날 무렵 이렇게 말했다. "난 운이 참 좋은 사람입니다. 정말 하찮기 그지없는 리더십 연구를 돕기 위해 달갑지 않은 과외 업무를 해야 하긴 했지만, 내

일이 즐겁습니다. 하루하루 하는 일들이 정말 재미있어서 힘든지도 잘 모르겠습니다." 이 말은 3단계의 핵심을 정확히 담아낸다. 그는 종착점에 도달했지만, 천성적인 그의 불꽃은 결코 사라지지 않는다.

▌코칭 정보: 3단계 문화가 지배적인 부족에서는 중요한 분야에서 신뢰를 얻어라. 여기에서 열쇠는 그 집단에서 무엇이 중요한가를 아는 것이다.

데이브는 "학술적 업적과 뛰어난 지성을 갖춘 박사이자 우리의 존경을 받아 마땅한 USC 교수"로서 미국 서부에 있는 한 주요 공익 기업체의 집행위원회에 초빙되었다. 그 회사의 CEO는 50대 후반의 몸집이 큰 사람이었는데, 의자에 몸을 기대앉아 멜빵끈에 엄지를 낀 채 남부인 특유의 느린 말투로 말했다. "젊은이. 우리에게 뭘 해야 한다고 말하는, 캘리포니아에서 온 학구적 괴짜는 이 자리에 필요 없다네." 테이블 주변에 앉아 있던 사람들이 모두 웃었다. 그 부족에서 중요한 것은 학위증이 아니라 실세계의 경험이었다.

5. 비용

여러 가지 관점에서 3단계는 이 책과 우리 연구의 핵심이다. 2단계 사람들은 3단계를 갈망하고, 오직 3단계 사람들만이 부족 리더십의 영역에 해당하는 4단계로 상승 이동할 수 있다.

3단계 사람의 성공을 폄하하고 싶지는 않지만, 그들이 3단계 초기, 중기, 후기 단계로 올라가면서 지불한 보이지 않은 비용을 계산하는 것은 중요한 일이다. 종종, 이 격동의 단계에 속한 당사자보다는 외부의 관찰자가 그 뒷면을 더 쉽게 볼 수 있다.

우리가 사람들과 3단계의 보스에 관한 인터뷰를 하면서 가장 많이 들었던 이름은 영화 〈뛰는 백수 나는 건달Office Space〉에 등장하는 보스 빌 럼버그Bill Lumbergh였다. 그 영화에서 빌 럼버그는 멜빵끈에 넥타이를 매고

손에는 커피를 든 채 누구하고도 눈을 마주치지 않으며 회사(소프트웨어 회사 'INITECH') 안을 어슬렁거리는 인물로 그려진다. 또한 그는 포르쉐(앞 장에 나온 해고 이야기에서 로저의 보스 토드 부사장이 몰았던 차이다)를 몰고 다닌다. 우리 연구에서 특히 많이 들었던 말은 "우리 보스는 빌 럼버그 그 자체다", "난 〈뛰는 백수 나는 건달〉에 등장하는 그 인간과 판박이인 사람을 위해 일한다", (부족 리더십의 용어를 알게 된 사람의 경우) "럼버그를 위해 일하기 때문에 내 인생이 꼬인다"였다. 로저 역시 "우리 보스 토드는 빌 럼버그와 꼭 닮았다"라고 하며 자신의 이야기를 끝냈다.

우리가 만났던 부족 리더들은 모두 3단계를 거쳤고, 그 과정에서 어떻게 하면 다른 사람들의 허점을 찌르고 정치 게임에서 승리할 수 있는지를 배웠다. 3단계를 거치지도 않은 채 자신이 4단계라고 주장하는 사람들은 어딘가 나약하다는 느낌을 주며, 부족이 승리해야 하는 싸움에서조차 물러서는 모습을 보인다. 부족 리더십은 결코 약점을 드러내지 않는다. 3단계에서 벗어나기 전에 이 사실을 인식하는 것이 중요하다. 당신이 '힘들어서 안 하는 게 아냐. 아직 준비가 안 됐을 뿐이라고'라며 핑계 대는 것을 끝내기 위해서 말이다.

빌 럼버그라는 배역에 생명을 불어넣은 배우 게리 콜Gary Cole은 '나는 대단해(너는 아니지만)'라는 느낌을 물씬 풍기는 3단계 인물을 천재적으로 소화해냈다. 그는 또한 드라마 〈웨스트윙The West Wing〉에서 3단계 인물인 밥 러셀Bob Russell 부통령 역을, 영화 〈탤러디가 나이트: 리키 바비의 발라드Talladega Nights: The Ballad of Ricky Bobby〉에서 초등학생인 아들에게 "일등 아니면 꼴등이다"라고 말하는 아버지 역을 맡기도 했다. 진정한 배우는 자신이 맡은 배역 그 자체가 되기 때문에, 우리는 콜을 찾아 그 명연기를 하는 과정에서 세계와 자신을 어떤 식으로 바라보게 되었는지를 물었다.

우선 왜 우리가 배우와 인터뷰를 했는지부터 설명해야 할 것 같다. 미국 전문직 종사자의 49%가 3단계에 놓여 있지만, 그들은 자신들이 부족 리더십의 시스템 안에서 4단계 또는 5단계에 해당한다고 생각하는 경우가 많다. 뒤에서 우리는 왜 3단계에서 이 같은 인플레이션이 일어나는지를 보게 될 것이다. 콜과 같은 명배우는 자신이 연기하는 인물 그 자체가 되며, 3단계에 속한 그 인물의 관점에서 세계를 본 뒤 다시 배역으로부터 벗어나 자신이 본 것을 객관적으로 이야기해줄 수 있다.

콜은 〈뛰는 백수 나는 건달〉의 작가 겸 감독인 마이크 저지Mike Judge에 대해 언급했다. "마이크 감독은 자신이 한때 일했던 회사의 상사를 모티브로 '빌 럼버그'라는 인물을 만들었습니다. 칸막이 사이에 서 있는 그는 상반신밖에 안 보입니다. 마치 드라마 〈아빠 뭐하세요Home Improvement〉에나 나올 법한 우스운 장면이지요. 당신은 커피 잔이 오르락내리락하는 모습만 볼 수 있을 뿐이고요. 럼버그라는 인물이 먹혀들어갈 수 있었던 건 사람들에게 익숙한 상사의 모습을 하고 있기 때문이지요. 난 그저 우리 모두가 잘 아는 보스가 되기만 하면 됐습니다."

럼버그 배역을 맡게 된 콜은 모든 사람과의 접촉을 피하며 꼭 필요할 때만 상대의 눈을 봤다. 극단적이라고 할 수 있는 럼버그의 수동적 공격성[1]을 강조하기 위해서 말이다. 사실 이러한 행동은 승리를 향한 열망과 불안감이 뒤섞인 3단계 초기의 핵심이라 할 수 있는 것이다. 본인의 입장에서는 이런 행동이 그 누구보다도 열심히 일하며 성공을 거머쥐기 위해 노력하는 모습으로 느껴질지 모르지만, 외부에서 보면 이 행동은 그저 타인을 깔보는 모습으로 비추어진다.

3단계 사람들은 보통 자신들이 상품처럼 취급된다고 생각하지만, 사실

1 상대를 직접적으로 때리거나 욕하는 대신 소극적인 형태로 상대에 대한 적대감이나 불만을 표출하는 것을 말한다. 가고 싶지 않은 모임에 고의로 지각하거나 싫어하는 상대의 요청을 못 들은 척 또는 잊어버린 척하는 것 등이 여기에 해당한다. _ 옮긴이

그들 역시 다른 사람을 상품으로 취급한다. 콜은 말했다. "럼버그는 자신이 상대방에게 무엇을 원하는지를 끊임없이 말해야 한다. 하지만 논쟁하는 데 재주가 없는 그는 마치 어린아이들에게 말하는 것처럼 말한다. 그에게 절실한 것은 '지금 당장 이렇게 하게'라고 말하는 대신 '이렇게 하는 게 더 좋지 않겠나?'라고 하는 것이다." 그의 목표는 사람들을 복종시키는 것이며, 이를 위해 강압적인 권위를 사용한다(그는 다른 대안, 즉 사람들의 충성심을 이용하지 않는다. 자신이 그것을 끌어낼 수 없음을 내심 알고 있기 때문이다). 2단계의 부족은 자신의 인생이 꼬이는 것을 럼버그 같은 사람의 탓으로 돌린다. 이러한 상황 속에서 사람들은 자신의 역할에 몰입하게 되며, 주변의 사람들이 자신을 물건 취급한다고 느낀다. 그 자신이 그러하듯 말이다.

또한 3단계의 사람들은 주로 2단계의 사람들을 고용하는 경향이 있다. 만일 지원자가 상사보다 더 지적이고 더 야심만만하며 더 승진 가능성이 높아 보이는 순간, 그는 면접에서 탈락한다. 이런 식으로 고용된 2단계 사람들은 자신이 마치 3단계 사람들의 조연인 듯한 느낌을 받는다. 실리콘밸리에서 일하는 어떤 사람은 이렇게 말했다. "만일 이것이 〈스타 트렉 Star Trek〉이라면, 보스는 커크Kirk 대장이고 전 붉은 셔츠를 입고 있을 겁니다. 붉은 셔츠를 입은 사람에게 무슨 일이 일어나는지는 모두 잘 알고 있을 겁니다"(〈스타 트렉〉 시리즈에서는 이름 없는 보안 요원들이 주로 붉은 셔츠를 입는데, 커크 대장이 여자를 차지하는 동안 그들은 언제나 외계 행성에서 죽은 역할을 맡는다).

우리가 컨설팅을 했던 몇몇 기업들은 직원들을 해고해 2단계 사람들을 없애려 했지만, 신입 직원을 채용하면서 2단계는 금세 부활했다. 왜 그럴까? 3단계 사람들은 2단계 사람 또는 자신만큼 성과를 내지 못하는 3단계 사람을 고용하고 싶어 하기 때문이다. 이렇게 함으로써 그들은 2단계 사람들을 지배한다. 3단계 사람들은 자신의 성공을 위해 일할 2단계 사람을 원하지만, 이 하위문화 단계의 사람에게는 그들을 완벽하게 지원하는 데 필요한 열정이나 자발성이 없다. 그 결과, 3단계 사람들은 이렇게 말하게 된다. "나는 충분한 지원을 받지 못합니다."

▌코칭 정보: 사람들이 기초적인 문제를 해결하기 위해 2단계로 되돌아가는 것을 허용하라.

이전에 냈던 책 『코칭 혁명(The Coaching Revolution)』에서 우리는 모든 발전은 J자 모양의 곡선을 그리게 된다고 설명했다. 즉, 무언가가 좋아지기 위해서는 우선 나빠져야 한다는 뜻이다. 이 패턴은 3단계 초기에서 특히 중요하다. 이 단계의 사람은 2단계로 물러난 뒤 거기에서 이야기하는 코칭 정보를 활용해 자신의 인생이 꼬인다는 느낌 뒤에 숨어 있는 것이 무엇인지 확인할 필요가 있다. 그는 무엇이 자신을 무기력하게 만드는지를 깨닫고, 그것을 자신에게서 분리해야 한다. 그렇게 할 때 그들은 3단계로 나아갈 수 있을 것이고, 3단계를 완전히 자신의 것으로 만들 수 있을 때 비로소 4단계로 상승할 수 있다.

우리는 연구 과정에서 몇몇 사람이 이렇게 이야기하는 것을 들었다. "우리 보스는 나를 〈뛰는 백수 나는 건달〉에 나오는 밀턴Milton처럼 취급해요." 그 영화에서 밀턴은 수년 전에 해고되었지만, 아무도 그에게 그 사실을 알려주지 않는다. 보스 역시 그 사실을 털어놓는 대신 밀턴 스스로 깨달을 때까지 기다린다. 시간이 흐르면서 점차 작은 사무실로 옮겨지던 밀턴은, 결국 지하실에서 일하게 된다. 이때 럼버그는 그에게 열심히 생쥐나 잡아보라고 말한다. 콜은 이렇게 말한다. "마이크 감독은 내게 마치 쳐다볼 가치도 없는 인간을 대하듯 밀턴을 상대하라고 지시했어요. 밀턴 본인보다는 그가 벗어나고 싶어 하는 공간에 더 흥미를 느껴야 한다고 했지요. 설사 그에게 말을 하더라도 마치 그가 그 자리에 없는 것처럼 하라더군요"(부족 리더십의 관점에서 볼 때 럼버그의 이런 행동은 밀턴을 2단계로 더 깊이 밀어 넣은 것으로 추측된다. 그가 지하에서 홀로 일할 때 그의 모든 사회적 관계는 망가졌고, 1단계의 극단적인 적대감과 분노가 그를 사로잡았다. 결국 밀턴은 회사 빌딩에 불을 질렀다).

당사자들은 자각하지 못하는 경우가 많지만, 3단계 사람들은 '나'에 초점을 맞춘 언어를 사용한다. 그들이 사용하는 문법구조에서 그들은 움직이게 하는 사람, 행위자, 지배하는 사람인 반면, 다른 사람들은 행위의 수용자이거나 서비스의 제공자이다. '부록 B'에서 좀 더 명확하게 설명하겠지만, 우리 연구의 전제는 언어가 실제를 규정한다는 것이다. 어떤 사람이 말을 할 때마다 '나는', '나의', '내가'와 같은 단어를 계속 쓰다 보면, 그 발화는 실제로 '나'만을 위한 것이 된다. 우리 연구에서 어떤 사람은 이렇게 말했다. "당신의 이야기는 충분한 것 같은데요. 이제부터는 저에 관한 이야기를 더 많이 해보지요!" 마치 커피를 더 달라고 하는 것 같은 자연스러운 말투였다. 그가 했던 말을 우리가 지적했을 때, 그는 "내가 그랬다고요?"라고 반응했다. 그리고 우리가 녹음한 음성을 들려주기 전까지 인정하려 하지 않았다. 3단계 초기에서 사용하는 언어의 또 다른 특징은 개인적 성취("난 하버드 대학에 들어갔어요"나 "나는 박사 학위를 취득했지요" 등)와 자신이 받은 특혜("나는 회사 전용기를 탔어요"나 "나는 주지사와 만난 적이 있지요" 등)를 쉼 없이 드러내는 것이다.

게리 콜이 열연한 〈웨스트윙〉의 밥 러셀은 3단계 중기를 잘 나타낸다. 콜은 이렇게 말했다. "밥은 대통령 자리를 둘러싸고 벌어지는 전쟁 한복판에 있어요. 이야기의 맨 끝에 이를 때(다른 후보가 대통령으로 지명될 때)까지 그는 꿈에서조차 패배한다는 생각을 하지 않지요." 이처럼 3단계 사람들이 품고 있는 이겨야 한다는 본능은, 비용을 발생시키는 동시에 세계의 수많은 전문가들로 하여금 '서부극'에서 쓰는 권총을 내려놓고 4단계로 진입하도록 만든다.

6. 3단계의 특성

3단계는 일곱 가지의 뚜렷한 특성을 나타내는데, 각 특성마다 상응하는 비용이 있다. 우리는 이 특성들을 수없이 봐왔고, 심지어 우리 자신에게서 발견하기도 했다. 만일 이 패턴들이 익숙하다면, 새로운 길을 찾아 나설 때이다. 우리는 이 특성들의 비용이 개인에게 돌아간다는 점을 강조하기 위해 그들을 '당신'이라고 표현할 것이다. 물론 그렇다고 해서 당신이 3단계에 속한다고 믿는 것은 아니다. 하지만 우리의 경험상 이 부분만큼은 각자의 개인적 입장에서 접근할 필요가 있다. 자신이 이 특성에 해당하는지를 확인해보라. 해당하지 않다면, 당신의 조직 구성원 중 누가 여기에 해당하는지를 살펴보라.

첫째, 당신은 일련의 양자관계를 형성한다. 당신의 인간관계를 그림으로 그려본다면, 바퀴살처럼 사방으로 뻗어나가는 모양일 것이다. 당신은 개인적인 호소력과 매력을 이용해서, 사실을 조작해서, 정보를 왜곡해서, 특혜를 주고받으며, 사실을 은폐해서 각 사람으로부터 원하는 것을 얻는다. 코일 박사는 우리에게 이렇게 말한 적이 있다. "게임에서 큰 부분을 차지하는 것 중 하나는, 당신이 어느 정도 말솜씨를 지니고 있는가이다." 그의 경우 병원에서 사람들과 일할 때 쓰는 언어가 달랐고 대학에서 일할 때 쓰는 언어가 달랐다. 많은 양자관계를 맺는 것의 단점은 이 관계를 유지하는 데 많은 시간이 소모되며, 제대로 돌아가게끔 관리하는 데에도 많은 신경을 써야 한다는 점이다. 실제로 다수의 양자관계를 맺은 사람들은 정신적인 피곤함을 호소했다.

▌코칭 정보: 3단계에서 꼼짝 못하는 사람이 있다면, 무엇이 그를 붙잡고 있는가를 찾아봐라.

그것이 해결되지 않은 불안이라면, 2단계의 문제(예를 들어 '사람들이 나를 싫어하기 때문에 내 인생이 꼬인다')에 집중함으로써 그 문제를 다루어라. 타인을 지배하고 비하하는 데 중독된 것이 원인일 수도 있는데, 그런 문제라면 이 장 뒷부분에 나오는 코칭 정보가 유익할 것이다. 이 코칭 정보의 요점은 그 사람으로 하여금 왜 자신이 3단계에 있는가를 알게 하는 것이다. 처음에는 좋은 뉴스인 것처럼 보일 것이다. "와우, 난 성취에 중독되었다!" 그러나 시간이 지나면서 그는 이런 식으로 행동하는 것의 한계를 알게 될 것이다.

3단계의 사람들은 자주 팀의 필요성을 주장하지만, 그들의 행동은 그들이 (본인이 스타가 될 수 있는 상황이 아니라면) 팀에 방해만 될 존재임을 보여준다. 팀 미팅은 양자 간 대화를 여러 번 하는 것과는 또 다른 기회를 제공하지만, 사람들은 일대일 미팅을 할 때와는 달리 말하는 것에 매우 신중해져야 한다. 그럼에도 미팅을 통해 자신이 스타가 될 수 있다고 생각할 때, 3단계 사람들은 결코 자제하지 않는다. 어떤 경우에서든 말을 가장 많이 하는 것은 3단계의 사람들의 특징이다.

둘째, 당신은 정보를 남몰래 쌓아놓는다. 3단계에서는 아는 것이 힘이다. 따라서 계속 정상에 머무를 수 있는 방법은 다른 사람보다 더 많이 알고, 더 적게 드러내는 것이다. 당신은 어느 시점에서 정보를 공개해야 손해를 보지 않을지를 염두에 두고 있을 것이다. 그럼에도 당신은 다시 입을 다물고 '여기서 이걸 말해도 좋을까?'라고 생각한다. 아마 (사람들이 말했듯이) 당신의 마음속 깊은 곳에 자리 잡고 있는 동기는 이것일 것이다. "이걸 말하는 게 가장 큰 이득을 가져다줄까?"

비밀을 유지하는 것은 스스로에게 엄청난 부담을 지우는 일이다. 또한 정보를 독점하는 것은 효과적인 네트워킹을 방해하며, 결과적으로 엄청난 수익을 가져다줄지도 모를 커다란 기회나 혁신을 날려버린다.

셋째, 당신은 자신의 '바퀴살(당신과 양자관계를 맺고 있는 사람)'이 또 다른 사람과 관계를 형성하는 것을 방해한다. 예를 들어 3단계 중기의 많은 사람들은 직속 부하에게 부서 밖으로 메일을 보낼 경우 자기 앞으로 참조 메일을 보내라고 하거나 미팅 전에 참석자를 확인하라고 말한다. 이 같은 업무 방식은 2단계 사람들에게 주로 적용되며, 그들은 당신을 화내게 할지 모른다는 두려움으로 인해 집단 사이의 정보 교환을 극도로 제한한다. 당신은 자신이 정보를 잘 공유하고, 모든 사람이 필요한 것을 알 수 있도록 노력하며, 협동을 장려한다고 생각할 수도 있다. 그러하다면, 당신이 발휘한 리더십의 결과 사람들이 실제로 무엇을 하는가를 다시 살펴보기 바란다. 당신은 스스로 생각했던 것보다 자신이 정보를 잘 제공하지 않았고, 그 때문에 별로 능률적이지도 않았다는 사실을 깨닫게 될 것이다. 이런 상황에서 객관적으로 현실을 보기는 어려운 법인데, 사람들은 당신(특히 당신이 3단계 초기 또는 중기에 해당한다면)이 듣길 원한다고 생각하는 것만 당신에게 말하려 하기 때문이다. 3단계의 많은 이들은 주변의 사람들이 자신을 가족같이 느낀다고 말했다는 이유로 자신이 4단계라고 믿었다. 이러한 상황에서는 편협하지 않은 사람을 데려오거나 솔직하게 털어놓을 수 있는 사람을 찾을 필요가 있다.

여하튼 앞에서 열거한 행동 유형을 종합하면, 장기적으로 이런 행동을 하는 사람들은 거의 예외 없이 실패하게 된다. 당신이 의지하는 충성도 높은 사람들은 자신이 상품화되었다고 느끼며, 당신이 상황을 통제할 수단으로 정보에 집착하는 것은 결과적으로 다른 사람에게 험담거리를 제공할 뿐이다. 가장 명심해야 할 것은 당신이 '나'에 초점을 두게 되면 다른 사람들에게 정말로 중요한 것, 즉 개인적 성공이 아닌 부족의 성공을 보지 못하게 된다는 사실이다. 역설적이게도 우리 연구에 참여한 많은 사람들은 개인적인 성공을 중시했기 때문에 이기적인 인간으로 낙인찍혀 승진에서 탈락했다. 이처럼 3단계 사람들은 자신의 약점은 보지 않고 성공을 위해 온갖 수단을 동원하지만, 막상 이기적이라는 지적에 대해서는 엄청나게 분개한다.

넷째, 당신은 정치적 정보를 얻기 위해 소문과 스파이에 의존한다. 사람들이 정치에 관심을 두지 않은 조직에서는 이런 일이 잘 벌어지지 않지만, 사람들이 자신의 자리가 불안하다고 느낄 경우 이것은 언제든 보편적인 현상으로 자리 잡는다. 3단계 문화가 지배적인 첨단기술 회사에서 근무하는 어떤 사람은 이렇게 말했다. "사람들은 내게 충성하면서 중요한 정보를 다른 사람이 알기 전에 먼저 알려주지요. 난 이걸 이용해 날 해고하려는 시도를 몇 번이나 좌절시켰습니다." 당신의 스파이는 아마도 냉전시대의 스타일로 정보를 교환하는 3단계의 누군가일 것이다. 또 다른 형태의 스파이는 단순히 소문을 좋아하는, 남의 스캔들을 떠벌리고 다니길 좋아하는 사람이다(최소한 우리의 연구에서는, 소문 자체의 진실성보다 훨씬 중요한 것은 소문을 말하고 다니는 사람이다. 어떤 관리자는 당신을 걱정하는 친구의 목소리로 다음과 같이 묻는 것에 대단한 긍지를 가졌다. "지금 사람들이 당신과 당신의 행정 보조원 사이의 관계에 대해 뭐라고 말하고 다니는지 아세요?"). 어쩌면 당신의 스파이는 당신에게 유익한 정보를 제공하는 대가로 '기업의 빈민가'에서 벗어나고자 하는 2단계 후기의 사람일 수도 있다. 그들이 당신의 도움을 받을 수 있을지의 여부를 가늠하는 기준은 스파이 소설에 등장하는 기준과 동일하다. 정보의 가치와 그 사람의 충성심에 대한 당신의 평가. 당신은 스파이들을 이용하는 대가로 이중의 비용을 지불해야 한다. 하나는 당신이 소문이나 좋아하는 인간이라는 평판을 얻는 것이고, 또 하나는 언제나 한발 앞서기 위해 적지 않은 시간을 투자하는 것이다.

이러한 행동들이 초래하는 비용을 알게 되었다면, 지금까지 당신이 밟아온 행적을 깊이 성찰하길 바란다. 우리 연구진도 우리 자신에 대한 깊은 성찰을 통해 두 가지 사실을 알아냈다. 첫째, 우리가 사용하는 언어는 '나'에 초점이 맞추어져 있었다. 둘째, 우리의 업적은 곧 우리의 정체성이었다. 존은 수만 명의 사람들을 코치했으며, 코칭계의 몇몇 권위자들과 공동 연구를 수행했다. 그 전에는 할리우드에서 수행한 프로젝트의 우수성을 인정받아 에미상Emmy Awards을 수상하기도 했다. 데이브는 자신의 박사 학위, 초창기의 학술적 성공, 자신의 강의 평가에 대해 말했다. 우리는 우리 자신의 행동을 돌이켜본 뒤에야 비로소 그것의 비용을 깨닫게 되었고, 진심으로 4단계로 가고 싶다는 마음을 품게 되었다.

다섯째, 당신(특히 당신이 남성이고 군대식 문화에서 일한다면)은 군대나 폭력 조직에서 쓸 법한 언어를 사용할 것이다. 우리는 다음과 같은 말을 들었다. "난 맞아죽을 거야"(집단 구타를 당할 것 같다는 뜻). "난 공중 폭격을 요청해야겠어." "난 중세로 가게 될 거야." 이 세 가지 말은 정치적 모험을 시작할 예정이거나 이미 시작했다는 의미이다. 또한 여기에서 사용된 '나'라는 단어에 주목하라. 우리의 연구에 따르면, 이런 언어를 사용하는 사람들은 보통 '미성숙하고', '아직 성장 중이며', '승진 후보자가 아니었다'.

3단계의 맹점은 대부분의 사람이 "나도 다른 사람을 상품으로 대한다"라고 인정하는 것을 불가능하게 만든다. 그 대신 그들은 이렇게 말할 것이다. "나는 사람들에게 기회를 준다." "난 항상 친근하게 사람을 대한다." 이 사실은 다면평가 피드백 도구의 성공 요인 중 하나이기도 하다. 제대로 활용되기만 하면, 이 도구는 사람들에게 다른 이들의 진짜 생각이 어떤지를 보여준다. 이 피드백은 종종 충격을 가져다준다. 다면평가에 결함이 있다고 생각해 그 결과를 받아들이지 않는 경우도 흔하다. 하지만 우리의 경험으로 볼 때 가장 자주 목격되는 것은 그 사람의 행위를 선의로 해석해서(또는 피험자가 누가 무엇을 말했는지를 알게 될 것이라고 두려워해서) 결과물이 실제 사람들의 생각을 제대로 반영하지 못하는 경우이다.

여섯째, 당신은 당신을 더 유능하게 만들어줄 정보, 도구, 기술을 갈망한다. 당신이 '나는 대단해'라는 영역을 보호하는 데 쏟는 노력의 양은 우리를 놀라게 했으며, 당신 역시 그것을 본다면 놀랄 것이다. 당신이 들이는 시간도 놀랍긴 하지만, 가장 인상 깊은 것은 타인보다 우월해 보이기 위해 자신을 돋보이게 만들어줄 그 무언가를 찾는 데 들이는 노력이다. 당신은 신형 휴대전화를 가장 먼저 구매했을지도 모르고, 최신 기기들을 보유하고 있을 수도 있다. 당신은 스티븐 커비Stephen Covey의 시간 관리법을 실천에 옮겼으며, 아마 그 전에는 스케줄 관리표를 썼을 것이다. 오늘날에는 아웃룩Outlook[2]이 당신의 생활을 관리한다. 당신은 ≪월스트리트저널≫을 읽고 블랙베리로 이메일을 보내면서 60분 동안 할 일을 30분 만에 해치울 수도 있다.

3단계 중기 사람들은 이 세상에서 의지할 수 있는 사람은 오직 자신뿐이라고 믿기 때문에 시간 관리에 열중한다. 현재 서점에 나와 있는 시간 관리에 관한 책 대부분은 이 같은 결과에 대한 중독과 자신에 대한 강박에 부응한다. 이와 대조적으로 비즈니스, 경영, 자기계발서의 절대 다수는 사람들에게 '다른 사람들보다 더 위대해질 수 있는 방법'을 효과적으로 전달하기 위해 3단계의 언어로 작성한 3단계의 메시지들이다. 우리가 보기에 이런 책들은 사람들과 부족을 3단계에 붙잡아놓는다. 미심쩍다면 집 근처 서점의 경영 코너에 있는 책들을 마음속에서 2단계, 3단계, 4단

---

2 마이크로소프트사에서 개발한 개인 정보 관리자 응용프로그램. 전자우편 클라이언트 기능을 기본적으로 지원하며 달력, 일정 및 연락처 관리, 메모, 업무 일지 기능도 있다. 특히 북미나 유럽계 대기업에서는 이메일이나 일정 관리, 주소록 등 사무실 업무를 아웃룩으로 처리하는 경우가 많다. _ 옮긴이

계로 범주화해보기 바란다. 우리가 말했던 것을 확인할 수 있을 것이다. 3단계를 사로잡는 것은 출판업계로만 한정해도 수백만 달러의 사업이다. 여기에 훈련 프로그램, 교육, 3단계 코칭을 추가해보기 바란다. 우리가 추정해본 바로는 이 사업은 미국에서만 수천만 달러의 규모이다.

일곱째, 1단계나 2단계 사람들과는 달리 당신은 가치에 대해 말한다. 그러나 당신의 초점은 '나의 가치', '내가 보고 싶은 것', 그리고 '내가 소중히 여기는 원칙'에 맞추어져 있다. 기본적으로 당신의 가치관은 윤리와 시간 관리에서 당신을 남들보다 우위에 서도록 한다. 우리가 지금까지 만난 3단계 사람 중에 자신이 선善을 위해 싸우지 않는다고 믿는 사람은 없었다. 이 같은 행동의 어두운 면은 이 가치가, 특히 3단계의 경우, 개인적인 차원에 머무른다는 점이다. 이 때문에 당신은 자신을 제외한 그 누구에게도 권한을 이양하지 않는다. 우리는 다른 사람들이 '내 가치' 덕분에 활기를 띠게 되었다고 말하는 3단계 사람들을 많이 만나봤지만, 정작 그 주변 사람들에게 물어보면 가치에 대해서는 한마디 말도 들을 수 없었다. 자신이 가치지향적인 리더라고 생각했던 이들은 그저 자신이 하고 싶은 일을 했을 뿐이었다.

이제 3단계의 일곱 가지 특성들을 종합해보자. 3단계의 사람들은 거의 보편적으로 시간이 부족하고, 충분한 지원을 받지 못하며, 자신들보다 능력이 부족하고 덜 헌신적인 사람들로 둘러싸여 있다. 그들이 아무리 열심히 일하더라도 고작 24시간만으로는 눈앞의 과제를 해치울 수 없다. 수확체감의 법칙law of diminishing returns[3]으로 인해 일을 더 열심히 해도 그만큼의

3 일정한 토지 안에서 농사를 지을 경우, 노동력을 더 많이 투입하면 수확량은 늘지만 그 증가 비율은 점점 감소하는 현상을 말한다. 가령 100개의 씨앗을 심어 100kg의 수확을 얻었을 경우, 200개의 씨앗을 심고 얻는 수확량은 180kg, 300개를 심고 얻는 양은 240kg으로 줄어드는 식이다(이때 씨앗의 숫자와 수확량 사이의 비율을 보면 각각 1:1,

성과가 나타나지 않고, 결과적으로 그들의 노력은 점점 덜 중요해진다. 간단히 말해, 그들은 다음 단계로 상승하고 싶어 하면서도 그곳에 도달하는 방법, 심지어는 그곳이 어떤 곳인지조차 모른다. 한때 노동조합 위원장이었던 밥 토비아스Bob Tobias(다음 장에서 만나게 될 것이다)는 이렇게 말했다. "난 (현현顯現[4]을 거쳐 4단계로 올라서기 전의) 내게 내 장점(더 열심히 일하고, 더 잘 일하며, 일찍 일어나는 것)을 인정받고 싶다는 욕구가 있다는 것을 깨달았어요. 또한 내가 늘 연설을 하며, 어떻게 변화를 가져올지에 대한 비전을 설명하고 다녔다는 것도 깨달았지요. 그때 난 사람들이 권한을 부여받았다고 느낄 거라 생각했고, 변화가 찾아올 거라고 생각했어요. 사람들은 제 고된 작업에 박수갈채를 보낼 정도로 기뻐했지만, 내가 떠났을 때까지 일어난 일은 아무것도 없었지요."

그렇다면 우리는 이 상황에서 무엇을 해야 하는가? 다음 장에서 3단계의 장벽(미국의 전문직 종사자 중 거의 반 정도가 이것 때문에 위대한 업적을 이루지 못한다)을 돌파하는 방법에 대해 많은 이야기를 할 것이다. 하지만 우선 여기에서 몇 가지 제안을 해보고자 한다.

'우리는 대단해'라는 환상을 깨라. 사람들이 다면평가 설문의 항목에 답할 때, 그들 다수는 당사자에 대한 선의의 해석을 함으로써 자신감을 가져서는 안 될 사람에게까지 자신감을 심어준다. 돈 벡은 이 같은 문제를 해결하려면 신뢰받는 조언자와 더불어 동의 여부를 묻는 단순 진술보다는 '강제배분평가방식forced rankings'[5]을 이용하는 도구가 필요하다고 주장

1:0.9, 1:0.8로, 투입한 노동력에 비해 수확량이 늘지 않음을 알 수 있다). _ 옮긴이

4 Epiphany. 그리스어로 '귀한 것이 나타나다'라는 의미로 평범하고 일상적인 대상으로부터 불현듯 느끼는 영원한 것에 대한 감각 또는 통찰을 가리킨다. _ 옮긴이

5 직원들이 서로에게 관대한 평가를 내리는 것을 막기 위해 각 직원에 대한 평가를 상위 20%, 중위 70%, 하위 10%로 나눈 뒤 하위 10%에 대해서는 해고나 승진 제한 등의 불이익을 가하는 방식. _ 옮긴이

했으며, 우리 역시 이에 동의한다. 사람들의 진짜 생각이 어떤지를 알고 싶다면, 그 조사 과정이 당신에게 진실을 알릴 수 있게끔 만들어라.

경영을 배워라. '나'에 초점을 맞추는 대다수의 대학 학위 프로그램은 빼고 말이다. 사람들이 '나'에 초점을 두지 않고 그것을 의식하지도 않는다면, 그들은 '비전'이나 '가치' 같은 4단계의 언어 몇 가지를 사용하는 3단계의 행위자로서 직업교육(가령 법, 경영, 의학)을 수료할 것이다. 여기에는 두 가지 이유가 있다. 첫째, 대부분의 전문직 종사자들과 마찬가지로 교수들 역시 개별적으로 수행하는 연구나 강의 활동을 하며 3단계에 머무는 경향이 있다. 즉, 개인적 성과를 기반으로 승진이 결정되기 때문에 혼자 일하는 것이 편한 사람들이 더 높은 성과를 달성하게 된다. 둘째, 3단계의 핵심적인 한계 중 하나는 아는 것이 곧 힘이 된다는 점이다. 이 때문에 3단계의 누군가에게 경영학 석사, 법학 박사, 의학 박사 등의 학위를 주는 것은 사형집행인에게 날카로운 칼을 주는 것과 같다. 그들은 이 칼을 휘둘러 다른 사람의 성공을 깎아내리면서, 다른 이들을 자신보다 못한 인간으로 만들 것이다. 사람들을 3단계에서 벗어나게 하는 것은 다음 장에서 언급할 일련의 현현들이다. 이러한 현현들이 일류 학위 프로그램에서 얻은 지식과 합쳐질 때, 그 결과는 세계를 바꿀 수도 있다. 우리가 만난 최고의 부족 리더들은 하나같이 고도의 교육을 받은 이들로, 그들이 누구인가를 결정하는 것은 그 이름 앞뒤에 붙는 직함이나 벽에 걸린 자격증 따위가 아니었다. 이들은 자신의 학력을 잘 이야기하지 않았기 때문에 주변 사람들은 그들이 수여받은 학위를 알고 놀라고는 했다.

다른 사람에게 '나는 자네가 3단계라고 생각하네'라고 말하는 것은 그의 경력을 망칠 수 있다. 이 책을 읽는 독자는 주변 사람들 중 누가 3단계인지 알게 될 것이다. 이때 조심해야 한다. 만약 당신이 그를 3단계라고 지목한다면, 그리고 특히 그가 3단계의 초기 또는 중기에 해당한다면, 그는 당신의 판정이 터무니없다면서 그것을 부인하고 화를 낼 것이다(우리가 7장에서 살펴보겠지만, 3단계의 많은 사람들은 자신이 5단계라고 생각한다). 그렇다면 당신은 무엇을 해야 할까? 한 가지 방법은 이 책의 복사본(이번 장과 다음 장을 읽으라는 메모가 붙은)을 그에게 주는 것이다.

당신의 열정을 공유할 사람들과의 네트워크를 구축하라. 우리는 당신이 무료로 화상 대화, 미팅, 온라인 채팅 등을 통해 이 책의 다른 독자들과 연결될 수 있도록 도울 것이다. 더 많은 정보를 원하거나 커뮤니티에 가입하고 싶다면 우리의 웹사이트(www.triballeadership.net)를 방문하라.

4단계의 멘토를 찾아라. 최근 우리의 독자 중 한 사람이 이런 편지를 보냈다. "놀라운 행운으로 몇 년간 알고 지내게 된 4단계 멘토들은 내 인생을 변화시켰습니다. 그들은 내가 3단계의 성향을 뛰어넘을 수 있도록 도와주었지요."

당신은 우리의 연구에 참여했던 많은 사람과 같은 결론에 이를 것이다. 즉, 당신이 3단계에 있다는 결론과, 비록 자신의 업적에 긍지를 갖는 것도 중요하지만 '나는 대단해' 단계에 머무는 비용은 그 혜택보다 더 크다는 결론 말이다. 사람들은 자신의 행동이 다른 사람을 2단계에 묶어버린다는 사실을 깨달을 때 새로운 눈으로 주변을 둘러본다. 남아시아에서 일하는 한 관리자는 이렇게 말했다. "내 주변의 사람들이 내 생각보다 더 재능 있고 특별하다는 걸 알았을 때 정말 놀랐어요." 뉴욕의 어떤 재무 담당 최고경영자는 웃으며 이렇게 이야기했다. "사람들은 내가 생각했던 바보가 아니더군요." 다음 장에서 만나게 될 전직 노조위원장 역시 비슷한 말을 했다. "내가 그렇게까지 영향력 있는 인물이 아니라는 걸 알게 됐습니다. 지금까지 내 적이라고 생각했던 사람들이야말로 내 파트너가 되었어야 할 이들이었지요."

사람들에게 그가 리더십이 아닌 관리 기술을 이용했다는 사실을 깨닫게

하라. 3단계의 사람들은 리더십을 마치 해야 할 일 목록에 있는 항목 중 하나(예를 들어 '비전을 설정하라', '사람들의 지지를 얻어라', '주의 깊게 경청하라' 같은)로 보고 접근한다. 리더십이 진부하고 흔해 빠진 것이 되는 순간, 그것은 리더십이 아닌 관리가 된다. 그가 3단계의 틀에 갇혀 리더십을 흉내 내려 한다는 사실을 당신이 일깨워준다면, 그는 자신이 전혀 리더가 아니라는 것을 알게 될 것이다. 이 깨달음은 그가 다음 장에 나올 일련의 현현 단계로 들어서게 할 것이다.

당신이 다른 사람의 통찰력 있는 품성과 독창적인 재능을 보기 시작한다면, 그들은 발전시키고, 가르치며, 이끌 가치가 있는 사람들로 보이게 될 것이다. 이 관점의 변화는 당신을 4단계, 즉 부족 리더십의 영역으로 이끌어줄 현현을 위한 발판이 된다.

7. 3단계의 요약

- 3단계 사람은 양자관계를 통해 다른 사람과 연결된다. 3단계 사람들은 '나는 대단해'라는 언어를 사용하는데, 여기에서 입 밖으로 내지 않는 말은 '너는 아니지만'이다.
- 3단계 사람들이 한자리에 모이면, 그들은 (개인 단위로) 뛰어난 성과를 내려하면서 상대방을 깎아내린다. 이런 심리는 종종 유머로 은유되기도 하지만, 어쨌든 결과는 같다. 각 개인이 지배적인 위치를 차지하려 드는 것이다. 개인들의 행동은 '외로운 전사'에 비유되며, 이들이 모여 이루어진 문화는 '서부극'이 된다.

8. 3단계 사람을 위한 핵심 지렛대

- 혼자 할 수 있는 프로젝트보다 더 큰 규모의 프로젝트에서 그가 일하도록 독려하라. 즉, 그에게 파트너십이 요구되는 일을 부여하라.

- 그의 성공은 그 자신의 노력으로 이루어지지만, 그다음 단계의 성공은 기존의 방식과 완전히 다른 스타일을 요구한다는 사실을 지적하라. 다르게 표현하자면, 그를 이곳까지 이끌어주었던 것들만으로는 부족하다는 사실을 보여줘라.
- 4단계 행동을 보여주는 (가급적 같은 기업에 있는) 롤모델을 정의하라. 당신은 다음 세 가지를 통해 이들을 발견할 수 있다. 첫째, 그들은 '우리'라는 말에 초점을 둔다. 둘째, 그들은 인간관계에서 많은 삼자관계(10장에서도 설명하겠지만, 이것은 세 사람으로 구성된 인간관계이다)를 맺고 있다. 셋째, 그룹 전체가 합심해 성공을 이루어낸다.
- 그가 시간이 부족하다거나 다른 사람들이 시원찮다고 불평한다면(3단계의 주된 불평이 이 두 가지이다), 그처럼 공들여 일하는 사람에게는 다른 이들이 변변한 도움을 줄 수 없음을 알게 하라.
- 당신이 3단계에서 4단계로 이동했던 시기에 대해 이야기를 해줘라.
- 진정한 힘은 지식이 아니라 인간관계에서 비롯되며, 정보보다는 지혜가 더 큰 역량을 발휘한다고 조언해줘라. 그의 성공(이런 성공은 대단히 많다)을 칭찬하고, 당신이 그의 편이라는 것을 강조하라. 또 그가 얼마나 영리하고 재능 있든, 그의 목표는 그가 혼자 할 수 있는 일보다 훨씬 더 많은 것을 요구한다는 점을 인지시켜라.
- 기업 정책이 허용하는 범위 내에서 가능한 한 투명하게 정보를 공개하라고 독려하라. 사람들이 알아야 하는 것만 말하는 3단계의 경향성을 따르지 말라고 지도하라. 차라리 그가 과잉 소통을 하도록 독려하라.
- 그가 삼자관계를 형성하도록 독려하라.

9. 성공 지표

- 그는 '나' 언어를 '우리' 언어로 대체할 것이다. 사람들이 그에게 성공 비결을 물을 때, 그는 자신이 아닌 자신의 팀에게 공을 돌릴 것이다.
- 그는 능동적으로 삼자관계를 형성하고, 그의 인간관계망은 수십 명에서 수백 명 단위로 확장될 것이다.

- 그는 덜 일하면서도 더 많은 것을 성취하게 될 것이다.
- '시간이 부족하다'와 '제대로 하는 사람이 없다'는 그의 불만은 멈추게 될 것이다.
- 그가 책임져야 할 일이 최소 30% 증가할 것이다.
- 그는 투명하게 소통할 것이다.
- 그는 더 많은 정보를 가지고 더 자주 소통할 것이다.

tribal leadership

7

부족 리더십의 현현

리처드 닉슨Richard Nixon이 대통령으로 재직하던 시절, 밥 토비아스는 3단계의 거친 세계를 경험했고 또 그것을 좋아했다. 이때 어떤 기자가 그에게 단순한 질문을 하나 했는데, 이 질문은 토비아스를 풍성한 통찰(우리는 이를 현현이라고 부른다)의 세계로 이끌었다. 이 경험 뒤, 그는 부족 리더로서 다시 태어났다.

토비아스는 법학 전문대학원에 진학하기 위해 1966년 워싱턴으로 이주한 뒤 쭉 그곳에서 살았다. 그는 국세청에 근무하면서 노동조합의 운영에 대해 배웠는데, 이것은 이후 30년 동안 그의 열정에 불을 지폈다. 그는 전미재무공무원노조National Treasury Employees Union에서 근무하며 1970년 노조의 법무 자문위원이 되었다. 영광스러운 3단계에 있는 동안, 토비아스는 닉슨 대통령이 시행한 연방공무원의 봉급 동결 조치가 부당하다고 항의하며 대통령을 상대로 소송을 제기했다. 이 소송은 현직 대통령은 소송 대상이 될 수 없다는 판례법에 따라 기각되었다. 토비아스는 뻔히 패배할 줄 알면서 항소를 했는데, 그 와중에 우리에게 널리 알려진 워터게이트 사건이 터졌다. 별도의 재판(전미재무공무원노조도 공동으로 참여했던)에서 연방대법원이 현직 대통령을 포함해 그 누구도 법 위에 군림할 수 없다고 판결함에 따라, 토비아스는 다시 대통령을 고소할 수 있게 되었다. 결국 그는 모든 연방공무원을 대신해 닉슨으로부터 5억 3300만 달러를 배상받게 되었는데, 이는 미국 사법 역사에서 기념비적인 선례가 되었다.

토비아스는 그때의 소감을 짧게 말했다. "그것은 최고 권위에 대한 개인의 도전이었습니다." 이렇게 해서 3단계를 지나는 그의 여정이 막을 올렸다.

토비아스는 믿을 수 없을 정도로 조용하다. 그는 자그마한 체구에 반짝이는 눈을 가지고 있으며 언제나 함박웃음을 짓고는 하지만, 일을 할 때는 무엇이든 꼼꼼히 따지는 전형적인 변호사의 모습을 보여준다. 어느 토요일, 우리는 워싱턴에서 그를 만났다. 기온이 높고 축축한 날씨라 대부분의 사람들이 티셔츠에 반바지를 입고 있었는데, 토비아스는 스포츠 코트를 입었으면서도 땀 한 방울 흘리지 않았다.

부드러운 어조에 사려 깊어 보이는 그의 이미지는 그가 입을 여는 순간 눈 녹듯 사라진다. "노조 법무 자문위원으로서 영향력을 발휘하려면 상대방을 개 패듯이 패면 됩니다. 다시는 나를 보고 싶어 하지 않을 정도로요." 그는 1970년대의 자신이 정말 '악당'이었다고 회고했다. 불만을 중재하고, 부당노동행위를 고발하거나 고소하는 일에서는 수단과 방법을 가리지 않고 덤벼들었다는 것이다. 1975년 그는 열세 명의 노조 전임직원과 직접 대화하면서 양자관계(앞 장에서 언급했던 것이다)를 형성했다.

전임직원이 이전의 두 배인 스물여섯 명으로 늘어났을 때, 그는 하루 24시간의 한계를 극복하고자 애틀랜타, 샌프란시스코, 오스틴, 워싱턴 등 거점 지역에서 활동할 지역 슈퍼바이저를 임명했다. 하지만 신임 관리자들에게는 실망스럽게도 토비아스는 계속해서 사람들과 직접 연락을 주고받았다. 그는 말했다. "결국 그들이 나를 찾아와서 이럴 거면 뭣하러 자기들을 고용했냐고 따지더군요. 고통스러운 경험이었습니다. 나는 직원들과 개별적으로 대화하는 것을 좋아했지만 포기할 수밖에 없었지요. 선택의 여지가 없었습니다." 토비아스는 다른 많은 3단계의 사람들이 그러했듯 관리자로서의 사다리를 오르고 있었다. 이렇게 얻은 교훈은 승리를 얻기 위한 새로운 방법을 알려주었다.

1970년에서 1983년까지 토비아스는 어느 도시로 가서 한 사람 또는 여러 명의 노조원을 대신해 불만사항을 조정하거나 부당노동행위를 고발하는 일을 했다. 소송을 하면 대개 승소했고, 그 덕에 지금도 귀에 생생한 박수갈채를 받으면서 그곳을 떠났다. 1983년 노조위원장이 은퇴하게 되었을 때, 그는 새로운 노조위원장으로 선출되었다. 연방정부 내에서 가장 힘 있는 조합의 우두머리가 된 것이다. 출근 첫날, 그는 기자와 전화로 통화하던 중 지금까지도 잊히지 않는 질문을 받았다. "노조위원장으로 선출된 지금 무슨 일을 하실 계획입니까?" 그때 토비아스의 머릿속에서는 아무 생각도 떠오르지 않았다. 그는 당시의 상황을 회상했다. "물론 나도 뭘 하지 말아야 하는지는 알고 있었습니다. 우리 노조원들이 부당한 대우를 받는 것을 묵과하는 거지요. 하지만 뭘 해야 하는지는 생각을 못했어요. 얼굴을 한 대 얻어맞은 것 같더군요. 결국 난 질문에 대답을 하지 못했지요." 토비아스의 현현은 그때 막 시작되려 하고 있었다.

1. 현현의 요약

부족 리더십의 영역에 해당하는 4단계에 진입한 수천 명의 사람들과 인터뷰한 결과, 그들 모두에게는 각성awakening의 순간이 있음을 알게 되었다. 몇몇 사람들은 그것을 중요한 사업적 통찰이라고 불렀다. 그들은 "아침에 샤워를 하는데 불현듯 훨씬 더 높은 이익을 창출할 사업 방법이 떠올랐어요"라고 증언했다. 또 몇몇은 그것을 기업 카르마karma라고 불렀다. 어떤 사람들은 그것이 자신의 가치에 생명력을 불어넣고 싶다는 욕구라고 묘사했다. 수년 동안의 심리 치료나 자조self-help 프로그램을 마친 후 그 단계에 도달한 사람도 있었으며, 워런 베니스Warren Bennis와 로버트 토머스Robert Thomas가 『시대와 리더십Geeks and Geezers』에서 '참혹한 경험'(지적 · 감정적 차원에서 사람들의 핵심적인 생각들을 성찰하도록 만드는 사건)이라 부른 과정을 통해 도달한 이도 있었다. 일부 사람들에게는 9 · 11 테러가 현현을 시작하는 계기로 작용했다. 대부분의 사람들에게 현현은 여러 현현들이 잇따르는 형태로 나타났는데, 그 각각은 3단계에서 경험하지 못했던 한층 심오한 통찰을 제공했다.

현현은 모든 부족 리더들에게 일어나지만, 꼭 성인기에 일어나는 것은 아니다. 암젠의 전 CEO 고든 바인더의 현현은 그가 뉴멕시코에서 한창 자라날 때 시작되어 해군으로 복무하던 때 끝났다. 1980년 미국 올림픽 때 하키 팀 주장을 맡았던 마이크 에루지온은 어릴 적 하키를 하며 현현과 같은 무언가를 느꼈다. 프랭크 조던은 '보이스 앤드 걸스 클럽'을 통해 부족 리더가 되었다. 그들은 모두 현현을 자신의 개인적 · 직업적 삶의 전환점으로 정의했다. 그 전까지 어떤 인생을 살아왔는지는 중요치 않았다.

사람들의 정신 속에서 현현이 나타나기까지는 보통 수개월에서 수년이 걸리지만, 각성의 순간이 한번 시작된 순간부터는 이전으로 되돌아갈 수 없게 된다. 그들은 현현을 짤막한 문장으로 묘사하려 했다. 우리가 들은 이야기는 다음과 같다.

- 개인적인 것은 중요하지 않다.
- 3단계는 아무런 유산도 남기지 않는다.
- 3단계에서 얻은 승리는 작은 승리이다.

- 나는 그저 조종하는 사람일 뿐, 리더가 아니라는 것을 알게 되었다.
- 지쳤다. 다른 게임은 없는가?
- 나는 다른 사람의 눈을 통해 스스로를 보는데, 내게 보이는 것이 싫다.

많은 사람들이 현현을 알리는 전도사가 되었지만, 그들은 곧 모든 사람이 이 계기를 통해 인생을 바꾸는 통찰에 이르지는 못했음을 알게 되었다. 자신의 정신을 관통한 현현에 대해 이야기할 때면, 사람들은 이런 식으로 답했다. "나도 알아." "그게 뭐 별거라고." "그래서 어쨌다고?"

이 현현을 경험한 사람들은 이전과는 다른 방식으로 책을 읽고, 종종 다른 사람을 위한 항목에 밑줄을 치며, 자신의 인생을 변화시킨 통찰을 전파하고 싶어 한다. 한때 그들에게 대수롭잖게 보였던 리더십에 관한 책들은 이제 인생을 바꾸는 말들로 풍부하게 채워져 있다. 반면 정보와 도구와 기술을 다룬 책들은 한때 그들의 마음의 양식이었지만, 지금은 헛소리의 향연처럼 보이게 되었다. 하지만 3단계에 머무르는 사람들은 여전히 정보에 관한 서적을 훨씬 좋아하며, 현현을 겪은 사람들이 밑줄 친 부분을 봐도 이상하거나 쓸모가 없는, 진부한 소리로 여긴다.

이 장에서 우리의 목표는 당신이 현현을 통해 다른 사람을 이끌 수 있도록 하는 것이다(우리의 연구에 참여한 몇몇 사람들은 실제로 그렇게 했다). 밥 토비아스가 밟아나갔던 절차는 전형적인 것이며, 따라서 우리는 그것을 이 장의 기본 골격으로 사용할 것이다. 토비아스는 3단계에서 자신이 상상했던 것보다 훨씬 더 큰 성공을 달성하면서 4단계 부족 리더로 부상했다.

계속 강조하지만, 우리의 관심사는 심리학이나 영성이 아닌 언어이다. 우리는 왜 우리 연구에 참여한 사람들이 지금까지 가지고 있던 개념을 바꾸게 되었는지, 어떻게 현현을 경험했는지, 어떻게 각성의 단계로 이행했는지를 따지지는 않을 것이다. 그들의 영적인 믿음이나 영적인 행위를 측정하지도 않을 것이다. 사회의 발달단계에 관한 세계적 전문가이자 20여 권의 책을 저술한 저자이며, 통합 연구회의 창설자이기도 한 켄 윌버는 인간의 두 가지 측면(심리 · 세계관 · 영성과 대화)이 여러 단계에서 동시에 발달한다고 말했다. 우리의 관심사는 사람들이 무엇을 말했는가와 그들의 행동이 부족 내에서 어떤 변화를 가져오는가이다.

2. 현현 1부: 나는 무엇을 성취했는가?

기자가 토비아스에게 던졌던 질문은 성찰과 자기 탐구(특히 그가 그때까지 노조에서 무엇을 하는 데 시간을 보냈는가에 관한 것)의 계기가 되었다. 그는 지금도 한겨울에 시카고의 국세청 앞에서 300명의 노조원들과 함께했던 고통스러운 피켓 시위를 생생하게 기억하고 있다. 항의 행진이 시작되었을 때, 그는 어떤 은행에 있는 온도계가 영하 15도를 가리키고 있는 것을 보았다. 그는 언론 기자들이 오기를 기다리며 커피를 배달시켜 사람들에게 돌렸는데, 커피가 든 주전자 겉면에 성에가 낄 정도였다. 그 투쟁은 토비아스가 노조와 함께했던 시간을 잘 담아내고 있다. 고통스러운 싸움 뒤에 찾아오는 또 다른 고통스러운 싸움을 말이다.

많은 사람들은 시카고 투쟁을 호의적으로 평가하는 듯하지만, 토비아스는 이렇게 말을 했다. "우리는 개별 감독관이 사람들을 대하는 방식에 영향을 줄 법한 일을 아무것도 하지 못했던 것 같습니다. 우리는 회사로 복귀했고, 법정 투쟁에서 승리했으며, 휴가를 떠났지요. 겉보기에는 승리였지만, 사람들의 일상생활에는 그 어떤 변화도 일어나지 않았습니다."

그는 계속해서 말했다. "나는 나를 가로막는 내 자신의 행동에 이름을 붙일 수 있게 됐습니다. 일단 거기에 이름을 붙이게 되니 그걸 어떻게든

다룰 수 있었지요. 그것은 '무엇을 위해 일하는가?' 대對 '누구와 함께 일하는가?'였습니다." 그는 그가 정부와 그곳의 관리자들에게 저항할 것을 요구했던 노조원들을 위해 일하며 시간을 보냈다는 것을 깨달았다. 토비아스는 언제나 '무엇을 위해 일하는가?'에 집중했기에 변호사로서 활약할 수 있었지만, 그때까지만 해도 그의 노조 운영 방식이 적을 필요로 한다는 사실을 결코 깨닫지 못했다. 그는 결코 싸움을 피하지 않았으며, 가는 곳마다 싸움을 일으켰다.

3단계와 4단계 모두 적수를 필요로 한다는 점에 주목할 필요가 있다. 우리가 사람들 또는 집단과 함께 일할 때, 3단계의 사람들은 "난 정말 대단한 것 같아요. 4분기에 제일 많이 물건을 팔았거든요" 또는 "난 얼마 전에 큼직한 집을 샀지요" 같은 말을 할 것이다. 그들은 이런 말들이 자신과 다른 사람을 비교해 '내가 다른 사람들보다 더 낫다'라고 주장하기 위한 것임을 알아채기 시작한다. 4단계의 사람들은 "우리는 대단한 것 같습니다. 우리 팀이 이겼으니까요"나 "우리는 최고의 인재들을 갖췄습니다"라고 말할 것이다. 이 같은 언어 체계 역시 '우리가 그들보다 뛰어나다'라는 의미를 담고 있다. 3단계에서의 적은 다른 개인이며 4단계에서의 적은 다른 집단 또는 기업, 심지어는 하나의 산업이다. 12장에서 살펴보겠지만, 오로지 5단계만이 적을 필요로 하지 않는다.

토비아스에게 일어난 현현에는 또 다른 측면이 있었는데, 이것은 그가 자신의 무분별을 깨닫도록 했다. 그는 이렇게 말했다. "나는 이기는 게 좋았습니다. 나는 외로운 전사가 되는 게 좋았습니다. 나는 마을을 찾아가 사악한 용을 때려잡은 뒤 모든 이로부터 '정말 대단해요! 우리는 당신 같은 사람을 기다렸어요!'라는 말을 듣는 것이 좋았습니다. 그것들은 완벽하게 내 자의식을 자극했지요. 그 덕에 나는 내가 아무런 영향도 미치지 못한다는 것을 깨닫지 못했습니다."

정답! 이것이 현현의 1부다. "그것을 깨달았을 때, 내가 냉혹한 인간이라는 것도 깨달았지요." 토비아스는 말했다.

많은 사람들이 정확히 이렇게 말하고는 했다. "생각했던 것보다 내 영향력은 훨씬 적었어요." "내가 이기고 있다고 생각했지만, 나만 그렇게 생각한 거였어요." "나는 정말로 중요한 일을 해보지 못했어요!" 이런 말들을 하며 그들은 해결책이 무엇인지도 입에 담기 시작하는데, 그것은 여전히 3단계를 벗어나지 못한다. "난 이 문제의 해결 방법을 찾았어요. 지금까지 살아오면서 닥쳐왔던 수많은 문제들을 해결해온 정답이지요. 바로 근면, 재능, 배짱이요."

3. 현현 2부: 내가 어떻게 이것을 고칠 수 있는가?

토비아스는 '무엇을 위해 일하는가?'보다는 '누구와 함께 일하는가?'에 무게를 두고 협력에 관해 설교하기 시작했다. 그는 미시간 대학교의 교수와 일하며 이해 기반의 협상interest-based bargaining에 관해 배우기도 했다.

하지만 그가 협력에 관한 설교를 할수록 사람들은 그를 더 무시했다. "나는 직원들에게 왜 다른 방식으로 일하지 않느냐고 물었지요. 답이 분명하게 나오더군요. 바로 내가 다른 방식으로 일하지 않았기 때문입니다. 난 여전히 외로운 전사였어요."

자신의 행동을 검토한 토비아스는 그것이 많은 지역 노조위원장들을 포함한 그의 주변 사람들의 행동과 유사했다는 것을 알 수 있었다. "그들이 '악당'이었기 때문에 선출되었다는 걸 깨달았고, 따라서 그들이 다른 방식으로 일하도록 만드는 게 어려울 거라는 것도 깨달았지요." 우리 연구에서 누차 확인된 사실이지만, 현현을 겪은 사람들은 3단계의 사람들이 다른 누군가를 위해 일하지 않는다는 것을 알게 된다. 그들 중 일부는 타인의 단점부터 본다. 토비아스 같은 또 다른 부류는 자신의 부족한 영향력부터 보게 된다. 어느 쪽이든 간에, 그들은 '나는 대단해'의 시스템 속의 언어와 행동을 가지고서는 성공할 수 없다는 것을 알게 된다.

우리는 토비아스가 현현을 시작한 1983년 당시 그를 알지 못했지만, 아마도(사실은 거의 틀림없이) 그때의 그는 '비전', '파트너십', '협력'과 같은 4단계 언어를 사용했을 것이다. 물론 여전히 그의 말은 '나' 또는 '내'에 강조점이 찍혀 있었을 테지만 말이다. 2006년의 일에 대한 그의 기억은 우리가 연구를 수행하며 수없이 들었던 말을 뒷받침한다. "나는 가능한 한 간결하게 말하려 했지만, 내 접근 방식은 여전히 적대적이었습니다."

통합 연구회의 켄 윌버는 사람의 각성(그는 이것을 인지선이라고 했다)이 항상 느낌이나 행동에 앞서 찾아온다고 했다. "모든 발달주의자들도 여기에 동의한다." 그의 말을 믿는다면, 우리의 연구가 한 가지 결론, 즉 '사람들은 기존과 다른 방식으로 일해야 한다는 것을 각성함으로써 현현의 단계에 접어들지만, 정작 어떻게 그것을 실현할지에 대해서는 모른다'는 결론에 이른다고 해서 걱정할 필요가 없다. 우리는 사람들의 정신 상태가 아닌 언어를 측정했기 때문에, 4단계에 관한 사람들의 논의가 그들의 행동에 선행한다는 것을 알게 되었다. 윌버도 "각성이 가장 먼저 온다. 언제나 말이다"라고 언급했다. 마하트마 간디Mahatma Gandhi도 인도의 독립운동을 행하기 훨씬 전부터 독립된 인도에 관한 구상을 시작했다. GM의 잭 웰치 역시 임원들 간의 협업 부족이 문제라는 것을 깨달은 뒤에야 이를 해결하기 위한 전략을 짤 수 있었다. 만약 이 장이 당신에게 생각할 거리들을 던져주었다면, 더할 나위 없이 좋은 시작이다. 이제부터는 그 생각거리들을 가지고 어떻게 당신과 다른 사람들을 위해 변화될 수 있는지를 각성해야 한다.

우리가 암젠의 전 CEO 고든 바인더에게 3단계와 4단계의 경계를 설명했을 때, 그는 "놀라운 아이러니가 있군요"라고 말했다. "사람들은 '나' 시스템에 있을 경우 유산을 남길 수 없지만, '우리'(4단계) 시스템에 머무를 경우 개인적인 유산을 남길 수 있어요. 물론 이걸 말해줘도 그들은 믿지 않겠지만요." 그의 말이 옳았다. 현현의 바로 이 지점까지 온 사람들도 그 사실을 깨닫는다. 코칭의 어려움 중 하나는 상대가 3단계의 시스템에는 그 어떤 진실한 추종자도 유산도 없다는 것을 깨닫도록 하는 것이다. 이것은 그 사람에게 유산을 남길 능력이 없다는 말이 아니라 그가 머무는 단계 자체가 그것을 남길 수 있도록 설계되어 있지 않다는 의미이다.

현현의 1부는 그가 생각한 만큼 그의 영향력이 크지 않다는 내용이며, 2부는 '나' 시스템으로는 그 문제를 해결할 수 없다는 내용이다. 그는 다른 사람이 보는 그대로의 객관적인 자신을 보게 되고, 그것을 마음에 들어 하지 않는다. 우리의 인터뷰 가운데 가장 놀라웠던 순간 중 하나는 〈뛰는 백수 나는 건달〉에서 빌 럼버그를 연기했던 게리 콜과 만났을 때이다. 명배우인 그는 럼버그 그 자체가 되어(그의 목소리에는 럼버그의 수동적인 성향이 그대로 나타나 있었다) 우리의 질문에 답해주거나, 그의 가장 유명한 배역인 〈웨스트윙〉의 밥 러셀 부통령에 관한 이야기를 들려주었다(럼버그와 러셀 모두 좁은 심성을 가진 데다 자신의 약점을 직시할 줄 몰라 욕을 먹는 인물들이다). 그가 잠시 러셀을 연기할 때, 우리는 그 캐릭터의 단점이 무엇인가를 질문했다. 그는 잠시도 주저하지 않고 답했다. "나에겐 아킬레스건 같은 건 없어요." 연기를 마친 그는 잠시 뒤에 말했다. "자신에게 약점이 없다고 생각하는 거야말로 그들의 진짜 약점이지요. 그들은 정말로 자기 약점에 대한 자각이 없어요. 그들에게 겸손함은 중요한 미덕이 아니니까요." 그는 이렇게 덧붙였다. "럼버그와 러셀에게는 차안대(말이 옆이나 뒤를 볼 수 없도록 눈을 가리는 안대의 일종)가 씌워져 있어서 전진밖에 할 수 없어요. 그들에게는 후진 기어가 없지요. 몸 안에 반성할 수 있는 유전자가 없다고도 할 수 있겠네요."

이것은 매우 중요한 순간이었다. 3단계에 속한 인물을 연기하면서 그 인물의 눈으로 세계를 볼 때, 콜은 자신이 어떤 실수도 하지 않으며 자신에게는 어떤 약점도 없다고 말했다. 그가 4단계의 언어 시스템(콜이 그 자신의 삶에 대해 말할 때 사용하는 언어이다)으로 돌아왔을 때, 그 배역들의 약점은 빌 럼버그의 트레이드 마크인 머그잔만큼이나 분명하게 보였다. 거울 없이는 자신의 눈동자를 볼 수 없듯, 3단계의 사람은 자신이 한 행동의 결과를 볼 수 없다.

현현의 2부가 막바지에 이르렀을 무렵, 토비아스는 3단계의 진정한 문제를 알게 되었다. 문제는 바로잡을 수 없다. 오직 버릴 수 있을 뿐이다. '내가 이 상황을 바로잡을 수 있어'라고 말하는 것은 3단계의 또 다른 표현법일 뿐이며, 그것은 '나는 다른 사람들이 나를 보는 것처럼 객관적으로 나를 볼 수 있고, 내 자신의 유산을 만들 수 있기 때문에 대단해'라고 말하는 것과 같다. 이러한 행동은 새로운 맹점을 만들어 3단계를 반복하는 것이나 다름없다.

더구나 3단계의 비용은 점점 더 분명해져간다. 사람들은 자신이 원하는 것과 정반대의 것을 성취하게 된다. 토비아스는 "나는 연방공무원들이 존엄성을 얻고 존중받도록 하기 위해 싸웠습니다"라고 말했다. 그러나 그의 '악당' 같은 행동은 이런 가치와 전혀 어울리지 않았다. 그는 3단계 시스템 안에서 존엄성과 존중을 더하는 대신 그것을 없애고 있었다.

4. 현현 3부: 진짜 목표는 무엇인가?

현현의 1부와 2부는 사람들에게 이 같은 질문을 하도록 만든다. '내가 정말로 이루려고 하는 건 뭐지?' 이것의 또 다른 버전은 '이 모든 것의 요점은 뭐지?'와 '우리가 성공적인지 아닌지를 어떻게 알 수 있지?'였다.

우리는 현현의 과정에 있는 사람들과 인터뷰를 했는데, 그들은 각기 다른 듯하면서도 놀라울 정도로 유사한 목표를 가지고 있었다. 아이디오의 창설자이자 CEO인 데이비드 켈리(다음 장에서 소개할 것이다)는 "우리의 목표는 친구들과 같이 놀며 혼자 할 수 있는 것보다 더 위대한 일을 하는 것입니다"라고 했고, 멘스 웨어하우스Men's Warehouse의 CEO 조지 짐머George Zimmer는 "우리의 사업 목표는 즐기는 겁니다. 농담 아닙니다. 이건 우리 회사 내규에도 명시되어 있습니다"라고 말했다. 이 모든 목표들은 '거대한 집단에 영향을 끼치고 싶다'라는 내용을 담고 있다.

현현의 이 단계에 이르렀을 때 의사들은 자신이 사람들을 도와주기 위해서 의과대학에 진학했음을 기억해내고, 변호사들은 인권을 보호하기 위해 법을 공부했음을 기억해낸다. 또한 교수들은 누군가가 자신에게 베푼 은혜를 다른 이들에게 갚기 위해, 즉 학문을 향한 열정의 연결 고리를 이어나가기 위해 교수가 되었음을 기억해낸다. 어떻게 보면 현현의 3부는 사람들을 그들의 삶이 더 단순했던 시절로 되돌려 보낸다. 하지만 그것은 후퇴가 아니라 전진이다. 그들은 원래 품었던 목표에 3단계를 통과하면서 배운 것들을 통합시켜 그것을 더욱 키워나간다.

사람이 스스로의 맹점을 알게 될 때, 자신의 자의식을 만족시켰던 성취는 성공 그 자체가 아니라는 것을 깨닫게 된다. 그의 관심은 자신에게 정말로 중요한 것이 무엇인가로 이동하는데, 그 목표는 거의 언제나 부족이다. 데이비드 켈리가 말한 목표는 "근사한 사람들과 놀면서 차별화되는 무언가를 창조하는 것"이었고, 조지 짐머는 "우리는 우리 가게를 찾는 고객들을 계속 생각하며, 어떻게 해야 그들의 삶이 더 나아질지를 고민해야 합니다"라고 말했다.

샌프란시스코 시장이었던 프랭크 조던(이미 4장에서 만난 인물이다)은 우리가 만난 사람들 중에 가장 겸손한 사람이다. 현재 그는 고든 앤드 베티 무어 재단의 회장의 특별 고문으로 일하고 있다. 고든 무어Gordon Moore는 인텔Intel의 공동 창업자이자 재단의 설립자이다. 조던은 무어에 대해 이렇게 말했다. "수없이 많은 사람들이 '나, 나, 나'라고 말하는 데 비해 그분은 절대 잘난 척을 하지 않고 언제나 겸손합니다. 그분은 항상 이렇게 말씀하시지요. '우리는 명성이 필요 없고, 그것을 구하지도 않습니다. 우리가 구하는 것은 기금을 대줄 만한 프로젝트입니다.' 그분은 내가 정치를 하면서 알게 된 사람들과는 판이하게 다르지요." 자신의 보스에 대한 이 같은 묘사는 조던이 현현을 경험한 사람임을 보여준다. 만약 조던이 3단계 사람이었다면 "나와 통하는 사람과 일할 수 있게 되어 좋습니다"라고 말했을 것이다.

무게 중심이 4단계로 기울어질 때, 그 사람이 사용하는 언어와 행동은 '나'와 양자관계에서 벗어나 '우리'와 사람들의 네트워크로 향하게 된다.

현현의 특성 가운데에서도 가장 인상 깊은 부분은, 그것이 저절로 작동한다는 점이다. 토비아스는 "너무나 뚜렷한 그 사실을 내가 이전까지 보지 못했다는 게 믿기지 않았습니다. 집단이 성공할수록 나도 성공한다는 사실을 말입니다"라고 말했다. 변형 모델의 전문가인 베르너 에르하르트Werner Erhard는 이렇게 언급한 바 있다. "그것이 당신을 이용하도록 하라. 즉, 그것을 이용하려 하지 마라."

배우 게리 콜은 이 거대한 목표를 가장 감동적인 언어로 설명했다. 이번에는 그의 연기가 아니라 그의 인생에 대해 이야기하겠다. 콜은 자폐증을 가진 딸을 두었는데, 그와 아내가 처음 그 진단을 들었을 때 두 사람은 자신들을 도와줄 부족을 찾아갔다. 이후 부모, 의학 전문가, 자폐증 환자들과 이야기를 나눈 그들은 콜의 유명세를 이용해 자폐증에 대한 인식을 바꾸고 자폐증으로 고통받는 가정을 지원하며 그 분야에서 부족 권위자가 되었다. 우리가 그에게 이런 노력을 하게 된 동기를 묻자, 그는 마치 모든 사람이 다 아는 것을 말한다는 듯 대답했다. "만일 당신이 이 세상의 모든 목적을 범주화한다면, 그것은 결국 누군가를 돕는 일로 귀결될 겁니다. 사람이 이 세상을 사는 이유가 뭘까요? 당신에게는 고난에 처한 누군가, 과거 당신이 겪었던 어려움을 겪는 이에게 손을 내민 경험이 있을 겁니다. 만일 인간성을 짧은 말로 정의해야 한다면 바로 이것이겠지요."

한번 목표(사람들에게 영향을 미치는 것)를 찾게 되자, 콜은 마치 아침에 침대에서 일어나는 것처럼 자동적으로 움직였다. 그는 에르하르트의 말처럼 "그것에 이용되었다". 또한 그가 사용하는 언어가 '나'에 중점을 두지 않았음을 기억하라. 그의 말은 사람들의 부족을 향한 것이었다. 역설적이게도 그의 현현은 콜이 연기하는 인물(가령 럼버그)이 '우리는 대단해'라는 단계를 향한 움직임을 경험하기 위해 필요한 바로 그것이었다. 그들은 그들에게 생기를 불어넣은 콜만큼이나 선명하게 그 목표를 봐야 했던 것이다. 하지만 그에 앞서, 그들은 자신의 행동이 가져온 결과와 혼자서는 성공할 수 없다는 사실을 직시해야 한다.

목표가 설정되었을 때 토비아스의 행동은 4단계를 그대로 따라갔다. 그는 더 이상 지역 노조위원장의 동조를 이끌어내기 위해 그들을 선동하지 않았다. 그가 노조원들과 정부 인사들과 대화하며 공감대를 형성하려 노력했을 때, "당신은 좀처럼 변하질 않는군요"라는 직원들의 불만은 사라졌다. 자신 주변의 모든 사람들이 존엄성과 존중이라는 가치를 중시한다는 것을 깨닫게 된 그는 모든 미국인의 삶에서 이 가치들을 실현할 수 있는 노조에 대해 말하게 되었다. 그 자신만이 아닌, 수천 명의 사람들을 대변하게 된 토비아스의 말에는 부족 리더로서의 무게감이 실렸다. 그는 지역 노조위원장들과 만난 자리에서 이렇게 말했다. "마냥 책상에만 앉아 관리가 엉망진창이 될 때까지 기다린 다음에(실제로 엉망이 될 겁니다) 책임자들을 개 패듯 패는 것만으론 충분치가 않습니다. 당신들은 보험 증권 이상의 일을 해줘야 해요. 즉, 아직도 우리 노조로 인해 혜택을 받은 적이 없는 95%의 사람들을 대표해야 한다는 겁니다." 토비아스가 '사람들'을 언급하고 있음에 주목하라. 또 그의 말에서 '나'에 무게를 두는 3단계 언어가 빠졌다는 것도 기억하라. 토비아스는 자신이 부족을 위해 말할 때 그의 말에 영향력이 실린다는 것을 알게 되었다. 역설적이게도 그 자신에게 중점을 두지 않음으로써, 그는 더 강해졌다.

4단계로 이동한다고 해서 야망, 동기, 직업윤리를 잃는 것은 아니라는 사실을 기억하라. 현현 이후로 토비아스는 개인적으로도 더 강력해졌다. 『소용돌이 역학』의 저자 돈 벡은 이렇게 말했다. "낡은 체제(3단계)는 사라지지 않는다. 새로운 체제(4단계)가 그것을 초월해서 포괄하는 것이다." 잔에 담긴 물이 그것을 구성하는 개별적인 물 분자 이상의 존재인 것과 같은 원리이다. 마찬가지로 사람들이 다음 단계로 이동할 때도 잃는 것은 아무것도 없다. 4단계는 3단계 안에서 작동하던 모든 것을 포괄하며 재조직하기 때문에, 4단계의 사람은 더 큰 힘을 얻는다. 우리가 경험한 바에 따르면 현현을 겪는 사람들은 확신을 느끼게 되며, 이 확신은 앞으로 다가올 일에 대한 더욱 강력한 비전을 제공한다. 역설적이지만 더 강력해지기 위해 억지로 현현을 경험하려 든다면, 그것은 일어나지 않는다. 사람들은 3단계가 그들을 원하는 곳으로 보내주지 않는다는 사실을 보고, 느끼고, 깨달으며, 믿어야 한다.

5. 현현 4부: 부족 리더는 어떻게 힘을 이용하는가?

니콜로 마키아벨리의 삶은 일일 연속극의 소재로서 더할 나위가 없다. 1494년 메디치Medici 가문이 이탈리아 피렌체를 지배하게 되었을 때 그는 공직에서 쫓겨났다. 필사적으로 정계에 복귀하고자 했던 그는 현대 고등학생의 필독서인(그렇지만 진짜로 읽지는 않는) 『군주론Il Principe』을 저술했다. 대학 시절 읽은 이 책의 요약집(당신과 우리 모두 3단계 생활 방식대로 사느라 너무 바빴기 때문에 원서를 읽을 수 없었다)에 분명하게 나타나 있듯이, 마키아벨리는 권력을 쟁취하고 지키는 수단으로서 잔인함과 기만을 옹호했다. 그는 이 짤막한 충고로 잘 알려져 있다. "애정의 대상이 되는 것보다는 두려움의 대상이 되는 게 더 낫다."

역사에서 자주 목격할 수 있겠지만, 대중적인 인식은 진실 자체보다 더 큰 무게감을 갖는다. 물론 마키아벨리가 떳떳치 못한 의도를 갖고 권력을 논하는 책 『군주론』을 집필한 것은 사실이다. 많은 사람들은 그가 책사(영화 〈대부The Godfather〉에서 로버트 듀발Robert Duvall이 연기한 인물과 같은)로서의 자신의 가치를 증명하기 위해 『군주론』을 집필했다고 여긴다. 비록 역사학자들은 이 책이 마키아벨리의 사상을 얼마나 담아내고 있는지에 대해 의견을 일치시키지 못하고 있지만, 『군주론』이 그 저자에게 '교활하고 속임수를 좋아하는 정치 전략가'라는 평판을 선사했다는 점은 분명하다. 그 당시 『군주론』은 신랄한 비판의 대상이 되었고 이로 인해 마키아벨리는 그토록 원하던 공직에 진출하지 못한 채 1527년에 쓸쓸한 죽음을 맞이했다. 그가 죽고 75년이 지난 후 셰익스피어William Shakespeare는 자신의 작품 『리처드 3세Richard III』에서 '마키아벨Machiavel'이라는 인물에 관해 언급했는데, 그에 대한 묘사는 한마디로 압축된다. "개자식." 오늘날에도 마키아벨리에 대한 평판은 크게 바뀌지 않았다. 이기기 위해서라면 수단과 방법을 가리지 않았던 인간.

그렇다면 USC 총장을 지냈던 스티븐 샘플은 왜 그렇게 그를 높이 평가하는가? "나는 마키아벨리에 대한 다른 사람들의 생각보다는 조금 더 그를 높이 평가하는 편입니다." 공학 박사인 샘플의 말에는 비전문가의 그것보다 더 큰 권위가 담겨 있었다. 그는 리더십의 대가 워런 베니스와 함께 가르치는 리더십 강의의 주제로서뿐 아니라, 세계에서 가장 큰 대학 중 한 곳인 USC를 이끌기 위한 도구로서 수년 동안 마키아벨리를 연구했다. 리더십에 관한 샘플의 생각은 그로 하여금 『군주론』을 호의적으로 읽도록 했으며, 그의 저서인 『창조적인 괴짜들의 리더십Contrarian's Guide to Leadership』의 주제가 되기도 했다.

샘플은 마키아벨리에 대해 "만약 그가 옹호했던 기술이 현명한 사람에 의해 사용될 경우, 내외부의 적을 물리쳐 국가(우리의 경우 '부족')가 강해지도록 하는 데 큰 도움이 될 것이다"고 말한다. 『군주론』의 한 구절을 보자. "잔혹한 행위를 제대로 행할 경우 한 번에 원하는 효과를 얻을 수 있다. 반면 제대로 행하지 못할 경우 원하는 것을 얻기 위해 계속 잔혹한 행위를 반복해야 한다. 그러므로 국가를 경영하는 사람은 모든 잔혹한 행위를 최초의 한 번에 끝내야 한다." 이 말은 잭 웰치가 GE의 CEO를 맡을 당시를 떠올리게 한다. 그는 엄청난 숫자의 직원을 해고해 '중성자탄 잭'이라는 별명을 얻게 되었다. 하지만 그의 행동 덕분에 기업은 더 강해지고 더 건강해졌다.

'잔혹한 행위'에 관해 고민할 때(혹은 사업을 하며 어려운 결정을 내려야 할 때) 가장 중요한 질문은 '도대체 대의명분이 무엇이냐?'이다. 우리는 『군주론』의 이 구절을 이용해 자신의 승진의 발판을 마련했던 3단계의 관리자를 수백 명이나 만날 수 있었다. 그들은 자신의 권력을 위협한 사람들을 가차 없이 해고했으며, 다른 방식으로 일할 것을 권하는 4단계 문화를 파괴했고, 자신에게 충성하지 않는 것처럼 보이는 사람이 눈에 띄면 그들의 부서를 해체했다. 샘플 총장은 사적 이익을 탐하는 사람이 마키아벨리의 기술을 이용할 경우 재앙을 몰고 올 수 있다는 사실을 인정한다. 우리는 『군주론』을 바이블 삼아 자신의 기업을 파괴한 3단계 사람들을 숱하게 봐왔다.

현현의 다른 측면에서, 즉 4단계의 시각에서 마키아벨리의 기술을 바라보는 샘플은 한층 높은 목표를 지향한다. 그는 '운동선수 지망생이나 들어가는 대학jock school'인 USC를 10년 만에 전국 최고 수준의 지성들이 들어오는 대학으로 탈바꿈시켜 미국의 고등교육사에서 가장 인상적인 학문적 전환을 이끌었다. 부족 리더로서의 그의 능력이 유감없이 발휘된 부분이었다. 하지만 그 과정에서 샘플은 대학을 위해 어려운 결정을 여러 번 내려야 했다. 대학에서 가장 중시되는 가치 체계에 따라 개혁을 주도했던 샘플 총장은 존경도 받았지만 적도 많이 만들었다. 대학의 경영에 관해 그는 이렇게 말했다. "당신이 이끌어야 할 학과장, 학장, 심지어 총장이 대학에는 눈곱만큼도 관심이 없고 오직 자기만 생각하며 대학을 부패하게 만드는 인간들이라고 생각해보세요." 샘플은 어떻게 그런 이들을 찾아냈을까? "당신은 불평을 포함한 모든 종류의 피드백에 귀를 기울여야 해요. 그런 사람들을 감지하는 법을 배우게 될 거예요." 3단계 사람들이 대학을 부패하게 한다는 샘플의 관점은, 그가 3단계를 어떻게 여기는가를 잘 보여준다. 3단계는 인간을 보지 못하며 부족에게 해악을 끼친다.

『군주론』은 조직에 적용하는 경우에 한해 리더가 인간의 본성을 잘 이해하도록 도와주는 원칙들로 채워져 있다는 샘플의 생각은, 마키아벨리를 대하는 그의 태도를 말해주고 있다. 사적 이익을 위해 『군주론』의 기술을 악용하는 것은 샘플에 한해서만큼은 해당사항이 없다. 이것은 그가 마키아벨리에 대해 긍정적인 시각을 가지고 있는 이유이기도 하다.

물론 샘플이 인간에 대해 순진한 생각을 품고 있다는 말은 아니다. 대부분의 부족 리더와 마찬가지로 샘플 총장 역시 개인 단위에서 위업을 이루는 3단계 사람들의 가치를 알고 있다. 대학의 입장에서 볼 때 그러한 개인들은 정부의 보조금을 따내거나 노벨상 등의 상을 수상하며 대학의 이름을 빛낼 수 있다. 열네 개 기업의 이사회에 몸담고 있는 샘플은 "이것은 기업에서도 마찬가지입니다"라고 말했다. 그러나 샘플 총장은 수년 동안 대학의 도움을 받아 성공을 이룬 몇몇 천재들(특히 예술 분야)에 대해 분개했다. "그 사람들은 처음부터 자신이 대단하기 때문에 성공한 거라고 믿어요. 그들에게 USC에 대해 물어보면 이렇게 대답할 겁니다. '그거 LA에 있는 대학 아닌가요? 캠퍼스에 한 번인가 두 번인가 가봤던 건 생각나요.'" 현현을 경험한 사람들이 으레 그러하듯이, 샘플 총장은 그를 향한 개인적인 공격이 아니라 자신이 이끄는 부족에 대한 의리를 고의적으로 저버리는 행위에 대해 화를 냈다.

몬태나의 빌링스 클리닉Billings Clinic에서 근무하는 부족 리더 마크 루먼스Mark Rumans 박사는 샘플의 충고를 따라 4단계의 상황에서 '잔혹한 행위'를 했다. 그의 사무실에 있는 의자에 앉아보면, 벽에 걸린 글귀 하나가 눈에 띌 것이다. '일벌백계一罰百戒.' 이것은 그의 부드러운 목소리와 온화한 행실, 익살맞은 성격을 아는 사람들을 놀라게 한다. 그의 말투와 태도에는 부족 리더가 갖추어야 할 덕목들(사람들을 향한 사랑, 타인의 문제에 대한 공감, 자신보다 조직을 앞에 두는 자세)이 담겨 있다. 이런 부족 리더가 규칙을 어기는 행동에는 대가가 따를 것이며, 자신이 그것을 집행하겠노라고 분명하게 천명하고 있다. 우리는 그가 주변 사람들에게 충격을 줄 정도의 흔들림 없는 확신과 단호함으로 벽에 붙인 격언을 따르는 것을 목격했다. 샘플 총장 역시 우리가 만났던 수백 명의 다른 부족 리더와 똑같은 행동을 했다. 우리가 8장에서 만나게 될 부족 리더 글렌 에스너드Glen Esnard는 이렇게 말했다. "당신은 규칙을 따르지 않는 사람들에게 공개적으로 벌을 주어야 합니다. 그렇지 않으면 사람들은 당신의 말과 행동이 다르다고 생각하게 되며, 리더십은 사라지고 기강은 무너집니다." 마키아벨리는 이것을 '잔혹한 행위'라 했고 샘플은 이것을 "조직의 선을 위해 내려야 하는 결정"이라고 했다. 상업용 부동산 시장, 즉 '서부극'이 펼쳐지는 3단계에서 성장한 글렌은 이것을 "보안관 노릇을 하는 것"이라고 표현한다. 물론 그는 자신의 이익보다 부족의 가치를 우선시해야 한다는 것을 안다. 현현을 경험한 후 낡은 규칙의 새로운 목표는 부족의 발전으로 바뀌었다.

샘플 총장은 위대한 리더라면 부족을 강하게 만들기 위해 때로 충격적인 방법을 사용할 필요가 있다고 주장한다. 그는 자신의 책 『창조적인 괴짜들의 리더십』과 우리와 나눈 대화에서 더글러스 맥아더Douglas Macarthur 장군이 제2차 세계대전 종전 후 일본 여성들을 강간한 수많은 미국 병사들을 처형시켰다는 이야기(다만 그는 이 이야기의 출처가 불분명하다는 점은 인정했다)를 반복해서 언급했다. 맥아더 장군은 일본의 리더들을 처형식에 초대하기까지 했다. "일본인들은 점령군의 우두머리가 전쟁터에서 흔히 벌어지는 행위를 했다는 이유로 자신의 병사들을 처형하는 것을 이해하지 못했지요." 그 행동은 미국 병사들의 부족을 더 강하게 만드는 동시에 일본의 리더들에게 군대의 가치를 보여주었다.

스티븐 샘플, 마크 루먼스, 글렌 에스너드, 밥 토비아스는 실제로 누군가를 처형하지는 않았지만, 이들 각자는 부족 리더가 어려운 결정을 앞에 두고서 결코 물러서지 않는다는 것을 보여주었다. 그들의 접근 방식은 순진하지 않았고 그들 자신도 호락호락하지 않았다. 그러나 그들의 초점은 온전히 부족에 맞추어져 있었다. 부족의 신념과 가치에 의지함으로써, 그들은 3단계에 있을 때보다 더 강력해졌다.

6. 현현의 마지막 단계: 우리가 있기에 내가 있다

위에서 언급한 현현의 세 단계가 각각의 역할을 제대로 수행한다면, 리더가 사용하는 전체적인 언어 시스템 역시 재편성될 것이다. 그 사람은 여전히 자의식을 가지고 있겠지만, 이제 그것이 초점을 맞추는 대상은 자신이 아니라 부족이다. 이때부터 그가 사용하는 언어에서 '나'가 빠지고 '우리'가 들어간다. 또한 양자관계는 우리가 10장에서 검토할 삼자관계로 전환된다. 그 자신의 입장만을 대변하고 자신의 관점에 따른 논리로 다른 사람을 보는 대신, 그는 부족에 대한 것을 듣고 배우며 부족의 입장을 대변하기 시작한다. 이 모든 일이 벌어질 때 감지하기 어렵지만 급격한 변화가 찾아온다. 그에게 존중, 충성, 추종자, 위대한 것에 대한 기대감이 생기는 것이다.

흥미로운 점은 이 같은 변화를 경험한 뒤에도 그는 그것이 자신과 무관하다고 생각한다는 점이다. 고든 바인더를 포함해 우리와 인터뷰를 했던 몇몇 부족 리더들의 경우, 처음에는 우리의 인터뷰 요청을 한사코 거절하며 자신은 한 일이 아무것도 없다고 주장했다. 바인더는 "내가 한 일이라고는 관리자들이 노력하는 모습을 옆에서 구경한 것뿐입니다"라고 말했고, 이에 우리는 "최소한 당신은 그 노력을 중단시키지는 않았잖습니까?"라고 응수해 겨우 그를 설득했다(사실 그는 활발한 실천가이자 '우리'에 초점을 맞춘 언행으로 사람들에게 신뢰감을 주는 인물이다).

토비아스는 몇 년 동안 노동자의 불만을 처리하거나 기업의 부당노동행위를 제소하는 쪽보다는 국세청과 협업하는 데 더 많은 시간을 보냈다. 노사 협력자로서의 그 명성은 앨 고어Al Gore 상원의원을 포함한 정부 인사들에게까지 퍼졌다. 1992년 클린턴 대통령과 고어 부통령이 당선됨에 따라 새로운 행정부가 들어서면서, 연방정부는 노사관계를 새롭게 정립할 기회를 얻게 되었다. 그때를 회상하며 토비아스는 말했다. "왜 우리가 노조를 조직하는지에 대한 생각이 완전히 바뀌었습니다. 1992년에 내가 클린턴 정부와 함께 일할 수 있겠다는 생각이 들더군요. 닉슨 대통령을 상대로 소송을 시작했던 내 이력을 생각하면 아이러니한 일이 아닐 수 없었지요." 그는 당시 부통령이자 '정부혁신' 프로그램의 위원장을 맡고 있던 고어를 만났다. "그와의 논쟁은 매우 흥미진진했지요. 나는 노조를 상대하지 않는다면 전체 직장의 80%는 절대로 변하지 않을 거라고 조언했습니다." 토비아스는 다른 연방 노조와 함께 부통령에게 보낼 제안서를 작성했는데, 그것은 그와 다른 노조 지도자들이 힘을 합쳐 '정부는 노조와 협력해 일한다'는 내용의 행정명령이 시행될 수 있도록 돕겠다는 내용을 담고 있었다. 이에 대해 토비아스는 "그건 내 의견이 아니었습니다. 연방 노조와 대통령을 필두로 한 행정부 관리들의 업적입니다"라고 주장했다. 마침내 그는 여전히 '악당' 모델을 자처하는 노조 지도자들에게 영향력을 미치는 법을 찾아낸 것이다.

이처럼 현현을 경험했던 몇몇 사람들과의 인터뷰를 마친 후, 우리는 바로 『소용돌이 역학』의 집필을 끝내고 아프리카에서 몇 년을 지냈던 돈 벡과 이야기를 나눴다. 그는 현현의 세 가지 단계에 대해 경청한 후 이렇게 말했다. "데스몬드 투투Desmond Tutu 대주교가 모든 남아프리카를 하나로 만들기 위해 사용했던 반투 언어에는 우분투ubuntu라는 단어가 있습니다. 이 말의 의미는 '내일 당신이 나에게 나누어줄 것이기 때문에 오늘 내가 당신에게 나누어준다'입니다." 이 단어는 '우리가 있기에 내가 있다'라고 해석할 수도 있다. 부족 리더십의 핵심은 '우리'를 만드는 것이다. 이것을 실천할 때 리더의 영향력과 권한, 그에 대한 사람들의 존경심은 커진다.

7. 신념의 도약

토비아스는 현현의 여러 단계를 겪은 자신의 경험을 마치 무엇인가에 의해 끌려간 여행 같다고 묘사했는데, 그는 이러한 경험을 하려면 한 가지 요소가 필요하다고 말했다. 바로 신념의 도약leap of faith이다. 그는 "난 내가 묘사할 수 없는 어떤 시스템에 몰두하고 있었습니다. 왜인지는 모르겠지만 그 시스템은 더 좋아져야 했고, 내가 그것을 가능케 할 수 있다는 환상이 나를 계속 움직이게 했습니다"라고 말했다.

토비아스가 자신이 몸담고 있던 전미재무공무원노조에서 31년 만에 물러났을 때(그중 마지막 16년은 위원장으로서 지냈다), 전미재무공무원노조는 국세청 직원들을 중심으로 구성된 2만 명 크기의 노조에서 스물여섯 개의 연방기관 노동자 15만 5000명이 회원으로 있는 대규모 노조로 성장했다. 다른 부족 리더들과 같이 토비아스는 자신의 경험(현현의 세 단계를 포함해)과 전문성을 지렛대 삼아 리더십의 최종 단계(우리는 이것을 5단계의 부족 장로라고 부른다)에 도달했다.

토비아스와 같은 사람들 여럿을 만난 후, 우리는 그동안 배운 것들을 요약하기 위해 모임을 가졌다. 그 논의 과정에서 문득 하나의 비유, 그날 이후로 우리가 쭉 이용해온 비유가 떠올랐다. 그것은 부족 리더십을 향한 신념의 도약을 위해서는 용기가 필요하다는 것을 포착했다. 지금부터 그 이야기를 해보기로 하자.

학교에서 새 학년으로 진급했는데, 가령 3학년에서 4학년으로 올라갔는데, 새 학년이 별로 재미가 없는 경우를 생각해보자. 미술 시간이나 그림을 그릴 수 있는 시간이 많지 않다. 예전에 친하게 지내던 선생님은 다른 학급의 담임을 맡고 있으며 쉬는 시간에 찾아가 봐도 다른 아이들에게 둘러싸여 있다. 불공평하다는 생각이 든다. 그러나 새 학년에서 몇 달을 보내다 보면, 지난 학년이 놀라울 정도로 바보 같아 보인다. 골치 아픈 수학 문제를 풀거나 난해한 독해를 하는 자신이, 과거에 고작 3학년 수준의 문제로 힘들어했다는 사실을 믿을 수 없다. 그것은 유치하고 어리석은 놀이처럼 느껴진다. 그렇게 4학년을 마칠 때가 되면, 1년 전에 느꼈던 것을 다시 경험하게 될 것이다.

만일 우리가 3단계를 떠날 필요가 없다면, 이 비유 역시 필요 없다. 이 때문에 우리는 안락한 곳에 계속 머무를 것인지, 아니면 스스로를 다그치며 탁월함을 향해 나아갈 것인지를 선택해야 한다. 3단계에 머무를지 4단계로 나아갈지를 선택하는 것은, 전 세계의 개인과 기업에게 매우, 어쩌면 가장 중요한 일이다.

토비아스가 자신이 경험했던 현현을 이야기해줄 때, 우리는 그에게 여전히 3단계의 '서부극'에 머물러 있는 사람들에게 조언을 해달라고 요청했다. 그의 답변은 우리 연구의 요약이었으며 우리가 인터뷰한 다른 전문가들의 말과도 일맥상통했다. "우선 그들의 목표가 무엇이냐고 묻고 싶습니다. 만일 승리하는 것이라면, 지금까지 했던 대로 하십시오. 하지만 더 큰 영향력을 발휘하는 것이 목표라면, 어떤 인간관계를 형성해서 사람들로 하여금 당신이 원하는 일을 하도록 할 것인지 생각하십시오. 당신 혼자서는 그 일을 할 수 없습니다. 다른 사람과 함께해야 합니다." 변형 모델의 전문가 베르너 에르하르트는 '자신이 무엇인지와 무엇이 아닌지'를 받아들이는 것에서부터 변화가 시작한다고 말했다. 자신의 행동이 낳은 결과를 볼 때 비로소 사람들은 결정을 내릴 수 있게 된다. 3단계에 머물 것인가, 아니면 현현 단계에 도전할 것인가? 선택은 각자에게 달려 있다.

▌핵심 요약

- 현현은 자신이 성취했다고 생각했던 것이 실제로는 성취되지 않았다는 것을 깨달을 때 시작된다. 부족의 승리라고 믿었던 것은 사실 개인의 승리였을 뿐이다.
- 현현이 지속되면서 사람들은 종종 3단계 행동을 통해 집단의 승리를 달성하려 들지만, 그것은 효과가 없다.
- 사람들은 결국 3단계의 목표(개인의 승리)가 자멸을 향한 것임을 알게 된

다. 반면 부족의 성공은 영구적이며 모든 사람을 만족시킨다.

- 3단계에서의 권력이란 곧 제로섬 게임이라는 사실을 대부분의 사람들이 알게 된다. 당신이 다른 사람들로부터 더 많은 것을 가져올수록 다른 사람들은 더 적게 갖게 된다. 이와 대조적으로 4단계에서는 권력이 풍부하다. 당신이 다른 사람에게 더 많이 줄수록, 당신은 더 많은 권력을 갖게 된다.
- 현현의 마지막 단계에서 보게 되는 진정한 단 하나의 목표는 바로 부족의 발전이다. 아이러니하게도 사람들이 부족을 형성하기 위해 움직일 때, 그들은 여태껏 3단계에서 찾아 헤맸지만 결코 달성할 수 없었던 모든 것(존경, 존중, 충성, 유산, 영구적인 성공)을 달성할 수 있다.

tribal leadership

8

4단계: 부족 리더십의 형성

데이비드 켈리는 그다지 기업의 영웅처럼 보이지 않는다. 콧수염에 안경, 벗겨진 검은 머리 등의 외모를 보고 있노라면 그는 대학에 있어야 더 편안할 것 같은 인상이다. 실제로 켈리는 스탠퍼드 대학교에서 정년보장 교수로 일한 적이 있다.

그의 열정은 25년 전 여러 친구와 함께 아이디오를 창업했던 협업 디자인에 그대로 스며들어 있다. 업계 평가에 따르면 아이디오는 세계에서 가장 성공적인 기술 설계engineering design 회사라고 한다. 창업자 겸 CEO인 켈리는 ≪비즈니스 위크Business Week≫의 표지 인물로 선정되었으며, 그의 회사에서 일하는 450명의 직원(사실상 부족들의 부족)들은 애플의 초창기 마우스, 압축식 치약 짜개, 스틸 케이스사社의 립체어(2005년 ≪월스트리트 저널≫ 평가 1위), 휴대단말기 '팜 V'를 만드는 데 공헌했다.

아이디오의 작업 공간은 혁신과 협업, 소통, 마지막으로 재미라는 가치를 고려해 만들어졌다. 오래된 자동차 수리점의 벽돌 흔적을 남겨둔 채 유리와 철로 지어낸 이 현대적 건물은 스탠퍼드 대학교와 가까운 곳에 있으며, 실제로 그곳의 학생들 다수가 아이디오에 입사하고 있다. 로비 대기실에는 종이로 만들어진 테이블과 크레파스가 비치되어 있어 회의를 기다리는 사람들은 거기에 낙서를 할 수도 있고, 자신이 그린 것을 떼어 내 가지고 갈 수도 있다. 나무 크기의 식물들은 빌딩의 내부 전경을 가려 준다. 이것은 마치 애니메이션 〈우주가족 젯슨The Jetsons〉에 나오는 미래 세계에서나 볼 법한 공원의 모습 같다.

현재 부족의 리더인 데이비드 켈리 역시 한때는 대기업에서 근무하며 3단계 시스템의 결함을 목격했다. "아이디오는 ≪포천≫이 선정한 100대 대기업에 대한 반발로 만들어진 곳입니다." 이렇게 말하며 그는 우리를 회의실 중 한 곳으로 안내했는데, 그곳의 벽 꼭대기에는 브레인스토밍을 위한 규칙이 적혀 있었다. '주제에 집중할 것', '한 번에 하나의 주제로 대화할 것', '구체적으로 말할 것', '양量을 중시할 것', '섣부른 판단을 유보할 것', '터무니없는 생각을 장려할 것'.

우리와 이야기할 때, 켈리는 위의 규칙을 모두 따랐다. 한 가지만 빼고 말이다. '주제에 집중할 것.' 우리의 대화는 문화, 아이디오의 채용 시스템, 고등교육의 문제점, 대기업이 직원을 비인간적으로 대우하는 이유 등 다양한 주제를 다뤘다. 그 와중에 한 가지 주제가 화두로 올랐다. 바로 '부족문화와 비례해 강해지는 기업의 경쟁력'이었다.

우리가 만났던 많은 부족 리더들과 마찬가지로 켈리 역시 기업에서 일어나는 여러 야비하고 몰상식한 관행들을 비웃었다. "프리다와 해리의 옆자리에 앉았다고 생각해보세요." 그는 대기업에 첫 출근한 가공의 인물들을 상상해보라고 했다. "나라면 프리다와 해리를 내 친구로 삼지 않을 거예요. 뭣하러 그러겠어요? 언제나 당신을 평가하는 건 당신의 보스의 보스잖습니까. 도대체 누가 그런 걸 원할까요?"

"하지만 난 내 친구들과 함께 일하고 싶어서 창업을 했습니다." 그는 말한다. 그는 자신의 현현이 두 가지 원인에서 비롯되었다고 설명한다.

하나는 대기업들(이곳에서 자신이 일을 썩 잘하지 못한다는 것을 알게 되었다)이었고, 다른 하나는 그에게 사람들의 칭송을 받을 만한 일을 써보라고 권유한 멘토였다. 켈리는 이때 자신이 무엇을 썼는지 이야기해줬다. 그것은 마치 죽은 사람의 업적을 묘사하는 것 같은 과거형 문장이었다. "나는 협업을 시작했어요. 그러다 크리스마스 시즌이 되었을 때, 우리는 놀라운 상품을 팔았지요." 이 아이디어가 아이디오의 시작이었다. "나는 열 명의 친구들과 시작했고, 30년이 지난 지금도 한 사람을 뺀 모두가 여기에서 일합니다. 우리는 처음 계획했던 것보다 훨씬 더 대단한 문화를 이루었습니다. 우리는 우리가 어디에 마음을 쏟을 것인가에 초점을 둡니다. 그때 우리는 모두가 하나였고, 지금도 하나임을 느끼지요."

우리의 연구에 따르면, 현현을 경험하고 3단계에서 4단계로 상승 이동한 사람들은 이전과 다르게 행동한다. 그들은 세 가지 경로 중 하나를 밟게 된다. 데이비드 켈리는 그중 첫 번째를 선택했다. 마음이 맞는 친구들과 뭉쳐 어떻게 돈을 벌 것인가를 두고 토론한 것이다. 인간관계는 비즈니스 모델보다 우선하고, 부족은 이익보다 우선한다. 만약 집단이 진정한 4단계 사람들(2단계 중기에서 떨어져 나온 중퇴자가 아니라)로 구성된다면, 그들의 사업은 아이디오처럼 성공을 거둘 것이다. 이때 핵심이 되는 질문은 '우리 모두가 3단계에서, 3단계 사람들과 일해본 경험이 있는가?'이다. 만약 대답이 '그렇다'라면, 이 작은 집단은 우리가 '부족의 씨앗'이라고 부르는 것이 된다. 그것은 자라나면서 자원, 인재, 돈, 아이디어를 끌어들이고 부족으로 성장하게 된다.

두 번째 경로는 이제 막 4단계로 이동한 사람이 거대한 조직(보통 기업이나 비영리재단, 정부)에 몸담고 있으면서도 새로운 규칙에 따르고 싶어 하는 사람을 찾는 것이다. 많은 경우 이들은 3단계 후기에 해당하는 사람들이거나 현현을 경험하는 과정에 있는 개인일 것이다. 부족 리더는 그들을 모아서 길러낸 뒤, 그들의 가치와 영감을 활용해 새로운 부족을 형성한다. 이들의 집단(많은 경우 신규 부서이며 매트릭스 조직matrix organization일 경우는 프로젝트)은 보기 드문 성공을 이루는데, 사람들은 여기에 '기적'이라는 이름을 붙이게 된다. 이 같은 성공담은 자연스럽게 3단계 사람들에게도 전해지는데, 이들은 그 부족의 전략을 3단계('나는 대단해') 문화 안에서 모방하지만 이러한 노력은 대부분 실패로 끝나게 된다. 그 와중에도 부족 리더의 집단은 더 높은 곳을 향해서 가고, 사람들은 머리를 쥐어뜯으며 그가 어떻게 이런 일을 할 수 있는지 고민한다.

세 번째 방법은 스스로 착실히 발전해나가면서, 부족 안테나(홀로 일하는 사람보다 더 큰 성공에 기여할 수 있으며, 그 보답으로 돌아올 부족 리더의 도움을 가치 있게 여기는 사람을 찾아내는 직관적인 능력)를 발달시키는 것이다. 외부에서 볼 때 그는 인맥을 쌓는 데 집착하는 것처럼 보인다. 주변 사람들로부터 좀 더 집중적인 인간관계를 형성하라는 충고를 들은 뒤에도, 그는 계속해서 한 사람이라도 더 많은 사람에게 다가가려 한다. 사실 그의 행동은 체계적이다. 그는 부족에 적합한 구성원을 '쇼핑'하는 것이다. 그가 적합한 사람들을 찾게 되면, 그들을 연결해 집단을 만든다. 이 과정을 통해 부족은 서서히 형태를 갖추게 된다. 첫 번째 접근 방식에서 부족의 씨앗이 처음부터 사업의 성격을 결정하는 것과는 달리, 세 번째 방식은 빠르게 변하는 상황에 적합한 부족 유형과 비즈니스 모델을 만들어낸다. 여기에서 핵심은 그것이 '나의 부족'이 아니라 '우리의 부족'이라는 점이다. 이처럼 사람들을 엮어낸 이는 선견지명을 갖춘 개인 지배자가 아니라, 부족 리더로서 인정받게 된다. 이 시스템에서는 누구든지 기꺼이 역할을 맡으려고 한다. 부족 구성원 모두는 적극적으로 참여하고, 자신이 가진 것을 나누며, 규칙을 준수한다.

이 장에서 우리는 앞서 소개한 세 가지 경로를 하나씩 살펴보며 사람들이 어떻게 부족 리더가 되는가를 설명할 것이다. 우선은 데이비드 켈리가 어떻게 4단계의 규칙을 배웠고, '친구들이 모인 집단'이 어떻게 틈새 산업에서 가장 성공적인 사업을 이룩했는가를 살펴보면서 시작하겠다.

1. 아이디오에서의 4단계

한마디로 말해 아이디오는 부족에서 시작한 기업이다. 이곳에서 계약을 성사시키거나 스탠퍼드 대학교를 갓 졸업한 신입사원을 채용하는 것보다 중요한 것은 4단계 문화를 유지하는 것이다. 우리가 이 책에서 확인했던 것처럼, 문화적인 방면에서 성공할수록 재무제표의 이익 역시 증가하게 된다.

켈리는 "한번 좋은 문화를 형성하면 파괴하기 어렵고, 한번 나쁜 문화를 형성하면 개선하기 어렵습니다"라고 말했다. 20여 년 전 창사 이래 아이디오의 문화는 쭉 업계에 대단한 영향을 미쳤다.

아이디오는 쇼핑카를 다시 디자인하거나 치약 뽑아주는 기계를 재설계할 뿐 아니라 어떻게 해야 기업으로서 기능할 수 있는지를 끊임없이 고민한다. 다른 많은 전문 서비스 회사와 마찬가지로, 아이디오 역시 자신들이 들인 시간만큼 비용을 받는다. 켈리가 "우리는 그런 관행에서 벗어나려고 합니다"라고 하긴 했지만 말이다. 이러한 수주受注 외에도 아이디오는 '콘셉트 프로젝트concept project'라 불리는 것을 조직하기도 하는데, 켈리는 이것을 "각기 다른 종류의 사람들을 한자리에 모으는 것"이라고 설명한다. 콘셉트 프로젝트는 조리 샌들을 제작하거나 새로운 형태의 초콜릿을 연구하며, 한층 현대적인 느낌의 명함을 디자인한다. 이러한 프로젝트는 부족의 사람들을 뭉치게 하는 동시에 최신 정보를 숙지한 새 구성원을 모으는 역할을 한다. 켈리는 이렇게 요약한다. "어쩌면 오리엔테이션처럼 보일지도 모르지만, 절대로 허튼짓은 아닙니다."

"우리 회사에는 '훈련 프로그램'이나 '인재 개발' 같은 것이 없습니다." 듣는 사람에 따라 오만하게 들리기도, 친근하게 들리기도 하는 말을 켈리는 입에 담았다. "사람들이 다른 구성원들에게 특이한 방식으로 자신을 소개하는 오리엔테이션 프로그램이 있기는 합니다. 우선 신입 인턴들은 자신을 소개하는 이메일을 보내야 합니다. 그 뒤 그들은 유머러스한 디자인 과제를 받고, 자신의 결과물을 제출한 뒤 나중에 회사원들 앞에서 일종의 연극을 펼치며 자신이 제안한 해결책을 소개합니다. 또 '아이디오 101'이라는 프로그램에서는 그들이 팀 단위로 나뉘어 전국 순회 워크숍을 개최합니다. 그 과정에서 신입사원들은 직장 생활에 필요한 의료 혜택이나 기타 이것저것을 배우게 되지요. 만약 이것들이 그저 회의 같은 형식으로 이루어진다면, 우리 역시 이 일을 하고 싶지 않을 겁니다. 이 때문에 자기를 소개하는 일에서 유머는 절대적으로 필요한 요소입니다."

스탠퍼드 대학교에서부터 아이디오까지 켈리와 쭉 함께해온 컨설턴트 데비 스턴Debbie Stern은 이렇게 덧붙인다. "신입사원들이 회사에 익숙해지도록 만들기 위해 그들을 회사 밖으로 불러내는 건 이상하잖아요? 우리는 그렇게 안 해요. 우리는 이곳, 그들이 일할 곳에서 오리엔테이션을 하지요." 아이디오에서 토론을 할 경우 모든 참가자는 동등한 위치에 서는데, 이는 4단계 조직에서 나타나는 전형적인 모습이다. 신입사원들과 노련한 베테랑들, 스턴이나 켈리 같은 최고 임원들은 마치 같은 팀의 축구선수들처럼 한데 섞인다.

▌기술 노트

4단계 부족은 서열이나 지위를 중시하는 조직의 전통적인 체계에 거의 관심을 두지 않는다. 캘리포니아 주 팰로앨토(Palo Alto)에는 스탠퍼드 대학교의 교수진이 경영하는 소기업들이 많이 있다. 그곳에서 우리가 만났던 가장 혁신적인 사람들 몇몇은 자신이 속한 회사에서 가장 수익이 많이 나는 영역의 돈을 끌어다 사업 자금을 확충했다. 또 4단계의 많은 기업에서 계약직이나 시간제 직원을 채용하는데, 그들은 프리 에이전트처럼 일한다. 중요한 것은 정규직인가의 여부가 아니라 얼마나 기업에 기여하느냐이다.

자신이 원하는 것은 3단계 기업이 아니라는 것을 깨닫게 된 현현을 겪었음에도, 캘리는 가장 힘들었던 일이 창업이었다고 말했다. "디자인 회사에 가보면, 웬만해서는 회사명을 설립자의 이름에서 따온다는 것을 알게 될 겁니다. 출입구에 그들의 이름을 박는 식으로 말이지요. 나도 처음에는 그렇게 시작했습니다. '데이비드 켈리 디자인'이라는 이름이었지요. 당시 난 우리가 50명 규모의 회사로 성장할 거라고 예상했습니다. 현재 직원은 거의 500명이지만요. 50명 규모가 되었을 때, 나는 이대로 손을 뗄지 아니면 다른 사람들이 활약할 무대를 만들지 결정해야 했습니다. 나는 결국 회사의 이름을 바꿨고, 신입사원들을 채용했습니다. 그때부터가 진짜 시작이었지요."

아이디오에 취직한다는 것은 자신이 기업에 기여할 수 있고 그곳 문화에 적응할 수 있음을 부족에게 확신시킨다는 의미이다. 지원자는 열 명의 직원들과 함께 점심을 먹는다(아이디오에서는 이것을 '점심 면접lunched'이라고 부른다). 켈리는 이것의 의미를 설명한다. "만약 열 사람이 한 사람의 성공을 위해 헌신한다면, 그 사람은 실제로 성공을 거두게 될 겁니다. 구글에서 일하는 친구에게 이걸 말해줬더니 '우리는 그것보다 더 빨리 성장해야 돼'라고 답하더군요. 하지만 사기업인 우리 회사에서는 이런 방식이 확실하게 효과가 있습니다." 어떤 지원자가 '점심 면접'에서 살아남았다는 것은, 사람들이 그가 문화적 · 기술적으로 성공할 것이며 부족의 구성원들에게 기여할 것이라고 믿게 되었다는 뜻이다.

공기업의 경우, 단기적인 결과에만 목숨을 거는 월스트리트 방식은 4단계 부족이 추구하는 목적을 달성할 수 없다는 사실을 명심해야 한다. 만약 아이디오가 단기간에 비용을 감축할 방안을 원한다면, 채용 시스템을 간소화하거나 콘셉트 프로젝트를 포기해야 할 것이다. 이 두 가지는 기업 문화에, 장기적으로는 기업의 이익에까지 해악을 끼친다. 상장회사의 부족 리더는 단기적으로만 생각하는 분석가와 투기꾼으로부터 회사를 보호하는 완충제 역할을 하는 경우가 많다. 부족 리더는 성공을 추구하면서도 가치, 관계 구조, 전략에 초점을 유지한다. 이것들은 이 책의 3부에서 다룰 주제이기도 하다.

아이디오와 3단계 사고가 지배하는 다른 기업들 사이의 중요한 차이 중 하나는 아이디오는 자신들의 가치를 진심으로 실천한다는 점이다. 켈리는 이렇게 말한다. "만약 우리가 '무엇이 리더를 만드는가?'를 연구하게 된다면, 그것은 곧 '무엇이 사람을 성장시키는가?'에 관한 연구가 되겠지요." 3단계 조직의 많은 리더들도 비슷한 말을 하지만, 그들의 기업은 임원들에게는 넓은 사무실을, 직원들에게는 칸막이 사무실을 제공하며 매년 손익계산을 실시해 직원들이 한 일에 등급을 매기는 곳이다. 반면 아이디오의 경우, 켈리의 표현을 쓰자면 "개인 공간은 터무니없이 좁아 아이들이나 좋아할 법"하지만, 공동 작업실은 고급 가구와 최신 장비들로 꾸며져 있다.

부족 리더십에 관한 연구가 활기를 띠기 시작하던 초창기, 여러 기업의 리더들은 우리에게 왜 자신이 팀워크를 이끌어낼 수 없는지 알아봐달라고 요청했다. 우리는 그 기업들을 방문하자마자 최소 한 가지 문제점을 발견할 수 있었다. 그들의 물리적 공간이 그들이 추구했던 4단계의 가치와 일치하지 않았던 것이다. 관리자들의 사무실은 벽 쪽에 배치된 반면, 실무를 맡는 직원들의 사무실은 〈딜버트〉에 나올 법한 칸막이로 나뉘어 중앙에 배치되어 있었다. 이들 기업들 중 다수가 '문호개방정책'을 주장하거나 '나'가 아닌 '우리'를 강조했지만, 그들의 물리적 공간은 약간 다른 메시지를 전달하고 있었다. 우리는 장차 상업 건축이 협업 문화와 연계되어야 한다고 생각한다. 그리고 이를 통해 아이디오와 같이 일관된 문화와 가치, 물리적 공간이 있는 일터가 만들어져야 한다. 2장에 등장했던 그리핀 병원은 가장 좋은 사례라 할 수 있다. 그곳을 재설계할 당시, 직원들은 그저 디자이너와 만날 임원에게 결정을 위임하는 대신 자신들의 목소리를 냈다. 그리핀 병원의 빌 포완다는 "우리는 설계자들을 몹시도 귀찮게 했지요. 하지만 결국 그들은 우리가 원하는 병원을 짓기 위해 최선을 다 해줬습니다"라고 말했다. 건축가들은 수백 명의 사람들이 제시한 의견들을 정리해야 했다. 어찌 보면 이것은 4단계 조직에서 전형적으로 나타나는 일이다.

켈리는 고객들과 일하기 위한, 궁극적으로는 그들을 아이디오 프로젝트의 파트너로 바꾸기 위한 시스템을 가지고 있다. 아이디오가 2003년에 카이저 퍼머넌트Kaiser Permanente[1]와 파트너 관계를 맺고 신축 건물의 디자인을 도와주게 되었을 때, 아이디오의 직원들은 카이저 소속의 의사, 간호사, 관리자에게 그곳의 시스템을 경험하는 환자 역할을 해달라고 요청했다. 이 실험에 참여한 사람들은 진짜 문제가 무엇인지 깨닫게 되었다. 중요한 것은 시설을 확충하는 게 아니라 환자들의 동선動線을 재고하는 것이었다. 카이저는 아이디오와 파트너십을 맺음으로써 건물을 지을 돈 수백만 달러를 아끼며 환자들의 요구에 민감해질 수 있었다. 켈리는 이렇게

1 미국의 대형 의료 서비스 기업. _ 옮긴이

말했다. "회사 전체를 소유한 당신은 '우리'에 맞게 공간을 재설계할 수 있을지도 모릅니다만, 그것만으로는 충분치 않습니다. …… 당신은 그것을 가지고 실험이나 게임을 해보며 언제 그것이 제대로 작동되는지 확인해야 합니다. 지루한 반복 작업이 될지도 모르지만, 분명 도움이 됩니다.

10장에서는 아이디오가 어떤 형태로 고객과 일을 해나가는지를 검토할 것이다. 물론 그것은 당신의 기대대로 전형적인 비즈니스 서비스 방식이 아니다. 4단계 문화 안에서 창업된 아이디오는 어느 면으로 보나 성공적인 기업이다. 많은 수익을 얻으며, 전 세계에서 쓰이는 물품을 디자인하고, 함께 일하길 원하는 최고의 인재들을 끌어들이며, 핵심 가치에 충실한 기업의 모델이기 때문이다. 몇 명의 4단계 사람들이 의기투합해 창업한 이 기업은 부족 리더십을 수립한 첫 번째 사례로 평가할 수 있다. 이제 우리는 두 번째 사례를 소개하고자 한다. 이것은 3단계 조직 안에 4단계의 안식처를 만들어낸 사례이다.

기술 노트

우리는 연구를 진행하며, '우리'라는 언어를 쓰는 3단계 후기와 진짜 4단계를 구분하는 핵심적인 특성을 알게 되었다. 우리가 시카고에서 폭력 조직 전담 검사 세 명으로 구성된 브라이언 섹스턴의 팀과 만났을 때, 브라이언은 즉석에서 그 핵심적인 특성들을 보여주었다. 첫째, 그는 우리와 만나는 자리에서 자신의 팀을 데려왔다(부족 리더는 최소 세 명으로 이루어진 팀과 함께한다). 둘째, 우리가 뭔가 질문을 할 때마다 그는 잘못된 것은 자신의 탓으로 돌리며 잘된 것은 팀원들, 톰 마호니와 채리스 밸런트의 공으로 돌렸다. 셋째, 우리가 신입 검사들을 어떻게 훈련시키는지에 대해 질문했을 때, 그는 이렇게 대답했다. "예전에는 신입에게 어려운 사건을 맡기고 아무런 도움도 주지 않았어요. 요즘은 쉬운 사건을 주고 수시로 '잘 돼가?' '좀 도와줄까?' 같은 질문을 건네지요. 이 세 가지 대목, 즉 최소 세 명의 팀원이 있는 자리에서 미팅을 하려 한 것이나 팀원에게 신뢰를 보이는 동시에 비난을 떠안은 것, 팀 전체가 (리더의 장려 아래) 훈련받는 사람을 도와주는 것은 앞서 언급한 핵심 특성을 보여준다. 다시 말해, 섹스턴의 행동은 그의 관심사가 자기 자신이 아닌 부족을 향하고 있음을 보여준다.

2. 4단계를 준비하는 사람들 찾기: CB 리처드 엘리스의 개인 고객 그룹

우리가 가장 선호하는 기업들 중 하나는 세계 최대의 상업용 부동산 서비스를 제공하는 기업 'CB 리처드 엘리스CB Richard Ellis'이다. 이 기업은 성심과 열정과 헌신으로 무장되어 있다. 대부분의 부동산 업체가 시장의 침체와 함께 사라지는 것과 달리, CB 리처드 엘리스는 창업 100주년을 맞이했다.

이 기업을 특히 돋보이게 하는 것은 그들이 창업 정신을 늘 잊지 않는다는 점이다. CB 리처드 엘리스는 1906년 샌프란시스코에서 발생한 대지진 직후 창업되었는데, 창업자들은 당시의 임대 사업에 새로운 모델을 제시했다. 당시의 임대업은 고객이 내놓은 상품에 낮은 금액을 책정한 뒤 그것을 빌리는 사람에게 많은 돈을 받아 이익을 챙기는 것이 보편적이었다. 하지만 CB 리처드 엘리스의 공동 창업자 콜버트 콜드웰Colbert Coldwell은 오늘날 시행되는 방법을 적용했다. 즉, 최적의 가격을 책정하고 수수료를 받는 것이다. 그의 혁명적인 방식은 고객을 우선한다는 정신에 바탕을 두는데, 오늘날에도 이 기업은 그 가치를 계승 · 유지하고 있다.

CB 리처드 엘리스는 직원 교육에 많은 투자를 하기 때문에, 이곳에서 근무하는 많은 이들이 3단계 후기에 머무르며 '다음은 뭡니까?'라고 묻는다. 그들 중 소수는 그 자신만의 현현을 경험하며 '우리는 대단해'의 단계에 이른다.

2001년, 전무이사였던 글렌 에스너드는 4단계에서 활약하기를 원하는 이 촉망받는 리더들을 선별해, 그 자신과 다른 리더들이 선도하는 형태로 새로운 사업을 시작했다. 그 팀의 이름은 개인 고객 그룹Private Client Group(이하 PCG)으로, 투자영업부 안에서도 주로 고객에게 초점을 맞추는 부서였다. 기관의 자금을 주로 다루는 투자영업부의 다른 부서와 달리, 글렌의 팀은 소자본주, 이를테면 상업용 부동산 시장에 투자하길 원하는 치과의사들에게 초점을 둔다. PCG의 가장 큰 강점은 공동 데이터베이스를 보유하고 있는 수백 명의 중개업자들이 PCG에게 경쟁 우위를 안겨준다는 사실이다(글렌은 이것이 '거의 원자핵' 수준이라고 표현했다). 한 가지 예를 들어보자. PCG의 영업사원이 애리조나 주에 있는 아파트 단지를 팔고 싶어하는 사람을 방문했다. 이때 영업사원은 애리조나 주에 투자할 준비가 된 사람들(이들 대다수는 애리조나 주에 살지 않는다) 수백 명의 명단을 뽑아낼 수 있다. 반면 PCG와 경쟁하는 업자들은 개별적으로 만난 사람들 중에 투자자를 찾아야 하는데, 이런 식으로 만날 수 있는 사람은 극소수에 지나지 않는다. 요약하면, 치열한 경쟁 구도 안에서 PCG는 거의 언제나 사업을 따낸다는 것이다.

상업용 부동산 시장에서 일하는 사람들 대다수는 자신이 아는 사람들을 통해 돈을 번다. 따라서 그들은 자신의 고객 명단을 철저히 감춘다. 이 때문에 중개업자에게 정보를 공유하라고 하는 것은 뱀파이어에게 적십자에 기부하라고 요청하는 것과 다를 게 없다고 말하는 이들도 있다.

글렌은 시장의 규모, 기회, PCG를 이끌어갈 가치에 관한 설명회를 개최한 뒤 팀을 조직했다. 그는 기업의 지역 상무이사들에게 중개업자 모임을 개최해달라고 요청하고, 비행기로 이동하며 설명회를 진행했다. 글렌이 회상하길 당시 소수의 몇 사람만이 집요하게 질문을 하며 관심을 보였다고 한다.

사람들이 PCG에 가입하기로 결정했을 때, 글렌은 그들에게 열 가지 사업 원칙이 적힌 종이를 건네며 거기에 서명하도록 했다. 그중 2번 원칙은 "우리 집단은 '팀'이라는 개념으로 만들어졌다. …… 이곳에는 집단과 고객의 이익보다 사익을 우선시하는 사람을 위한 자리가 없다"이다. 그 뒤 글렌은 중개업자들과 함께 기본적인 틀[지리적 제한이나 업종상(소매업으로 할 것인지 기업 단위 사업으로 할 것인지 등등)의 제한 또는 양쪽 모두]에 관해 이야기를 나누었다. 글렌은 『소용돌이 역학』의 저자 돈 벡이 제시한 것을 실천에 옮겼다고 할 수 있다. '먼저 조건을 설정한 다음 누가 그 파티에 참석하는지를 볼 것.'

글렌은 여러 번 보안관 배지를 달고 PCG의 가치를 위반하는 사람들을 단속해야 했다. 집단에 가입한 어떤 사람은 '쓰레기 같은 정보'를 공유한 뒤 다른 사람들이 나누어주는 진짜 정보를 이용했다. 협의 한 번 하지 않고 자신에게 설정된 지리적 경계를 넘어간 사람도 있었다.

서서히 데이터베이스가 커지고 PCG가 하나둘씩 계약을 따내면서, 이 새로운 사업은 널리 알려졌다. 많은 중개업자들은 PCG가 '자기가 한 만큼 버는eat what you kill' 업계의 관행을 따르지 않는 것에 매력을 느꼈다.

PCG 전국회의(2002년과 2003년에 개최)에서 글렌이 청중을 다루는 모습은 마치 빌 클린턴이 대통령 선거에 출마할 때의 모습을 연상케 한다. 악수하고, 껴안고, 아이들이 잘 지내냐고 묻는다. 그런데 당신은 그의 행동에 어색함을 느낄지도 모른다. 그는 거의 언제나 한 번에 두 명에게 말을 건네기 때문이다. 대화가 벌어질 때마다 글렌은 그들 사이의 관계를 말하며 서로를 소개한다거나, 왜 그들이 최고의 친구가 되어야 하는지를 설명한다. 그 방식은 워낙에 교묘해서 웬만해서는 알아차리기도 어렵다. 이 교묘한 기술은 '삼자관계'를 형성하는 데 필요한 것 중 하나로, 부족 리더라면 거의 항상 사용하는 기술이다. 이것은 10장의 주제이기도 하다.

글렌이 자리를 떠나면 그를 통해 서로를 소개받은 사람들은 이야기를, 대개 글렌에 대한 이야기를 나누며 시간을 보낸다. "그는 대단한 사람이에요." "작년 파티에 모자를 쓰고 왔을 때는 정말 바보처럼 보였다니까요." 기타 등등. 어떤 사람들은 마치 "전 백악관에 있는 링컨 침실에서 하룻밤을 보낸 적이 있지요"라고 말하는 투로 자신이 토요일 오후에 열린 미식축구 경기를 보러 글렌의 집에 놀러갔다고 말하기도 한다.

활발한 사업가인 글렌은 더 작은 규모의 부동산 업체를 차리기 위해 CB 리처드 엘리스를 떠났지만, 그가 PCG에 남긴 영향은 거대했다.

4단계 집단의 구성원 두 사람이 서로 만나면, 그들은 상대방과 함께할 수 있다는 사실에 환호한다. 사람들은 온전히 자기 본연의 모습으로 지낸다. 집단적인 광신도, 리더인 양 날뛰는 사람도 없다. 모든 사람은 행복하고, 영감이 넘치며, 솔직하다. 사무실의 풍경에서는 4단계의 분위기인 '부족적 자부심'을 느낄 수 있다.

글렌은 매우 체계적인 방식으로 4단계 부족을 만들었다. 첫째, 그는 4단계 사람들 또는 3단계에서 4단계로 도약하려는 사람들을 위해 설명회를 개최했다. 그 자리에서는 협동 작업과 혼자 일하는 개인이 포착할 수 없는 미개발 시장의 전망에 대한 설명이 이루어졌다. 그것은 4단계의 메시지였기 때문에, 이 이야기를 들은 3단계 사람들은 말도 안 된다며 조롱했다. 반면 글렌이 "들을 귀가 있는 이들"이라 말한 사람들, 즉 현현을 경험했거나 경험하는 과정에 있는 사람들은 그 설명회가 에너지 넘치고, 매력적이며, '정말 내가 듣고 싶었던 내용'이라는 것을 알게 되었다.

둘째, 글렌은 사람들의 서명을 받아 규칙에 따라 행동할 것을 약속받았다. 모든 부족에는 보안관이 필요하다. 상기의 규칙들은 질서를 유지하는 데 필요한 보안관 배지를 글렌에게 건네줬다.

셋째, 글렌은 4단계의 규칙을 따르지 않는 사람들을 배제했다. PCG의 인프라에 자신이 가진 정보를 추가하지 않는 사람들은 조직에서 쫓겨났다. 만약 당신이 2단계나 3단계의 행동이 지배적인 조직(이 세상 대부분의 기업이 여기에 속한다)에서 일한다면, 모든 기업 문화를 업그레이드할 필요는 없다. 그 대신, 당신은 글렌이 그랬던 것처럼 기업 안의 새로운 부족에 참여할 준비가 된 사람들에게 전할 정교한 메시지를 만들 수 있으며, 이 새로운 '탁월함의 중심'에서 성공을 일구어낼 수 있다. 사람들은 당신들의 성과를 알게 될 것이고, 4단계의 통찰력이 확산될 때 준비가 끝난 또 다른 사람들이 새롭게 부상하는 이 문화에 참여할 것이다.

▌코칭 정보: 우리 회사의 CEO가 3단계라면 어떻게 해야 하는가?

이것은 우리가 받은 질문 중 가장 어려운 것이다. "우리 팀은 4단계처럼 일하고 싶지만 우리 보스는 철저히 3단계입니다. 어떻게 해야 좋을까요?" 우리는 보스가 허용하는 권한 안에서(설령 그것이 아주 작을지라도) 탁월함을 보여주고, 그 성과로 이야기하라고 권하고 싶다. 해리 트루먼(Harry Truman)은 톰 펜더개스트(Tom Pendergast)의 정당에서 일할 당시 이 방법을 사용했다. 뼛속까지 3단계였던 펜더개스트는 트루먼이 연방의회 의원이나 주지사에 출마하는 것을 허락하지 않았다. 그러자 트루먼은 카운티 판사나 재판장 같은 상대적으로 작은 일을 맡으며 자그마한 4단계 부족을 건설했다. 그의 노력이 이룬 성과는 매우 인상적이었고, 결국 그는 상원의원 출마를 승인받아 선거에서 승리했다. 이후 트루먼은 부통령이 되었고, 1945년에 프랭클린 루스벨트(Franklin Roosevelt) 대통령이 서거하자 대통령직을 이어받았다. 10장에서는 당신의 CEO나 보스가 4단계 행동을 방해할 때 무엇을 해야 하는지를 다룰 것이다.

부족이야 언제나 만들어지지만, 오로지 4단계 부족만이 자신들만의 정체성을 갖는다는 것을 기억하라. 2단계 사람들은 주변과 연결되었다는 느낌을 갖지 못하고, 3단계의 사람들은 자신이 자의식의 전쟁에서 끝없이 다른 사람들과 싸운다고 이야기한다. 그러나 4단계에서는 모든 것이 변한다. 사람들은 집단의 정체성과 그것의 가치를 인식한다. 4단계 조직에서는 직원들이 명함에 자신의 직함을 쓰지 않는 경우가 많다. "스탠퍼드 대학교에서는 나를 정년보장 교수, 미국 공학한림원 회원, 기타 등등으로 소개했다. 반면 아이디오에서는 '데이비드 켈리, 팀의 구성원'으로 끝이다." 데이비드 켈리의 말이다. 지금부터는 부족 리더십을 형성하는 세 번째 방법, 즉 한 사람 한 사람씩 모아 새 부족을 만드는 방법에 대해 살펴볼 것이다.

3. 리더가 부족 형성을 주도하기: 쉬비즈

샌디 루브Sandy Rueve는 세 개의 시간제 일을 하는 전업주부였는데, 이때 그녀는 농구 팀 시카고 불스에서 방사선 기사로 일했다. 생계를 위해 공예품을 만들어 팔기도 했던 샌디는 방사선 일을 할 때마다 타고난 이야기꾼으로서의 재능을 살려 농구단 직원과 선수들에게 자신이 만든 팔찌와 목걸이에 대해 이야기했다. "마이클 조던Michael Jordan도 내게 작품을 만들어달라고 요청했어요." 조던은 매일같이 그녀의 작품을 부탁했다고 한다. 하지만 샌디는 그에게 좀처럼 자신의 공예품을 건네지 않았다.

"내가 했던 일이라고는 다른 사람이 만든 구슬을 꿰는 게 전부였지요. 그런데 조던은 내가 직접 구슬을 만든다고 믿고 있었어요." 자긍심이 높았던 그녀는 기계로 뽑아낸 구슬을 그에게 줄 수 없었다. 조던을 실망시키지 않기 위해, 샌디는 수개월 동안 전통적인 구슬 제작 기술(디자인하는 법, 압연하는 법, 굽는 법)을 연구했다. 4개월 후, 그녀는 조던의 생일선물로 자신이 직접 만든 오리지널 작품을 건넸다. 조던은 매우 좋아했다. "이번에는 스카티 피펜Scottie Pippen이 전화해서 묻더군요. '내 건요?'" 조던과 피펜에게 지지 않겠다는 듯 데니스 로드먼Dennis Rodman도 샌디의 작품 몇 개를 주문했고, 점차 주문량이 늘어났다. 실제로, 그는 샌디가 만든 긴 구슬 목걸이를 몇 개씩 걸고 다녔다. 그가 결혼할 때도 이 목걸이들을 했다는 소문이 있다. 샌디는 데니스에게 줄 물건을 만들 당시를 웃는 얼굴로 이야기하며 우리가 앉아 있던 책상을 가리켰다. "다들 여기까지 한달음에 달려왔어요." 그녀는 덧붙였다. "모두 내 구슬을 걸고 다녔지요. 심지어 필 잭슨Phil Jackson 감독까지도요."

몇 년 뒤, 부업에서 진흙을 주무르던 루브는 서른여섯 명의 직원과 두 개의 지점을 가진 기업 쉬비즈She Beads의 CEO가 되었다. 본인의 표현을 빌리자면 "시답잖은 수공예품"이었던 그녀의 작품은 이제 연간 수백만 달러의 수익을 올리고 있다. 그녀의 꿈은 전국에 자신만의 고급 상점을 개점하는 것이다. 사람들은 쉬비즈의 상품을 웹사이트에서 직접 구입하거나 수많은 부티크와 판매원을 통해 구입할 수 있다. 그녀는 시카고의 메시Macy 백화점과 계약을 맺었으며, 다른 부티크와 백화점에서도 제품을 판매한다. 각 판매점은 독자적인 상품 라인을 보유함으로써 다른 곳과 구분되는 개성을 지닌다. "이를 통해 고객과 직접 이어질 수 있습니다." 루브의 말이다.

아무것도 없는 상태에서 시작한 루브는 '나는 대단해'(3단계)에서 4단계 부족으로 도약했다. 우리는 그녀의 행보에서 두 가지에 주목해야 한다. 첫째, 루브는 몇 가지 가치들(활력, 품질, 열정)을 바탕으로 창업을 했다. 우리가 다음 장에서 살펴보겠지만, '우리는 대단해' 부족의 모든 구성원은 가슴속에 가치를 품고 있다. 그녀의 구슬 속에 절묘하게 그려진 분홍색 리본은 쉬비즈가 유방암 퇴치 운동에 동참하고 있음을 나타낸다. 이것 외에도 붉은색 드레스는 미국심장협회American Heart Association를, 금색 리본은 전국소아암재단National Childhood Cancer Foundation을, 청록색 리본은 시카고 난소암연맹Chicago Ovarian Cancer Alliance을 상징한다. "우리는 자선 사업에 점점 더 많은 돈을 기부하고 있고, 이 추세는 지속될 겁니다."

둘째, 루브는 빈손에서 시작해 부족을 형성하는 부족 리더들의 공통되는 특성, 즉 '부족 안테나'를 발달시켰다. 이것은 아직 부족 구성원이 아닌 어떤 사람이 장차 업적을 이룰 수 있는가를 알아내는 능력이다. 그녀는 그들을 끌어들여 가치에 헌신하도록 했다.

루브는 만약 자신이 계약자, 판매원, 부족에 속한 직원을 배려하지 않았다면, "오늘의 우리는 없었을 것이다"라고 강조한다. 그녀는 고객들의 제안과 충고를 지속적으로 경청한다. 우리가 10장에서 만나게 될 링크트인LinkedIn[2]의 CEO 리드 호프먼Reid Hoffman은 한 걸음 더 나아가 이렇게 말했다. "나는 인터넷 기업가들에게 '당신의 첫 제품을 출시할 때 아무런 당혹감을 느끼지 않는다면, 그것은 당신이 너무 늦게 이 일을 시작했다는 뜻이지요'라고 말합니다." 제품을 출시하고 파트너들과 대화하는 과정에서, 4단계 부족은 더 큰 성공을 위해 무엇을 해야 하는지를 알게 된다. 마치 기업이 스스로 파트너십을 형성하는 것과 마찬가지로, 4단계 부족은 고객과의 파트너십을 형성한다.

루브는 방사선 기사에서 기업인으로 변신하는 과정에서 그녀가 누구인지를 말해주는 수백 명의 사람들(그녀를 예술가라고 한 조던부터 시작해서)의 충고를 귀담아 들었다. 지하실에서 작업하던 직원들이 자연의 빛이 회사의 분위기를 더 밝게 하고 제품의 질을 높일 것이라고 제안했을 때, 그녀는 지상의 작업 공간을 임대했다.

---

2 기업들이 신규 시장 개척과 바이어 발굴 등에 주로 활용하는 세계 최대 비즈니스 전문 소셜 네트워크 서비스. _ 옮긴이

우리는 그녀의 작업 공간을 볼 때마다 루브가 가진 부족 안테나의 위력을 확인하게 된다. 그녀의 고객들은 작업실을 방문해 직원들의 팀워크를 보는 것을 좋아했다. 지하실에 몇 사람밖에 없을 때조차도 그랬다. 이에 루브는 지인의 소개로 시카고의 디자인 종합 시공사인 디자인포유의 경영자 윌리엄 브라이언 로스(4장에 등장했던 그 사람이다)를 만났다. 디자인포유는 품질을 위한 쉬비즈의 헌신을 드러낼 수 있는 형태로 작업장을 리모델링을 했다. 그중 최고는 로스가 설계한 부분으로, 쉬비즈에서는 이것을 우주선이라 부른다. 로스는 이 부분을 이렇게 설명한다. "우주선은 여덟 면의 테이블인데, 여기에서 스트링거(보석에 줄을 꿰는 사람들)들이 앉아 일을 합니다. 중앙에는 재료들이 서로 독립된 회전판에 놓여 있지요. 우리가 설계한 이 테이블은 스트링거들이 어떤 자리에 앉아 있든 회전판을 돌려 필요한 구슬을 집을 수 있도록 합니다." 루브의 고객들은 스트링거들이 우주선에서 일하는 모습을 보는 것을 아주 좋아했다. 기업은 방문객과 고객을 유치하기 위해 매장에도 유사한 디자인의 책상을 배치하는 것을 고려하고 있다. 이는 크리스피 크림Krispy Kreme[3]에서 도넛을 굽는 모습을 보여줘 사람들의 시선을 모으는 것과 비슷하다. 루브는 사람들의 말을 경청하고 자신의 부족 안테나를 이용하며 4단계 부족을 형성했고, 그 과정에서 사업의 성공을 이루었다.

4. 4단계에 정착하기

아이디오, CB 리처드 엘리스의 PCG, 쉬비즈는 안정적으로 4단계에 자

3 켄터키 주에서 시작된 유명한 도넛 프랜차이즈 중 하나. 주방 내부에서 기계가 돌아가며 자동으로 만들어져 나오는 도넛의 모습을 누구나 가까이서 볼 수 있도록 벽 옆면이 유리로 오픈되어 있다. _ 옮긴이

리 잡은 상태에서 때로는 5단계까지도 가는 놀라운 조직들이다.

우리가 연구 대상으로 삼았던 기업 부족의 대부분은 다시 3단계로 추락할 위기를 뚫고 4단계에 이르렀다. 이 책의 2부는 기업 부족이 부족 리더십이 있는 4단계('우리는 대단해')에 안정적으로 정착하기 위한 세 가지의 실마리를 제공한다. 오직 4단계 집단만이 최후의, 그리고 가장 효과적인 집단인 5단계로 나아갈 수 있다.

핵심 요약

- 현현을 경험한 후, 4단계 문화를 형성하는 데에는 세 가지 방법이 있다. 첫째, 뜻이 같은 사람들을 찾아 어떻게 사업을 시작할지 또는 확장시킬지를 논의하는 것이다. 이것은 데이비드 켈리와 그의 동료들이 아이디오를 창업할 때 사용했던 모델이다.
- 둘째, 3단계 조직에 속해 있지만 4단계에서 활약하고 싶어 하는 사람들을 찾는 것이다. 이것은 글렌 에스너드가 CB 리처드 엘리스 안에 PCG를 만들 때 사용했던 모델이다.
- 셋째, 조직의 경계에 구애받지 않고 부족 안테나를 이용해 4단계 부족을 형성하길 원하는 사람들을 찾은 뒤, 그들에게 조직의 앞길과 발전을 맡기는 것이다. 이것은 샌디 루브가 쉬비즈를 창업할 때 사용했던 모델이다.

3부

부족 리더십의 소유:
4단계의 안정화

tribal leadership

9

핵심 가치와 숭고한 대의

우리가 처음 암젠의 전 CEO 고든 바인더와 이야기를 나눌 때, 그는 4단계의 부족 리더 대부분이 했던 것과 같은 질문을 던졌다. "왜 나와 이야기를 나누고 싶어 하시는 거지요? 난 특별히 한 일이 없는데요."

우리는 바인더에게 시간을 좀 쪼개 그의 관점에서 본 암젠의 이야기를 들려달라고 간청했다. 그것을 통해 다른 리더들이 무언가를 배울 수 있도록 말이다. 설득 끝에 결국 바인더는 암젠이 어떻게 4단계에 정착할 수 있었는지에 관한 이야기(1990년대 중반, 이 역사적인 기업의 컨설턴트였던 우리가 내부에서 본 이야기이기도 하다)를 들려주기로 했다.

바인더가 처음 암젠에 왔을 당시, 그는 다른 많은 사람들이 암젠의 문화를 보며 느끼던 것을 느꼈다. "정말 훌륭했고, 다른 어떤 기업보다도 훨씬 나았습니다. 사람들은 '이 기업은 내 삶을 더 재미있게, 더 효과적으로 만들어줄 거야. 그건 나에게도 좋고 기업에게도 좋고 모든 사람에게도 좋은 일이지'라고 말하곤 했지요."

하지만 대부분의 사람들은 암젠의 몸집이 커질수록 그 '특별함'도 사라질 거라고 예상했다. 바인더는 말했다. "사람들은 둘러앉아 기업이 성장하면서 어떤 변화가 찾아올지 예측하곤 했습니다. 직원 수가 50명, 100명, 1000명을 넘어설 때마다 암젠의 특별한 문화를 잃어버리지 않을까 걱정했지요. 당시 회의를 할 때마다 이 주제는 자주 거론되었습니다."

우리가 기억하는 초기의 암젠은 에너지가 넘치는 문화를 가지고 있었다. 질병 치료에 역량을 쏟으며 집단의 성공에 초점을 두었던 것이다. 우리는 연구원과 마케팅 직원들 바로 옆자리에 앉은 관리인마저 자신의 일이 암 치료에 공헌한다고 말하는 것을 들었다. 암젠에 대한 소속감에서 우러나온 그들의 진심 어린 열정을 우리가 온전히 말로 전달하기란 불가능할 것이다. 그러나 그들은 실제로 그랬다.

이 시기에 한 중간관리자가 아무런 공식적 권한도 부여받지 않는 상태에서 암젠의 문화를 기록하기로 결심했다. 바인더는 이렇게 회상한다. "당시만 해도 우리는 가치나 원칙, 기타 등등의 차이에 대해 생각하지 않았습니다. 그런데 그는 암젠의 가치가 무엇인지에 대해 써내려가길 원했던 거지요. 그것이 무엇인지를 알아내기 위해, 그는 많은 사람들과 대화를 시작했습니다. 내가 그 프로젝트를 처음 들었을 때, 그렇게 거대한 프로젝트를 그 사람 혼자 하기는 버거울 거라는 생각이 들었습니다. 우리 기업의 구성원 모두가 참여해 정말 제대로 해내야 한다고 생각했습니다."

그는 말을 이어나갔다. "그 프로젝트를 마무리할 때쯤, 우리 기업의 직원 400여 명과 포커스 그룹, 기타 등등의 사람들과 개별 인터뷰를 했습니다. 이를 통해 우리는 암젠에 여덟 가지의 핵심 가치가 있다는 걸 밝혀냈지요. 나는 모든 것이 이 가치들에 뿌리를 두고 성장했다고 결론지었습니다. 문화 역시 여기에 기초를 두었고요. 만일 우리가 가슴속에 가치를 품고 시작할 수 있다면, 다른 모든 것은 저절로 따라올 겁니다."

1. 가치를 명확히 하기

4단계에 도달하고자 하는 기업에게 가장 중요한 일은 '지금 즉시' 가치를 결정하는 것이다. 연구를 수행하면서 우리가 목격한 가장 흔한 오해 가운데 하나는, 가치란 돈을 많이 버는 조직에서나 다룰 수 있는 주제이고, 살아남기조차 버거운 조직은 하루하루의 생존을 위한 전술에 더 초점을 맞추어야 한다는 생각이다. 사실 대단한 성공을 거둔 조직들은 거의 예외 없이, 아주 조금이라도 가치에 대해 이야기할 수 있는 여유가 생길 때마다 가치를 입에 담았다. 아이디오, 암젠, CB 리처드 엘리스의 PCG는 우연이었든 계획적이었든 모두 공통의 가치를 안고 시작되었다. 암젠은 협업을 갈망하는 과학자들로 가득 찬 문화 속에서 사업을 시작하는 행운을 누렸는데, 이 때문에 그들의 문화는 기업을 지속적으로 이끌어가는 데 핵심이 되는 여덟 가지의 가치, 즉 과학적 기반을 둔 탐구, 경쟁, 팀워크, 가치 창출, 지속적인 질 관리, 협업, 커뮤니케이션, 윤리 의식을 반영하고 있었다.

바인더와 그의 팀은 위의 목록을 더 짧게 요약하고 싶었지만, 이 모든 말이 중요하다는 것을 깨달았다. "우리가 거의 최종안을 작성하려고 했을 때, 한 사람이 번뜩이는 아이디어를 냈습니다. 최고경영진을 사무실에 모은 뒤 타자에 능숙한 직원 하나를 앉혀놓고 핵심 가치를 하나씩 입력하도록 한 거지요." 그는 회상했다. "모든 사람들이 하나씩의 의견을 말했고, 우리는 그 자리에서 그것을 입력해 스크린에 띄웠습니다. 몇 시간 동안 그렇게 했지요. 그때 나온 모든 말이 논의할 만하고, 고려할 만한 것들이었습니다. 나중에 우리는 그것들을 공표했습니다. 그 후 10년 동안 그 목록에는 세세한 변화가 있었습니다만, 예외 없이 가치를 더 명확하게 하려는 목적에서 바꾼 것들입니다. 이것들은 우리의 핵심 가치였고, 여전히 핵심 가치입니다."

암젠의 가치를 명확하게 밝히려는 노력은, 바인더의 말에 따르면, "그들이 여태껏 한 일들 중 가장 중요한 일"이었다. 관리자들은 가치를 토대로 채용하고, 가치를 구현하는 사람을 승진시키며, 가치에서 엇나가는 사람을 해고했다. 어느 날, 바인더는 인적자원개발부의 책임자가 바인더가 직접 면접을 보고 채용했던 어느 관리자를 해고했다는 사실을 알게 되었다. "내게 한마디 상의도 않고 그를 해고했다는 사실에 화가 났지요. 그런데 나중에 들어보니 그 관리자는 허위 이력을 기재했다더군요. 책임자는 그것이 우리 기업의 가치와 맞지 않는다고 말했지요." 바인더는 그 일을 회상하며 웃었다. "내가 무슨 말을 할 수 있었겠어요? 그 말이 맞는걸요."

바인더가 가치에 대해 말하도록 하는 것은 어려운 일이 아니다. 그는 이 주제에 관한 한 우리가 만난 그 어떤 부족 리더에게도 지지 않을 만큼 열정적이다. "나는 우리가 무엇을 해야 할지 결정할 수 없을 때마다 했던 수많은 회의를 기억하고 있습니다. 항상 이런 질문이 나왔지요. '무엇이 가치를 따르는 길입니까?'" 바인더는 그런 미팅은 대부분 몇 분 안에 끝났고, 모든 사람은 (지금으로 눈으로 볼 때는 너무 당연한) 그 결정에 만족했다고 말했다.

CEO로 일할 당시 바인더가 자신의 일정 가운데 가장 중요하게 생각했던 것은 매달 신입사원과 함께하는 저녁 모임이었다. 이 자리에서 그는 암젠의 역사에 대해 몇 분간 설명한 뒤, "가치를 향해 계속 나아가십시오"라고 말하고는 했다. 그는 신입사원과 개별적으로 대화하며 기업에게 가치란 무엇을 의미하는지, 또 그것을 어떻게 적용할 것인지에 대해 이야기했다. "나는 그들에게 이렇게 말했습니다. '만일 회사의 가치가 당신의 가치와 맞지 않다면, 회사를 떠나야 합니다. 이건 당신이 나쁜 사람이라는 의미가 아닙니다. 단지 당신이 암젠과 맞지 않는 사람이라는 뜻이지요.'"

우리가 바인더를 추켜세울 때마다 그는 그냥 웃어넘기지만, 사실 그는 20세기에 가장 성공적인 CEO 가운데 한 사람으로 평가받는다. 이것은 부분적으로 그가 기업의 문화를 세우기 위해 노력했다는 사실에 기인한다. 이쪽 업계에서 자주 들을 수 있는 이야기 하나는 암젠의 가치인 '치열하게 경쟁해서 승리하자'를 잘 보여준다. 1989년, 암젠의 직원 열다섯 명이 90일 넘게 모텔에서 먹고 자며 일했던 적이 있다. 미국식품의약국FDA에 빈혈치료제 에포젠Epogen을 출원하기 위해 밤낮없이 일했던 것이다. 이것은 지금도 비슷한 사례를 찾을 수 없는 일이다.

가장 놀라운 부분은, 바인더와 관리자들이 다 함께 가치에 초점을 맞추기로 한 대목일 것이다. 그들이 유일하게 참고할 만한 모델은 휼렛-패커드Hewlett-Packard의 수십 년 묵은 계획인데, 그나마도 암젠의 가치를 정리한 초안이 완성될 쯤에야 알게 된 것이다. 우리는 최근 몇 년간 있었던 다른 유명한 사례 몇 가지를 언급했지만, 바인더는 그것들 대부분이 고려할 가치가 없다고 일축했다. "그것들도 다 한 번씩 살펴봤습니다. 그중 대부분은 홍보부나 컨설턴트가 작성한 것들이더군요. 하지만 가치를 정하는 일은 기업의 모든 구성원이 참여하고, 리더들이 가장 능동적인 역할을 할 때에야 비로소 실현될 수 있습니다." 우리는 그의 말에 한마디만 덧붙이고 싶다. '능동적인 역할을 할 때에야 비로소 그는 부족에게 리더로 인정받는다.'

암젠이 가장 절묘한 타이밍에 생명공학 분야에 진출했다는 사실을 고려하더라도, 그 성공은 거의 전례를 찾아볼 수 없는 것이었다. 1983년, 암젠이 신규 상장했을 당시 이곳의 주식은 한 주에 17달러가 되지 않았지만, 바인더가 은퇴한 2000년에는 한 주의 값이 무려 2784달러였다. 암젠은 1994년에 기술 이용에 관한 최고의 상인 국가기술훈장National Medal of Technology을 받기도 했다. 그 당시 암젠 외에 이 상을 받은 곳은 단 두 곳,

벨연구소Bell Labs와 듀폰DuPont뿐이었다. 바인더가 12년 동안 몸담았던 암젠에서 그의 이름은 사람들의 미소와 존경심을 불러온다. 바인더가 가치에 중점을 두었던 것은 그를 생명공학계의 가장 위대한 부족 리더 가운데 한 사람으로 만드는 계기가 되었다.

2. 4단계의 발판

이 장의 목적은 4단계에 정착하는 데 가장 중요한 두 가지 측면을 검토하는 것이다. 한 가지는 핵심 가치를 찾고 이를 위한 지렛대를 만드는 것이며, 다른 한 가지는 숭고한 대의를 갖는 것이다. 부족이 하는 그 밖의 모든 일은 샌드위치의 속처럼 저 두 가지 사이에 끼어 있어야 한다. 프로젝트, 활동, 계획, 실행 과정 등이 가치에 의해 촉발되지도 않고 부족의 비전을 향해 나아가지도 않는다면, 수립된 지도 원칙과 일치할 때까지 그것들을 재검토하거나 포기해야 한다.

정의하자면, 핵심 가치와 숭고한 대의는 회사에서 컴퓨터 기술을 업그레이드하고 점검표에 체크하는 것처럼 '완료'할 수 있는 것이 결코 아니다. '정직'이나 '혁신'과 같은 가치는 영원한 것이며, 숭고한 대의는 너무나도 광범위해 신기원을 달성했던 암젠의 모든 기술을 끌어모아도 채울 수 없는 것이다.

우리는 건축, 공학, 첨단기술, 정부, 교육 등 다양한 영역에서 안정적으로 정착한 4단계 부족을 찾아냈다. 어떤 경우에서든 이러한 '우리는 대단해' 문화는 핵심 가치에 의지한 채, 숭고한 대의를 향해 나아가고 있었다.

3. 공유가치의 중요성

설령 부족 리더가 사람들에게 그들의 가치를 인식시키는 일 이외에 아무것도 하지 않는다 해도, 그 결과는 매우 강력하다. 애플 리테일 스토어의 전 COO 캐슬린 칼시다이스Kathleen Calcidise는 직장에서 가장 감동스러웠던 시절을 이렇게 회고했다. "나는 팀원들에게 같은 팀의 사람들 중 그들이 진심으로 좋아하고 존경하는 사람을 써내라고 했어요. 또 그 사람에게 어떤 가치가 있는지도 물었지요. …… 나는 그것들을 정리해 양피지 위에 달필로 적은 뒤, 팀원들에게 배부했어요. 어떤 직원은 이제까지 이렇게 인정받아본 적이 한 번도 없었다며 울먹였지요." 그녀는 "팀에는 상호 존중의 문화가 있었고, 모두가 팀의 일부였지요"라고 덧붙인다.

집단 내의 사람들에게 영향을 미칠 가치를 찾는 일은 부족 전체를 감탄과 감동의 영역으로 이끌 수 있으며, 외부에서 볼 때 거의 기적과 같은 수준의 성취를 이룰 수 있게 한다. 1980년 올림픽에서 금메달을 딴 미국 올림픽 하키 팀의 주장 마이크 에루지온은 공유되는 가치가 있었기에 그 모든 것이 가능했다고 말했다. 새로운 역사를 썼던 그와 팀의 업적을 다룬 언론 보도[1]에 반박하면서, 에루지온 이렇게 덧붙였다. "1980년 우리가 우승한 건 기적이 아니었습니다. 팀에 대한 강한 헌신과 직업윤리가 있었기 때문에 우승할 수 있었던 겁니다. 그것은 고작 한두 경기를 위한 게 아니었어요. 최소 6개월, 어쩌면 우리가 어린 시절 처음 경기를 시작하면서부터 지녔던 정신입니다. 올림픽 팀에 들어갈 만한 능력을 가진 사람은 수천 명이 넘었겠지만, 그중 오직 스무 명만이 선발되었습니다. 각자에게는

1 당시 세계 언론은 미국 대표 팀이 세계 최강의 전력을 자랑하던 소련의 하키 팀을 꺾고 금메달을 차지한 것을 '기적'이라고 표현했다. _ 옮긴이

선발될 수밖에 없는 이유가 있었지요." 그렇다면 에루지온이 뽑힌 이유는 뭘까? 그는 이렇게 설명한다. "팀에 헌신했고 …… 자긍심을 가졌습니다. 얼핏 보면 구닥다리 가치에 묶인 것처럼 보이기도 하지만요." 그의 말은 최근 화제가 되었던 미국 농구의 '드림 팀'을 떠올리게 한다. 슈퍼스타들만으로 구성된 이 팀은 대부분의 선수가 3단계의 뛰어난 능력자들이었다. 하지만 이들은 하나의 팀이라 할 수 없었고, 결국 똘똘 뭉친 4단계의 '2류' 선수들에게 패했다.

우리 연구에서 대부분의 부족 리더들은 가치를 활용하는 것의 중요성을 알고 있었지만, 고든 바인더처럼 그것을 정교하게 쓰는 사람은 없었다. 예를 들어 그는 군대에서 복무하던 경험을 통해서도 통찰력을 키웠다. "특수부대 하나를 골라 거기에 속한 병사들을 따로따로 나눈 다음, 각자에게 같은 질문을 해보십시오. 거의 똑같은 대답을 듣게 될 겁니다. 가치의 통일은 효과적인 팀을 형성하는 데 매우 중요합니다. 총알이 날아오는 상황에서는 논쟁할 시간이 없거든요. 그들은 비슷비슷한 방식으로 반응해야 합니다."

총알은 바인더가 암젠에서 근무하는 내내 날아왔고, 그때마다 직원들은 한데 뭉쳤다. 1988년에서 2000년까지 CEO로서 재직할 당시, 바인더는 연방의회에서 20만 명 남짓한 사람들의 의료문제를 해결한 약을 개발한 혁신 기업들의 독점 판매 기간을 감축하는 것을 진지하게 고려하고 있음을 알게 되었다. 미국계도 아니고 혁신 기업도 아닌 기업들의 연맹체가 연방정부의 생명공학 인허가 책임자들의 비호를 받아 이를 주도하고 있다는 것이었다. 역설적이게도 이러한 움직임은 암젠이 자신들의 대표적 제품인 에포젠에 대한 권리를 얼마나 잘 지켰는지를 보여주는 반증이었다. 암젠은 수익의 상당 부분(어떤 때는 최대 29%)을 R&D에 투자했지만, 과학 이론을 가지고 신제품을 만드는 것은 쉬운 일이 아니었다. 게다가 그 와중에도 직원의 숫자는 극적으로 증가했다. 암젠의 사람들이 1980년대 중반에 예측했던 대로, 이것은 기업의 시스템을 경직시켰다. 그러나 여덟 가지 가치에 의지해 가능한 한 많은 결정을 내리면서, 암젠은 기업의 표준과 목표를 유지하면서도 부족 자긍심이 내재된 4단계 문화를 보유할 수 있었다.

4. 가치를 식별하기

4단계 기업들이 어떻게 공유가치를 형성했는지를 들을 때마다, 사람들은 매번 똑같은 질문을 한다. "팀원들과 예비 직원들이 지닌 가치를 확인하려면 어떻게 해야 할까요?"

〈딜버트〉의 작가 스콧 애덤스는 이것이 매우 어려운 일이라고 지적한다. "사람들은 바보가 아닙니다. 만약 내가 직장을 구하려 한다면, 면접관이 듣고 싶어 하는 걸 말하겠지요. 만일 그 주제가 기업의 가치라면, 그걸 말할 겁니다." 그의 말은 두 가지 점에서 옳다. 첫째, 사람들은 바보가 아니다. 둘째, 사람들은 흔히 '정답'을 말하려고 한다. 우리는 고든 바인더에게 같은 질문을 했다. 그는 이렇게 답했다. "놀라울 정도로 많은 사람들(여기에는 성공한 과학자와 기업의 임원도 포함된다)이 우리의 가치에 대해 전혀 모릅니다. 그들은 가치에 대해 읽을 수는 있어도 그것을 느끼지는 못합니다. 뛰어난 면접관은 그것을 눈치챌 수 있지요"(흥미롭게도 USC의 전 총장 스티븐 샘플도 4단계 행동을 요구하는 대학 행정가들 가운데 3단계 행동을 하는 이들을 어떻게 식별할 수 있는지를 설명할 때 '눈치챈다'는 표현을 썼다).

우리는 아이디오의 데이비드 켈리에게도 같은 고민을 털어놓았다. 그는 열 명의 직원이 한 사람의 지원자와 점심 면접을 하는 기업의 정책을 재차 언급했다. "한두 명 정도는 속여 넘길 수 있을지도 모르지요. 하지만 열 명의 눈을 속일 수는 없습니다."

바인더와 켈리는 이 같은 부족의 채용 방식이 효과를 내기 위해서는 사람들이 가치와 문화가 무엇이며, 또 그것이 의미하는 바가 무엇인가를 알아야 한다고 덧붙였다. 바인더는 이렇게 말한다. "그저 구호만 아는 것으로는 충분하지 않아요. 그 구호가 어떤 의미인지를 알아야 합니다. 올바른 구호를 입에 담으려 하는 사람이 있더라도, 그것이 그들의 가슴속에 담겨 있지 않다면 들통날 수밖에 없습니다."

우리는 가치를 판별하는 두 가지 방법을 제시할 것이다. 두 가지 모두 연구에 참여한 사람들로부터 배운 것들이다. 첫 번째는 가장 오래 걸리지만 가장 효과적인 방식으로, 어떤 계기로 자신의 핵심 가치를 알게 되었는지를 이야기하는 것이다. 다음은 우리 연구진 중 하나인 존 킹의 이야기이다.

나는 여섯 살 때 리치 토드라는 좋은 친구를 만났습니다. 우리는 매일 피구 게임을 했는데, 게임이 끝나면 그는 도널드 덕이 그려진 도시락통에서 초코바를 꺼내 반으로 쪼갠 뒤 내가 원하는 쪽을 고르게 했지요. 3주 동안을 그러고 나니 이번에는 내 쪽에서 초코바를 가져와 나눠먹고 싶다는 생각이 들더군요. 정말 멋진 생각인 것 같았어요. 나는 용돈을 모으기 시작했지요. 그리고 어느 이른 아침, 나는 새로 산 청바지를 입고 빨간 신발을 신은 뒤 모자를 쓰고 일찌감치 집을 나섰습니다. 잡화점에 도착한 나는 초코바를 집었지요.

가게 주인 리질리 아저씨가 인사해주더군요. "안녕, 존!" 나도 인사했지요. "안녕하세요!" 조금 일찍 나온 덕분에 수업이 시작될 때까지 여유가 있었습니다. 나는 제일 좋아하는 학용품 코너를 둘러봤지요. 그곳에서 각도기와 연필을 구경하던 나는 뭔가를 발견했습니다. 그건 나를 단숨에 사로잡았지요. 바로 파란색 스프링 노트였습니다. 꼭 갖고 싶었습니다. 문제는 가격이었는데, 5센트였습니다. 그 당시 초코바 한 개 값이었지요. 난 별로 좋지 않는 방법으로 이 딜레마를 해결했습니다. 바지 앞쪽에 노트를 쑤셔 넣고 뒤뚱뒤뚱 계산대로 걸어가, 초코바와 5센트만을 계산대에 올려놓은 겁니다. 아저씨를 똑바로 쳐다볼 수 없었습니다. "이게 다니, 존?" "네." 몸을 돌린 나는 발을 질질 끌며 출입문 쪽으로 갔습니다. 나가기 직전, 아저씨가 말했습니다. "바지 앞에 튀어나온 그 노트는 뭐니?"

나는 몸을 돌려 아저씨의 얼굴을 봤습니다. 내 눈가에는 눈물이 그렁그렁 맺혔지요. 당황스러웠고, 두려웠습니다. 울며 말했습니다. "제발 우리 엄마한테는 말하지 마세요." "그건 안 될 것 같구나. 너희 엄마에게 알려야겠다." 리질리 아저씨는 어머니에게 전화했습니다. 아마 어머니는 전화기 너머로 내 울음소리를 들었겠지요. "어머님. 존이 지금 여기 있는데, 아무래도 당장 어머님과 이야기를 좀 해야 할 것 같습니다." 번개같이 달려온 어머니는 가게 문을 박차고 들어왔습니다. "우리 아들한테 무슨 짓을 하신 거지요?" 아저씨는 노트를 들어보였습니다. "존이 이걸 훔치려고 했습니다." 잠시 동안 침묵이 흐른 뒤, 어머니는 내게 걸어와 말했습니다. "정말 너에게 실망했다." 곧이어 시대를 막론하고 어린이들을 공포와 절망에 빠뜨리는 말을 했습니다. "아빠가 집에 오시면 이 일을 말씀드리렴."

노트 값을 지불한 어머니는 나를 학교로 보내면서 방금 일어난 일이 무엇인지 잘 생각해보라고 말했습니다. 수업은 이미 지각했고, 정신은 하나도 없었지요. 그날 메리 엘리자베스 수녀님이 가르쳐준 것 중 대부분은 기억나지 않습니다만, 도둑과 죽음, 지옥에 관한 이야기만은 지금도 선명하게 떠오릅니다. 방과 후 집에 도착한 나는 아버지에게 아침에 있었던 일을 이야기했습니다. 내 인생에서 가장 어려운 대화였지요. 그날 정직이야말로 '최고의' 미덕이라는 것을 배웠지요. 그것은 이후의 내 삶에 큰 영향을 끼쳤습니다. 여섯 살에 찾아온 깨달음의 순간은 내 핵심 가치 중 하나가 되었지요. 지금도 누군가 부정직한 행동을 하는 것을 보면, 나는 그러지 말라고 말하거나 바로 자리를 뜹니다.

이 같은 이야기를 들은 사람들은 여기에 반응해 그 자신의 이야기를 들려주고는 한다. 이때의 이야기들을 동일한 가치(이 경우에는 정직)를 주제로 하는 경우가 자주 있지만, 그 숫자는 당신이 생각하는 만큼 많지는 않다. 수천 명을 대상으로 한 실험에서 존은 우선 자신의 이야기를 한 다음, 이에 반응한 상대방의 이야기를 듣고, 제삼자에게 두 번째 이야기에 내재된 가치가 무엇이냐고 물었다. 정직이라고 답하는 사람은 거의 없었다. 그 대신 가족, 고결함, 창의성 등의 가치가 언급되었다.

우리의 고객 중 하나는 시에라 건강 재단Sierra Health Foundation인데, 이곳은 비영리 분야에서 활동하는 리더들을 대상으로 하는 리더십 개발 프로그램을 6년째 운영하고 있다. 부족 리더들은 가치지향적인 이야기를 자주 한다는 사실을 알게 되었을 때, 우리는 9개월에 걸쳐 이 프로그램에 참여한 사람들을 대상으로 한 가지 실험을 했다. 먼저 우리 중 하나 이야기를 들려준 다음, 상대방에게 '뭔가 해주실 이야기가 있나요?'라고 묻는 것이었다. 이 실험은 매번 어색한 분위기에서 시작되었지만, 얼마 지나지 않아 모든 사람이 자신의 이야기를 들려줬다. 결국 사람들은 다른 사람이 지닌 핵심 가치를 통해 서로를 이해하게 되었다. 이때 모임은 보통 저녁까지 이어졌는데, 가장 놀라운 사실은 9개월이 지난 뒤에도 대부분의 사람이 다른 사람이 했던 이야기를 세세한 부분까지 기억해냈다는 점이다.

누군가의 가치를 알아낼 수 있는 두 번째의 방법은 상대에게 간단한 질문 한 가지를 한 뒤 그 대답에 따라 세 개에서 다섯 개가량의 추가적인 질문을 더 하는 것이다. '당신은 무엇에 자긍심을 느끼십니까?' 등의 질문으로 시작하는 것이 좋다. 이 질문을 받는 사람은 대개 이력서에 적을 법한 업적들(직업, 학위, 수상 내역 등)을 대는 것으로 답할 것이다. 이후 몇 가지 질문을 더 해보면, 당신은 그 사람이 그 같은 업적을 자랑스러워하는 이유(그것을 통해 사람들을 도왔다거나 가정을 부양했다거나 누군가에게 영향을 미쳤다는 등)를 알게 될 것이다. 당신은 또한 그 자긍심이 가치를 향한 그 사람의 행동을 이끌었다는 것을 알게 될 것이고, 결과적으로 그 사람의 가치가 무엇인지도 알게 될 것이다.

우리는 한 외과의사 단체와 작업을 한 적이 있는데, 그들은 자신들에게 어떤 가치도, 어떤 자긍심도 없다고 주장했다. 이것은 2단계 특유의 무기력한 무관심을 나타내는 신호였다. 그들의 가치를 발견하기 위한 숱한 시도가 실패로 돌아간 뒤, 우리는 마지막으로 물었다. "무엇 때문에 그렇게 화가 나십니까?" 이들 성공한 의사들은 대부분 "의료보험"이나 "병원의 관료주의" 때문이라고 대답했다. 왜 그런 것들에 화를 내느냐고 묻자, 그들은 다시 대답했다. "난 의사잖습니까!" 이어서 왜 그 사실이 중요하냐고 물었을 때, 우리는 비로소 그들의 가치에 관한 이야기를 들을 수 있었다. "나는 생명을 구하기 위해 이 일을 하고 있습니다. 그런데 왜 의학에 대해 아무것도 모르는 인간들이 사람의 생사를 결정하는 걸 눈 뜨고 지켜봐야 하는 겁니까?" 사람에 따라 그 가치는 '건강', '생명력', '영향을 미치는 것' 일 수 있다. 처음에 수동적인 자세로 대답하던 의사들은, 점차 각자의 핵심 가치에 따라 의료계의 문제를 열성적으로 이야기하기 시작했다. '이 세상에 살 가치가 없는 생명은 없다'는 원칙(이것이 우리가 발견한 의사들의 핵심 가치였다)을 말할 때, 그들은 흥분했으며 활력이 넘쳤다.

이성적이며 가치중립적이라고 일컬어지는 경우가 많은 과학계에서도 핵심 가치를 공유한다. '인간의 지식을 풍부하게 하는 것', '과학을 증진시키는 것' 못지않게 '정직', '협동', '정확성'과 같은 훌륭한 학문의 특성들이 핵심 가치로서 공유되는 것이다.

우리는 코미디언 캐럴 버넷에게 그녀가 가장 자랑스럽게 생각하는 것이 무엇인가를 묻고 추가적인 질문 몇 가지를 더했는데, 그때 그녀는 이렇게 말했다. "우리는 몸집만 큰 어린아이들이에요. 우리는 놀고, 즐기며, 우리가 지금껏 행해온 방식에서 벗어날 때 얻는 기쁨으로 스스로를 살찌우지요. 우리(〈캐럴 버넷 쇼〉에서 일하는 사람들)는 가족이나 다름없기 때문에 서로 거리낌 없이 농담을 해요. 단, 상대를 공격하는 유머만큼은 허락하지 않지만요." 이 한 문장으로 그녀는 자신의 지도 원칙과 부족 리더로서 어떻게 이 원칙을 적용하는지를 설명했다.

부족 리더들은 버넷이 그랬던 것처럼 전문가 집단을 가족으로 바꿀 수 있는 가치를 끊임없이 탐색해야 한다. 샌프란시스코 시장을 지냈던 프랭크 조던은 시의 경관으로 근무했던 젊은 날을 회상했다. "몇 년 동안 그리 즐겁지 않은 일을 하며 보냈습니다. 그러다 경사로 진급하고 나서 지역사회 활동에 참여하게 되었고, 범죄 예방을 위한 일에 힘을 쏟았습니다. 당신이라면 어떻게 지역사회와 상호작용을 하면서 사람들이 우리가 적이 아니라는 사실을 이해하도록 만드시겠습니까? 우리는 지역 반상회를 조직한 뒤 이 모임에 경찰 대표가 참석해 발언하도록 했습니다. 반상회는 두 시간 넘게 진행되기도 했는데, 이때 인근을 순찰하던 경관들이 잠시 들러 자신이 목격한 것과 사람들의 신고에 어떻게 대응할 것인지를 설명하기도 했습니다. 이것은 지역사회와 관계를 형성하는 데 매우 효과적이었습니다. 나중에는 샌프란시스코에 3000개의 반상회가 생겨났지요." 누군가가 조던의 이야기를 들어보면, 그가 중시하는 가치들을 어렵지 않게 파악할 수 있을 것이다. '소통', '협력', '파트너십', '영향을 미치는 것', 마지막으로 '학습'이다. 조던은 같은 가치를 가진 경관들을 지역사회에 소개했고, 이것은 장기적으로 샌프란시스코에 '우리는 대단해'라는 가치를 조성하는 데 큰 영향을 미쳤다. 이후 조던이 경찰국장과 시장을 역임하게 된 것은 그리 이상한 일이 아닐 것이다.

대부분의 기업들이 가치가 아닌 기술을 기준으로 직원을 채용하다 보니 암젠에서와 같은 가치의 동질성을 발견하지 못한다. 이때는 사람들을 하나로 묶을 수 있는 가치를 더욱 열심히 탐색해야 한다. 가령 우리는 금융업에 종사하는 한 부족 리더를 알게 되었는데, 그가 일하는 부서는 기존의 부서에 두 개의 부서를 통합한 곳이었다. 이 때문에 어떤 사람들은 '혁신'을, 어떤 사람들은 '협력'을, 또 어떤 사람들은 '독립'을 자신들의 가치로 삼고 있었다. 그는 왜 사람들의 가치가 각기 다른지, 또 그럼에도 어떻게 공통의 가치인 '성취'를 발견해내는 것인지 궁금해했다. 그의 집단에 속한 사람들은 자신들이 중요하다고 생각하는 무언가를 성취하기 위해 서로 다른 길(혁신이나 팀 구축, 또는 독자적 행동)을 택했다. 종종 우리는 공유가치를 발견하기 직전에 이러한 공명을 듣는다. "당신의 가치와 내 가치는 겹치지 않지만, 그럼에도 놀라울 정도로 가깝군요." 가치를 계속 탐색하라! 우리는 당신과 당신 부족의 가치를 발견하는 데 도움을 줄 수단을 제공하겠다. 우리의 웹사이트(www.triballeadership.net)를 참고하기 바란다.

▌코칭 정보: 가치를 표현하는 새로운 방법을 계속 찾아라.

부족이 가치에 전념하게 되면, 그것의 원칙은 임원이나 관리자의 지시보다 더 중요해진다. 우리가 기업의 리더에게 경고하고 싶은 것 하나는, 가치를 정했음에도 자신의 편의를 위해 그것을 무시하고 의사결정을 내리지 말라는 것이다. 그 같은 행동은 기업의 문화를 침체시켜 종종 2단계 문화로 떨어뜨리고, 가치는 오직 직원을 대상으로 하며 임원은 그 위에 군림한다는 인식을 심어준다. 그 반면 안정적인 4단계 부족의 리더들은 가치를 표현하는 새로운 방법들을 찾아내는 데 골몰한다. 우리의 가치는 어떤 프로젝트를 시작하라고 속삭이는가? 우리의 가치는 어떤 계획을 폐기하라고 속삭이는가? 고든 바인더가 말했듯 '우리는 대단해' 문화의 최대 장점은 관리자들이 가치를 중심에 둔다는 점이다. 아무리 재능이 뛰어나고 명석한 임원이라 해도 자기 본위대로 결정을 내릴 수 없다. 그럼에도 가치를 바이블로 여기는 기업들은 민첩하게 움직이고 성장하며, 놀라울 정도로 단합된 모습을 보여준다. 이것이 4단계의 특징이다.

가치의 문제는 왜 사람들의 이목을 끌었던 수많은 사업들이 좋지 않은 결말로 끝났는지를 설명해준다. 유나이티드 항공United Airlines과 델타 항공Delta Airlines은 사우스웨스트 항공Southwest Airlines의 비즈니스 모델과 경쟁하기 위해 자회사를 출범시켰다. 하지만 그들은 사우스웨스트의 시스템은 모방할 수 있었을지언정, 자신들의 가치를 사우스웨스트의 가치인 '기업가 정신entrepreneurship', '재미fun', '사랑love'(사우스웨스트에서는 'LUV'라는 티커 심볼[2]로 표시한다)으로 대체할 수는 없었다. 바인더는 많은 기업 합병이 실패로 돌아가는 것은 분석가와 임원들이 가치와 문화 대신 비즈니스 모델의 호환성과 대차대조표만을 고려하기 때문이라고 말했다.

5. 가치로써 부족을 이루기

일단 부족 리더가 공유가치를 인식하면, 부족의 구성원들과 그 가치에 대해 이야기하게 된다. 암젠의 중간관리자가 했던 것처럼 말이다. 우리가 관찰한 바에 따르면 이때 사람들은 동의하거나 이의를 제기하고, 자신의 관점을 덧붙이며, 상대가 가치를 오해하고 있다고 말하려 할 것이다. 하

2 ticker symbol. 주식시장에서 상장기업이나 상품을 식별하기 위해 사용하는 표시. _ 옮긴이

지만 어떤 경우에든, 대화의 주제는 집단 그 자체가 될 것이다.

바로 이때(개개인이 '내 가치'를 말하는 대신 리더가 모든 사람의 가치에 대해 이야기할 때) 부족의 마법이 일어난다. 이것은 납을 금으로 바꾸는 연금술을 떠올리게 한다. 부족 리더가 부족의 구성원들과 부족 그 자체에 대해 말할 수 있게 되는 순간, 개인들로 구성된 집단은 구체성을 띠고, 공통의 정체성이 형성되며, 사람들은 집단의 성공을 위해 자발적으로 헌신하게 된다. 3단계의 첫 번째 비전을 4단계로 녹여내는 이 같은 모습을 우리는 부족 연금술이라고 부른다.

행동과 문화는 서로를 강화시킨다는 점을 기억하자. 우리는 그리핀 병원의 CEO 패트릭 차멜에게 그의 최고의 날이 언제였는지를 물었다. 그는 이렇게 대답했다. "단 하루가 아니었습니다. 매일이 놀라움의 연속이었지요. 사람들이 처음 이곳에 올 때는 상상도 못했던 놀라운 일들을 보여준다고 생각해보세요. 주차 담당 직원, 청소부, 의사, 간호사 등 모든 사람이 다 그랬어요. 얼마 전에 우리 어머니가 이곳에 입원한 적이 있는데, 바로 알아채더군요. 우리는 입으로만 우리의 가치를 떠들지 않아요. 우리의 삶 속에서 그것을 구현하지요." 부족이 가치지향적인가의 여부는 단순히 구성원들이 가치에 대해 말하느냐로 정해지지 않는다. 그것은 그들의 말과 문화 안에서의 실제 행동이 얼마나 연계되느냐에 달려 있다.

우리의 연구에 따르면, 이 순간은 다양한 형태로 일어난다. 앞에서 본 CB 리처드 엘리스의 PCG 책임자 글렌 에스너드는 파워포인트 슬라이드를 통해 새로운 비즈니스 모델을 보여주었는데, 이것은 3단계의 바다 위에서 '우리는 대단해'의 섬을 만드는 계기가 되었다. 어느 항공우주 업체의 임원은 다른 도시로 가는 중에 동료들로부터 들은 여러 가치를 기내용 냅킨에 적은 뒤 그 사진을 회사 직원들에게 열람시켰는데, 이때 역시 부족 연금술이 벌어졌다. 우리는 사람들이 부족의 가치가 쓰인 이메일을 받고 흥분하며 재빨리 그 메시지를 다른 사람들에게 전달하는 모습을 목격할 수 있었다.

어떤 경우를 막론하고, 이 연금술은 부족의 반응이 나타나는 순간에 시작된다. 사람들은 그 메시지에 자신이 원하는 것이 있음을 깨닫고 '바로 이거야!'라고 말하게 되며, 또한 대부분의 경우 그 메시지를 가져다준 이를 부족의 리더로 인정한다.

▌코칭 정보: 당신의 맹점을 보라!

우리는 부족의 정체성, 리더, 집단 언어가 탄생하는 것을 목격하는 기쁨을 누렸지만, 동시에 3단계의 사람들이 집단을 응집시키기 위해 애쓰다 실패하는 모습도 목격했다. 많은 경우, 그들은 다음과 같이 말한다. "난 우리 모두에게 가치가 있다고 생각합니다……." "나는 지금이야말로 우리가 뭉칠 때라고 믿습니다." 하지만 '나'나 '내'라는 말로 시작하는 그러한 노력은 '나'가 실은 '우리'를 뜻하는 게 아니라면 가치 형성에 도움이 되지 않는다. 아마 이것의 가장 유명한 사례는 마틴 루서 킹(Martin Luther King) 목사의 연설 '나에게는 꿈이 있습니다'일 것이다. 겉보기에 그것은 '나' 언어를 사용하는 것처럼 보이지만, 그의 '꿈'은 킹 목사가 사람들과 나누었던 수천 번의 논의 끝에 도출된 결과였다. 그의 꿈은 진정으로 그들의 꿈이었으며, '나'는 그 꿈을 개인적인 것, 현실적인 것으로 만들기 위한 수사적 기법이었다. 그것은 링컨 대통령 이래 수많은 사람의 꿈이었지만, 킹 목사는 적절한 시점에 '나' 언어를 사용함으로써 사람들이 꿈에 나타난 미래와 현재 사이의 간극에 초점을 맞추도록 촉구한 것이다.

▌기술 노트

가치 하나만 가지고는 3단계 행동을 4단계로 상승시키기에 충분치 않다. 우리는 연구 과정에서 카리스마를 가진 리더가 구성원과 어울리면서 핵심 가치를 경청하고, 그것을 되뇌며, 부족으로 하여금 '우리는 대단해'의 모습을 보이게끔 이끄는 장면을 많이 목격했다. 그러나 리더가 자리에서 물러나며 그 집단은 3단계로 후퇴했다. 무슨 일이 벌어진 것일까? 그 개인들은 7장에서 나온 개인적 현현을 경험하지 못했다. 이 때문에 그들은 가치를 지향하기 위해서가 아니라 사회적 경력을 위해 리더의 행동에 동참했던 것이다. 요점은 안정적인 4단계가 되려면 부족 구성원 대부분이 그 수준에 도달해야 한다는 것이다.

부족으로부터 리더로 인정받은 사람은 대부분 이 책의 4장부터 7장까지 요약된 코칭 정보를 이용해 수개월에서 수년 동안 집단의 문화를 형성하는 데 공을 들여온 사람들이다. 그들은 이 기술을 이용해 문화를 업그레이드했고, 이를 통해 부족 리더가 출현할 수 있는 여건을 만들었다.

6. 핵심 가치의 표현법 찾기

11장에서는 부족 리더가 기업의 가치를 파악한 뒤 해야 하는 일, 즉 중요한 성과를 달성하기 위해 부족 전략을 수립하는 것에 대해 살펴볼 것이다. 그러나 이 같은 수순에 접어들기 전에도 부족 리더는 집단 토의를 통해 그들의 가치를 실체화하는 방법을 모색할 수 있다. 이 경우 프랭크 조던이 가장 적절한 사례가 될 수 있을 것이다. 우리와 만났을 때 그는 고든 앤드 베티 무어 재단 회장의 특별 고문으로 일하고 있었다. 미래의 수 세대의 삶의 질을 향상하기 위한 프로젝트에 재원을 제공하는 이 재단은 소통, 환경에 대한 책임, 활기, 혁신이라는 핵심 가치에 기반을 두고 있다. 일흔한 살의 조던은 잠들기 전에 팔굽혀펴기 150회 정도는 가뿐히 할 수 있을 만큼 건강해 보였다. 우리가 그를 만났던 회의실은 독특한 장소였다. 따뜻하고 안락해 대화를 나누기 좋았고, 유리가 덮인 2피트(61cm) 높이의 동그란 회의용 탁자는 재생 벽돌로 둘러쌓여 있었다. 회의실에서는 작업 공간을 볼 수 있었고, 작업 공간에서도 회의실을 볼 수 있었다. 회장의 특별 고문을 만나며 경험한 것들에는 그곳의 가치가 반영되어 있었다. 다시 말해 벽돌은 환경을, 원형 테이블은 혁신을, 밖에서 볼 수 있는 개방된 공간은 소통을, 조던의 건강은 활기를 나타내고 있었다.

나스카의 회장 겸 CEO인 브라이언 프랑스는 기업의 팀워크 가치를 실행할 수 있는 간단한 방법을 찾아냈다. "수위부터 CEO에 이르기까지 모든 구성원에게 명함을 만들어줬습니다. 관리인들은 명함을 받았을 때 몹시 기뻐했지요. 그것은 사람들을 기업의 일부로 만들었어요. 아주 자랑스러운 기업의 일부로 말입니다."

멘스 웨어하우스의 조지 짐머는 혁신, 협력, 학습에 대한 열정 속에서 자신의 회사를 세웠다. 이곳의 직원 1만 3000명 중 4년제를 졸업한 사람은 고작 몇 백 명밖에 없으며, 점포에서 일하는 대부분의 직원은 고등학교를 나왔을 뿐이다. "소매업은 사양 사업입니다. 우리는 '뭔가'를 해야 했습니다." 그와 기업의 가치에 비추어볼 때, 이 '뭔가'는 가능한 한 많은 사람에게 고등교육을 받을 기회를 제공하는 것이었다. 짐머는 사비를 털어 '짐머 가족 재단Zimmer Family Foundation'을 설립했다. 짐머 가족 재단은 직원의 자녀들에게 1년에 5000달러씩 최대 4년까지 장학금을 지급하는데, 작년의 경우 65만 달러를 기부했다. 이것은 짐머 본인의 연봉보다 더 큰 금액이었다.

7. 진실의 순간: 가치를 구현하는 것이 쉽지 않을 때

2001년, 한 노파가 호흡 곤란으로 그리핀 병원에 입원했다. 그녀는 거의 사람과 접촉하지 않으며 혼자 살아왔다. 전염성 질병에서 상대적으로 안전한 생활을 한 것인데, 그럼에도 의사들은 그녀의 병이 탄저병일 것이라고 추측했다. 초기 검사 결과도 이를 뒷받침했다. 그리핀 병원은 병원 전체에 비상을 걸고 오후 3시에 직원회의를 열어 전체 직원들에게 사태의 추이를 알려주었다. 사실 병원은 몇 시간 전에 최종 검사 결과가 나올 때까지 절대 그 사실을 알리지 말라고 FBI로부터 명령을 받은 상태였다.

빌 포완다와 패트릭 차멜 등 병원의 관리자들이 FBI의 부장部長 한 명을 포함한 고위 관리자들과 대면한 자리에서 받은 명령은 더할 나위 없이 확고했다. 절대 직원들에게 말하지 말 것. 정례 회의가 열리기 몇 분 전, 포완다는 그가 정치인으로 활동할 당시 교분을 나누었던 코네티컷 주지사 존 롤런드John Rowland에게 연락했다. 이때 롤런드는 말했다. "나는 당신이 어떤 일을 하든지 당신을 지지하겠습니다." 오후 3시, 차멜과 다른 리더들은 350명의 직원이 모인 자리에서 환자의 초기 검사 결과가 탄저병으로 나타났다고 설명했다. 회의가 끝난 직후, 포완다는 롤런드 주지사에게 전화를 걸어 주지사가 공개적으로 이 사실을 발표해달라고 요청했다. 그렇게 되면 직원들이 정보를 누설할 필요가 없어지니까. 몇 분도 지나지 않아 주지사는 직원들이 이미 알고 있는 사실을 공표했고, 한 시간 후 언론매체들이 속속 그리핀 병원에 도착했다. 첫 번째로 온 곳은 코네티컷 지역 텔레비전과 라디오 방송사였고, 그다음은 뉴욕의 방송사였다. 하루 만에 위성 장비를 실은 트럭 열아홉 대와 라디오 방송용 차량 아홉 대, 서른네 명의 신문기자가 병원으로 왔다. 기자회견은 전 세계로 방송되었다.

최종 검사 결과 그 병은 탄저병으로 판정되었으며, 그 환자는 결국 사망했다. 그녀는 2001년 벌어진 이 불가사의한 재난으로 사망한 마지막 사람이었다. 그리핀 병원의 직원회의가 끝난 어느 날 아침, 주지사 롤런드는 〈투데이Today〉 쇼에 출연해 위기 상황에서 병원이 취했던 조치에 찬사를 보냈다.

포완다는 당시의 일을 회상하며, 만약 직원들에게 그 사실을 알리지 않았다면 어떤 일이 벌어졌을지 말했다. "10년에 걸쳐 쌓았던 문화, 가치에 전적으로 헌신해온 문화를 단 24시간 만에 파괴했을 겁니다." 또 그는 이렇게 덧붙였다. "그것은 결단이라고 할 만한 게 아니었습니다. 그냥 당연히 해야 하는 일이었지요." 고든 바인더는 암젠의 한 관리자가 계획한 행동 방침을 본 어느 직원이, 그것이 기업 가치에 모순된다고 느꼈을 때 벌어진 일을 자주 들려주었다. "그 직원이 암젠의 가치에 반한다고 주장했을 때, 관리자는 자신의 계획을 철회했습니다." 이 장면에서 양쪽 모두가 보여준 용기에 주목하라. 직원은 관리자에게 맞섰고, 관리자는 자신의 계획이 졸속으로 입안되었음을 인정했다. 진심으로 가치에 헌신하기 위해서는 용기가 필요하다.

그리핀 병원과 암젠의 이야기, 쉬운 길을 버리고 부족의 가치를 따르는 사람들의 이야기는 놀랍다. 그러한 사람들은 가치가 '있는 척'하는 기업에서는 거의 볼 수 없는 반면, 가치에 진심으로 헌신하는 기업에서는 아주 흔히 볼 수 있다. 직원들이 우리에게 가치에 대해 이야기할 때, 그 가치들은 기업의 임원들이 발표한, 주로 컨설팅 업체에 외주를 주어 만든 것 또는 다른 곳의 가치를 베껴 '우리의 가치'로 삼은 것인 경우가 많다. 애덤스가 〈딜버트〉에서 조롱한 임원들은 직원 명찰 뒤에 가치를 적어놓도록 하지만, 정작 직원들은 자신에게 어려운 상황에 처할 때마다 그것을 무시한다. 4단계에서 절대 잊어서는 안 될 사실은, 부족 리더는 어떤 대가를 치르더라도 핵심 가치를 따라야 한다는 것이다.

8. 부족을 단결시키는 숭고한 대의 찾기

핵심 가치가 부족의 연료라면, 숭고한 대의는 나아가야 할 방향이다. 숭고한 대의는 부족의 궁극적인 열망을 포착한다. 비유하자면 핵심 가치는 우리가 서 있는 자리, 숭고한 대의는 우리가 쏘아 맞출 표적이다.

나스카의 CEO 브라이언 프랑스는 기업의 숭고한 대의가 "모든 사람이 승리하는 것"이라고 말했다. 그러나 트랙에서 팀(자동차와 드라이버를 포함해)에 이르기까지 비즈니스 모델의 각 구성 요소가 독립적인 에이전트에 의해 운영되는 사업에서 '모든 사람이 승리'하는 것은 힘든 일이다. 그는 말했다. "그건 정말 어려운 일입니다. 그래도 모든 이가 승리해야 합니다. TV 시청자, 선수, 트랙 소유주 모두가요."

'모든 사람이 승리'하는 세상을 추구하는 나스카의 입장에서 볼 때, '모든 사람'과 함께 작업하는 것은 쉬운 일이다. "사람들은 우리가 영화 제작사와 함께 작업하지는 못할 거라고 하더군요. 변변한 작품을 내놓을 수 없을 거라고요. 우리는 모든 규칙을 벗어던지고 영화를 제작했습니다." 〈탤러디가 나이트〉는 나스카가 공동으로 제작한 영화이다.

이것이 숭고한 대의의 핵심이다. 할 수 없다는 다른 사람의 말에 굴하지 않고 해낼 수 있는 방도를 찾아내는 것이다. 더 전문적으로 말하면, 숭고한 대의는 사람들이 '정렬aligning'하도록 이끄는 힘이다. 모든 사람이 나스카의 경주 일정과 차량 관련 규정에 찬성하는 것은 아니지만, 그럼에도 그들은 정렬해 '모든 사람이 승리한다'는 가치를 따른다.

7장에 나왔던 밥 토비아스 역시 전미재무공무원노조을 정렬시켜 한 줄로 나란히 세웠다. 그는 이 작업을 '사명과 비전의 교차점에 세우는 것'이라고 표현했다. 그는 노조의 초기 강령에 '존엄성'과 '존중'이란 단어를 사용했는데, 이는 이 단어들이 노조원의 마음을 사로잡고 그들의 열망을 나타낸다는 것을 알고 있었기 때문이다. 우리는 그 문장을 들려달라고 청했고, 그는 깊이 숨을 들이쉰 뒤 입을 열었다. "우리(전미재무공무원노조)는 모든 연방공무원이 존엄성과 존중으로써 대우받는 것을 보장하기 위한 연방공무원들의 조직이다." 말을 마친 그는 다시 숨을 깊게 들이쉬었다.

마치 사람들이 중요한 발표를 한 직후에 그러하듯 말이다. 실제로 그랬다. 부족의 숭고한 대의는 핵심 가치 다음으로 중요한 것이기 때문이다.

그는 이렇게 덧붙였다. "설령 이것이 엄밀한 의미에서 볼 때 불완전한 것이었다 해도, 실제로 효과가 있었습니다." 다시 강조하지만 숭고한 대의는 부족의 갈망을 표현한 것이며 기술적 정교함은 중요하지 않다. 대다수의 사람을 정렬하도록 하는 것은 비전이다.

숭고한 대의는 부족이 일련의 행동을 통해 이루고자 하는 미래의 상태를 공표하는 것이다. 그것은 한 사람이 홀로 할 수 있는 일(얼마나 많은 사람들이 그에게 기술적 도움을 제공하느냐와는 무관하게)보다 더 위대한 일이다. 그것은 사람들에게 최상의 노력과 열정을 요구한다. 그것은 부족의 사람들에게 엄청난 흥미를 유발하기 때문에, 사람들은 설령 실패하더라도 숭고한 가치를 위해 노력할 만한 가치가 있었다고 생각한다.

프랑스와 토비아스는 부족의 숭고한 대의를 말할 때마다 등 뒤에 선 자신의 부족과 대화했으며, 그들의 최종적인 확신은 부족 리더라는 그들의 지위로 연결되었다. 이처럼 부족이 숭고한 대의를 갖는 이유는 그것이 개인의 차이를 넘어선 공통의 비전을 제시하는 동시에 리더십을 가능케 하기 때문이다. 사람들은 전미재무공무원노조가 절대 미국 대통령과 함께할 수 없을 거라고 여겼지만, 토비아스는 빌 클린턴 대통령이 서명한 행정명령을 작성하는 데 도움을 주었다. 또 사람들은 나스카가 영화 제작사와 함께 일할 수 없을 거라고 생각했지만, 〈탤러디가 나이트〉는 2006년 최고의 흥행작이 되었다. 그 영화는 상영 6주 만에 1억 5000만 달러의 매출을 달성했고, 영화에 등장한 나스카의 몇몇 스폰서들은 수천만 달러를 벌어들였다. 정렬은 이 모든 것을 가능하게 하며, 이 정렬이 태어나는 장소가 바로 숭고한 대의이다.

우리는 숭고한 대의를 설정하는 두 가지 방법을 발견했다. 첫째, 계속해서 '무엇을 위해 하는가?'라는 질문을 던지는 것이다. 우리는 비즈니스 서비스 전문가들, 즉 컨설턴트, 건축가, 회계 관리자, IT 전문가로 구성된 기업의 부서와 함께 일한 적이 있다. 그들은 부서 안에서 자신의 전문성이 가장 중요하게 여겨지길 바랐다. 컨설턴트는 팀이 컨설팅으로 유명해지길 원했고, 회계 관리자는 모든 팀원이 고객 서비스에 집중하길 원했다. 이런 불일치(3단계의 특징이다)는 그들이 4단계의 필수 요건인 부족 정체성을 형성하는 것을 방해했다. 만약 당신이 이와 유사한 집단을 두고 있다면, 사람들에게 그들 식의 숭고한 대의(부족의 가장 높은 열망을 표현한 선언문)를 써보라고 하는 것이 좋다.

처음 우리는 상당히 전문적인 표현을 들었다. "컨설팅과 건설의 조합을 통해 고객의 삶을 향상시킵니다." "다양한 비즈니스 서비스를 고객에게 제공합니다."

우리는 연구 과정에서 부족 리더들에게 배운 것을 질문했다. "무엇을 위해 하십니까?"

집단의 구성원들은 불일치 너머에 있는 공통의 목표, 고객을 위한 봉사를 보기 시작했다. 그것은 숭고한 대의를 향해 한 걸음이었지만, 여전히 숭고한 대의는 아니었다. 다시 물었다. "무엇을 위해 하십니까?"

이번에 구성원들은 한 차원 높은 선언문을 작성했다. "우리의 모든 일은 고객과 주주를 위한 것, 더 나은 경제와 더 나은 세계를 만들기 위한 것입니다."

마침내 그들 중 하나가 큰 소리로 선언문을 읽는다. "디자인의 힘으로 더 나은 세계를 만듭니다!" '디자인의 힘'은 그 집단이 했던 모든 일을 아우르는 것이었다. IT는 기술 체계를 디자인했고, 컨설턴트는 더 나은 조직을 디자인했으며, 회계 관리자는 고객 만족을 위한 방안을 디자인했고, 건축가는 물리적 공간을 디자인했다. '더 나은 세계'는 무엇을 위해 하느냐는 질문에 대한 그들의 답이었다.

사람들은 환호하며 말했다. "맞아!" "바로 그거야!" 이것이 숭고한 대의가 어떻게 작동하는지를 보여주는 장면이다. 그럴듯하게 보이는 것에 합의하는 대신(사람들은 언제나 멋진 어휘를 사용하고 싶어 한다) 사람들을 다른 곳이 아닌 바로 이곳으로 오게 만든 이유를 포착하는 것이다. 한마디로 사람들은 이것을 향해 정렬한다고 할 수 있다.

이 집단이 숭고한 대의를 향해 정렬했을 때, 그들은 비로소 4단계로 첫 걸음을 내딛었다. 이때까지만 해도 사람들은 "나는 대단해. 자네는 아니지만. 왜냐고? 난 IT 전문가이고 내 분야는 수요가 많거든"이나 "나는 대단해. 모든 작업이 이루어질 물리적 공간을 디자인하니까"라고 말했다. 하지만 정렬된 후, 그들의 말투는 이렇게 바뀌었다. "우리는 대단해. 우리는 디자인의 힘으로 더 나은 세계를 만드니까."

숭고한 대의를 설정하는 두 번째 기술은 우리가 '네 가지 중대 질문'이라고 부르는 것을 묻는 것이다. 부족 리더들이 자신의 업무를 수행하는 모습을 관찰하면서, 우리는 그들이 다음과 같은 질문을 자주 던진다는 것을 알게 되었다. "어떤 일이 잘되고 있는가?" "어떤 일이 안되고 있는가?" "안되는 일을 잘되게 하려면 무엇을 할 수 있는가?" "그 밖의 것은?" 이 네 가지의 질문은 그 집단의 현재 상황을 파악할 수 있게 하는 동시에 무엇이, 왜 바뀌어야 하는지에 대한 부족 구성원들의 열망을 포착할 수 있게 한다.

어떤 이들은 비전(또는 숭고한 대의)을 설정하는 과정이 그 결과물보다 더 중요하다고 주장하지만, 우리가 관찰한 바로는 꼭 그렇지만도 않았다. 4단계 문화는 그들의 가장 높은 열망을 찾아내는 과정을 겪으면서, 이와 동시에 그 논의의 내용을 함축하는 적절한 문장을 만들어낸다. 어떤 대화가 이루어지든 그 부족에게 유익한 것은 맞지만, 그와 별개로 4단계를 '숙달'하기 위해서는 사람들을 정렬시킬 수 있는 숭고한 대의를 향한 탐색의 결과물이 있어야 한다.

▌코칭 정보: 시간 관리에서 공간 관리로 초점을 바꾸어라.

3단계의 개인은 전적으로 자신에게 의존하기 때문에 매 순간을 최대한으로 활용하는 것이 중요하다. 그러나 부족 리더십으로 향하는 중에 나타나는 현현은 개인이 홀로 승리할 수 없다는 것을 보여주며, 따라서 가치지향적인 관계를 형성하는 데 초점을 맞추게 된다. 우리는 이것을 공간 관리(사람 사이의 공간을 관리하는 것)라고 부른다. 다음 장에서는 4단계 사람들이 어떻게 자신들의 관계를 구축하는지에 초점을 맞출 것이다. '우리는 대단해'의 모든 관계는 가치와 숭고한 대의 위에 세워진다. 3단계의 관점에서는 4단계 사람들이 다른 사람과 대화하는 일에 너무 많은 시간을 낭비하는 것처럼 보일 수 있다. 하지만 이 같은 행동은 부족의 결속을 유지하는 것으로, 이를 통해 효율성을 제고하고 조직적인 행동을 이끌어낸 4단계는 3단계보다 훨씬 뛰어난 성과를 이룬다.

극소수를 제외하면, 4단계의 조직은 핵심 가치와 숭고한 대의를 직원 명찰 뒷면에 인쇄하지도, 회사 머그잔에 새기지도, 카페테리아 메뉴판 옆에 놓인 게시판에 걸어놓지도 않는다. 그 대신, 리더들은 그것들을 소리 내어 말하고, 그것들을 기준으로 결정하며, 부족 구성원과 더불어 그것들이 무엇을 의미하는가에 대해 토의한다. 우리의 연구가 건네는 충고는 단순하다. 숭고한 대의에 관해 부족 구성원과 지속적으로 소통하되, 기만이나 술책을 부리지 말 것.

9. 4단계의 어두운 면을 극복하기

4단계 부족에서 가치가 어떤 기능을 하는지 알게 된 사람들은 자주 이런 질문을 던진다. "그럼 알카에다, 십자군, 마피아, 스페인의 종교재판은 뭐지요? 그들도 4단계 부족에 속하지 않습니까?"

이들 각각은 4단계 부족의 특성을 많이 공유하고 있다. 그물처럼 이어진 구조, 독립적인 문화, 부족의 전략. 이들은 또한 가치를 공유한다. 우리는 수년 동안 이러한 사실을 연구하고, 그 문화에 속한 사람들과 대화하며, 이 불량 부족rogue tribe(4단계의 힘을 이용해 잔혹한 행동을 하는 집단)으로부터 우리를 보호하는 일을 하는 사람들의 컨설팅을 받았다.

불량 부족은 비非핵심 가치, 즉 보편적 이로움을 제공하지 못하는 가치에 집착하는 부족이다. 그들의 숭고한 대의 또한 특정 집단을 이롭게 하기 위해 다른 집단의 권리를 박탈한다는 특징을 보인다. '정직'은 불량 부족이 그것을 모든 사람(그들의 경쟁자를 포함)에게 적용하고 싶을 때에만 핵심 가치가 된다. 반면 '디자인의 힘으로 더 나은 세계를 만드는 것'은 그 자체로 모든 사람을 이롭게 하는 것이다.

알카에다에는 '신실한 이슬람 신도를 위한 자유와 계몽의 세계를 건설하려는 알라의 계획을 널리 알린다'는 '숭고한' 대의가 있다. 나치의 이데올로기는 순수한 아리아인의 지배를 받으며 1000년 동안 지속될 유토피아, 제3제국을 건설하는 것이었다. 이것들은 모두 보편적이지 않다. '핵심 가치'와 '숭고한 대의'가 범죄나 반사회적 행동을 정당화하거나 변명하는 데 이용될 때 그것들의 어두운 면이 나타난다. 이런 상황에서 핵심 가치는 진정으로 핵심적이지 않으며, 숭고한 대의는 진정으로 숭고하지 않다. 4단계의 커다란 힘을 가졌으면서도 타인을 해칠 의도를 품은 집단은 이 세상에 최악의 악몽을 가져온다.

위와 같은 설명은 이 장의 서두에서 설명한 부족 리더들의 행동과 모순되는 것처럼 보일지 모른다. 암젠은 적극적으로 경쟁해서 승리한다는 가치를 가지고 있다. 이것이 보편적인 가치인가? 그들도 이 세상의 모든 인간이 경쟁하는 것을 원하지는 않을 것이다. 그렇지 않은가?

당연하다. 고든 바인더는 암젠이 규칙에 따라 운영되었기에 위대해질 수 있었으며, 이 위대함에 가장 크게 박차를 가한 것은 바로 그들을 몰아붙였던 경쟁자들이라고 말했다. 1980년 미국 하키 팀의 마이크 에루지온 역시 그 못지않게 직업윤리에 가치를 두고 있는 팀에서 경기하는 것이 좋았다고 말했다.

비핵심 가치는 오직 특정한 사람들만이 '옳게' 해석할 수 있으며, 이 해석은 가치를 맹목적인 믿음으로 연결시킨다. 알카에다는 자신들의 가치가 이슬람을 위해 존재한다고 말하지만 그것은 그들만의 해석일 뿐이다. 마피아는 충성을 가치로 삼지만, 이 역시 그들만의 해석이다. 여기에서 말하는 충성은 조직과 리더에 대한 충성이지 모든 사람을 위한 충성이 아니기 때문이다. 마피아는 자신들 외의 사람들에게 충성하는 것에는 관심이 없다. 충성은 오직 그들의 관점에서 해석된 가치이다. 모든 사람에게 유익하지 않은 가치는 스스로 성립될 수 없다.

한 사례를 살펴보자. 우리는 이 사례에서 나타나는 패턴을 짚어내기에 충분할 만큼 많은 정보, 즉 수백 년간 축적된 데이터를 보유하고 있다. 부족이란 인간사에서 보편적이라는 것이며, 따라서 우리는 사람들의 무리(그것이 사업에 관한 것이든 지금처럼 역사 속의 사건이든)를 검토함으로써 많은 것을 배울 수 있다는 사실을 기억하기 바란다.

16세기 스페인의 통치자들과 국민은 거의 21세기의 기업 매뉴얼대로 행동했다. 100년도 안 되는 시간 동안 그들은 당시 알려진 대부분의 지역을 정복했고, 전 세계에 영향력을 미쳤다. 그들은 분명 세계에서 가장 강력한 군대를 가졌으며, 그들의 사회는 유대인과 무슬림이 요직을 차지한 것을 포함해 풍부한 다양성을 갖추고 있었다. 1478년, 가톨릭 교리를 강화하고자 했던 여왕 이사벨 1세Isabel I와 그 남편 페르난도 2세Fernando II는 군주제를 확대한다는 명분으로 종교재판을 열었다. 기업의 관점에서 이단 심문관은 오직 CEO에게만 보고하는 컨설턴트와 같았다. 조지타운 대학교 역사학 교수인 에릭 랭어Eric Langer에 따르면, 종교재판은 "자신의 이상을 위해 싸운다는 확고한 신념"을 가진 사람들에 의해 시작되었다고 한다. 그러니 종교재판은 가치에 중점을 두고 시작된 것이라고 주장할 수도 있을 것이다.

버지니아 공대Virginia Tech 명예교수인 데이비드 버David Burr는 종교재판을 연구하는 데 많은 시간을 보냈다. "그들은 제대로 된 통제를 받지 않는 상태에서 다양한 이단 심문관들로 분열되었습니다. 공유가치를 기반으로 종교재판을 한 사람이 아주 없었던 것은 아니지만, 대체적으로는 제멋대로 판결을 내렸지요." 이것이 종교재판의 시작이었다. 당대의 지도자들을 호의적으로 해석한다면, 종교재판은 교리, 즉 일련의 가치에 대한 구체적인 해석과 관련된 우려에서 시작되었다. 부족의 관점에서 보면, 그것은 핵심 가치와 숭고한 대의에 동의하지 않는('정렬되지 않는'이 아니라) 사람들을 숙청함으로써 '우리는 대단해'의 상태를 유지하려는 목적에서 시작되었다.

버 교수는 당대의 유명한 이단 심문관 베르나르드 듀 기즈Bernard du Guise에 관한 연구로 주목을 받았다. 역사학자들은 현재까지 전해지는 그의 책 덕분에 기즈에 관해 많은 것을 알 수 있었다. "그 책에서 그는 자신이 무엇을 이단이라고 믿는지에 대해 설명합니다. 특정한 유형에 따라 이단을 범주화하는 것은 불가능했기 때문에, 이단 심문관들은 자신이 무엇을 다루는지에 대해 정확히 알 수 없었습니다. 절대로요." 그는 덧붙인다. "결국 심문관들은 '무언가가 잘못되었다'라는 직감에 의지해 재판을 진행했습니다." 꽤 많은 재판관들이 3단계의 접근 방식에 따라 작업을 했다. '나에게는 힘이 있고, 나는 무엇이 이단인가를 결정하기 때문에, 나는 대단해.' 당시 사회는 이런 폭압에 순응하게 되었고, 5장에서 살펴보았듯 사람들은 2단계로 후퇴했다. 버는 이렇게 덧붙인다. "조직 내에서 권력을 잡은 한 집단이 숙청 작업을 벌인다면, 이 행위는 숙청자들의 주장, 즉 피숙청자들이 조직의 분위기를 해치며, 이들을 내버려둘 경우 동료 간의 평온한 분위기가 형성될 수 없다는 주장에 따라 이루어진다." 그는 또 말한다. "그것은 언제나 어떤 것 …… 권력을 둘러싸고 벌어지는 일이다." 개인적인 권력은 4단계가 아닌 3단계의 특징이다. 역설적임에도 누구나 예측할 수 있듯이, 4단계 내에서 벌어지는 숙청은 문화를 퇴보시킨다.

많은 사람이 스페인의 종교재판으로 처형되었고, 또 많은 사람이 스페인을 떠났다. 이 같은 공식적인 숙청의 결과, 두 가지 일이 일어났다. 첫째, 스페인은 자국의 지배력을 유지하기 위해 노력함으로써 그 영향력을 상실했다. 종교재판을 위해 재정적 · 문화적 · 도덕적으로 비싼 대가를 치렀던 것이다. 둘째, 스페인은 지적 다양성을 상실했다. 랭어 교수의 말을 빌리자면, "스페인 대부분의 지역에서 계몽이 일어나지 않았다". 결국 르네상스와 동시에 힘의 중심이 이탈리아로 옮겨가면서 스페인은 뒤처지게 되었고, 이후 두 번 다시 국제적인 영향력을 회복하지 못했다.

스페인의 종교재판은 부족 리더들에게 두 가지 중요한 교훈을 제공한다. 첫째, 가치는 핵심이 되어야 하는데, 핵심이라는 말은 곧 보편적이라는 뜻이다. 한 집단이 다른 집단의 유익한 가치를 억압하거나 박해한다면, 그것은 보편적인 것이 아니며 따라서 핵심적인 것도 아니다. 둘째, '핵심 가치'와 '숭고한 대의'로 이루어진 통합은 '동의agreement'가 아닌 '정렬'이 되어야 한다. 가치는 감상적인 개념이고, 바로 그렇기 때문에 유용하다. 고든 바인더가 CEO로 취임하는 동안, 암젠은 경제적 환경이 급변하는 것을 지켜보았다. 하지만 암젠은 가치를 향한 자신들의 고집을 조금도 꺾지 않았고, 그들의 가치는 변하지 않았다. 그 대신 가치 외의 모든 것이, 대부분 한 번 이상 바뀌었다. 역설적이게도 암젠의 가치는 기업이 유연성을 확보하고 다른 모든 것을 변화시킬 수 있도록 하는 안정적인 기반을 제공했다.

'정렬'이란 여러 조각을 같은 줄에, 같은 방향으로 맞추는 것을 의미한다. 그것은 쇳조각들이 자석을 향하도록 만드는 것과 같다. '동의'는 지적인 이해를 공유하는 것이다. 부족은 사람들이 모인 집합이며 사람은 복잡하고, 때로는 비이성적이다. 만일 부족이 오로지 동의를 통해서만 뭉친다면, 시대가 변할 때마다 동의 역시 다시 구해야 한다. 사람들이 새로운 아이디어를 배우거나 새로운 관점에서 문제를 바라볼 경우 그들은 더 이상 기존의 방식에 동의하지 않을 것이기 때문에, 동의에 기반을 둔 부족 대부분은 학습, 질문, 독립적인 사고를 장려하지 않는다. 반면 정렬에 기초를 두고 각 구성원의 공헌을 극대화하고자 하는 부족은, 자기장을 향하는 쇳가루같이 한결같고 보편적인 방향을 향한다.

나스카는 규칙의 변경이나 이익의 분할을 놓고 사람들의 의견이 자주 충돌하는 조직이다. 그러나 그들이 '모든 사람이 승리한다'는 가치에 초점을 맞추고 있는 한, 그들은 함께 일할 수 있다. 핵심 가치와 숭고한 대의에 맞추어 정렬하고 있는 한, 부족의 단합은 강력하다. 만일 부족이 동의를 중시할 경우, 흔히 숙청이 뒤따르기 마련이다.

우리는 랭어 교수에게 각양각색의 사람들을 채용한 기업 부족이 공통되는 가치를 찾기 위해 어떻게 해야 하는지를 물었다. "당신은 각 가치들의 긍정적인 면을 지속적으로 강조하는 동시에, 다양성의 결핍이 꼭 좋은 것만은 아니라는 사실을 확실히 알아둘 필요가 있습니다. 목표의 통합 속에서 다양성의 균형을 유지해야 합니다." 그는 이렇게 덧붙였다. "통합은 좋은 것입니다. 하지만 지나치게 그것을 강조할 경우 구성원들이 세상의 변화를 직시하지 못하도록 방해합니다."

10. 오일 교환

우리가 연구한 4단계 부족은 모두 정기적으로 '부족 관리 · 유지'를 시행했다. 불만을 터뜨리는 것, 핵심 가치와 숭고한 대의의 기준으로 부족의 활동이 정렬되었는지 확인하는 것, 사람과의 관계를 심화하는 것이 그것이다. 우리가 '오일 교환'이라 명명한 이 활동은 매 분기마다 최소 1회는 실시하는 것이 좋다. 오일 교환은 부족 구성원이 그동안 일어났던 일을 다시 논의하고, 다방면에서 벌어진 사건들을 이해하며, 이슈를 해결하고, 핵심 가치나 숭고한 대의와 일치하지 않는 과정, 시스템, 습관을 제거할 수 있는 기회를 제공한다. 사람들은 오일 교환에 대해 "다시금 내 직장 동료들을 사랑하게끔 만들며, 왜 내가 이곳에서 일하고 싶어 하는가를 깨닫게 해준다"라고 말한다.

집단에서 오일 교환은 다음 세 가지 질문에 대해 이야기하는 과정으로 이루어진다. ① 어떤 일이 잘되고 있는가? ② 어떤 일이 안되고 있는가? ③ 안되는 일을 잘되게 하기 위해 팀이 할 수 있는 일은 무엇인가? 2단계에서 이 질문들을 할 경우 사람들은 문제를 해결하겠다는 의지 없이 그저 불평만 늘어놓을 것이다. 3단계에서는 각자가 이 질문들에 관해 한차례 연설한 다음 다른 사람을 공격하는 모습을 보게 될 것이다. 오직 핵심 가치와 숭고한 대의에 따라 정렬되었을 때에만(그리고 다음 두 개의 장에서 나올 4단계의 다른 요소들을 갖추었을 때에만), 부족은 자신들의 행동을 평가할 기반을 마련할 수 있고, 문제점을 발견할 수 있으며, 자신들의 원칙에 따라 다시금 초점을 맞출 수 있게 된다.

11. 가치와 숭고한 대의를 지속적으로 탐색하기

핵심 가치를 찾고 숭고한 대의를 세우는 일은 일시적인 이벤트가 아닌 지속적인 과정이다. 암젠의 CEO로 있던 시절의 고든 바인더는 이 같은 끊임없는 탐색의 과정을 잘 보여준다. 기업의 가치를 정하고 10년이 지난 시점에서 암젠은 자신들의 가치를 되돌아보고 그것이 여전히 직원들의 감정과 태도를 나타내고 있음을 발견했다. 상명하복의 방식과 달리, 그의 방식은 자신의 가치가 아닌 부족의 가치를 강조하는 것이었기 때문이다.

이와 마찬가지로 숭고한 대의도 시간의 흐름에 따라 바뀔 수 있기 때문에 몇 년마다 다시 논의되어야 한다. 우리가 암젠을 컨설팅하고 있을 때, 암으로 아들을 잃은 어느 아버지의 편지가 암젠의 CEO 앞으로 도착했다. 화학요법 중에 사용된 암젠의 약이 아들의 적혈구 수치를 증가시킨 덕에 그의 생애 마지막 순간을 병원이 아닌 집에서 보낼 수 있었다는 내용이었다. 그 아버지는 암젠의 업적에 감사했으며, 암젠의 제품 덕분에 어린 아들이 마지막 날 밤 집에서 피자를 먹으며 아버지와 함께 생애 처음으로 맥주를 맛볼 수 있었다고 말했다. 암젠의 모든 직원에게 손수 감사의 편지를 쓴 바인더는 그 끝에 이렇게 덧붙였다. '우리는 생명을 연장합니다.' 우리를 포함해 그 편지를 본 많은 사람이 이 일의 몇몇 부분에서 큰 감동을 받았다. 첫째는 암젠이 환자를 위한다는 기업의 핵심 가치를 구현하고 있음이 명백해졌다는 점, 둘째는 다른 부족 리더들처럼 바인더 역시 (편지를 통해) 모든 공功을 부족에게 돌렸다는 점, 셋째는 그 순간 암젠이 스스로를 보며 직원들의 마음속에 숭고한 대의가 자리 잡은 것을 확인할 수 있었다는 점이다. 비록 '우리는 생명을 연장한다'가 기업의 공식적인 구호는 아니지만, 암젠을 근사한 직장으로 만드는 이 구호는 여전히 반복되고 있다. 암젠은 암으로 인한 비극적인 죽음을 통해 숭고한 대의를 표현할 새로운 구호를 발견한 것이다.

〈딜버트〉의 작가 스콧 애덤스와의 대화가 막바지에 접어들었을 때 그는 이런 말을 했다. "인터넷에서 돌아다니는 스티브 잡스Steve Jobs의 스탠퍼드 대학교 졸업식 연설문을 읽어보셨는지 모르겠습니다." 그의 목소리에서 웃음기가 사라졌다. "그걸 읽기 전까지만 해도 그 사람을 잘 몰랐습니다. 기껏해야 사람들에게 영향을 미치는 특이한 능력의 소유자라는 것 정도? 그러다 그 연설문을 읽고, 이렇게 감탄했지요. '내가 지금까지 살면서 읽었던 것 중에 최고야!' 그것은 내가 일상생활을 하며 느끼던 것들을 완전히 바꿔버렸습니다. 내가 생각하기에는 평소에 사용하는 말을 다듬는 것만으로도 우리는 사람들에게 뭔가 특별한 것을 느끼게 할 수 있습니다. 잠깐 동안만 그렇게 해도 우리는 모든 것을 바꿀 수 있겠지요. 다른 사람으로부터 최고의 성과를 이끌어낼 수도 있습니다"(잡스의 연설문은 우리의 웹사이트 www.triballeadership.net에서도 읽을 수 있다).

이 같은 특별한 리더들의 노력을 하나의 공식으로 나타낼 수는 없지만, 그들은 모두 공유가치를 발견하고, 숭고한 대의에 따라 정렬하며, 삼자관계를 형성(10장의 주제이다)하고, 역사에 기록될 전략을 수립(11장의 주제이다)한다는 공통점을 가지고 있다.

비록 이 사실을 잘 알지는 못했지만, 애덤스는 부족 리더에 대해 우리가 이제껏 들었던 것들 중 가장 좋은 설명을 해줬다. 사람들로부터 최고의 성과를 이끌어내기 위해, 모든 것을 변화시키기 위해 언어를 사용하라. "잡스는 이 일을 완벽하게 해냈습니다." 다시 웃음기 가득한 목소리로 돌아온 애덤스는 이렇게 덧붙였다. 부족 리더들은 실제로 그의 말처럼 행동한다.

핵심 요약

- 핵심 가치란 '인생을 살 만한 가치가 있는 것으로 만들어주는 원칙'이다.
- 핵심 가치를 찾는 데는 두 가지 방법이 있다. 첫째는 부족 리더를 위한 방법으로 가치에 얽힌 이야기를 하는 것이다. 이 이야기는 다른 사람으로 하여금 그들의 가치에 관한 비슷한 이야기를 하도록 만든다.
- 둘째는 먼저 '당신은 무엇에 자긍심을 느끼십니까?'와 같은 질문을 하고 이어서 세 개에서 다섯 개가량의 추가적인 질문을 하는 것이다.
- 부족 리더의 목표는 부족을 단합시키는 공유가치를 찾는 것이다.
- 숭고한 대의는 부족이 '쏘아 맞추어야 할' 표적이다. 부족의 숭고한 대의를 찾는 데에는 두 가지 방법이 있다. 첫째는 끊임없이 '무엇을 위해 하는가?'라고 묻는 것이다.
- 둘째는 부족의 구성원에게 '네 가지 중대 질문'을 던지는 것이다. '어떤 일이 잘되고 있는가?' '어떤 일이 안되고 있는가?' '안되는 일을 잘되게 하려면 무엇을 할 수 있는가?' '그 밖의 것은?' 이 네 가지 질문은 그 집단의 현재 상황을 파악할 수 있게 하는 동시에 무엇이, 왜 바뀌어야 하는지에 대한 부족 구성원들의 열망을 포착할 수 있게 한다. 숭고한 대의는 질문에 대한 사람들의 대답을 통해 자주 드러날 것이다.
- 가치와 숭고한 대의를 정함으로써 추구하려는 목표는 동의가 아닌 정렬이다. 정렬은 열정적인 의지와 결합된 조직적 행동을 이끌어낸다.
- 핵심 가치 또는 숭고한 대의와 맞지 않는 것은 그것이 무엇이든 수정되거나 삭제되어야 한다.
- 집단은 다음과 같은 질문을 통해 부족 리더십의 본질을 포착한다. '어떤 활동이 우리의 핵심 가치를 드러내며, 우리가 우리의 숭고한 대의에 도달할 수 있도록 할까?' 이에 대한 대답은 네트워크화된 관계(10장)와 부족 전략(11장)의 토대를 형성하는 이유가 된다.

tribal leadership

10

삼자관계와 4단계의 네트워킹

매년 9월, 상업용 부동산 업계 종사자들은 연중 그 어느 때보다도 활발하게 사업에 대해 논의하고 인간관계를 한층 긴밀히 다지기 위해 특별한 파티를 개최한다. 이 파티의 중심에는 CB 리처드 엘리스의 부회장 달라 롱고Darla Longo가 있다.

2006년에는 샌프란시스코의 클리프트Clift 호텔 15층을 통째로 빌려 파티를 열기도 했다. 청록색 실크 드레스에 다이아몬드 반지를 낀 롱고는 몇 시간 동안 같은 음료만 홀짝였다. 300명이 넘는 참석자들은 바텐더를 바쁘게 만들며 파티를 즐겼다. 이 파티는 점잖은 동업자 모임이라는 느낌을 주지만, 사실 서른다섯 살 이상의 참석자는 모두 회색 바지에 파란색 블레이저를 입고 있었다.

이 이벤트에서 가장 인상적인 활약을 한 사람은 롱고였다. 참석자 대부분은 그녀가 부리는 마법을 보고 싶어 했다. 그녀는 자신을 내세우지도, 자신의 업적을 말하지도, '나' 또는 '내'라는 말을 쓰지도("나는 여러분을 만나고 싶었습니다"라고 할 때만 빼고) 않았다. 롱고는 중매쟁이 역할을 했다. 그녀는 고객을 중개업자에게, 선임 중개업자를 성공적인 신예 업자에게, 고객을 다른 고객에게 소개해주었다.

만약 우리가 그날 저녁의 풍경을 찍어서 느린 화면으로 살펴본다면, 세 가지 사실을 알 수 있을 것이다. 첫째, 롱고 주변에는 최소 두 명의 사람이 있었다. 둘째, 그녀는 동시에 두 사람에게 말을 했다. 그들이 서로 초면이어도 말이다. 셋째, 이때 그녀가 하는 말을 들을 수 있었다면, 그 말이 다른 두 사람의 관계를 새롭게 형성하거나 발전시켰음을 알 수 있을 것이다.

그중 세 번째 요소를 좀 더 자세히 관찰하면, 롱고는 두 가지 원칙을 가지고 사람을 소개한다는 사실을 알 수 있다. 첫째, 그녀는 사람들의 이력을 훤히 꿰고 있다. 각자가 어떤 직업에 종사하는지, 무슨 일을 하는지, 왜 두 사람이 만나는 것이 서로에게 좋은 일인지 등을 말이다. 둘째는 훨씬 더 중요한데, 그녀는 각 사람을 위대한 인간으로 만드는 것, 즉 그들의 핵심 가치를 언급한다.

롱고가 호텔 파티장을 이리저리 옮겨 다닐 때, 그리고 사람들이 그녀를 만나기 위해 이리저리 움직일 때, 그날 밤의 가장 놀라운 부분이 드러났다. 그녀가 떠나자 사람들은 그녀에 대해 이야기했다. 약 10년 전 이 이벤트를 처음 시작할 때의 그녀의 비전에 대해, 이 파티가 상업용 부동산 업계에서 가장 중대한 행사로 성장하게 된 경위에 대해, CB 리처드 엘리스에서 롱고가 보여준 사업 수완에 대해, 그녀가 얼마나 성공한 리더인가에 대해. 롱고가 떠났을 때 3단계 사람들은 한결같이 자신에 대해 말했지만, 그 외의 사람들은 그녀에 대해 말했다.

롱고가 상업용 부동산 업계의 리더들 가운데 하나로 부상한 데에는 여러 가지 이유가 있다. 그녀의 추진력, 무한한 에너지, 재능, 사업에 대한 비전, 정직과 가치를 중시하는 태도. 몇 년 동안 그녀를 관찰한 결과, 한 가지 단순한 행동이 눈에 띄었다. 바로 삼자관계, 즉 핵심 가치와 상호이익에 토대를 둔 양자 간의 사업 관계를 만드는 능력이다. 이를 통해 롱고는 자연스럽게 사람들로부터 호평을 얻게 되는 호혜적 혜택을 누리며, 이 같은 평판은 그녀의 사업에서 유리하게 작용한다. 기본적으로 그녀는 다른 사람들 간의 관계를 엮어냄으로써 그들의 충성과 지지를 얻는다. 그녀가 만들어내는 삼자관계는 4단계 부족을 형성하는 일에서 기본이 되는 것이기 때문에, 롱고는 상업용 부동산 업계에서 가장 성공한 사람 중 하나가 될 수 있었다.

1. 4단계의 관계 구조

우리가 삼자관계를 발명하지 않았다. 우리는 단지 그것을 발견했을 뿐이다. 우리는 숱한 부족 리더들이 사람들과 거대한 네트워크를 형성하는 모습을 목격했다. 롱고가 만나는 사람들의 명단은 웬만한 PDA에는 다 저장되지도 못할 만큼 엄청나지만, 그녀가 시간이 부족해 괴로워하는 모습은 본 적이 없다. 3단계 사람들은 아무리 훌륭한 네트워크를 구축해도 결국 집단의 규모가 커지면 관계를 형성하는 데 실패할 것이라고 생각하지만, 그것은 그들이 4단계 문화를 잘 이해하지 못해서 생기는 착각이다. 몇몇 사람들은 글렌 에스너드가 처음 PCG를 조직할 때 쉰 명이나 되는 전문가를 고용하는 것을 보고 그 수가 너무 많아 조직 자체가 붕괴될 것이라고 말했다. 그러나 현재 PCG에는 250명의 전문가가 있으며 지금도 늘어나고 있다. 아이디오의 직원이 100명을 넘어서게 되면 그곳만의 특별한 문화를 더 이상 유지하지 못할 거라고 여기는 이들이 있었지만, 현재 그곳에서는 450명의 직원이 일하고 있다. 암젠은 직원이 1000명으로 늘어남에 따라 점차 다른 대형 제약 회사의 문화를 답습하는 것처럼 보였지만, 지금 그곳에서는 1만 6000명의 직원이 일하고 있다. 삼자관계는 아주 강력해서 부족들을 서로 연결할 수 있고(한 개 부족의 상한선이 150명임을 기억하라. 앞서 언급한 기업들은 부족들의 부족이라 할 수 있다), 그 확장성으로 인해 무한한 능력을 이끌어낼 수 있다.

이 장의 목표는 우리가 봐온 수천 명의 부족 리더들이 하는 일, 즉 그들이 여기저기에 만드는 삼자관계를 샅샅이 훑어보는 것이다. 삼자관계는 4단계 문화를 쌓는 데 쓰이는 벽돌이라 할 수 있는데, 이 벽돌들이 쌓이면 쌓일수록 4단계 부족의 네트워크를 더 크고, 더 강하며, 더 역동적으로 성장시킬 수 있다. 이렇게 되면 부족은 생기가 넘치고, 가치를 지향하며, 최선의 노력을 다하는 사람들로 채워진다. 구성원들은 앞장서서 조직을 이끄는 동시에 다른 사람을 따르게 된다.

우리가 6장에서 살펴보았던 것처럼, 양자관계는 3단계의 구조적인 특성이다. '나는 대단해'에 속한 사람들은 여러 개의 양자관계를 형성하는 경향이 있기 때문에, 만일 여러 사람에게 같은 내용을 말해야 할 경우 일대일 대화를 여러 번 하게 될 것이다. 이때 그들은 몇 가지 장애물과 마주하게 된다. 첫째, 그들과 양자관계를 맺고 있는 상대방은 자주 자신이 상품처럼 취급된다고, 오직 자신의 서비스나 정보에 의해서만 가치를 인정받는다고 느낀다. 둘째, 여러 개의 양자관계를 동시에 유지하는 데 필요한 비용은 엄청나기 때문에, 양자관계를 형성하는 당사자는 자신이 시간이 부족하거나 충분한 지원을 받지 못한다고 느낀다. 셋째, 사람들은 그가 같은 용건에 관해 조금만 다르게 말해도 그 불일치를 금방 알아차리며, 이것은 그에 대한 신뢰와 충성에 해악을 끼친다(이 같은 문제들은 대부분 사소한 오해를 낳게 되는데, 3단계 부족 내에 형성된 양자관계의 숫자를 생각한다면 그러한 의사소통의 문제가 발생할 것임은 불을 보듯 뻔하다).

우리가 7장에서 살펴보았던 것처럼, 부족 리더십으로 향하기 위한 현현은 그 사람에게 추진력, 열정, 재능, 전략적 사고를 희생하라고 요구하지 않는다. 오히려 이것들은 3단계에서 못지않게 4단계에서도 잘 기능한다. 다만 새로운 스타일로 재조직될 뿐이다. 마찬가지로 자아ego가 개인에서 4단계의 부족으로 이동할 때, 우리는 많은 양자관계를 보지는 못하겠지만 많은 삼자관계는 볼 수 있다.

이 장에서 우리는 삼자관계를 상세하게 해부해서 세 가지 주요 장점(안정, 혁신, 확장성)에 대해 논의함과 동시에 어떻게 이것들이 5단계의 발판이 될 수 있는지를 보여줄 것이다.

2. 삼자관계의 해부

삼자관계는 기본적으로 세 가지 요소로 구성된다. 가장 안정적인 삼자관계의 세 구성 요소는 바로 사람, 즉 롱고, 고객, 그리고 CB 리처드 엘리스의 또 다른 전문가와 같은 사람들이다. 또 삼자관계는 여러 집단을 한데 묶는 기능을 할 수도 있다. 말레이시아 총리를 지냈던 툰 마하티르 모하마드Tun Mahathir Mohamad는 그가 창립한 국제금융 리더십 센터International Center for Leadership in Finance의 기치 아래 서구의 학자들과 지역 CEO 간의 관계를 구축했다. 모국에서 대중적인 인기를 누리는 그는 추종자들로부터 'M 박사'라고 불리는데, 이것은 그에 대한 각별한 애정을 나타내는 말인 동시에 의사였던 그의 경력을 암시하는 것이기도 한다(비록 그가 총리직에서 물러나기 직전에 했던 몇몇 발언들은 세계 여러 사람들을 분노하게 했지만, 그의 리더십은 전반적으로 말레이시아의 경제성장을 이룩하며 이곳을 세계로 부상하는 안정된 국가로 만드는 데 기여했다).

각 부분이 무엇이든 간에, 이들 세 구성 요소는 삼각형을 이루며 그 각 변은 다른 두 변이 어떤 수준의 관계를 형성하는지에 책임이 있다.

3. 안정적인 삼자관계의 힘

노스웨스트 암 치료 센터Cancer Care Northwest의 전 CEO 브루스 커터Bruce Cutter는 놀라운 조직을 운영했다. 겉에서 볼 때 커터 박사가 성공을 거둔 것은 훌륭한 인재를 채용했고, 건전한 비즈니스 모델을 갖췄으며, 헌신적인 의사 출신의 임원이었기 때문이라고 생각할 수 있다. 그러나 이 외형적인 면은 그 리더십의 탁월한 부분을 놓치고 있다. 커터 박사는 삼자관계를 이용해 갈등을 해결했고, 직원들을 훈련시켰으며, 모든 사람에게 더 많은 시간을 주었다.

우리는 그가 CEO로 재직할 당시 암 치료 센터의 시설을 둘러볼 기회가 있었는데, 이때 벌어진 일로 삼자관계가 어떻게 부족의 다툼을 해소하는지를 확인할 수 있었다. 한 직원이 커터에게 다가와서는 우리를 힐끔 쳐다본 다음, 다시 그에게 곁눈질을 하며 투덜거렸다. "그 사람이 또 그러고 있습니다." 우리는 나중에야 그 직원이 행정절차를 지키지 않은 다른 의사를 언급한 것이며, 그 의사 때문에 그가 잔업을 해야 했다는 이야기를 들을 수 있었다. 커터는 흔들림 없는 목소리로 말했다. "그 사람과 같이 이 문제를 해결하세요. 당신들은 같은 목표를 갖고 있습니다. 단지 거기에 도달하기까지 서로 다른 길을 생각하고 있을 뿐이지요. 언젠가는 두 사람이 함께 걸어갈 수 있는 길을 찾으실 겁니다. 내 말을 그 사람에게도 들려주세요." 그 몇 마디 말을 끝으로 커터는 다시 우리를 안내하기 시작했다. 나중에 그 두 사람은 서로 만나 둘 사이의 갈등을 해결했다고 한다. 이 과정에서 두 사람은 자신들이 함께 일한다는 것을 상기했으며(직원의 능력 개발에서 가장 중요한 요소이다), 커터의 개입을 기다리지 않고 곧바로 불화를 해결했다. 이 덕분에 커터는 가장 중요한 일, 즉 방문자들에게 부족을 과시하고 존경 어린 시선을 받는 일을 할 수 있었다.

문제를 해결하기 위해 삼자관계를 이용할 때는 사람들에게 공유가치를 상기시키기 바란다. 9장에서 살펴보았던 것처럼, 가치는 정렬을 이끌어내며 정렬은 어떤 불일치도 극복하게 한다. 커터 박사의 사례에서 보았던 것처럼, 부족 리더들은 다툼을 벌이는 사람들에게 그들이 진정으로 소중한 것, 즉 가치를 지닌 채 한 배에 타고 있음을 상기시킨다. 만약 사람들 사이에 공통되는 부분이 없다면, 부족 리더는 그것을 찾아낸다. 글렌 에스너드는 PCG의 초창기 때 열린 회의에서 한 주제에 대해 의견의 불일치를 보이는 두 사람에게 이렇게 말했다. "당신들 모두 팀이 우선이라는 계약서 항목에 서명했습니다. 지금 상황에서 팀을 위한 최선의 행동이 무엇이라고 생각하십니까?" 이렇게 말한 그는 회의장 밖으로 나갔고, 결국 두 사람은 의견 불일치를 해결했다.

만약 커터가 3단계에 속해 있었다면, 우리가 수천 명의 관리자로부터 수천 번씩 들었던 말을 내뱉었을 것이다. "내가 한번 자세히 알아보겠습니다. 알려줘서 고마워요." 그 뒤 다음과 같은 일이 벌어진다. 우선 커터는 문제의 의사와 이야기를 나눈 다음, 의사의 편을 든다. "그 직원은 의사가 아니라 뭘 몰라요." 뒤이어 다시 직원을 찾은 그는 직원 편에 선다. "그 의사가 기술은 좋지만 행정에 대해서는 아는 게 없지요." 마지막으로 두 사람을 한 차례씩 더 만난 커터는, 자신의 결정 사항을 전달하며 그들이 자신의 지시에 따르도록 설득한다. 결과적으로 그는 자신의 시간과 집중력을 할애해 양자관계를 형성함으로써 문제를 해결할 수 있다. 다음번에도 다툼이 일어나면 그는 이 과정을 반복할 것이고, 이런 식으로 그는 갈등을 관리하면서 시간을 보낼 것이다. 결국 우리의 연구에 동참했던 많은 사람들과 마찬가지로 그 역시 밤늦게까지 일하다 한밤중에 퇴근해서는 아내에게 자신이 회사에서 충분한 지원을 받지 못하고 있으며, 자기 없이는 회사를 하나로 묶어줄 사람이 없다고 불평할 것이다.

이렇게 하는 대신, 몇 마디 말만으로 문제를 해결하고 사람들의 관계를 회복하는 방법도 있다. 밤늦게까지 사무실에 남아 문제를 해결하기 위해 고심하는 대신, 커터는 밖으로 나가 저녁 식사를 즐기며 우리와 함께 미래를 향한 그와 집단의 열정에 대해 이야기를 나누었다. 이 모든 것은 우리가 워싱턴 주 스포캔을 방문했을 때 일어난 일이었다. 안정적인 삼자관계는 돌발적인 문제를 해결하고 부족의 리더가 낭비하는 시간을 없애 그가 다음 장의 주제가 되는 '전략'에 집중할 수 있도록 한다.

많은 부족 리더와 마찬가지로, 커터 박사도 우리와 삼자관계에 대해 이야기할 때까지 자신의 행동 양식에 대해 깨닫지 못했다. 나중에 전화상으로 우리가 관찰했던 것을 차근차근 설명하자, 그는 "이야, 정말 놀랍군요. 나는 내가 그런 줄 전혀 몰랐습니다"라고 말했다. 일단 삼자관계의 개념을 이해하게 되자, 그는 자신의 시간 대부분을 삼자관계를 형성하는 데 사용한다고 설명했다. 그는 또한 삼자관계가 집단의 단결과 관련된다는 것도 알게 되었다. 그는 흥분한 목소리로 자신의 종양학 실험에서 어떻게 삼자관계를 구축할 것인가에 대해 설명했다. 그는 이 계획이 오직 자신이 참여할 때에만 제대로 작동될 수 있지만, 다른 이해 당사자들의 참여도 필수불가결하다는 것을 알았다. 그는 적극적으로 두 집단, 건강관리 전문가 및 직원들과의 관계를 형성하며 효과적으로 거대한 삼자관계를 구축했다. 삼자관계에서 항상 그러하듯, 각 집단은 커터와 또 다른 집단과의 관계를 형성했다. 이것은 커터가 언제나 정보를 제공받을 수 있고, 그가 다른 프로젝트로 바쁠 때조차도 이 관계가 진전된다는 것을 의미한다.

부족 리더들이 삼자관계의 개념을 알기만 하면, 그들은 삼자관계의 사례를 주변에서 쉽게 찾아낼 수 있다. 커터 박사도 자신이 삼자관계를 토대로 경력을 쌓았다고 말했다. 에스너드는 PCG를 삼자관계들의 모임으로 보고 있다. 이 때문에 그는 자신의 삼자관계에 새로 들어온 사람들을 초대해 함께 미식축구를 보며 토요일 오후를 보낸다. 이 개념을 알게 된 어떤 사람은 자신이 아내와 장모와의 삼자관계를 형성한 덕에 평온한 가정생활을 누릴 수 있다고 말했다. 그가 아내와 다툴 때마다, 친구나 처부모는 부부의 관계가 두 사람에게 얼마나 중요한가를 상기시켜준다.

삼자관계는 상급 의사결정자들이 손수 문제를 해결하려 들 때 약화되며, 다음과 같은 말을 할 때 더욱 약화된다. "나 모르게 할 생각 하지 마." 이것은 삼자관계가 만들어지기도 전에 그것을 부숴버린다. 어떤 사람들은 자신이 통제력을 잃게 될까 두려워 삼자관계를 형성하는 것을 거부한다. 그것으로 인해 다른 사람들이 자신을 얕보게 될 거라고 생각하는 것이다. 사실은 그 반대이다. 본질적으로 삼자관계는 '당신이 그들에게 무엇을 해주든 그대로 돌려받을 것이다'라는 호혜의 원칙을 내포한다. 만약 당신이 다른 두 사람 간의 관계를 만들어주고 그 자리를 뜬다면, 그들 대부분은 당신의 노력을 칭찬할 것이다. 또 이 같은 행동을 다른 사람들에게 보여준다면, 당신을 향한 존경심을 더 키울 수도 있다. 데이비드 켈리는 그 핵심을 짚어냈다. "나는 갈등을 중재하지 않습니다. 만약 그것이 고객의 문제라면, 고객이 그것을 처리하게 하는 것이 낫지요. 내가 뭘 안다고 나서겠습니까?"

삼자관계를 형성하고 키우는 것은 부족 리더의 시간을 아낄 뿐 아니라, 리더를 향한 더 높은 지지를 이끌어낸다. 이것은 3단계에서는 상상도 하기 어려운 일이다. 리더의 장례식에 온 조문객들의 말을 들어보면, 그가 진정한 부족 리더였는지를 확인할 수 있다. 그들의 입에서 나오는 찬사가 진심에서 우러나온 것인가? 아니면 그저 정치적 올바름Political Correctness을 위한 수사일 뿐인가? 물론 달라 롱고에 대한 조문객들의 찬사를 듣는 것이 한참 뒤의 일이길 바라지만, 이것만은 확실하다. 그 자리는 수많은 사람들로 빽빽하게 들어찰 것이고, 그때 떨어지는 눈물은 진정한 슬픔의 눈물일 거라는 사실 말이다. 사람들은 단순히 롱고가 그들에게 사업의 기회를 주었기 때문이 아니라 그녀가 그들을 온전히 이해했기에 그 삶을 높이 평가할 것이다. 롱고는 사람들의 가치로써 그들을 이해했고, 사람들도 그녀의 가치(그 항목의 맨 위에는 '정직'과 '서비스'가 적혀 있을 것이다)로써 그녀를 이해했다. 브루스 커터, 글렌 에스너드, 스티븐 샘플, 데이비드 켈리도 마찬가지다. 고든 바인더의 삶이 다했을 때, 그를 알지도 못했던 많은 이들조차 그를 잃었다는 사실에 슬퍼할 것이다.

고맙게도 부족 리더들은 구성원들의 충성, 존경, 지지를 살아 있는 동안 받는다. 우리가 연구한 대부분의 부족 리더들은 CEO 혹은 훨씬 더 명예로운 자리에 오를 후보들이다. 우리와 이야기를 나눈 사람들 중 하나인 라피아 살림Rafia Salim은 말레이시아에서 학자, 은행가, CEO, 정부 관리가 함께 참여한 국제금융 리더십 센터를 운영한 적이 있다. 그녀는 최근 '다뚝Datuk'(영국의 기사 작위와 유사하다)에 임명되었는데, 그로부터 1년 후 말레이시아 최고 명문대인 말레이시아 대학교의 부총장이 되었다. 그녀는 말레이시아에서 가장 사랑받는 인물로, 이슬람 국가 여성의 롤모델이다.

삼자관계는 3단계 사람을 다루는 데 익숙한 사람들을 놀라게 할 정도의 지원을 해준다. 고든 앤드 베티 무어 재단에서 일하는 프랭크 조던은 재단의 기금을 받는 사람들에 대해 이렇게 말했다. "그냥 돈만 주고 끝이 아닙니다. 우리는 그 사람들에게 '당신의 최종적인 목표에 도달할 수 있도록 우리가 도울 일이 있을까요?'라고 묻습니다. 그리고 그 계획에 투자하지요. 단순히 재정적인 것 이상의 투자를요." 무어 재단이 수행하는 대부분의 프로젝트에서는 재단, 기금 수령인, 수령인이 돌보는 집단 간의 삼자관계가 형성된다. 본질적으로 무어 재단은 뒤쪽의 둘이 어떤 관계를 형성하는지에 대한 책임이 있다. 기금은 그저 프로젝트를 시작하는 도구일 뿐 최종 결과는 아니다. 삼자관계에서는 결코 어느 한 사람도 홀로 문제를 해결하지 않는다.

4. 삼자관계, 혁신의 촉매제

1978년 앤젤리카 티에리엇Angelica Thieriot은 원인을 알 수 없는 병으로 샌프란시스코 시내의 한 대형 병원에 입원했다. 몇 번의 죽을 고비를 넘긴 후, 마침내 그녀는 희귀하지만 치료 가능한 바이러스에 감염되었다는 진단을 받았다. 아르헨티나 태생의 그녀는 미국 의학의 세련된 기술에 경탄했지만 그 비인간적인 치료법에 대해서는 엄청난 불쾌감을 느꼈다. 그녀는 병실을 오가며 그녀가 아니라 의료 장비에만 신경 쓰는 간호사들에 대해 불평했다. 그때 그녀는 죽음에 대한 두려움을 느끼며, 혹은 휑한 빈 벽만 바라보며 여러 시간을 보냈다. 티에리엇은 비록 미국의 의료 수준이 더 우수하긴 했지만, 아르헨티나였다면 더 인간적인 대우를 받을 수 있었을 거라고 말했다.

퇴원하게 되었을 때, 그녀는 병원의 시스템을 바꿔야겠다고 결심했다. 자신이 느꼈던 불만사항을 정리해 병원 CEO를 찾아간 그녀는, 정중하게 쫓겨났다. 비록 티에리엇의 남편이 ≪샌프란시스코 이그재미너San Francisco Examiner≫ 발행인이긴 했지만(분명 CEO는 이것을 몰랐을 것이다), 그녀는 병원이나 그곳의 시스템을 당혹스럽게 만드는 데 남편의 힘을 쓰지 않았다. 얼마 뒤, 그녀의 시아버지도 뇌졸중으로 병원에 입원하게 되었다. 그녀는 그 당시의 일을 말했다. "모욕적인 처우는 사라지지 않았어요. 시아버지는 영향력 있는 사람이었지요. 하지만 병원에서는 그를 마치 갓난아기처럼 대하더군요."

티에리엇은 뜻이 맞는 친구들(새로운 부족의 씨앗들)과 뭉쳐 계획을 실천에 옮겼다. 그들은 환자가 단순한 생체 표본이 아니라 자신이 받는 치료의 적극적인 참여자가 될 수 있는 병원 시스템을 만들기로 했다. 그들이 맨 처음 착수했던 일은 담낭 질환에서 암에 이르기까지 모든 질병에 대한 자료를 수집, 정리하는 것이었다. 마침내 그녀는 자원봉사자들의 도움을 받아 한 병원 안에 작은 의학 도서관을 열었는데, 사람들은 마치 기다렸다는 듯 그곳에 몰려들었다. 환자들은 자신의 질병에 관한 의학적인 정보를 알게 되었고, 그 덕분에 치료 과정에서 의학적인 결정을 내려야 할 때 더 적극적인 역할을 할 수 있었다. 그녀와의 면담을 거절했던 병원 CEO조차 이 성공에 감동받아 현재는 그녀의 모델을 더 발전시킬 수 있는 방법을 고민하고 있다.

티에리엇과 자문위원들은 고대 그리스의 의사 히포크라테스가 자신의 첫 제자들을 가르쳤던 플라타너스에서 이름을 딴 플레인트리Planetree를 창설했다. 이 조직은 1985년에 어느 병원에서 열세 개의 병상을 갖춘 내·외과 부서의 운영을 돕기도 했다. 플레인트리는 병원의 벽면에 그림을 그리고, 환자들이 의료 기록을 볼 수 있게 하며, 병원 주방을 개방하는 등 병원에 대한 사회적 통념을 하나씩 깨뜨렸다. 이 모델의 핵심은 환자를 중심으로 형성되는 파트너십이다. 이 실험을 모니터링한 워싱턴 대학교는 이것이 대단히 성공적이라는 결론을 냈다. 플레인트리의 현 회장인 수전 프램턴Susan Frampton은 이렇게 말했다. "그들은 이 모델을 다른 네 병원에도 적용했어요. '뉴욕에서 해봐도 될까요?' '지역 병원에서는요?' '장기요양 시설은 어떨까요?' 이런 식이었지요." 플레인트리의 모델은 모든 의료 관계자들(의사, 간호사, 지원 팀, 행정가, 건축가, 가장 중요한 환자) 사이에 삼자관계를 만들어나가며 계속해서 성공을 거두었다. 플레인트리는 치료에 관여하는 모든 사람을 하나로 묶어 환자로 하여금 자신이 충분한 정보를 제공받고, 의학 발전에 동참하며, 온전한 인간으로 대우받는다고 느낄 수 있게 했다.

현재 플레인트리는 북미와 유럽의 112개 병원과 제휴를 맺고 있다. 이 병원들 중 한 곳이 바로 우리가 2장에서 이야기했던 그리핀 병원이다.

플레인트리의 성공 신화 못지않게 그리핀 병원이 이 조직을 활용한 방식(그리고 플레이트리에 기여한 방식)도 인상적이다. 그것은 4단계 부족이 거의 항상 3단계를 뛰어넘는 성과를 이룬다는 사실을 보여준다. 그리핀 병원의 부원장 빌 포완다는 "CEO들은 환자들을 호전시키는 일에 (좋은 의미로) 환장한 것처럼 보여요"라고 말했고, CEO 차멜도 이렇게 말했다. "우리가 플레인트리 모델을 처음 적용했을 때, 사람들이 우리를 괴짜로 여기더군요." 그들은 플레인트리의 컨설턴트를 데려왔고, 뛰어난 건축가를 채용했으며, 혁신 협회Innovation Associates(MIT의 피터 센게Peter Senge 교수가 시작한 컨설팅 집단)를 초빙했다. 포완다는 "도움이 될 만한 건 다 해봤습니다"라고 말했다. 그들은 프로세스 재설계, 훈련, 가치에 대한 헌신, 환자에 초점을 맞추었다. 각 단계마다 행정가들은 컨설턴트(플레인트리에서 온 사람들을 포함)를 병원의 리더와 묶어 삼자관계를 형성하는 데 도움을 주었고, 항상 그 관계의 질을 점검하며 그것이 제대로 기능하는지를 지켜봤다. 이런 식으로 새롭게 도입한 기법 대다수는 효과가 있었으며, 마침내 병원은 이 정책을 유지하기로 했다. 이후 그리핀 병원에서 초빙한 조직과 사람들은 점차 자신들의 능력을 더 효과적으로 발휘하게 되었다.

결국 그리핀 병원은 플레인트리가 자신들의 이상적인 파트너임을 알게 되었다. 다만 당시 플레이트리는 모종의 문제를 겪고 있었다. 현 회장 프램턴은 그때를 이렇게 설명한다. "회원 수가 늘어날수록 병원 문화에 대한 경험과 지식이 부족하다는 점이 점차 우리 조직의 약점으로 부각되었습니다." 이제 막 플레인트리와 제휴하게 된 그리핀 병원은 그 이상 상황이 악화되는 것을 좌시할 생각이 없었다. 그리핀 병원 이사회는 플레인트리의 채무를 떠안았고, 실질적으로 조직을 인수해 본부를 미국 동부로 옮겼다. 시간이 흐르며 플레인트리의 이사회는 점차 교체되었고 현재는 더 많은 병원과 제휴를 맺게 되었다. 변혁의 효과는 두 기관 모두에서 나타났다. 그리핀 병원은 플레인트리의 모델 병원이 되었고, 플레인트리는 그리핀 병원의 평판이 높아지며 덩달아 사람들의 신뢰를 얻었다. 이제 사람들은 두 기관 중 어느 한 쪽을 알게 되면 자연스럽게 다른 한 쪽에 대해서도 알게 된다. 두 기관은 현재 다른 병원들도 플레인트리의 제휴 프로그램에 초대해 모든 사람을 위한 더 나은 의료 서비스를 제공하고 있다.

3단계의 많은 조직들은 자신들이 주도하지 않은 혁신을 거부하는 경향이 높다. 이 같은 경향은 'NIH 증후군'[1]이라고 불린다. 반면 그리핀 병원과 같은 4단계 조직들은 부족을 형성하는 데 필요한 자원, 기법, 컨설턴트, 아이디어, 그 밖의 모든 것을 적극적으로 수용할 것이다. 플레인트리는 자원을 모으고 회원을 관리하는 데 매우 성공적이었기 때문에 입소문만으로도 조직이 운영될 수 있었다. 부족 리더십의 언어에서 보면 플레인트리의 주 업무는 사람들을 삼자관계로 묶는 것이며, 이 일은 현재까지 큰 성공을 거두었다. "우리는 광고를 하지 않습니다." 프램턴도 이 점을 지적한다. "플레인트리는 대단히 독특한 조직으로, 대국적 · 이타적 배려의 차원에서 최저 비용만을 요구합니다. 우리는 말을 떠벌리는 대신 사람들이 우리를 찾도록 하지요." 그녀는 핵심 가치에 기반을 두는 것의 이점을 언급했다. "우리 조직은 인원이 잘 줄어들지 않아요. 게다가 그 빈자리는 몸과 마음을 다하는 사람들로 다시 채워집니다."

지금까지 우리는 4단계 조직이 삼자관계를 통해 혁신을 이루는 모습을 보았다. 아이디오는 거의 모든 분야에 걸쳐 세계적 수준의 전문가들을 초

---

1 자신이 속한 조직만을 높이 평가하며 외부인의 능력을 무시하거나 외부의 성과를 배척하는 경향을 말한다. NIH는 '여기에서 발명된 게 아니잖아(Not Invented Here)'의 약자이다. _ 옮긴이

빙하고, 이들의 소통 과정을 지켜보며 무엇을 새로 배워나가야 할지 점검한다. 멘스 웨어하우스의 CEO 조지 짐머는 자신의 이사회에 영적인 글로 유명한 작가 디팩 초프라Deepak Chopra를 영입했다. 우리가 짐머에게 다른 이사들의 반응을 묻자 그는 이렇게 말했다. "이사 한 사람이 '초프라가 누굽니까?'라고 묻더군요. 난 웃으면서 그의 아내에게 가서 물어보라고 했지요. 아내로부터 설명을 들은 그는 현재 초프라를 전폭적으로 지지하고 있습니다. 초프라는 참 대단한 사람입니다." 짐머는 혁신가와 그의 새로운 관점을 이사회의 은행 투자자들과 묶어 삼자관계를 만든 것이다.

5. 삼자관계와 비즈니스의 발전

링크트인의 창업자이자 전 CEO 리드 호프먼은 인터넷 시대의 퍼스널 네트워킹personal networking[2] 분야에서 부상하는 전문가 중 한 사람이다. 이 기업은 사용자가 누군가의 퍼스널 네트워크에 가입해 그 사람의 부족에 접근하려 할 경우 당사자의 허가를 받도록 하는 시스템을 만들었다. 이 시스템 안에서 사람들이 서로 접촉하려면 중개자의 허가를 받아야 한다.

세상을 바꾸는 일을 하는 다른 대부분의 사람들처럼 호프먼 역시 이 새로운 시대에서 자신이 맡은 역할을 자신의 가치와 연결시킨다. "나는 사람들이 인터넷을 이용할 때 벌어지는 일들에 큰 흥미를 느끼고 있습니다. 그것들은 거대한 변화를 촉진하고, 실질적인 경제적 이익을 창출하며, 인간의 삶을 향상시키는 힘을 가지고 있지요." 호프먼은 '평생직장은 도도dodo[3]와 같은 운명을 맞을 것'이며, 새로운 경제 속에서 '세계의 모든 전문

---

2 여러 사람이 자유롭게 접촉할 수 있는 기존의 소셜 네트워크 서비스와 대조적으로, 소수의 개인들을 연결시키는 것을 주목적으로 하는 네트워크 서비스. 개인정보 유출, 익명성 등을 우려하는 사람들로부터 많은 지지를 받고 있다. _ 옮긴이

가들은 인터넷상에 자신만의 전자 간판을 갖게 될 것'이라는 믿음 속에서 링크트인을 세웠다.

그는 이렇게 덧붙였다. "사업적 관점에서 보면, 한 사람이 다른 사람과 시간을 보내는 원인의 80~90%는 소개나 중개를 받기 위함입니다." 그는 사용자가 또 다른 사용자에게 누군가를 소개해달라고 요청할 수 있는 시스템을 고안했다. 이것은 삼자관계의 축소판이라 할 만한 것이다.

우리는 이 교훈을 어렵게 배웠다. 이 책의 집필을 위해 인터뷰할 사람들의 명단을 적을 때 호프먼의 이름은 상단에 있었다. 우리는 링크트인 홍보부서에 이메일을 보내고, 팩스를 보내고, 전화를 걸었다. 이를 알게 된 호프먼의 팀원 하나가 데이브에게 이메일을 보냈다. "우리 기업의 창업자를 만나고 싶으시다면 그분이 만든 시스템을 이용해 연락하시는 편이 좋을 텐데요." 오, 이런.

데이브는 링크트인에 접속해 리드 호프먼과 접촉할 방법을 찾았다. 그는 곧 고등학교 시절 가장 친했던 친구이자 현재는 첨단기술 회사의 CEO인 지인이 호프먼과 알고 지낸다는 사실을 발견했다. 데이브는 그 친구에게 호프먼을 소개해달라고 요청했다(본질적으로 삼자관계의 형성을 요청했다고 말할 수도 있을 것이다). 2주 후 우리는 드디어 호프먼과 대면할 수 있었다. 데이브의 친구는 서로를 소개하는 자리에서 각자의 개인적 성취와 이 만남에서 얻을 수 있는 것뿐 아니라 공유가치에 대해서도 언급했다.

---

3 원래 '도도(dodo)'라는 말은 포르투갈어로 '바보, 어리석다'라는 뜻이다. 모리셔스 섬에만 서식했던 이 새들은 사람을 두려워하지 않았고, 날지도 못해 포식자들에게 쉬운 먹잇감이었기 때문이다. 애초에 모리셔스에는 위협적인 포식자가 없었기 때문에 도도들은 굳이 날개를 쓸 필요가 없었고, 이 때문에 자연스럽게 날개가 퇴화하는 방향으로 진화했다. 결국 16세기 초에 모리셔스를 발견한 유럽인들이 이곳을 중간 경유지나 죄수 유형지로 사용하면서 수많은 도도가 식용 목적으로 사냥을 당했고, 그로부터 200년도 채 지나지 않아 지구상에서 완전히 멸종되었다. _ 옮긴이

▌코칭 정보: 삼자관계가 어떻게 당신의 문제를 해결할 수 있을까?

이 책의 주제는 당신의 지혜와 능력은 정확히 당신이 속한 부족의 지혜와 능력과 같은 수준이며, 따라서 부족을 업그레이드시키면 당신이 노력해서 얻는 결과물을 배가할 수 있다는 것이다. 우리는 기존의 좋은 삼자관계만으로는 해결할 수 없는 문제(가령 호프먼과 인터뷰할 기회를 얻지 못했던 것)가 있다는 것을 모르고 있었다. 그럴 때는 이런 질문을 던져보자. '어떤 삼자관계가 형성되어야 이 문제를 해결할 수 있을까?' 이 질문의 최고 난이도 버전(안정된 4단계에서 가장 유용한 질문이다)은 '우리가 감히 생각할 수도 없을 정도로 거대한 문제를 파악하고 해결할 수 있도록 도움을 주는 삼자관계는 무엇일까?'이다.

"경력 관리라는 것이 사실상 인간관계를 관리하는 일이라는 사실을 이해하지 못하는 사람이 많습니다. 사람들은 자기 머릿속에 인간관계를 위한 기반 시설을 구축할 필요가 있지요." 명함을 주고받으며 형성하는 네트워킹은 새로운 경제의 정신에 맞지 않다는 것이 호프먼의 주장이었다.

"교육기관에서 가르치는 내용은 현재의 직업 세계와 심각한 괴리가 있습니다. 이 시대의 직업 세계를 어떻게 선도할 것인가에 대한 노하우가 부족하지요. 직업 경력을 구축하고, 관리하며, 유지하기 위해서는 단순히 올바른 것을 배우는 것 이상을 해야 합니다." 우리의 경험을 돌이켜봐도 그의 말이 옳다. 경영대학원의 경력 관리에서 중요한 행사 중 하나로 '기업인의 밤'이라는 것이 있다. 이것은 기업의 리더들(대부분은 그 학교의 졸업생들)이 와서 자신이 하는 일을 설명하고 MBA의 학생들과 네트워크를 형성하는 행사이다. 대부분 구직자들은 이 '기업인의 밤'을 대단히 중시해 그 자리를 열심히 돌아다니며 사람들에게 좋은 인상을 심어준 다음, 산더미 같은 명함을 얻어가지고 나온다. 그러고는 나중에 기업 리더들에게 이런 이메일을 보낸다. "그날 얼굴을 뵐 수 있어서 정말 큰 영광이었습니다. …… 선생님의 기업에 힘을 보탤 수 있으면 좋겠습니다. …… 따로 만나 다시 이야기를 나눌 수 있을까요?" 기업 리더들은 이 같은 메일을 수도 없이 받게 되고, 그들 중 가장 친절한 사람조차 대부분의 메일에 답장을 하지 못한다. 그 결과, 학생들은 좌절감에 빠진다. 이것은 3단계에서 벌어지는 구직의 전형적인 형태이다. 호프먼이 말한 것처럼 양자관계는 직업을 구하는 일에 비효율적이다. 우리는 또한 그것이 조직을 운영하는 데, 새로운 사업을 창출하는 데, 위대한 업적을 이루는 데 맞지 않다고 덧붙이고자 한다.

호프먼은 말을 이어갔다. "경영대학원에서 경력 관리를 가르치는 방식은 변화해야 합니다. 그것은 성공의 맥락을 제대로 짚어내지 못하니까요." 실제로 부족 리더들이 경영대학원에서 삼자관계에 대해 설명할 때마다 학생들은 상당히 충격을 받는 것 같다. 많은 학생이 이렇게 묻는다. "왜 지금까지 아무도 이런 걸 안 가르쳐줬던 걸까요?" 삼자관계는 당신이 그것에 시선을 돌리는 순간 매우 뚜렷하게 보이지만, 그렇지 않을 경우 좀처럼 볼 수 없는 종류의 것이다.

룽고가 새로운 사람을 자신의 커뮤니티에 소개(예를 들어, 예비 고객을 기업 내의 다른 중개업자에게 소개하는 등)하면, 그 집단은 그녀와 함께 일하며 얻게 될 혜택을 설명한다. 4단계에서 부족은 사람들을 새로운 비즈니스와 연결해주거나 그들에게 직장을 구해준다.

▮ 코칭 정보: 다음에 또 스타벅스에 가게 되면, 친구 한 사람이 아니라 두 사람을 데리고 가라.

세 사람이 자신들 사이에서 공유되는 가치를 알게 되면, 그들은 앞으로도 최소 세 명씩 모이게 될 것이다. 우리의 고객들도 이를 통해 기업의 모든 부족을 변화시켰다고 말했다.

MBA 학생들에게 삼자관계의 특성을 설명하면, 누군가는 이렇게 말한다. "마치 네트워크 마케팅Network Marketing 같은데요." "그거 암웨이의 다단계 방식이랑 비슷하지 않나요?" 그러면 다들 웃지만, 그 지적은 정확하다. 다단계 업체가 마케팅을 할 때, 종교 단체가 신도를 늘릴 때, 사업을 확장시킬 때, 법률사무소가 고객을 불러올 때, 포퓰리즘 정책을 홍보할 때마다 삼자관계의 방법이 사용된다. 이것은 왜 그토록 많은 사람들이 영화 〈블레어 위치Blair Witch Project〉를 관람했는지, 성공적인 경영대학원이 어떻게 지원자를 늘릴 수 있었는지를 설명한다. UCLA MBA 프로그램의 입학처장 딜런 스태퍼드Dylan Stafford는 정보 교류의 시간을 마련해 예비 지원자가 재학생 및 성공을 거둔 졸업생과 만나 삼자관계를 형성하게끔 한다. 스태퍼드는 부족 리더의 행동을 그대로 따르고 있다. 분위기를 조성하고, 자원봉사자들을 훈련시키며, 사람들이 자신의 일을 하도록 이끌고, 이로써 부족이 스스로 성장하도록 만드는 것이다. UCLA MBA의 발전에 대한 그의 열정에 비례해 이곳에 지원하는 사람도 기하급수적으로 늘고 있다.

6. 삼자관계로 부족의 효율성 확대하기

아이디오는 삼자관계를 아주 빠르게 형성하기 때문에 고객들은 그곳에서 네트워크화된 활동이 이루어지고, 각 분야의 전문가들이 한데 뭉치며, 모든 사람이 아이디어를 내고 서로의 지혜를 활용하는 모습을 숱하게 볼 수 있다. 예를 들어 한 의료 서비스 업체와 같이 작업하는 과정에서, 아이디오의 전문가들은 의사와 의료보조원의 자리가 너무 멀리 떨어져 있음을 알게 되었다. 그래서 아이디오는 그들을 (비유적인 의미에서든 실질적인 의미에서든) 한데 묶기로 했다. 또 컨설턴트들은 진료 공간이 환자를 가족들로부터 멀리 떨어뜨려 환자에게 격리되고 동떨어진 느낌(2단계에서 자주 나오는)을 준다는 것을 깨달았고, 아이디오의 인간 요인human factors 전문가들도 환자들이 검사실에 앉아 있는 잠시 동안 무력함과 외로움을 느낀다는 사실을 알게 되었다. 아이디오 디자인 팀의 경우, 임원들에게 환자의 입장에서 병원의 동선을 따라 걸어보라고 요구했다. 결국 임원들은 컨설턴트들과 완전히 같은 결론을 내렸다. '모든 것을 바꿔야 한다.'

기본적으로 아이디오의 전문가들은 전문가(3단계 모형)가 아니라 중매인처럼 행동했다. 그들은 의사를 보조원에게, 직원을 가족에게, 환자를 직원에게, 임원을 진료실 직원에게 소개해주었다. 이런 거미줄 같은 관계를 엮어낸 결과, 고립되어 있었던 환자의 경험은 제대로 된 지원을 얻게 되었다. 아이디오의 초기 사명은 새로운 시설의 디자인을 돕는 것이었지만, 그들은 방향을 바꿔 한 집단이 다른 집단과 삼자관계를 형성하도록 했다. 결과적으로 그 의료 서비스 업체는 새로운 설비를 들여놓지 않고도 문제를 해결할 수 있었으며, 환자의 만족도도 상승했다. 이 같은 변화의 중심에는 간호사의 역할을 재정의하기 위한 아이디오와 고객의 노력이 있었다. 켈리는 그것을 '창조적인 책임'이라고 불렀는데, "이제 그 사람들은 조개처럼 맞물려 행복해하고 있지요"라고 덧붙였다. 신속하게 삼자관계를 형성함으로써 전문가들은 파트너가 되고, 고객들은 교사가 되면서 모든 것이 변할 수 있었다.

▌기술 노트

4단계의 관점에서 경영 컨설팅은 재설계될 필요가 있다. 사실 컨설팅은 의료업과 같은 전통적인 직업에서 차용한 것이다. 가령 한 가정의 주치의가 자신의 능력으로 고칠 수 없는 병을 발견할 경우, '컨설팅'을 위해 전문가를 데려온다. 양자관계를 기억하라. 그 전문가는 원래의 의사보다 더 뛰어난 능력, 더 많은 지식, 더 다양한 연줄을 지니고 있으며, 아마도 더 비싼 자동차를 몰고 다닐 것이다. 경영 컨설팅도 이와 같은 모형을 따른다. 한 회사가 사장 혼자서는 다룰 수 없는 위기에 빠졌을 때, 사장은 전에 이 같은 문제를 해결한 적이 있는 컨설턴트를 초빙한다. 이것은 양자관계로 컨설턴트는 '나는 이 문제를 어떻게 해결할지 알고 있기 때문에 대단해(너는 아니지만)'라고 생각하며 문제를 해결하려 든다. 아이디오의 모형은 이것과 매우 다르다. 컨설턴트는 동료이자 파트너이자 협력자이다. 그들은 '나는 대단해'를 졸업하고 '우리는 대단해'로 옮겨갔으며, 이 '우리'에는 고객도 포함된다. 이제 컨설팅이라는 이름의 산업은 '전문가로서의 컨설턴트'에서 '파트너로서의 컨설턴트'로 이동할 때이다.

7. 한 번에 하나씩 삼자관계를 만들어 부족을 업그레이드하기

데이비드 켈리는 두 가지의 직업적 열정을 갖고 있다. 아이디오와 스탠퍼드 대학교이다. "대학에서 일어나는 일들과 비교하면 아이디오의 문화를 돌보는 건 식은 죽 먹기지요." 우리는 앞에서 '무대 위의 현자'라는 말로 교수의 전통적인 역할을 설명한 바 있다. 그것은 마치 서로 다른 사무실에서 일하는 치과 의사들을 모아 치료를 하도록 하는 것과 같다. 평생 동안 각자의 방식대로 살아온 각양각색의 사람들을 하나의 팀으로 만들어 함께 작업하도록 하는 것은 대단히 어려운 도전이다.

코칭 정보: 3단계 행동을 하는 사람들을 삼자관계로 묶어라

이 책의 앞에서 우리가 받았던 가장 어려운 질문을 잠시 이야기한 적이 있다. '우리 회사의 CEO가 3단계라면 어떻게 해야 하는가?' 이제 우리는 삼자관계를 알게 되었기 때문에, 좀 더 온전한 대답을 해줄 수 있다. 3단계의 힘은 더 많은 지식을 알고, 더 많은 정보를 얻으며, 그 정보를 축적하는 데서 나온다. 만약 어떤 사람이 4단계 문화에서 일하기를 원하지 않는데 당신은 그것을 원한다면, 선택을 해야 한다. 어떻게든 해내든지, 포기하든지. 만약 당신이 결행하기로 정했다면, 우리는 아주 신중해지라고 충고하고 싶다. 3단계의 사람들은 삼자관계에서 위협을 느끼기 때문에, 그것의 위험과 보상을 고려하는 것이 중요하다. 앞으로 나아가고 싶다면, 당신이 위대한 일을 달성하기 위해 함께해야 하는 사람들(아마 3단계 후기의 사람들일 것이다)을 삼자관계로 묶어라. 그 뒤 4단계가 더 효과적인 결과를 낸다는 사실을 증명해낸 다음, 사람들을 이 새롭게 부상하는 4단계 집단에 초대하라. 요약하면, 사람들이 불쾌함을 느끼지 않도록 최대한 주의하며 3단계의 개인들을 삼자관계로 묶어야 한다.

켈리는 이렇게 말한다. "스탠퍼드 대학교의 디자인 스쿨에서 우리는 전체를 아우를 수 있는 학문적 모델을 찾고 있습니다. 스탠퍼드는 수많은 노벨상 수상자를 배출하고 있는데, 이것은 최고의 전문성에서 비롯된 위업이지요. 우리가 하려는 일은 학생들에게 또 다른 도구, 우리가 디자인적 사고design thinking라고 부르는 도구를 제공하는 겁니다. 만약 당신이 디자인적 사고를 이용한다면, 학생들을 초대해 학습 과정에 협력하도록 만들 수 있습니다. 각기 다른 관점을 가진 여러 명의 교수들을 한 강의에 모아둠으로써, 학생들은 교수들에게 중요한 것이 아닌 자신에게 중요한 것에 대해 결정할 수 있게 되지요. 나는 이것이 우리가 학습하는 방식을 근본적으로 변화시킬 거라고 생각하며, 궁극적으로는 이것을 통해 사람들이 이 세계의 거대한 문제를 해결하는 데 필요한 폭넓은 수단을 제공할 수 있으리라 믿습니다."

켈리는 아이디오 사무실에 있는 화이트보드에 그림을 그리면서 이렇게 덧붙였다. "대학에서 우리는 각 분야에 관한 깊이 있는 지식을 쌓습니다. 각각의 학과에서 사람들은 정말로 큰 성과를 이루었지요. 그러나 우리가 바라는 혁신은 이 학제들 사이에 숨어 있습니다. 학과 간의 협업을 촉진할 수 있는 새로운 접근 방식이 필요하지요. 이것이 바로 디자인적 사고가 지향하는 것입니다. 우리 기업에는 세계 최고의 개인들이 모여 있지만, '새로운 세계 최고'가 되려면 이들이 다른 사람과 소통해야 합니다."

켈리는 학습을 한층 강화시키기 위해 교수들과 삼자관계를 맺는다. 스탠퍼드대 총장 존 헤네시John Hennessey의 배려로 그는 두 명의 다른 전공 교수들(경영학 교수와 사회학 교수)과 공동으로 수업을 운영하고 있다.

중서부 출신 특유의 매력을 발산하며, 켈리는 어떤 일이 일어나는지를 설명했다. "우리 세 명이 함께 강의실로 들어갑니다. 먼저 근사한 외모의 경영학 교수가 자신은 인도에서 등유를 태양에너지로 대체하기 위한 프로젝트에 참여하고 있다고 소개하지요. 그는 '당신이 무언가를 기록하지 않는다면, 그것은 애초에 존재하지 않았던 게 됩니다'라고 주장합니다. 그러면 나는 참지 못하고 직감과 통찰의 중요성을 이야기하는데, 이로 인해 뜨거운 논쟁이 시작되지요. 잠시 후 사회학 교수가 입을 엽니다. '당신들이 말하는 존재라는 건 어떤 의미입니까?' 이 같은 학습법은 정말 놀랍습니다. 여기에는 정답이 없지요. 교수들은 정말 열정적입니다. 우리는 점차 심오한 주제를 두고 토론을 벌이고, 학생들은 그 모든 것을 지켜봅니다. 그들은 신경은 온통 '저 사람들 중에 누가 성적을 매기지?'에 집중되어 있지요. 그렇게 모든 강의가 끝나면, 우리는 학생들에게 무엇을 배웠는지 정리해보라고 말합니다. 이런 것은 교수 한 명이 하는 강의에서는 결코 일어날 수 없는 장면이다. 그러나 우리 강의에서는 교수 세 명이 학생들의 보고를 듣습니다. 이따금씩 우리 중 한 사람이 학생 한 명을 가리키며 이렇게 말합니다. '당신의 생각은 어떻지요?' 학생들은 무엇이 옳은 행동인지를 스스로 판단해야 하지요."

이 과목의 학생들은 삼자관계를 관찰할 뿐 아니라 과제의 수행을 위해 5인 1조로 묶이게 된다(다섯 명의 학생이 각자 다른 네 명의 학생과 인간관계를 형성할 경우, 최대 열 개의 삼자관계가 형성될 것이다). "이것은 참 재미있습니다. 한 팀에는 경영학 전공자, 공학 전공자, 사회학 전공자가 한 명씩 포함되며, 이들은 각 분야의 전문가 역할을 맡아 남은 두 사람과 함께 작업을 하게 됩니다. 우리는 이들을 훈련시켜 그들이 역기능적인 팀의 행동을 파악해 이것을 해결할 수 있게끔 합니다." 켈리는 삼자관계의 거대한 네트워크를 실험한다. 그는 이렇게 말한다. "학습의 효과는 믿을 수 없을 정도입니다." 그는 스탠퍼드 대학교의 문화를 변화시키고, 나아가 타 대학들이 따르는 모델로 만들고자 한다. 켈리는 자신의 집중 교육을 나타내는 도표를 손으로 가리킨다. "정말 영리한 학생들입니다. 그들은 쉼 없이 성공을 벤치마킹하고 있지요. 스탠퍼드는 학생들이 개인의 전공 분야에서 깊은 사고력을 발휘하는 동시에, 다른 분야와 협력해 혁신을 이끌어낼 수 있기를 원합니다. 우리가 이러한 성공을 반복하게 되면, 다른 사람들도 동참할 겁니다. …… 이것은 교육 시스템 전체를 바꾸는 일이지요." 우리 연구진도 한마디 덧붙이겠다. 한 번에 하나의 삼자관계를 형성하라.

기술 노트

4단계의 사람들은 신뢰를 당연한 것으로 여긴다. 그들은 신뢰를 '획득'하지 않는다. 반면 3단계의 사람들은 신뢰를 획득한다. 그래서 신뢰를 잃으면, 다시 획득하면 된다. 4단계는 이와 다르다. 사람들은 처음부터 타인을 신뢰한다. 사실, 우리가 3단계 사람들과 접촉하고자 했을 때 그중 많은 이들이 우리가 누구인지 몰라 거절했다. 반면 이 책을 위해 인터뷰에 응해준 4단계와 5단계의 여러 저명인사들은 우리가 스스로를 소개했을 때 이를 믿어주었고, 이 프로젝트가 중요하다는 말을 듣고는 선선히 인터뷰에 응했다. 한마디로 정리하면 이렇다. 신뢰가 논쟁거리가 되는 자리에는, 신뢰가 없다. 4단계 사람들은 신뢰를 당연한 것으로 본다. 반면 3단계 사람들은 신뢰를 획득하는 것이라고 말한다.

8. 세계적 수준의 삼자관계를 준비하기

우리는 종종 어떻게 해야 삼자관계로부터 최상의 결과물을 끌어낼 수 있느냐는 질문을 받는다. 지금까지의 연구를 기초로, 우리는 네 가지 관점을 제시할 수 있다.

첫째, 당신의 네트워크에 속한 모든 이들의 가치와, 그들이 현재 하고 있는 프로젝트를 파악하라. 롱고 부회장의 소개 방식이야말로 훌륭한 모범이라 할 수 있다. 그녀는 서로 수준이 맞는 사람들을 소개해주는데, 이것은 그들에 대해 훤히 알고 있을 때 가능한 일이다. 당신의 부족에 누가 있고, 그들에게 무엇이 중요하며, 그들이 무엇을 하고 있는가를 파악하는 일에는 지름길이 없다. 롱고는 파티가 열리기 며칠 전 우리에게 이렇게 말했다. "우리 모두는 같은 것을 원합니다. 신예 업자와 고객은 개인적인 성장을 추구하는 동시에 지금 하는 일을 더 잘할 수 있는 수단을 원하지요." 그녀는 파티에 참석한 거의 모든 사람의 관심 분야와 가치를 알기 때문에 자신 있게 그들에게 말을 건넬 수 있다.

둘째, 링크트인의 전 CEO 리드 호프먼이 들려준 '작은 선물 이론'을 이용하라. 두 사람을 성공적으로 이어주기 위해서는, 그에 앞서 양쪽으로부터 신뢰를 얻어야 한다. 호프먼은 이런 행동의 필요성을 체계적으로 설명했다. "각각의 사람을 위해 작은 일을 해보세요." 가령 그들이 관심을 보일 기사를 보낸다든지, 생일을 기억하는 것 등이 그러하다.

셋째, 어떤 분야에서 위업을 이루어라. 가능하다면 세계적 수준이 되는 것이 좋다. 간혹 2단계 사람들은 우리에게 자신의 전화도 받아주질 않는 사람과 어떻게 삼자관계를 형성할 수 있냐고 묻는다. 그들은 우선 3단계를 경험하고 어떤 분야에서 위업을 이루어야 한다. 마치 켈리와 그의 스탠퍼드 동료 두 사람이 그러했듯이 말이다. 그다음, 3단계를 졸업해야 한다. 만약 3단계를 온전히 겪어보지 않았다면, 세계적 수준의 삼자관계를 형성하는 것은 불가능할 것이다.

넷째, 연구를 수행하던 우리는 한때 만약 3단계 사람들이 삼자관계를 형성한다면, 자동적으로 4단계로 성장할 것이라고 믿었다. 잘못된 생각이었다. 그들 중 아무도 부족 리더십의 현현을 경험하지 않는다면, 삼자관계는 얇은 천으로 가려놓은 자기과시와 다를 것이 없다. 효과적인 삼자관계는 우리가 제대로 된 부족 리더에 관한 설명을 들을 때 숱하게 반복되었던 미덕을 요구한다. 바로 '진정성'이다.

▌기술 노트

삼자관계는 고객, 서비스 제공자, 친구, 멘토, 코치 사이의 경계를 모호하게 만든다. 이것이 형성되고 나면 모든 역할은 통합되고 변형된다. 모든 사람이 다른 사람에게 헌신하고, 다른 사람으로부터 헌신을 받게 되는 것이다.

9. 5단계의 발판

삼자관계는 4단계를 안정시키는 일뿐 아니라 5단계('인생은 위대해'의 단계이자 이 책 3부의 주제)로의 도약을 위해서도 핵심적인 요소이다. 프랭크 조던은 5단계가 어떻게 무어 재단에서 기능하는지를 설명한다. "경찰국장과 시장을 지낸 저에게 이곳은 세 번째 직장입니다. 그런데도 이곳에서의 경험은 놀라움의 연속입니다. 환경, 과학, 기술, 해양학, 교육, 보건 등의 분야에서 노벨상을 수상한 이들이 자주 재단을 방문합니다. …… 저는 그들과 직접 이야기를 나누거나, 재단 직원들이 그들과 대화하는 것을 듣지요. 그럴 때마다 그들의 열정, 헌신, 비전, 도전적인 사고방식을 느낄 수 있습니다. …… 그 덕분에 우리는 계획을 완전히 다시 세울 수 있었고,

훨씬 더 나은 결과를 얻을 수 있었습니다. 그것은 지금껏 누구도 시도하지 못했던, 새 역사를 만드는 일입니다."

삼자관계는 집단의 사람들을 묶어 거의 불가능한 것을 달성할 수 있게 한다. 5단계의 역사적인 업적이 그러한 일 중 하나이다. 이를 위해서는 우선 부족 전략을 수립해야 한다. 이것이 11장의 주제이다.

핵심 요약

- 부족 구성원 각자의 가치, 현재 하고 있는 프로젝트, 포부를 파악하라.
- 삼자관계를 위한 준비 단계로서 리드 호프먼의 '작은 선물 이론'을 이용해 당신의 부족 사람과 관계를 형성하라.
- 현재 하고 있는 프로젝트와 공유가치를 토대로 두 사람을 소개해 삼자관계를 형성하라.
- 3단계를 경험하는 일을 대체할 수 있는 것은 없다. 당신은 특정 분야의 전문가로서 명성을 얻어야 한다. 그렇게 함으로써 당신은 다른 사람에게 신뢰감을 주고 삼자관계를 형성할 수 있다.

tribal leadership

11

부족 리더의 전략 가이드

사업을 하는 대부분의 사람들은 자신이 전략에 대해 많이 안다고 생각하지만, 결과를 보면 꼭 그렇지도 않다. 제이슨 레이Jason Ray의 이야기는 그 전형적 사례라 할 수 있다.

몇 년 전, 레이는 게임업체 익스플로라티Explorati를 창업했다. 이곳은 수천 명이 참여할 수 있는 새로운 유형의 대규모 온라인 게임 시스템을 계획했다. 대부분의 컴퓨터 게임이 안고 있는 문제는 각 캐릭터와 장면들을 밑그림부터 그리고, 프로그램으로 짜며, 색칠하고, 움직이도록 한 뒤, 다른 캐릭터와 어우러지도록 해야 한다는 점이다. 이것은 엄청난 개발비를 잡아먹기 때문에 대다수의 컴퓨터 게임은 500만 달러에서 2000만 달러가량의 제작비가 든다. 이런 비용을 최소화하기 위해 많은 게임들은 공동 엔진common engine, 즉 온갖 물체의 물리적인 움직임을 구현함으로써 독특한 게임 플레이를 가능케 하는 기술에 의존한다. 같은 엔진으로도 다른 스킨skin(캐릭터, 무대, 시각적 · 청각적 느낌)을 만들 수 있는데, 이 덕분에 완전히 다른 게임이 만들어지기도 한다. 가령 〈하프 라이프 2Half Life 2〉와 〈뱀파이어: 블러드라인스Vampire: Bloodlines〉는 같은 엔진을 사용했음에도 하나는 미래를 배경으로 총을 난사하는 게임이 되었고, 다른 하나는 끔찍한 생물체가 되어 피를 찾아 헤매는 게임이 되었다. 레이는 에드 핼리Ed Halley와 함께 작업하며 이 엔진과 스킨을 또 다른 수준으로 업그레이드시키려 했다. 필요한 모든 것이 미리 갖추어진 길을 걷는 대신, 직접 하나의 '세계'를 만들 수 있을 만큼 강력한 엔진을 만들기로 한 것이다. 이 세계 속에서 엔진은 조금씩 발전해나가고, 이에 따라 게임도 플레이어에게 시시각각 다른 경험을 제공한다. 이 같은 엔진을 만들어낸다면 하나의 세계를 만드는 데 드는 착수 비용이 요즘 나오는 다른 게임보다 훨씬 낮을 뿐 아니라, 게임 자체도 한층 더 흥미롭게 만들 수 있다.

레이는 폭스Fox에서 방영한 프로그램 〈엑스 파일The X-Files〉을 기반으로 게임의 세계관을 구상했다. 수십 명의 플레이어들이 같은 세계 안에서 게임을 하는데, 그중 일부는 FBI 요원(멀더나 스컬리처럼 말이다) 역할을 맡고, 다른 이들은 (무수한 〈엑스 파일〉 팬들을 만드는 데 공헌한) 온갖 기괴한 역할을 맡는다. 만약 '스컬리'가 부국장에게 조언을 구하는 메시지를 보냈는데 그의 역할을 수행할 사람이 온라인상에 없을 경우, 게임 시스템은 그의 휴대폰에 전화를 걸어 다음 동작을 요구한다. 만약 전화를 받지 않는다면, 시스템은 즉흥적으로 답을 만들어내 게임을 속행시킨다.

게임 시스템은 이야기를 능동적으로 전개시키기 위해 NPC[1]를 이용한다. 만일 각본대로 흘러가지 않을 경우 NPC들이 즉흥적으로 이야기에 끼어드는데, 이것은 기존의 다른 컴퓨터 게임에서는 볼 수 없는 장면이다. 외계인이 갑자기 스컬리를 납치할 수도 있고, 부국장 스키너가 국가안보에 대한 위협으로 인해 요원들을 소집할 수도 있다. 비록 이 게임의 요소

1 'nonplayer character'의 약자. 게임 내에서 플레이어가 조종하지 않는 캐릭터를 뜻한다. 주로 플레이어에게 아이템을 판매하거나 퀘스트를 주는 등 수동적으로 게임 플레이를 돕는 역할을 맡는다. _ 옮긴이

들은 온전히 〈엑스 파일〉에서 빌려온 것들이지만, 이야기의 흐름은 완전히 오리지널이다. 각기 다른 NPC들이 각기 다른 상황에서 즉흥적인 움직임을 보이기 때문에, 하나의 시나리오만으로 수많은 플레이어들을 매료할 수 있다. 〈엑스 파일〉의 패럴렐 월드parallel world 수백 개가 동시에 플레이 되고, 극작가의 창의성과 인텔 최신 칩의 속도가 결합해 또 다른 세계를 창조해낸다.

멀더는 아카데미 시상식장에 숨어 있는 사악한 비밀결사의 단원을 뒤쫓기 전, 아르마니 턱시도와 구찌 신발을 구입해야 한다. 물론 이것은 가상 세계 속의 일이지만, 플레이어도 마우스 오른쪽 버튼을 클릭해 이 물건들을 주문할 수 있다. 즉, 실제 세계의 소매상에게 실제 세계의 비자카드로 결제하면, 다음날 아침 실제 세계의 페덱스 배송 기사가 실제 세계의 집 앞 현관에 물건을 배달하는 것이다. 그러다 이 소비자가 리바이스 청바지, 헤인즈 속옷, 나이키 신발을 더 선호한다는 사실을 게임 시스템이 파악하게 되면, 시스템은 이러한 의류를 착용하는 것이 더 나은 결과를 가져올 수 있는 게임 속 상황을 구현해낸다. 그리고 당연히 실제 세계에서도 이것들을 구입할 수 있도록 만든다.

레이와 핼리의 사업 비전은 할리우드와 비디오 게임을 합병하는 것이었다. 광고주들은 티보TiVo[2]로 건너뛸 수 없는 광고를 넣을 수 있어 좋아할 것이고, 플레이어들은 똑같은 세계가 한층 사실적이고 흥미로운 곳으로 변할 수 있어 좋아할 것이다. 괴짜들 역시 자신의 창고 안에 새로운 세계를 만들 수 있다는 사실에 환호할 것이며, 플레이어들의 커뮤니티에서는 어떤 것이 돈을 지불할 만하고 어떤 것이 〈워터월드Water World〉, 〈쇼걸

---

2 미국에서 개발되어 대중적으로 사용되는 디지털 비디오 녹화기. 녹화된 방송 영상을 볼 때 광고를 건너뛸 수 있는 기능이 있어 큰 인기를 끌고 있다. _ 옮긴이

Show Girls〉, 〈갱스터 러버Gigli〉[3]와 동급의 게임인지를 판단할 것이다.

이들 계획의 핵심은 '컴퓨터가 보여주는 즉흥성'으로, 상호적인 스토리텔링에 대한 이 새로운 접근법은 모든 플레이어를 스타로 만들어준다. 미리 짜인 이야기 안에서 각 플레이어에게 선택권을 주는 문제로 골머리를 앓는 다른 게임 개발자들과 달리, 레이와 헬리는 다른 문제, 즉 '어떻게 하면 각 플레이어들의 행동을 이해하고 거기에 맞는 효율적인 이야기를 짜낼 것인가?'를 고민하고 그에 대한 해결책을 찾아냈다. 레이는 이렇게 설명한다. "어린 꼬마가 스컬리(플레이어)에게 달려와 외칩니다. '제발 베시를 구해주세요! 날 따라오세요!' 이 순간까지 플레이어는 베시가 누구인지, 그녀가 왜 곤경에 빠졌는지, 누가 이 일을 책임져야 하는지 모릅니다. 플레이어가 모르기 때문에 시스템 역시 이러한 의문들에 대한 답을 미리 정해두지 않습니다. 그러다 필요해지면, 작가가 아닌 플레이어가 원하는 것을 바탕으로 다음 사건을 구성할 때 비로소 이것들을 결정하지요."

레이는 컴퓨터가 가진 즉흥성의 위력을 보여주는 두 개의 세계를 구축하고자 새로운 회사, 익스플로라티를 세웠다. 그 세계들 중 하나는 드라마가 펼쳐지는 곳으로, 게임을 하지 않는 사람들을 위한 즉흥적인 이야기의 세계를 보여줄 것이다. 또 다른 세계는 ≪플레이보이≫의 제작 공간으로 제공해, 언론을 떠들썩하게 만들 것이다. 익스플로라티는 이 두 가지 세계를 통해 대규모 멀티플레이어 게임 세계의 픽사Pixar[4]가 되어 할리우드의 블록버스터 영화와도 경쟁해 수익을 낼 수 있는 게임을 만들고자 한다. 이곳은 창의적인 플레이어들의 상상을 통해, 또는 〈엑스 파일〉, 〈스타워즈〉, 〈반지의 제왕〉, 기타 프랜차이즈를 통해 수많은 세계를 창조해

---

3 세 작품 모두 흥행에 실패하고 작품성 면에서도 혹평을 받은 영화들이다. _ 옮긴이
4 3차원 컴퓨터 그래픽을 전문으로 하는 미국의 애니메이션 제작사. _ 옮긴이

내는 플랫폼이 될 것이다.

레이는 자신의 비전을 실현하기 위해 익스플로라티를 창업하고 소수의 직원들을 채용했다. 그러나 작은 종잣돈으로 시작했기 때문에 익스플로라티의 부족들이 기술적 문제를 다루는 동안, 창업자 레이는 회사 밖에서 더 많은 자본금을 유치하기 위해 노력해야 했다.

투자금이 들어왔을 때, 레이는 탁월한 재능을 갖춘 전문가를 포함해 아티스트, 프로그래머, 시스템 디자이너 등 스물한 명의 직원을 채용했다. 이들 중 몇몇은 미국 전역에서 자택근무를 했고, 나머지는 익스플로라티 사무실에서 일했다.

이 시스템 아래에서 일한 부족 구성원 모두가 꿈을 향한 레이의 열정을 공유한 것은 아니었다. 가령 기술 부사장은 기술적인 문제를 다룬 보고서와 창업자가 내놓은 계획의 세부사항을 살펴본 뒤 이렇게 털어놓았다. "나는 이 정도의 상호작용을 게임 안에서 실현할 수 있는지 확신이 서질 않습니다." 레이는 대꾸했다. "당신은 그저 믿으셔야 합니다."

회사의 복도와 채팅창에는 "믿을 수 있는 건지 확신이 서질 않아"라는 말이 떠돌았다. 곧 부족은 양쪽으로 분열되었다. 한쪽은 주요 의사결정권을 점유해 다른 사람들을 복종시키기를 원했고, 다른 한쪽은 철저한 합의를 통한 의사결정을 원했다. 부족 내의 이 같은 움직임은 사람들을 전략으로부터 멀어지게 했다.

회사 내의 잡음은 이내 줄어들었지만, 핵심 기술 작업과 계약 체결을 앞두고 있던 드라마 세계에 관한 작업에서 실질적인 진전이 이루어지지 않았다. 설상가상으로 닷컴 기업들이 붕괴하며 익스플로라티와 같은 초기 단계의 회사들은 자본금을 유치하기 더 어려워졌다. 사업 개발은 순조롭게 진행되고 있었지만, 그 외의 모든 부분이 당장이라도 무너질 것처럼 보였다.

이 모든 악조건이 레이를 압박했다. 그는 열정적인 연설로 직원들의 사기를 북돋우려 노력했고, 신규 자금을 얻고자 투자자에게 이메일을 보내거나 전화했다. 그의 집조차 안식처가 되지는 못했다. 그는 익스플로라티의 작가들 중 한 사람과 결혼했는데, 꿈을 위해 집을 담보로 투자금을 마련했던 것이다.

리더십의 관점에서 레이는 존경할 점이 많은 인물임에 분명하다. 그는 꿈을 이루기 위해 자신이 가지고 있던 모든 것을 쏟아냈고, 카리스마에 가까운 열정으로 다른 사람들을 이끌었다. 여기에 그치지 않고 그는 자금 조달이 이루어지지 않을 때마다 흡사 자신이 고안한 게임 시스템처럼 임기응변을 발휘해 이를 조달(자신의 돈을 털어 넣을 때가 많기는 했지만)하기도 했다.

▌기술 노트

대부분의 전략은 부족의 원대한 포부가 아니라 외부 환경에 대한 이해를 기반으로 만들어진다. 그 결과, 최고의 계획을 수립했음에도 사람들이 전력을 다하지 못해 실패하는 경우가 많다.

하지만 이러한 그의 장점이 무색하게도, 9·11 테러 직후 그때까지 추진하던 프로젝트가 취소되고 첨단기술 투자자의 자금이 끊기면서 익스플로라티는 돈과 직원들의 사기 모두가 고갈되었다. 결국 유료 고객을 유치해 투자금을 돌려준다는 계획을 실행하기도 전에 이 기업은 해체되고 말았다. 레이는 이 문제를 해결하고 다시 한 번 자신의 꿈을 실현하기를 바라고 있다.

▌코칭 정보: 전략이 실패했다면, 부족이 하고자 하는 다른 무언가가 있는지 살펴보라.

부족 내의 인간관계는 그 전략이(심지어는 기업이) 사라진다 해도 살아남는다. 물론 실패를 겪은 사람들은 보통 2단계에 머물게 되지만 말이다. 우리가 만났던 많은 부족 리더들은 실패를 겪고 나서 부족 내 인간관계를 재구축하는 동시에 두 번째, 세 번째, 네 번째 도전에서 성공할 수 있는 새 전략을 구상했다.

레이의 이야기는 그다지 특별하지 않은, 우리 주변에서 흔히 볼 수 있는 이야기이다. 기업의 리더들은 직원들을 열광시키고, 주가를 끌어올리고, 역사에 이름을 남길 완벽한 전략을 추구한다. 이것은 골프에서 홀인원을 하는 것만큼 이루기 어려운 꿈임에도, 수천 명의 기업인들은 세계에서 열 손가락에 꼽히는 전략 컨설팅 회사에 연간 수백억 달러를 보태고 싶다는 유혹을 뿌리치지 못한다. 1999년 마틴 코비Martin Corby와 디아뮈드 오코르뷔Diarmuid O'Corrbui가 수행한 연구에 따르면, 매우 관대하게 평가하더라도 기업 전략의 70%는 실패한다고 한다. 이 문제는 모든 기업에서 공평하게 나타나기 때문에, 오랜 시간에 걸쳐 지속적으로 고도의 전략적 성과를 달성할 수 있는 기업은 극소수에 지나지 않는다. 레이만큼의 열정, 끈기, 창의적 지식이 없는 대부분의 기업가들은 결국 그의 익스플로라티와 같은 종말을 맞게 되는 것이다.

이 장에서는 부족 리더들이 어떻게 해야 4단계의 협업과 혁신을 지렛대 삼아 전략, 즉 부족의 사람들이 실행하길 원하는 일을 실행할 수 있도록 하는 전략을 짜낼 수 있는지 보여줄 것이다. 전략을 향한 논의 끝에 도출될 결론은 새로우면서도 거의 놀랄 정도로 단순한 것이다.

▌ **기술 노트**

4단계 행동이 가진 특징을 파악하기 위해 우리가 쓴 방법은 부족 리더를 관찰하는 것이었다. 그런데 이때 한 동료로부터 기업 부족은 군대 부족으로부터 많은 것을 배운다는 이야기를 들었고, 이에 우리는 그때가지 관찰한 특징들을 발견할 수 있는 군대 모델을 찾기 시작했다. 이 장에서 우리는 부족 리더가 자연스럽게 전략을 세우는 모델을 보여주려 하는데, 이 모델은 응용경제학(경영대학원에서 다양한 주제를 가르칠 때 기초가 되는 학문)과 군대 전략, 특히 칼 폰 클라우제비츠(Carl von Clausewitz)의 『전쟁론(Vom Kriege)』과 로버트 레온하르트(Robert Leonhard)의 『기동전 대해부(The Art of Maneuver: Maneuver Warfare Theory and Airland Battle』에서 소개된 전략을 조합한 것이다.

1. 부족 전략의 본질

사람들이 컴퓨터의 즉흥성에 의문을 제기했을 때, 레이는 자신의 비전을 보호하려 했다. 그 결과, 레이는 부족의 전략을 개선할 기회를 놓쳐버리고 말았다. 이것은 중대한 사건이었다. 이로 인해 구성원들은 자신들이 리더의 무대책에 희생당하고 있다는 느낌을 받고, 2단계('내 인생 꼬이네')로 떨어지게 되었기 때문이다. 설령 레이의 논리가 옳았을지라도 그는 결국 패배자가 되었을 것이다. 그의 야심찬 계획은 오로지 4단계의 부족만이 실행할 수 있기 때문이다.

부족의 역사를 통틀어 살펴볼 때 실패한 전략가들 대부분은 실패에서 오뚝이처럼 일어나 다시 도전하는 현대의 기업가들과 달랐다. 고대사에서 이것이 가장 적나라하게 드러나는 부분이 율리우스 카이사르Julius Caesar의 암살인데, 로마 원로원의 부족은 당시 정권의 실세로 급부상한 카이사르가 자신들의 말을 듣지 않는다는 판단이 들자 바로 그를 살해했다.

일반적으로 부족 리더는 여러 상황과 변수를 고려해 성공의 가능성을 키운다. 전략strategy의 어원인 그리스어 '스트라테고스strategos'는 '장군의 기술the art of the general'이라는 뜻인데, 이것은 장군general과 전략이라는 말이 수천 년 동안 결코 분리될 수 없는 것이었음을 보여준다. 성공적인 부족의 역사는 곧 옳은 것을 분별하는 능력을 키우기 위해 학습(이것은 성공한 장군들이 했던 일이기도 하다)하는 리더의 역사라고 해도 과언이 아니다. 어떤 이는 부족의 역사가 우리에게 흥미진진한 전략의 역사를 보여준다고 말할지도 모른다. 전략에 관한 부족의 지혜는 오랜 시간 동안 잊혀 있었고, 이 때문에 뛰어나고 야심만만했던 수많은 사람들이 겪지 않아도 되었을 실패를 경험해야 했다.

기술 노트

경영대학원에서 가르치는 전략은 대부분 마이클 포터(Michael Porter)와 피터 드러커(Peter Drucker)의 연구에서 파생된 것이다. 분명 그들의 접근 방식은 매우 가치 있는 것이었으며, 그 연구 성과 역시 수십 년 동안 전 세계의 경제발전에 기여했다. 그러나 수십 년에 걸쳐 이룩된 이 두 사람의 연구조차도 부족과 군대에서 수천 년에 걸쳐 수집된 자료와 비교하면 빛이 퇴색된다. 이 때문에 이 장에서는 전통적인 경영 전략에 부족이 과거의 오랜 역사 동안 배워온 교훈을 통합하기로 한다.

익스플로라티의 부족에서는 자신만의 방식으로 일해보길 원했던 사람들(그리고 이런 그들에게 기업의 전략에 따르라고 윽박지르며 그들을 꾸짖고 수동적 존재로 만든, 즉 2단계로 만들어버린 경영진)과 비전에 몰두했던 사람들(3단계와 4단계) 간의 분열이 일어났다. 만약 이러한 분열까지 고려할 수 있었다면, 섣부른 행동을 자제하며 문제를 해결할 수 있었을지도 모른다.

이와 유사한 상황이 어떤 공공기업체에서도 일어났다. 이 기업은 지난

100년간 판매해온 주력 상품을 버리고 훨씬 더 큰 이윤을 내는 틈새 상품으로의 업종 전환을 시도했다. CEO는 구조조정을 하며 서로를 가족처럼 여기는 문화를 더 이상 중시하지 않겠다고 발표했다.

이 기업은 가족의 철학을 바탕으로 세워진 곳이었다. 여기에서는 아버지가 아들의 취직을 돕고, 나중에는 그 아들이 딸의 입사 지원을 독려하는 것이 흔한 일이었다. 이 기업은 안전하면서도 안정된 직장이었으며, 직원들은 아침 8시부터 오후 5시까지 가족과 함께 있는 것 같은 느낌을 받았다. 이 때문에 CEO의 말은 엄청난 상처를 남겼다.

CEO는 기업의 부족들이 갖고 있는 역사, 가치, 정체성을 전혀 고려하지 못했다. 이에 대한 직원들의 반응은 단순했다. 팔짱을 끼고 CEO가 실패할 때까지 기다린 것이다. 이것은 2단계 특유의 무기력함에 뿌리를 내리는 행동이었다. 결국 오래지 않아 그 CEO는 물러났다. 이 사례는 명함에 찍힌 직위가 무엇이든 부족의 힘이 개인보다 언제나 더 강력하다는 것을 보여준다.

부족 리더들은 제품의 수명 주기, 경제학, 기술의 진보, 시장의 인구통계 등등과 더불어 부족 그 자체를 고려하는 전략 수립 방식이 필요하다. 이런 방식으로 접근했다면 레이의 기업과 공공기업체의 CEO 모두 살아남을 수 있었을 것이다. 그뿐 아니라, 사실 더 중요한 것은 이것인데, 부족들을 2단계로 후퇴시키는 대신 더 높은 단계로 상승하도록 도와주었을 것이다.

2. 부족 전략의 다섯 가지 구성 요소

우리가 부족 리더들을 관찰하며 수집한 최상의 사례들과 더불어, 역사에 이름을 남긴 부족들에 대한 신중한 연구를 통해 얻은 결과를 결합해보

〈그림 11-1〉 부족 리더십의 전략 지도

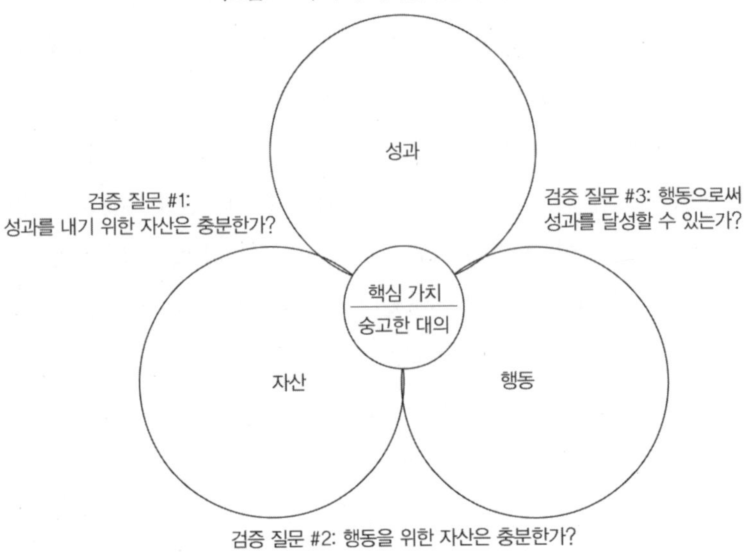

※ 한가운데에 있는 '핵심 가치'와 '숭고한 대의'에서 시작해 우선 '성과'로 이행한 뒤, 시계 반대 방향으로 돌아간다.

면 〈그림 11-1〉의 모델을 얻게 된다. 여기에는 다섯 가지 구성 요소가 있다. 핵심 가치, 숭고한 대의, 성과, 자산, 행동이다. 최상의 사례는 언제나 핵심 가치에서 성과로 이동한 다음 시계 반대 방향으로 진행되는데, 이 과정에서 세 가지 검증 질문에 답을 해야 한다.

3. 가치와 숭고한 대의

전략 수립은 사람들이 이루고자 하는 가치와 그들이 열망하는 숭고한 대의를 인식하는 것에서 시작한다. 9장에서 살펴보았던 것처럼, 이 요소들은 부족의 동기를 북돋우고, 사람들을 공동의 목적에 맞추어 정렬시킨다. 그렇게 되면 그들은 4단계를 체득하기 위한 먼 길을 떠날 수 있다.

▌코칭 정보: 공유가치와 숭고한 대의의 가시적인 이점에 집중하라.
부족 리더는 곧 문제에 직면하게 된다. 그가 가치와 숭고한 대의를 언급할 때마다 구성원들은 리더의 시선을 피하려 들 것이기 때문이다. 이것은 특히 부족의 지배적인 문화가 3단계 이하일 때 자주 발견되는 현상이다. 전략 수립 시 이런 측면들을 고려하는 것은 사람들이 전력을 다할 수 있도록 하는 데 중요하다. 닷컴 기업에서 동기를 부여하는 모습을 떠올려보라. 그곳의 직원들은 군것질과 쪽잠으로 버티며 하루에 스무 시간씩 일한다. 이것이 가능한 것은 부족의 핵심 가치와 숭고한 대의를 기반으로 세워진 전략으로부터 에너지를 얻기 때문이다(불행하게도 닷컴 기업들은 전략의 다른 측면들, 즉 시장, 자산, 수익, 이윤율 등을 무시한다).

익스플로라티의 숭고한 대의는 '모든 사람이 즐기며 서로 연결될 수 있는 세계'였다. 기업의 직원들은 자신들만의 '세계'(마치 〈스타 트렉〉에 나오는 것 같은)를 만든다는 사실에 열광했다. 이것은 숭고한 대의가 부족의 열망과 일치한다는 신호였다. 그들의 핵심 가치는 '정직', '개방적인 의사소통', 그리고 '재미'였다.

전략의 서두라 할 수 있는 이 두 가지 측면이 제대로 된 것인지를 판별하는 방법은 부족 리더가 '부족은 어디에 서 있는가?'(가치)와 '부족은 무엇을 위해 사는가?'(숭고한 대의)라는 질문에 답할 때 다른 사람들을 참여시켰는지를 보는 것이다. CEO는 18번 홀에서 골프를 치다가 자기를 따라온 컨설턴트와 느긋하게 이야기하는 중에 가치나 숭고한 대의를 정할 수 없다. 9장에서 설명한 것처럼 가치를 탐색하는 과정에는 가능한 한 많은 사람이 참여해야 한다.

일단 부족이 핵심 가치와 숭고한 대의를 가지게 되면, 부족 리더는 구체적인 성과를 향해 움직인다.

4. 성과: 순간의 성공

일단 핵심 가치와 숭고한 대의가 수립되면, 부족의 전략을 위해 다음 세 가지 주제를 논의해야 한다. 첫째는 '우리가 원하는 것은 무엇인가?', 즉 성과이다. 둘째는 '우리가 가진 것은 무엇인가?', 즉 자산이다. 셋째는 '우리가 할 일은 무엇인가?', 즉 행동이다. 많은 전략들이 동시에 두 가지 또는 세 가지 모두를 아우르려 하거나, 반대로 이들 중 한 가지를 빼먹어 옆길로 새버린다. 이 세 가지를 분리해 논의하는 것은 부족 리더에게 매우 중요한 일이다.

익스플로라티가 처음에 설정했던 성과는 '2001년 7월까지 컴퓨터의 즉흥성을 개념증명概念證明[5]할 수 있는 플레이 가능한 게임 모델을 만드는 것'이었다. 이 성과는 단순하고 분명했으며, 부족이 추구하는 핵심 가치 및 숭고한 대의와도 일치했다. 이렇게 설정된 성과의 달성 가능 여부에 관한 논란이 있다면, 그것은 별도의 논의로 다루어야 한다는 점에 유의하라.

5. 성과 vs 목표

성과와 목표 사이에는 중요한 차이점이 하나 있다. 육상 선수 칼 루이스Carl Lewis가 "다른 선수들이 경주를 할 때 나는 달린다"라고 말한 것에서 바로 이 차이를 엿볼 수 있다. 루이스의 묘사에 따르면 그는 경주가 시작되기도 전에 우승했고, 그 뒤에 하는 일은 한 걸음씩 움직여 이미 준비되었지만 아직 숨겨진 자신의 승리를 완성하는 것이었다. 이것이 바로 성과이다.

---

5 이전에 없었던 새로운 개념, 기술, 제품 등의 실용성을 증명해내는 것. _ 옮긴이

목표란 미래를 향한 것이며 이 때문에 몇몇 사람에게 그것은 현재의 실패를 암시하기도 한다. "우리가 목표를 달성할 때, 우리는 실패를 멈출 것입니다"라는 말은, 수많은 사람들이 목표를 설정하는 과정에서 입에 담는 말이다.

많은 기업들이 시급한 전략적 문제(가령 임박한 파산)들을 해결하기 위해 목표를 설정하고 스스로를 변화시키는 것은 많은 경우 효과가 있다. 하지만 그 부족은 대개 몇 개월을 못 버티고 또다시 위기에 빠진다. 사람들은 위기 속에서 설정된 목표를 통해 동기를 부여받지만, 급한 불이 꺼지면 금세 동기도 잃어버리는 것이다. 이런 식으로 설정된 목표는 사람들로 하여금 실패 상황, 즉 자신의 경력에 상처를 입힐지도 모르는 상황에서 기꺼이 자기가 가진 능력을 쏟기 어렵게 만들어 기업의 수익을 감소시킨다. 목표 설정은 잦은 위기관리, 일시적인 폭발, 그 뒤를 잇는 탈력脫力과 같은 의도치 않은 결과를 가져온다. 이것은 지속적이지 못하며, 장기적으로 부족에게 피해를 입히게 된다.

이에 비해 성과는 현재의 성공 상태이며, 이것은 시간이 지나면서 더 큰 성공으로 변한다. "나는 우리가 해낼 것이라 믿습니다. 우리가 이 위기를 극복할 수 있다면 정말 굉장하지 않겠습니까?"(목표 설정)와 "우리는 이미 성공했습니다. 이 성공은 우리의 전체 과정 중 일부, 현시점에서의 모습이지요"(성과를 통해 현재 성공하고 있는 것)와 비교할 때 그 차이가 나타난다. 후자가 4단계에 훨씬 더 가깝다. 반면 전자는 종종 부지불식간에 2단계 문화('우리는 실패했기 때문에 내 인생이 꼬인다')를 만든다.

▌기술 노트

우리가 만난 부족 리더들 가운데 놀라울 정도로 많은 수가 군대에서 가장 중요한 리더십을 배웠다고 말했다. 예를 들어 암젠의 전 CEO 고든 바인더는 해군 복무 시절에 핵심 가치와 비전의 중요성을 배웠다. "배의 갑판을 걸어 다니면서 놋쇠로 된 기구를 관찰해보십시오. 번쩍번쩍 광이 난다면, 대개 무기도 이상 없이 작동됩니다. 반면 녹이 슬어 있다면, 반드시 무기를 체크해봐야 하지요." 4단계 문화는 큰 것(무기)과 작은 것(놋쇠 기구)으로 자신들의 가치를 나타내는 경향이 있기 때문이다.

6. 4단계의 성과를 유지하기

전략을 세우는 과정 중 성과 단계에 접어들었을 때, 사람들이 어떤 문화 단계에 속해 있는지가 드러난다. 이때 부족 리더는 언제 개입하고 언제 중단시킬지를 파악해 이 역동적인 상황에 능숙하게 대처할 수 있어야 한다. 부족의 목적(리더만의 목적이 아닌)은 가슴 뛰는 성과를 설정함으로써 사람들로 하여금 그것을 달성하기 위해 4단계 문화를 형성하고, 유지하고 싶다는 마음을 갖게 하는 것이다. 기업이 지향하는 높은 성과는 구성원들에게 최고의 열망을 불어넣으며, 그들이 부족 정치를 넘어서서 서로 대화할 수 있도록 한다. 흔히 2, 3단계에 있는 사람들은 정치에 너무 몰입된 나머지 성과에 대해서는 충분한 관심을 두지 않는다.

2단계 사람들은 다른 사람이 이의를 제기할 만한 주제를 회피하는 경향을 보인다. 이 때문에 이들은 대개 "품질을 향상시킵시다!" 같은 성과를 제시하고는 하는데, 그럴 때마다 부족 리더는 그들을 몰아붙인다. 성과는 측정 가능한 것이어야 하며, 기한이 정해진 것이어야 하기 때문이다. 구성원들이 모호한 목표를 제시할 때, 부족 리더는 이렇게 묻는다. "구체적으로 얼마나요? 그리고 언제까지요?" 그러면 누군가는 빈정대고(가령 우리가 관찰한 회의에서는 "복권을 한 장 사서 8월까지 당첨되는 걸로 하지요"라는 제안이 나왔다) 주변 사람들은 낄낄거린다. 이런 때일수록 부족 리더는 부족의 핵심 가치와 숭고한 대의에 초점을 맞출 필요가 있다. 이를테면 "다른 현실적인 제안 있습니까?"라고 하며 대화를 원래 주제로 되돌리는 것이다.

부족 리더라면 언제 부족을 다그칠 것인지, 언제 뒤로 물러나 부족문화부터 업그레이드할 것인지를 아는 것이 중요하다. 우리는 가끔 이런 질문을 받는다. "전략을 세우는 회의에서 아무도 입을 열지 않으면 나는 무엇을 해야 합니까?" 이때 부족 리더는 먼저 그의 부족이 2단계에 위치하고 있는 것이 아닌가 하는 의구심부터 가져야 한다. 개인의 전략과 반대되는 의미로서의 부족의 전략은 4단계에서 시작되며, 오직 3, 4, 5단계에 있는 사람들만이 그 전략을 이해하고 거기에 참여할 수 있다. 그래서 2단계 문화가 지배적인 부족에서는 먼저 현재의 부족문화를 업그레이드해야 앞으로 나아갈 수 있다. 이와 관련해서는 5장으로 되돌아가 거기에 적힌 코칭 정보를 참고하면 도움이 될 것이다.

3단계의 사람들은 논의에 참여하며 자신들의 제안을 가지고 논쟁할 것이다. 이 제안들은 측정 가능한 것들이지만, 그 실상은 각 사람들이 자신이 제시한 성과를 성공시켜야 한다는 책임을 떠안는 것이다. 반복해서 말하지만 이러한 전술은 (제안자 본인도 자각하지 못할 수 있지만) 부족을 갈라놓는 시도나 다름없다.

목표는 3단계 행동을 하는 것이 아니라(3단계 사람들은 자주 자신의 행동이 가져올 궁극적인 결과를 모른다는 사실을 기억하라), 제시된 제안 중 가치 있는 것을 골라내는 것이다. 각 제안들에 대한 평가는 서로 다를 수 있다. 부족은 '성과 후보들'의 이점(어떤 것이 오래 남을 것이고, 어떤 것이 사라질지)을 판단한다. 여기에서 부족 리더는 자신의 관점에서 사람들과 논쟁하는 대신 부족의 의지를 살펴보아야 한다.

우리는 몇 년 전 중간 규모의 소프트웨어 회사와 작업하며 이 역동성을 목격할 수 있었다. CEO는 전략 회의가 시작하자마자 한 시간 동안 자신의 의견을 고함치듯 말한 뒤 다른 사람들의 제안을 비웃었는데(전형적인 3단계의 행동이다), 이는 결국 부족이 여러 파당으로 분열되는 결과를 낳았다. 그가 전화를 받으러 잠시 밖으로 나갔을 때, 부사장 중 하나가 이렇게 말했다. "저분은 우리가 다 안 될 거라는 걸 알고 있는 전략을 강요하시는군요." 회의 참석자들이 하나둘씩 그 말에 동의했다. 이 순간 부족은 강력하면서도 부서지기 쉬운 4단계 초기 문화를 형성했다. CEO가 다시 들어왔을 때 회의실은 조용했다. 방금 전의 부사장이 어렵게 말을 꺼냈다. "진실을 말씀드릴 때인 것 같군요." 그러면서 CEO가 없는 동안 나눈 대화를 요약해 말해주었다. CEO는 부사장을 향해 신뢰감 가득한 미소를 지어보이며 말했다. "마침내 진실을 알려줘서 고맙네. …… 실은 내가 왜 이런 겁쟁이들을 채용했나 하는 생각이 들던 참이었거든. 하지만 지금은 이 자리에서 일한다는 사실이 자랑스럽군." 회의실은 안도의 웃음으로 가득 찼다. 부사장은 부족 리더로 부상했고 위대한 전략이 세워질 수 있는 무대를 마련했다. 이 대단한 CEO 역시 왜 자신의 행동이 2단계 문화를 만들었는지를 고민하게 되었다. 이것은 현현의 첫걸음이었다. 그 기업은 그날 수립한 전략을 실행하고 이후 극적인 생산성의 증가를 이루어냈다. 몇 년 뒤 그 CEO의 은퇴 파티에서 사람들은 그날을 회고하며 부족을 위해 발언한 그 부사장의 용기에 대해 이야기했다. 당시 부사장이었던 사람은 현재 CEO인데, 이것은 부족 리더가 보편적으로 밟아가는 경력이다.

가장 목소리가 큰 사람이 부족 리더가 될 필요는 없다. 18세기 대륙회의의 대표들은 조지 워싱턴이 회의실에서 가장 조용했으며, 자신들의 말을 가장 잘 경청해주었다고 증언했다. 그는 부족이 이루고자 하는 성과를 탐색한 끝에 대영제국으로부터의 독립이야말로 집단의 의지라는 것을 알게 되었다. 부족이 하고자 하는 것(다만 명확하게 표현되지는 않았던 것)을 지지함으로써, 그는 부족의 리더가 되었던 것이다.

우리는 연구 과정에서 구체적인 아이디어가 사람들에게 영감을 주며, 이 아이디어에 관한 대화가 지속적으로 이루어지는 모습을 여러 차례 볼 수 있었다. 이것은 이들 '성과 후보들'이 부족의 핵심 가치 및 숭고한 대의와 일치한다는 신호이다. 가령 기업의 건축 부서 직원들로 구성된 한 부족은 '하룻밤 사이에 한 바퀴 돌아갈' 정도로 유동적인 연구 시설을 지어 임상 부문에 신기원을 마련한다는 성과를 설정했다. 회의실에서 나온 이 건축가 집단은 '삶의 재생'이라는 암젠의 숭고한 대의보다 더 먼 곳으로 이어지는 길을 찾을 수 있었다.

일단 부족이 하나 이상의 성과에 열광하게 되었다면, 이제는 전략의 다음 단계로 이동할 차례이다.

7. 자산: 위대함을 지속하기 위한 잠재력

가치를 정하고 일차적인 성과를 설정하고 나면, 부족은 '우리가 가진 것은 무엇인가?'라는 질문에 초점을 맞추어 자산을 파악해야 한다. 자산이란 부족과 그 구성원들이 현재 소유하고 있는 모든 것으로, 여기에는 장비, 기술, 토지, 관계, 신용, 브랜드, 공적 인지도, 평판, 문화, 추진력이 포함된다. 자산의 범주를 따질 때 물리적 자산만을 고려하며 사람들의 교육 수준, 열정, 대인 관계는 무시하는 경향이 있는데 이는 큰 실수이다. 부족은 대화를 나누며 마치 거울 속의 자신을 보듯 현재 가진 것(가졌던 것, 갖게 될 것, 가지고 싶은 것이 아니라)을 직시해야 하며, 성과를 실현하는 데 쓸 수 있는 모든 자산을 찾아내야 한다.

익스플로라티는 남부럽지 않는 자산을 보유했고 거기에는 게임 업계에서 최고의 재능을 인정받은 인재들도 포함되어 있었다. 레이가 자산에 관한 회의를 진행할 때만 해도 꽤 낙관적인 분위기가 흐르고 있었다. 사람들이 신나게 말하는 온갖 자산들을 일일이 다 목록에 기입하기도 힘들 정도였다. 그런데 갑자기 대화의 주제가 '우리는 충분한 돈이 없다'로 바뀌었다. 이것은 자산에 관한 대화가 아니었다. 앞에서도 말했지만 이런 상황에서 부족 리더는 집단의 초점을 원래 방향으로 되돌려야 한다. 자산에 관한 대화에서는 오직 '우리가 가진 것은 무엇인가?'에 관한 것이다.

리더는 부족 사람들이 두 가지의 특별한 유형의 자산에 대해 고민할 수 있게끔 이끌어야 한다. 첫째는 핵심 자산이다. 이것은 '부족에게 너무나 핵심적이기에 도리어 사람들의 눈에 보이지 않는 자산'이다. 가령 미국 독립전쟁 당시 군인들은 인디언으로부터 게릴라 전술을 배웠는데, 최초에는 그리 신사적이라 할 수 없는 이 전투 방식을 그리 좋아하지 않았지만 바로 이 자산 덕분에 그들은 가장 중요한 전투를 승리로 이끌 수 있었다. 이와 유사하게 애플 내부의 부족들도 단골 고객들이 보내는 광적인 관심(마치 국경 지대 게릴라들의 공격처럼 끝없이 날아오는 이메일과 전화들)을 대수롭지 않게 여겼다. 하지만 이후 그것을 핵심 자산에 포함시킴으로써 애플은 회사 전체의 수익을 끌어올릴 수 있었고, 애플 마니아들을 통해 아이팟을 널리 홍보할 수도 있었다. 즉, 애플은 단골 고객이라는, 오래전부터 존재했던 자산을 보유하고 있었던 것이다. 애플의 임원을 지냈던 캐슬린 칼시다이스는 이렇게 말했다. "애플 판매점이 개업하는 날에 '애플! 애플! 애플!'이라고 외치는 수많은 인파가 몰려들었어요. 이후 나도 애플의 신봉자가 되었지요."

대부분의 기업에서 좀처럼 개척되지 않는 주요 핵심 자산 가운데 하나가 바로 사람들의 네트워크에 내재되어 있는 자원이다. 익스플로라티의 몇몇 직원들은 가상 기업에서 일하는 것을 좋아하지 않았지만, 실제로 그 같은 상황은 직원들이 전통적인 건물에서 근무할 때보다 훨씬 더 많은 부족에 참여할 수 있는 공간을 만들었다. 이 네트워크는 기업이 이용할 수 있는 자원을 증대시킨 것과 같았다. 그러나 이렇게 하기 위해서는 직원들이 핵심 가치, 숭고한 대의, 그리고 부족의 전략(초창기의 익스플로라티에서와 같은)과 완전히 정렬을 이루어야 한다. 현재 수백만의 고용인들에게 영향을 미치는 가상 세계가 있는데도, 이러한 이슈들은 제대로 다루어지지 못하고 있다.

우리는 부족 리더가 이런 질문을 던져보기를 바란다. '우리에게 다른 그 누구보다도 더 잘할 수 있는 특기가 있나요?' 종종 이런 질문을 통해 부족의 핵심 자산을 발견할 수 있다.

▌코칭 정보: 외부인에게 당신 부족의 핵심 가치가 무엇이냐고 물어보라.
핵심 가치는 눈으로 보기 어렵기 때문에, 외부인이 더 쉽게 핵심 가치를 볼 수 있는 경우가 많다. 이 때문에 부족 리더들은 종종 외부 전문가들을(단순한 전문가로서가 아닌, 다른 관점을 가진 사람으로서) 초빙해 그 의견을 듣는다.

두 번째 특별한 유형의 자산은, 거의 항상 무시되고 있지만, 전략적인 성공에 매우 중요한 것이다. 바로 '공감대'이다. 공감대는 '우리가 거래하고자 하는 사람들의 눈에 우리가 어떻게 비칠 것인가?'라는 질문에 답을 준다. 만약 상대가 부족과 같은 것을 본다면, 공감대가 존재한다는 의미이다. 소비자, 판매사, 더 큰 조직체와 공감대를 형성하는 것은 중요하다. 만약 이것이 부족하다면, 부족은 이 전략적 상황을 고려해 빠르게 행동할 필요가 있다.

익스플로라티는 도전에 직면했다. 광고주들은 그들을 기괴한 게이머들의 모임이라고 여겼다. 또한 익스플로라티가 만들고자 했던 것은 하드

코어 게이머들과는 구별된, 대중을 위한 온라인 게임이었다. 그때를 회고하며 레이는 자신이 너무 적은 예산으로 너무 많은 것을 시도했다는 점을 인정했다. "비非게이머들을 위한 새로운 아이디어를 제대로 이해시키지 못한 상태에서 게임 공급업자와 게임 판매 계약을 맺을 수가 없었어요." 익스플로라티가 공감대에 초점을 맞추었다면 그 문제는 더 빨리 드러났을 것이고 더 큰 잠재적 고객층(최초의 계약이 취소되었을 때 기업에게 더 많은 선택지를 선사했을)도 확보되었을 것이다.

부족을 위한 이 교훈을 숙지한 상태에서 여러 기업들을 살펴보면, 공감대가 어떻게 기능하는지를 쉽게 관찰할 수 있다. 마이크로소프트는 자신들이 기술을 통해 인간의 잠재력을 해방시킨다고 생각했던 반면, 많은 기업 고객, 개발자, 소비자들은 마치 약탈자처럼 보이는 마이크로소프트의 행보에 우려를 느꼈다. 이러한 공감대의 부족은 기업의 이미지를 추락시키고 소비자의 불만을 키워 해당 기업에게 '탐욕스럽고 불공정한 독점기업'이라는 낙인을 찍는다. 예전에 미국의 일부 중산층은 월마트 제품의 불매운동을 전개한 적이 있다. 이 기업이 도시 중심가의 경제를 파괴한다고 생각했기 때문이다. 이것은 월마트가 자신들로 인해 소비자들이 다양한 제품을 저렴한 가격에 선택할 수 있게 되었다고 생각했던 것과 꽤 차이가 난다. 기업 부족에게 공감대가 부족할 경우 네 가지 결과를 예측할 수 있다. 시장에서의 외면, 불매운동, 법적 제재, 소송이 그것이다.

당신의 부족이 공감대를 형성하고 있는지 확인하고 싶다면 외부 이해당사자들(특히 소비자나 사외 이사)에게 자신이 어떻게 보이냐고 물어보라. 역사상 가장 유명한 전략적 실패 중 하나는 부족이 모기업과 공감대를 형성하지 못해서 일어난 것이다. 마우스와 데스크톱을 이용한 혁명적인 그래픽 인터페이스를 개발한 제록스XEROX의 팰로앨토 연구소Palo Alto Research Center가 이 이야기의 주인공이다. 이들의 발명품은 오늘날 윈도Windows를 운영하는 모든 컴퓨터와 모든 매킨토시에서 사용되고 있다. 당시 급부상하던 R&D 부족은 연구소 사람들을 기술의 미래를 만드는 선구자들로 봤던 반면, 기업 리더들은 이들을 돈이나 낭비하는, 시대에 역행하는 낙오자들이라고 여겼다. 제록스는 자신들의 부족이 이룩해낸 것을 무시하며 그들의 발명품을 보고 싶어 하는 모든 사람들에게 문호를 개방했다. 하지만 그들의 기술에서 가치를 발견한 사람도 있었다. 이 실리콘밸리의 젊은 사업가는 즉시 자신의 부족 구성원들을 소집했다. 바로 스티브 잡스였다. 그가 이 놀라운 진보를 보여주기 위해 소집한 부족은 애플의 R&D 집단이었다. 제록스에 애플의 주식 일부를 제공하는 대가로, 잡스는 향후 10년간 기술적인 신기원을 열 수 있는 발판을 마련했다.

정리하자면 자산에 대한 논의에서는 부족의 모든 자산을 고려해야 하며, 여기에는 핵심 가치와 외부 이해 당사자와의 공감대도 포함된다. 부족은 또한 자신들이 속한 문화 단계 및 핵심 가치에 대한 사람들의 헌신도 자산으로서 고려해야 하는데, 이것들은 장기적으로 볼 때 특출한 성과를 달성하는 데 필요한 연료가 되기 때문이다.

검증 질문 #1: 성과를 내기 위한 자산은 충분한가?

전략이 성공적으로 이행되기 위해서는 세 가지 중요한 질문에 대해 부족이 '예'라고 답할 수 있어야 한다. 그 전까지 전략은 미완성 상태이다. 이 경우 부족은 전략이 제대로 기능할지 확신할 수 없으며, 사람들 역시 전략을 성공적으로 수행하는 데 필요한 자신감을 가질 수 없을 것이다.

첫 번째 질문은 부족이 성과를 달성할 수 있을 정도의 충분한 자산을 가지고 있느냐이다. 대답이 '아니오'라고 해서 문제될 것은 없다. 부족이 이 사실에 적절히 대처할 수만 있다면 말이다. 사실 기업의 전략을 세우는 첫 번째 회의에서는 '아니오'라는 대답이 나올 가능성이 크다. 군대에서도 마찬가지이다. 전쟁 초기에는 거의 모든 질문에 대한 대답이 '아니오'이다. 미국은 일본에게 진주만을 공격받을 당시 태평양 방면에 충분한 해군력을 보유하지 못했고, 9·11 테러 직후에도 아프가니스탄 침공 전략에 필요한 충분한 군사력이 중동 지역에 없었다.

익스플로라티의 경우, 우리는 쉽게 결론을 내리지 못했다. 첫 번째 질문에 대한 대답은 분명 '아니오'였다. 그 부족은 기술과 돈, 그리고 광고주 및 게임 공급업자 대다수와의 공감대가 부족했다. 이러고도 기업이 성공할 수 있을까?

성공했을지도 모른다. 일이 순조롭게 진행되었다면 말이다. 레이의 말에 따르면 당시 익스플로라티는 〈반지의 제왕〉 게임 출시 당시 잠시나마 엄청난 주목을 받은 일을 포함해 거의 성공하기 직전이었다고 한다. 하지만 자원이 불충분한 상태에서 모험을 벌일 때(군사 작전에서부터 선출직 공무원 출마와 창업에 이르기까지)의 주된 문제는, 대개 일이 뜻대로 흘러가지 않는다는 사실이다. 역사를 보면 충분한 자원이 없음에도 꿈을 이룬 몇몇 발명가들의 이야기가 있지만, 온갖 원인(경제 침체, 고객 취향의 변화, 난데없이 나타난 경쟁자)으로 실패한 사람들의 이야기는 훨씬 더 많다.

일만 년에 가까운 시간 동안 축적된 부족의 지혜를 통해서 볼 때, 일이 계획대로 진행될 것이라는 전제하에 행동하는 것은 지혜롭지 못하다. 독일의 육군 원수 헬무트 폰 몰트케Helmuth von Moltke가 말한 것처럼 말이다. "어떤 전투 계획도 적과 조우하는 순간 쓸모없어진다." 모든 종류의 한계를 고려하지 않는다면(즉, 행동을 멈추고 문제를 직시하지 않는다면), 혹시나 했던 실패는 현실이 될 것이다.

첫 번째 검증 질문에 대한 대답이 '아니오'일 경우, 전략 회의의 주제는 '어떻게 우리의 자산을 만들 것인가?'로 바뀌어야 한다. 이 새로운 주제는 일종의 과도기 성과로서 궁극적으로 바라는 최종 성과를 대체하게 된다.

〈그림 11-2〉 과도기 전략

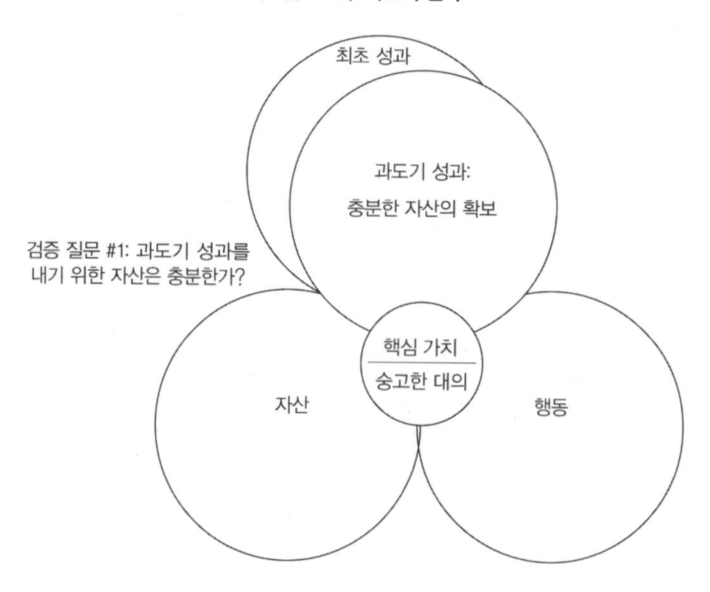

이 시점에서의 새로운 과도기 성과는 첫 번째 검증 질문에 '예'라고 대답할 수 있을 때까지 적절한 자산이나 공감대를 모으는 것이다. 이렇게 되어야 전략은 최초 성과로 돌아갈 수 있다. 〈그림 11-2〉는 과도기 전략을 보여준다.

대답이 '예'이든 '아니오'이든, 부족은 세 가지 논의 주제 가운데 마지막 것을 향해 나아가야 한다.

8. 행동: 행위 전략

행동에 관한 논의에서 부족은 '성과를 달성하기 위해 우리가 할 일은 무엇인가?'라고 질문한다.

첫 번째 검증 질문에 '아니오'라고 대답했던 부족은 무엇을 해야 할 것인가? 이것이 우리의 친구 익스플로라티가 직면한 상황이었다. 이 경우,

당신의 부족에 필요한 자산을 만들 수 있는 행동을 기록해야 한다. 레이의 부족에게 가능했던 한 가지 방법은 자신들이 가진 재능을 활용해 '끝내주는' 멀티플레이어 게임, 즉 일반적인 게임 공급업자에게 더 잘 팔릴 법한 작품을 만드는 데 집중하는 것이었다. 비록 그 게임들이 컴퓨터의 즉흥성을 활용한 작품은 아닐지라도, 이렇게 얻은 수익을 통해 지속적인 R&D 비용을 충당했다면 결국 익스플로라티는 돌파구를 마련했을지도 모른다. 일시적인 전략 선회로 살아남고, 번창하며, 컴퓨터의 즉흥성을 도입한 첫 사례로 기록될 수도 있었던 것이다. 하지만 그러지 못했던 익스플로라티는 결국 자본이 바닥나버렸다.

당신의 부족이 첫 번째 질문에 '예'라고 대답했다면, 지금부터는 성과를 달성하기 위해 해야 할 구체적인 행동을 정해야 한다. 각 성과들 사이에 우선순위를 매겨야 하고, 그 각각의 실행 계획은 구체적이어야 한다. 예를 들어 우리의 고객 중 한 사람은 '실시간 웹 기반 중역 정보 시스템 executive information system: EIS의 개발'이라는 성과를 위해 IT 전략을 짰는데, 여기에서 도출되는 행동은 ① 6월 1일까지 업종에 관계없이 최상의 위치 세 곳에 EIS를 설치하는 것, ② 11월 1일까지 모든 사업 영역에 대한 필수적인 평가를 완료하고 12월 1일까지 고위 관리자에게 그 결과를 제공하는 것, ③ 12월 15일까지 인재의 채용 및 재배치와 기획에 필요한 예산 관리 방안을 포함한 전술 계획을 완료하는 것이었다.

행동을 기록하는 작업은 믿기 어려울 정도로 단순하지만 그 과정에서 두 가지의 전통적인 실수를 범할 우려가 있다. 첫째는 성과를 실현할 수 있는 행동에 초점을 맞추는 대신 이미 행하고 있는 행동을 적는 것이다. 대화에서는 언제나 성공을 위해 부족 구성원들이 할 일이 무엇인가를 다루어야 한다.

두 번째 실수는 모든 것이 완벽하게 진행될 것이라고 가정하는 것이다. 절대로 그렇게 되지 않는다. 실용적인 측면에서 볼 때, 핵심적인 성과를 달성하려면 최소한 두 가지의 행동 경로가 전략에 포함되어 있어야 한다. 이 모델이 너무 비효율적이라면 두 가지 경로를 모두 시작했을 때 어떤 것이 더 먼저 성과에 도달하는지를 보는 것도 유용한 방법이다. 이런 접근 방식은 전쟁에 임한 부족이 수많은 승리를 거두는 토대가 되었다. 가령 제2차 세계대전 당시 미군은 태평양에서 벌어지는 전투 가운데 일부 전투에서 패배하는 상황을 가정하고 계획을 세웠다.

효율적인 행동은 사람들이 빠른 속도로 전진할 수 있게끔 하는 데 중점을 둔다. 만약 불필요한 논쟁을 치워둘 수 있다면, 사람들은 단 한 번의 움직임만으로도 놀라운 진보를 보여줄 것이다.

부족이 이 행동들을 하나로 엮어내는 과정에서 리더 개인은 앞으로 나서게 된다. 그것은 모닥불 주위에 둘러앉은, 또는 폭풍을 피해 동굴에 숨어든 고대의 부족이 하는 행동과 매우 유사하다. 당시에는 리더가 부족을 위해 자신의 가족(즉, 부족의 일부)과 밭을 경작하겠다고 나서면, 다른 사람이 뒤를 이어 자신은 사냥을 맡겠다고 말했을 것이다. 오늘날에는 한 사람이 재무 분야의 업무를 책임지겠다고 나서면, 또 다른 사람이 자신은 CEO에게 발표할 파워포인트 자료를 준비하겠다고 말한다. 대화의 내용은 다르지만, 부족 영웅들이 밟아나가는 과정은 동일하다고 할 수 있다.

일단 부족이 해야 할 행동을 기록한 목록이 완성되면, 남은 두 개의 검증 질문을 해야 한다.

검증 질문 #2: 행동을 위한 자산은 충분한가?

웬만해서는 이 두 번째 질문에 대한 답은 '예'일 것이다. 만약 '아니오'일 경우, 그 부족에게는 두 가지 선택지가 있다. 첫 번째는 전략에 쓰일 자산을 추가하는 것이다. 이때 좋은 질문은 '우리가 가진 자산 가운데 아직 파악하지 못한 것은 무엇인가?'이다. 두 번째는 더 적은 자산(주로 시간, 돈, 인력)을 요구하는 방향으로 행동을 수정하는 것이다. 이때 좋은 질문은 '이 일을 달성할 수 있는 더 신속하고 값싼 방법이 있는가?'이다.

두 번째 검증 질문에 대한 대답이 '예'일 때, 그 부족은 마지막 질문으로 옮겨갈 수 있다.

검증 질문 #3: 행동으로써 성과를 달성할 수 있는가?

이 시점에서 부족은 비판적인 눈으로 행동을 관찰하게 된다. 이것이 과연 제대로 기능할 수 있을까?

익스플로라티와 같은 경우라면, 또는 당신의 부족이 과도기 전략을 수립한 경우라면, 이렇게 질문해야 할 것이다. '행동이 필요한 자산(과도기 성과)을 만들 수 있을 것인가?' 레이가 처한 상황에서는 이런 질문일 것이다. "컴퓨터의 즉흥성을 도입하지 않은 '끝내주는 게임'을 개발하는 우리의 행동은 충분한 돈을 벌어들일 수 있을까? 신기술을 개발하는 비용을 충당할 만큼?"

이 세 번째 검증 질문에는 위험이 뒤따른다. 최초에 계획을 수립했던 부족이 이제는 그 계획을 평가하기 때문이다. 지금까지 이루어진 세 가지 전략적 대화를 통해 얻은 '우리는 무슨 일이든 할 수 있어!'라는 고양감은 오히려 공정한 평가에 장애가 될 수 있다.

이 문제를 해결하려면 부족 리더는 마치 배심원처럼 부족의 모든 구성원에게 이 검증 질문에 대한 답을 해보라고 요구해야 한다. 어느 누구도 기권해서는 안 되며, 이 행동이 실패할 것이라고 생각하는 사람은 왜 자신이 그렇게 생각하는지를 상세하게 설명해줘야 한다. 여기에서 중요한 것은 이 반대자들이 자유롭게 회의적인 견해를 표현하도록 허용하되, 그들에게 해결책을 요구하지는 말아야 한다는 점이다. 만일 해결책을 요구하게 되면 사람들은 부족의 나머지 사람들과 의견을 달리하는 것이 위험한 일이라고 생각하게 될 것이다. 이렇게 모든 사람이 자신의 생각을 말한 뒤, 부족은 그들의 우려 또는 반대 의견에 대해 고민할 필요가 있다. 이때 빠지기 쉬운 함정은 부족의 구성원들이 반대 의견을 내놓은 사람들을 공격하는 것이다. 이를 허용하는 것은 마치 검증 질문을 전혀 하지 않는 것만큼이나 큰 실수이다. 부족 리더는 자신과 다른 사람들이 반대 의견을 경청하고 고려할 것이라는 점을 확실히 함으로써, 반대자가 만족스럽다고 느낄 때까지 반대 의견, 우려, 자신의 관점을 표현할 수 있도록 할 필요가 있다. 이 시점에서 부족이 해야 할 일을 굳이 꼽자면, 이렇게 나온 반대 의견에 어떻게 대응할지를 고민하는 것뿐이다.

만약 세 번째 질문에 대한 대답이 '아니오'라면, 성과를 달성하기 위해 부족이 할 수 있는 그 밖의 것이 있는지를 물어야 한다. 많은 경우 이것은 그저 몇 가지의 행동 단계를 브레인스토밍하는 정도의 일이며, 이렇게 하다 보면 대답은 가뿐하게 '예'로 바뀌게 된다. 이 시점에서 부족은 과도기 성과를 완료하게 된다. 우려했던 것이 해결되고나면 부족의 관심은 본래의 성과로 돌아간다. 부족은 그것을 달성하기 위해 새로 얻은 자산을 활용하는 새로운 행동의 목록을 만든다.

우리는 2001년에 한 신생 첨단기술 기업에서 이러한 상황을 목격했다. 이 기업의 과도기 성과는 자본을 증식시키는 것이었지만, 그들의 핵심적인 아이디어에 필요한 특허가 부족했다. 그리고 이 부족한 자산은 잠재적 투자자들의 우려를 샀다. 기업 임원들은 훌륭하게 대처했다. 돈을 요구하는 것을 멈추고 특허를 따내는 일에 모든 노력을 집중한 것이다. 사실 이것은 매우 큰 모험이었다. 자신들이 보유한 빈약한 자원을 소진시키는 일이었기 때문이다. 하지만 일단 특허를 획득하고 본래의 계획으로 돌아간 그들은 훨씬 쉽게 자본을 끌어들일 수 있었다. 그들은 문제를 부인하는 대신, 과도기 전략을 통해 그것을 해결한 것이다.

검증 질문은 또한 불필요한 행동을 막을 수 있다. 우리가 연구했던 어느 소규모의 생명공학 회사(단일 부족으로 구성되어 있었다)는 특정 날짜까지 3단계 임상 실험을 함으로써 의약 연구를 진전시킨다는 성과를 설정했다. 그런데 그들이 적은 행동 목록에는 수익금을 관리할 전문가의 채용, 건물의 신축, IT 기능 추가와 같은 일들이 포함되어 있었다. 이 작고 가난한 연구 집단은 결국 3단계 임상 실험을 시행했지만, 진술된 행동들은 어떤 도움도 되지 않았다. 그것들은 성과와 아무런 관련이 없는 불필요한 행동이었다. 이 기업은 온갖 부침을 겪다 결국 파산 소송을 냈다.

검증 질문은 부족이 성과와 관련된 행동만을 골라낼 수 있게 만든다.

9. 부족 전략을 가지고 시작하기

익스플로라티는 두 개의 전략적 문제를 안고 있었다. 하나는 부족의 일부가 2단계에 머무르고 있었다는 점이고 또 하나는 대부분의 신생 기업들이 그러하듯 자원이 불충분했다는 점이다. 이런 상황에서 부족 리더십은 즉시 과도기 전략을 수립하는 동시에 부족을 업그레이드해야 한다.

그 당시 레이는 이력서의 내용만 보고 업계 최고의 인재들을 뽑았다. 사람들은 비전을 공유했지만, 거기에 도달하는 방법에 대해서는 생각이 달랐다. 레이는 만약 자신이 다시 시작할 수 있다면, 전략 전체를 공유할 수 있는 사람들을 채용하고 팀원의 우려에 더 적극적으로 반응하고 싶다고 말했다. 이것은 4단계의 사고방식이다.

다음 기회가 왔을 때, 그는 해낼 수 있을 것이다.

10. 전략의 연계 실행

이 장에서 설명하는 전략 체계는 기업의 최고 전략부터 개인적인 계획에 이르기까지 우리가 알고 있는 모든 수준에 적용할 수 있다. 우리가 마지막으로 검토해야 할 질문은, '어떻게 이 모든 전략을 동시에 기능하게끔 할 것인가?'이다.

부족의 역사는 전략이 조정되고 네트워크화 된 결과 나타나는, 높은 수준에서 이루어지는 행동이 그 아래 단계의 성과로 귀결되는 과정을 보여준다. 이것은 군대에서 장군의 행동이 대령의 성과로 이어지고, 대령의 행동이 대위의 성과로 이어지는 것과 같은 이치이다. 암젠의 최고 전략 가운데에는 그곳의 여덟 가지 가치를 함양한 사람을 채용하고 승진시키는 단계별 행동이 포함되어 있었고, 이것은 주어진 인적자원의 범주 내에서 큰 성과를 거두는 결과로 귀결되었다.

1950년대의 기업들과 달리, 부족에서의 전략은 연계되어 실행해야 한다. 가령 고객과 직접 소통하는 직원(이들은 조직 체계에서 최하위에 속한 경우가 많다)은 최고 전략을 제안하기에 더할 나위 없이 좋은 위치에 있다고 할 수 있다. 4단계 문화 내에서는 모든 사람, 모든 집단, 모든 부서가 자체적인 전략을 가지고 있으며, 이 모든 전략들은 서로 맞물려 있다. 전략들이 서로 연결되어 있고 상호의존적이라는 이 같은 특징은, 파트너십의 토대가 된다. 이것은 '위계의 꼭대기'에 위치한 전략이 '위계의 바닥'에 있는 전략에 의존한다는 의미가 아니다. 모든 전략은 서로를 필요로 하기 때문에, 서로에게 책임을 다하는 문화(4단계 문화의 일부)가 없는 시스템에서는 낮은 성과를 낼 것이라는 의미이다.

11. '우리는 대단해'라는 서약을 실행하기

그리핀 병원은 우리가 이 장에서 제시했던 것 같은 체계적인 단계를 밟아나가지는 않았지만, 이곳의 이야기는 부족 전략의 원칙을 잘 보여준다. 그리핀 병원의 부원장 빌 포완다는 이렇게 이야기했다. "모든 사업에서 수익이란 가격과 수량의 곱에서 비용을 뺀 것입니다. 마요네즈를 팔든 자동차를 팔든 간에요. 병원의 경우 (시행되고 있는 의료보험으로 인해) 가격과 비용이 고정되어 있기 때문에, 우리가 통제할 수 있는 것은 오직 수량뿐이지요. 우리는 그것을 심도 있게 관찰했고, 그 결과 수량이 환자의 만족도에 좌우된다는 것을 알게 되었습니다. 이것은 환자 중심의 시설이 되어야 한다는 의미였지요(성과). 잠시 생각한 우리는, 곧 우리가 그것을 구현할 방법을 모른다는 사실을 깨달았습니다(자산의 부족). 방법을 찾던 우리는 플레인트리에 대해 알게 되었지요(과도기 성과). 그들은 부분적으로 답을 주었지만, 그 외에도 우리가 해결해야 할 과제는 아주 많았습니다(행동)." 포완다는 몇 개의 문장만으로 부족이 머리를 맞대 자신들의 전략을 수립하는 과정을 요약해냈다. 그것은 부족의 전략이었기 때문에 사람들은 기꺼이 거기에 따랐다. 전략과 그것을 수립하기 위한 과정 덕분에, 그리핀 병원은 4단계 문화로 상승 이동할 수 있었다.

그리핀 병원에서 살펴본 것처럼, 부족은 성과, 자산, 행동이 각기 다른 성격을 띤다는 사실을 존중할 필요가 있다. 부족 리더는 한 주제에 관한 논의의 분위기가 그대로 다음 논의로 이어지지 않는다는 것을 확실하게 할 필요가 있다. 성과는 객관적으로 측정할 수 있는 것이어야 한다. 자산은 부족이 전략에 쓸 수 있는 모든 것을 정확히 기록하는 것에 초점을 두어야 한다. 행동은 실천 목록이어야 한다. 예를 들어, 우리가 관찰한 많은 부족들은 (전략 수립에 관한 기초적인 교육을 받은 뒤) 자산에 관한 생동감 넘치는 논의를 했는데, 참여자들은 자신이 받아 적을 수 있는 것보다도 더 빠른 속도로 아이디어를 제시하고는 했다. 그러나 이러한 자유로운 토의는 행동에 대해 논의할 때, 즉 구체적인 행위를 논할 때는 제 효과를 발휘하지 못했다.

핵심 가치와 숭고한 대의에 기초해 전략을 수립하고, 성과를 확정하며, 자산을 조사하고, 행동에 구체성을 더한 뒤, 세 가지 주요 요소가 서로 연결되었는지를 검증하고 나면 부족은 흥분에 사로잡히게 될 것이다. 만일 이들이 3단계와 4단계의 경계에 있었다면, 이 과정은 '우리는 대단해'의 단계로 상승 이동하는 데 도움을 준다. 사람들은 이 역동성을 수행하기 위해 (삼자관계를 통해) 네크워크를 구축하기 시작할 것이고, 3단계 행동에서 벗어나길 거부하는 사람들을 회피하게 될 것이다. 부족의 모든 구성원은 성공을 이루기 위해 어떻게 해야 하고, 부족을 효율적으로 만들기 위해 각자가 해야 할 일이 무엇인지를 정확하게 알고 있다.

부족 전략은 이것을 보증한다.

핵심 요약

- 부족의 전략은 분리되어 있지만 서로 맞물린 세 가지 논의로 요약될 수 있으며, 이 모든 것은 핵심 가치와 숭고한 대의에서 발원한 것이다.
- 성과를 논할 때는 '우리는 무엇을 원하는가?'라는 질문에 답하라.
- 자산을 논할 때는 '우리는 무엇을 가지고 있는가?'라는 질문에 답하라.
- 행동으로 옮겨가기 전, 첫 번째 검증 질문을 하라. '우리는 성과를 이루기 위한 충분한 자산을 가지고 있는가?' 만약 대답이 '예'라면, 행동으로 옮겨가라. 대답이 '아니오'라면, 과도기 전략을 수립하라.
- 행동을 논할 때는 '우리가 할 일은 무엇인가?'라는 질문에 답하라.
- 두 번째 검증 질문을 하라. '우리는 우리의 행동을 실행하기 위한 충분한 자산이 있는가?' 만약 대답이 '예'라면, 행동하라. 대답이 '아니오'라면, 추가

적인 자산을 확보하거나 행동을 수정하라.

- 세 번째 검증 질문을 하라. '이 행동이 성과를 낼 것인가?' 만약 대답이 '예'라면, 당신은 전략을 확보한 것이다. 대답이 '아니오'라면, 더 많은 행동을 추가하고, 현재 사용 가능한 모든 자산을 활용하고 있는지 확인하라.
- 일단 당신이 전략을 확보하면, 행동에만 초점을 맞추어라. 이후 90일마다 전략을 다시 수립하라.

12. 4단계 사람을 위한 핵심 지렛대

- 그의 관계가 가치 및 현재 프로젝트에서의 상호 이익을 바탕으로 형성되었다는 사실을 확실히 밝혀 그가 4단계에 정착하도록 하라.
- 그가 10장의 주제인 삼자관계를 더 많이 형성하도록 장려하라.
- 그가 11장의 전략 과정을 자신의 팀에 적용할 수 있도록 장려하라. 특히 그가 팀의 핵심 가치, 숭고한 대의, 팀에 열정을 불어넣는 성과, 자산, 행동(누가 무엇을 할 것인가?)을 탐색하는 회의를 주도하도록 장려하라. 한마디로 그가 다른 사람과 더 많은 파트너십을 맺고 일하면서, 더 큰 성과를 지향하고 달성할 수 있는 프로젝트를 선택하도록 격려하라.
- 일단 그가 4단계(이것은 그가 '우리는 대단해'라는 언어를 쓰고 삼자관계로 엮인 인간관계를 형성하고 있는지로 판단할 수 있다)에 완전히 정착하면, 그의 팀이 시장 상황을 이용해 역사에 남을 수 있는 일을 하도록 격려하라.
- 시장의 상황이 여의치 않다면, 기회를 만들어라.
- 집단 전략의 가치를 공유하는 외부인을 부족의 일원으로 채용하라.
- 팀이 난관에 부딪힐 때 이를 해결할 사람을 지목하라. 이때 그에게 '나는 대단해(너는 아니지만)'라는 태도로 임한다면 문제를 해결할 수 없다는 사실을 지적하라.
- 팀과 함께 정규적으로 '오일 교환'을 하라. 이 과정에서 그는 세 가지 질문을 두고 논의를 이끌어야 한다. ① 어떤 일이 잘되고 있는가? ② 어떤 일이 안되고 있는가? ③ 안되는 일을 잘되게 하기 위해 팀이 할 수 있는 일은 무엇인가?

13. 성공 지표

- 그는 '우리는 대단해(저들은 그렇지 않지만)'라는 언어 대신 '인생은 위대해'라는 언어를 사용할 것이다.
- 그는 훨씬 더 도전적인 프로젝트를 추구할 것이고, 그의 네트워크는 놀라울 정도로 다양한 사람들(그와 마찬가지로 3단계를 온전히 경험하고 졸업한 이들)로 구성될 것이다.
- 그는 부족의 핵심 가치와 숭고한 대의에 기초해 어떻게 시간을 사용할 것인가를 결정할 것이다.
- 그는 부족의 전략, 특히 부족의 가치를 체현하게 될 것이다.

4부

5단계, 새로운 기업 문화를 향해

12

5단계 초기: 인생은 위대해

생명공학계의 거인인 암젠의 전 CEO 고든 바인더는 당시까지만 해도 모르고 있었지만, 그의 회사는 거의 5년 동안 이 책의 출판을 지연시킨 장본인이었다.

1990년대 초에 우리는 오직 1단계에서 4단계 부족까지밖에 알지 못했고, 우리가 확보한 많은 사례들 역시 이들에 관한 것이었다. 그때까지의 관찰 결과를 토대로, 우리는 4단계의 '우리는 대단해'라는 언어야말로 산의 정상이라고 믿었다. 그러나 암젠 덕분에 모든 것이 뒤집어졌고, 그 결과 이 책의 출판이 지연되었다. 새로운 발견은 그만큼 기다릴 만한 가치가 있었다.

우리가 암젠의 직원들이 서로의 업적을 축하하는 과정 속에서 부족에 대한 자부심(4단계의 특징)을 드러낼 것이라고 기대했다. 매출 이익은 상승했고 직원들은 보너스로 많은 돈을 벌었다. 우리는 마치 영화 〈루디 이야기Rudy〉에서 노트르담 대학교의 미식축구 팬 수천 명이 승리에 열광할 때와 흡사한 '부족 분위기'를 기대했다.

우리는 1990년대에 암젠을 방문해 그들의 경쟁자가 누구냐고 물었다.

우리는 아마도 제넨테크Genentech(생명공학 기업)라는 이름이 나올 것이고 암젠이 더 야심만만하다면 화이자Pfizer(거대 통합 제약사) 정도가 거론되리라 예상했다. 사람들이 그 기업들의 이름을 모를 정도로 시장 사정에 어두울 리는 없다고 판단했던 것이다. 만일 이때 기대하던 대답이 나와 우리의 가설을 검증해줬다면 우리 모두는 행복한 연구자가 되었을 것이다.

"우리는 암과 경쟁하고 있습니다." 암젠의 직원이 들려준 답변에 대한 우리의 반응은 "예?"였다. 다른 회사의 이름은 거론되지 않았다.

그 직원은 말을 이었다. "우리의 경쟁 상대는 또한 관절염과 같은 염증성질환, 비만, 파킨슨병입니다." 우리는 행복해질 수 없었다. 사실, 우리가 알고 있는 4단계 모델로는 이 말을 설명할 수 없었다.

또 한 사람이 이렇게 덧붙였다. "우리는 조기 사망의 원인과 경쟁할 겁니다. 바로 질병이요. 물론 굶주림이나 전쟁 같은 원인도 있지만, 우리가 그런 것들과도 싸울 것 같지는 않군요."

다시 한 번, 우리는 놀라면서 "예?"라고 반응했다.

설상가상으로 우리는 부족에 대한 자부심의 증거도 전혀 발견할 수 없었다. 하이파이브를 하는 모습이나, '우리가 넘버원'(당시 암젠은 수익이나 시가총액 면에서는 아직 뒤처져 있었지만, 성장률에서는 단연 1위였다)이라고 적힌 현수막도 볼 수 없었다.

기술부의 한 직원이 우리에게 이렇게 말했다. "참 놀라운 일이에요. 몇 번의 훌륭한 실험만으로 수십억 달러짜리 특허를 얻게 되었으니까요. 앞으로 몇 년 안에 모든 질병을 정복할 수 있을 것 같다는 생각이 들어요." 그의 목소리는 그가 말한 내용 이상으로 우리의 심경을 복잡하게 만들었다. 그것은 자부심의 표현이 아니었다. 오히려 속삭임, 추수감사절에 올리는 기도와 비슷했다. 그의 목소리에는 우리가 훗날 '순수한 경이'라 부르게 되는 분위기가 감돌고 있었다.

우리는 정말 우연히도 5단계의 첫 사례를 발견하게 되었다. 이는 3단계에서 4단계로 도약하는 것만큼이나 커다란 약진이었다. 우리는 이것이 비즈니스의 미래라 믿는다.

1990년대의 암젠이나 이들과 비슷한 단계의 조직은 대부분 5단계 문화를 들락날락했다. 역사에 기록될 업적을 남긴 이후에, '우리는 대단해'라는 언어를 쓰는 4단계로 내려와 경쟁자들과 자신들의 성과를 비교하다가, 다른 시장으로 진출하거나 새로운 발견을 할 기회가 생기면 다시 5단계로 돌아가 출격할 준비를 하는 식이었다. 만약 1990년대 초 암젠의 문화를 그래프로 그려보면, 그것은 마치 해변의 파도와 비슷할 것이다. 5단계에서 치고 올라오고, 4단계에서 물러나는 식으로 말이다.

1. 5단계

5단계는 전체 직장 문화에서 2% 미만을 차지한다. 5단계의 상징은 '인생은 위대해'라는 언어인데, 여기에는 어떤 경쟁자도 없다. 경쟁자가 존재하지 않는다는 뜻이 아니라, 경쟁자는 중요하지 않다는 뜻이다. 4단계에서 중시되는 가치는, 5단계에서는 그야말로 생명의 원천이다. 이것은 문자 그대로 '생명을 부여'한다는 의미이다. 이것이 없으면 5단계는 4단계로, 또 그 밑으로 추락하고 말 것이다. 4단계에서도 중요한 숭고한 대의는, 5단계 집단의 유일한 나침반이다. 다른 부족을 연구하거나 그들과 경쟁하는 대신, 암젠은 '삶의 재생'을 자신들의 유일한 방향으로 삼았다. 또 그들에게 가치는 자신들이 누구인가를 아는 유일한 길이었다(4단계의 부족들은 경쟁자를 통해 자신들이 누구인가를 안다).

암젠과 만난 이후 우리는 5단계 부족에 해당하는 수십 개의 조직들을 찾아냈다. 일부는 암젠과 같이 영리기업이었고, 또 다른 일부는 비영리단체(보이스 앤드 걸스 클럽, 몇몇 싱크탱크, 큰 성공을 거둔 일부 신생 기술 기업과 같은)였다. 그들에게는 공통적으로 자신들을 다음 단계로 이끌어줄 부족 리더십과, 그를 통해 달성한 역사적인 업적이 있었다.

비영리 조직은 경쟁을 넘어 스스로 숭고한 대의에 맞게 정렬할 수 있다는 장점이 있다. 콜로라도 스페셜 올림픽Colorado Special Olympics[1]의 CEO 민디 워트러스Mindy Watrous는 이렇게 말했다. "우리 직원들은 누구라도 돕습니다. 그들은 나를 더 나은 존재로 만들어줍니다. 그들은 조직 내의 사람들과 선수들을 발전시킵니다. 그들은 모든 이를 축복하지요." 스페셜 올림픽의 숭고한 대의는 '모든 선수를 위한 기회를 만드는 것'이다. 그들은 선수들이 경쟁할 때마다 자신들이 역사에 남을 만한 일을 한다고 믿는다.

5단계 부족에 잠시라도 몸담고 있었던 사람이나 심지어 그들과 함께 작업했던 사람들은 아이들에게 그 이야기를 들려줄 때 하나같이 존경과 감사가 가득한 목소리로 말하게 된다.

모든 조건이 동일하다면, 5단계는 언제나 4단계보다 더 높은 성과를 올린다. 암젠은 질병을 치료하는 데 초점을 맞추고 있었다. 돈을 버는 것은 목표가 아니었으며, 투자자들에게 보상하는 일에서 동기를 부여받지도 않았다. 한때 암젠은 분석가들로부터 '돈을 찍어내는 면허'가 있다는 말을 들을 정도로 많은 매출을 올린 적이 있었다. ≪포천≫은 투자자를 정말로 부자로 만들어준 몇 안 되는 기업 중 하나로 암젠을 꼽았다.

---

1 지적 장애인을 위해 여름과 겨울에 개최되는 국제대회로 스포츠를 통해 지적 장애인에 대한 편견과 장벽을 무너뜨리자는 취지에서 시작되었다. 흥미로운 사실은 이 올림픽이 케네디 대통령의 가문에서 비롯되었다는 점이다. 케네디 대통령의 부모는 4남 5녀를 두었는데 그중 장녀가 지적 장애아로 태어났고, 그로 인해 지적 장애인들에게 필요한 체력 및 게임 활동을 제공하는 일에 깊은 관심을 가지게 되었다. 이에 1968년 최초의 스페셜 올림픽이 개최되었고, 오늘날에는 지구촌 지적 장애인들이 참여하는 글로벌 사회운동으로 발돋움했다. _ 옮긴이

이번 장의 목적은 우리가 5단계 초기에 대해 알고 있는 것들을 짚어보는 것이다. 어떻게 그것이 기능하며, 부족 리더가 최상의 업적을 이루는 이 영역으로 기업을 이끌기 위해 무엇을 해야 하는지를 살펴보려 한다.

2. 4단계로부터의 졸업

갤럽의 CEO 짐 클리프턴은 비범한 부족 리더이다. "수년 동안 사람들은 폄하의 의미로 갤럽을 '종교 집단'이라고 불렀지만, 오히려 난 이것이 굉장한 칭찬이라고 생각합니다."

사실 클리프턴은 오랫동안 자신이 이끄는 조직이 하나의 부족이라고 언급해왔다. 그 설명은 이렇다. "우리 조직의 구성원들 사이에는 공통되는 가치가 여러 개 있고, 그것은 마치 하나의 부족을 연상시킵니다." 클리프턴은 이전에 마케팅 연구 회사인 SRI Selection Research, Inc.의 CEO를 지내기도 했는데, 이곳에서는 각 사원들이 어떤 직위에 적합한지를 판별하기 위해 체계적인 심리 인터뷰를 수행한 적이 있다. 당시 SRI라는 브랜드는 잘 알려져 있지 않았고, 이 때문에 그들은 전 세계적으로 영향력을 행사할 방법을 모색하고 있었다. '그 이상의 무엇'이 필요했던 것이다.

'그 이상의 무엇'이 형태를 갖추게 된 것이 바로 갤럽이었다. 갤럽은 조지 갤럽George Gallup 박사가 1935년에 설립한 기업으로, 처음에는 미국여론연구소American Institute of Public Opinion라 불렸다. 클리프턴은 이렇게 설명한다. "SRI 시절 우리는 갤럽가家로부터 갤럽을 인수하기 위해 최선을 다했습니다. 당시에는 '상징'을 얻는 일에 열중하고 있었거든요. SRI는 국제적인 상징을 얻기 전까지는 국제적인 자부심을 얻을 수 없다는 사실을 알고 있었습니다. 그때 우리는 프로 스포츠 팀처럼 로고가 그려진 옷을 입지 않았지만, 현재 갤럽에서는 그런 옷을 아주 많이들 입고 다닙니다." 세계적으로 널리 알려진 이름과 조직을 부족의 일부로 흡수하고 난 이후, 모든 것이 변하기 시작했다(갤럽을 인수한 것은 궁극적 목표가 아닌 과도기 전략임을 명심하라. 이에 대해서는 11장 참조).

SRI와 갤럽 양자의 자원을 흡수한 클리프턴은 두 조직을 하나로 통합한 뒤 부족을 새로운 방향으로 이끌었다. 바로 '갤럽 경로Gallup Path'라는 모델이 그것인데, 이것은 개인의 기여를 조직의 핵심 성과와 연결시켰다. 그의 부족 리더십 아래 갤럽은 컨설팅을 주 업무로 삼게 되었고, 이 모든 작업은 갤럽이 5단계로 도약할 수 있는 무대를 만들었다.

클리프턴은 이렇게 주장한다. "우리는 30만 명을 대상으로 수행한 연구 결과, 사람의 힘이야말로 모든 것의 밑바탕이라는 믿음을 갖게 되었습니다. 우리에게 모든 개개인이 정말 중요한 존재가 될 수 있다고 생각합니다. 그들이 잭 웰치나 테드 터너Ted Turner가 되려고 애쓰는 대신 자신의 힘을 온전히 끌어낼 수만 있다면, 세계적인 지도자가 되는 것도 가능하지요." 그의 말에서 우리가 포착한 핵심 가치는 '잠재력'이었으며, 갤럽이 해왔던 모든 일은 이 잠재력, 즉 개인과 고객, 심지어는 세계 전체의 잠재력을 해방시키기 위한 것이었다. 더구나 갤럽의 부족은 타고난 자질에 관한 연구를 바탕으로 이 잠재력을 평가하고 발전시키는 연구법과 절차를 개발했다. 비록 클리프턴은 11장의 전략 모델을 들어보지도 못했지만, 그는 이미 숭고한 대의와 일련의 핵심 가치, 그리고 핵심 자산(연구 능력, 글로벌 브랜드, 그리고 잠재력을 극대화시키는 연구)을 보유하고 있었다.

여기에 더해 클리프턴은 부족문화에서 가치를 발견했다. "우리는 사명과 목적을 위해 사는 사람들을 우리 조직으로 불러들입니다. 그들이야말로 우리 부족을 다른 부족과 차별화시키는 요인이지요." 우리가 부족과 다섯 가지 문화에 관한 우리의 연구를 설명했을 때, 그는 이렇게 덧붙였다. "우리의 활동 중 많은 것들이 5단계에 해당하지만, 항상 그렇지만은 않은 것 같아요."

"우리는 스스로에게 물어봐요. '우리가 돕는 대상은 전 세계 60억 명의 사람들인가, 아니면 세계 최고의 기업들뿐인가?' 솔직히 말하면 우리는 오직 최고의 기업과 학교, 대학만을 돕고 있지요. 60억 명을 위해서 하는 일은 그리 많지 않아요."

우리의 연구에서, 경쟁자와의 전쟁에만 몰두하는 기업은 갤럽이 했던 이 같은 질문을 던지지 않았다. 그들은 보통 시장 지분율이나 신규 고객 확보에서 우위를 점하는 것, 이를 통해 경쟁자를 위협하는 것에 집중한다. 그들은 기껏해야 '우리는 대단해'라는 4단계 초기 문화를 만들어 경쟁자를 물리치는 데 열중할 뿐이다. 갤럽은 4단계에서 5단계로 이동할 준비를 갖추었다. 결과적으로 그들은 4단계 문화의 부족한 부분을 인식할 수 있었다. 어떤 점에서 갤럽은 부족 리더십을 위한 현현(7장의 주제)보다 한 걸음 더 나아간 깨달음에 도달했다고 해도 틀리지 않다. 이로 인해 갤럽은 (포괄적인 관점에서 봤을 때) 전 세계적인 걱정거리들을 해결하는 데 기여한 자신들의 능력을 재평가받을 수 있었다.

갤럽은 '우리의 고객이 되는 조직들의 행복을 향상시키는 동시에 지구촌 60억 명의 삶을 개선하는 것'을 자신들의 새로운 숭고한 대의로 삼았다. 물론 갤럽이 자신들의 경쟁력을 포기한 것은 아니지만, 그들의 새로운 동인動因은 경쟁자라는 생각마저 지워 없앴다. 60억 명에게 헌신하는 일에서 누군가가 패배할 일은 없지 않겠는가.

갤럽이 설정한 성과들 중 하나는, 클리프턴의 표현을 쓰자면 "세계 인구의 97%를 대표하는" '세계 여론조사'이다. 이것이 성사된다면 세계는 가치와 강력한 연구력에 바탕을 둔 갤럽의 노력 덕분에 역사상 최초로 하나의 목소리를 낼 수 있게 될 것이다. 여기에서 그치지 않고 이 연구는 클리프턴이 '100개 이상의 개별 국가들이 가진 영혼'이라 부르는 것의 정체를 밝혀낼 수도 있을 것이다.

클리프턴의 동업자이자 정직하기로 유명한 노벨상 수상자 대니얼 카너먼은 우리에게 이렇게 말했다. "갤럽의 조직은 내가 지금까지 봐왔던 다른 조직들과 다릅니다. 그들의 문화가 긍정성을 강조하는 방식에는 집요함마저 느껴집니다. …… 그들 문화의 진정한 긍정성은 모든 영역에 스며들어 있지요."

5단계 부족은 9장, 10장, 11장에서 소개된 내용의 핵심을 활용한다. 클리프턴은 우리의 연구 결과물을 읽은 적도, 전략 모델을 본 적도 없다. 하지만 그가 앞장서서 갤럽에 제안했던 것들에는 거기에 적힌 모든 요소들, 즉 숭고한 대의, 공유되는 일련의 핵심 가치, 성과(세계 여론조사), 핵심 자산(연구 능력, 글로벌 브랜드, 최고의 재능, 고도로 민첩하며 네트워크화된 부족), 행동(구성원들이 세계 여론조사를 수행하고 그 결과를 대중에 알리는 일련의 단계)이 포함되어 있었다. 그가 설명하는 기업 문화에서는 삼자관계를 엿볼 수 있었으며, 갤럽이 고객과 함께 일할 때는 상대를 파트너로서 대우했다. 일단 부족이 4단계에 정착하게 되면, 시장에서의 기회를 활용하거나, 새로운 계획(갤럽의 세계 여론조사와 같이)을 수립함으로써 5단계로 뛰어오를 수 있다.

▌코칭 정보: 부족 구성원들을 모아 다음을 질문을 하라. '무엇이 우리를 다음 단계로 나아가게 할 것인가?'

우리가 찾은 한 가지 방법은 대국적인 시야에서 추가적인 자산을 생각하는 것이다. 대국적으로 볼 때 어떤 자산이 첫째인가? 둘째는? 다섯째는? 여덟째는? 열째는? 집단이 지금까지의 자신들을 뛰어넘을 수 있는(그리고 모든 경쟁자들을 뛰어넘을 수 있는) 전략, 그럼으로써 전 세계에 영향을 미칠 전략을 실행할 때, 비로소 5단계로의 이행이 실현될 수 있다.

3. 4단계를 초월하는 순간

5단계의 부족은 자주 자신들이 '우리는 위대해'의 문화를 뛰어넘어 새로운 미지의 영역, 너무나도 이질적이기에 어떻게 설명할 말을 찾을 수 없는 문화에 도달하는 순간을 묘사한다.

1980년 올림픽에서 미국 하키 대표 팀의 주장이었던 마이크 에루지온은 그의 팀이 소련을 물리쳤을 때 우연히 5단계를 경험했다. 그의 이야기 앞부분에는 4단계의 전제 조건들이 담겨 있다. 그는 함께 경기를 했던 선수들을 이렇게 설명한다. "팀에는 스무 명의 선수가 있었습니다. 그들 중 열아홉 명이 가끔씩 주장을 맡았지요." 에루지온은 팀원들이 몸담았던 고교 팀이나 대학 팀까지 언급하며 그들의 이름을 하나하나씩 말했다. 에루지온은 정말 주장들의 주장이었다.

몇몇 언론의 보도와는 대조적으로, 팀원들은 감독을 별로 좋아하지 않았다. "우리는 언제나 감독에게 맞섰습니다. 허브 브룩스Herb Brooks 감독이 종종 말했던 것처럼 이 세상에는 그를 분노케 하는 방법들이 몇 가지 있었고, 우리는 항상 그것을 찾아내려고 궁리했지요. 그리고 그것을 실행하고 나서 입을 모아 말했습니다. '와, 정말로 화내네?' 그를 골려줄 생각에 우리는 힘을 합치고 계획을 세웠지요. 그 덕에 감독은 우리가 어떤 인간들인지를 파악했고요."

고령의 감독을 회상하는 에루지온의 어조에는 변함이 없었다. "10년 전에 일었던 일을 지금도 기억합니다. 갑자기 전화벨이 울리더니 그걸 받은 아내가 감독이라고 하더군요. 이런 생각이 들었습니다. '하나님 맙소사. 또 왕창 깨지겠구나.' 나는 집 안에 있던 세 명의 아이들보고 나가서 집 주변을 뛰라고 했습니다. 수화기 너머로 고함 소리가 들릴 것 같아서요. 제가 생각해도 제정신이 아니었던 것 같습니다."

이 명성을 날렸던 팀의 감독이 세상을 뜬 이후, 에루지온은 그의 지도 방식이 무엇이었는지를 명확하게 알 수 있었다. "허브는 우리가 자기를 좋아하든 말든 신경도 안 썼습니다. 그가 신경 썼던 것은 우리가 그를 존경하느냐의 여부였지요. …… 우리는 경기장 밖에서 그를 만난 적이 한 번도 없습니다. 그는 자기가 할 일만 하면 우리를 내버려뒀지요." 경기장 밖에서 선수들은 혹독한 연습을 포함한 감독의 전술에 불평하고는 했다. 이때 하키 팀은 4단계의 문화를 형성했다. '우리는 대단해. 허브는 아니지만'(이것은 집단의 적이 단 한 사람이라는 점에서 희귀한 사례이다).

드디어 무대가 마련되었다. 선수들은 자신의 역할을 알고 있었고, 재능을 갖추었으며, 다른 팀원들이 가진 능력뿐 아니라 그들의 가치로써도 서로를 이해하고 있었다. 그들은 최선을 다해 시합을 준비했다. 암젠이나 갤럽과 마찬가지로, 모든 것이 갖추어졌다. 1980년 미국 하키 팀은 안정적인 4단계였고, 5단계로 이동할 절호의 기회를 기다리고 있었다.

소련과의 경기가 시작되었다. 허브 감독이 팀원들에게 모든 것이 갖추어졌다고 말했을 때, 선수들은 그가 선수들의 능력을 마음껏 발휘할 수 있는 무대와 기회를 제공했다는 사실을 깨닫지 못하고 있었다. 그 순간 미국 올림픽 하키 팀은 비약적으로 도약했다. 그들은 성공적인 4단계 부족을 넘어 그 이상이 되었다. 허브 감독이나 상대 팀이 아닌, 훨씬 더 큰 무엇인가와 싸우는 존재가 된 것이다. 그들은 스포츠를 향한 열정을 위해, 그들 자신을 위해, 그들을 단합시킨 그들만의 가치를 위해 경기했다.

모든 것이 하나로 모이는 순간이었고, 그 환희는 경기가 끝날 때까지 멈추지 않았다. 에루지온은 우리에게 말했다. "카운트다운이 시작되었습니다. 5, 4, 3, 2, 1. …… 퍽이 저 멀리 날아갔지요. 모든 것이 단번에 뒤집혀버릴 것만 같았습니다. 그때 종료 부저가 울렸지요……."

우리는 그때 어떤 기분이었냐고 물었다. "처음 떠올랐던 생각은 '와우'

였지요." 속삭이듯 대답하는 그의 모습은 임상 부문에서의 신기원을 묘사하던 암젠의 직원과 몹시도 흡사했다. 그의 어조는 불가능한 일을 달성한 사람 특유의 감정을 전달하고 있었다. 그것은 소련을 이겼기 때문이 아니라(4단계), 사람들이 할 수 없다고 생각했던 것을 해냈기 때문에(5단계) 가능한 것이었다.

그 뒤를 이어 찾아온 것은 부족에 대한 자부심이 아닌, 충만한 감사의 마음을 동반한 순수한 경이였다. 에루지온은 말했다. "우리는 라커룸에서 서로 부둥켜안고 울었습니다. 도저히 믿을 수가 없었지요."

그 경기로 에루지온의 팀은 자신들에게 부여했던 장벽을 뛰어넘어 완전히 기능하는 5단계 부족, 오직 자신들의 가치와 숭고한 대의만을 따르는 부족으로 부상했다. 그것은 모든 사람을 깜짝 놀라게 했다. 그들 자신들조차 말이다.

1980년의 이 승리를 말할 때마다 '기적'이라는 단어가 거론된다. 그것은 5단계 문화 안에서 움직이는 조직들로부터 수없이 들었던 말이다. 우리는 빌 클린턴 대통령이 참가하는 정상회담에 참석을 부탁받았던 어떤 기업의 팀과 인터뷰를 한 적이 있다. 팀의 리더는 이렇게 말했다. "기적이었지요. 나 같은 사람이 미국 대통령을 만난다는 사실이 말입니다." 우리는 또한 암젠에 대한 이야기(임상 분야에서 신기원을 연 것이나 언제나 경쟁자들보다 한 걸음 앞서나가는 모습을 언급할 때)를 할 때도 기적이라는 말을 많이 들었다. 5단계의 부상은 우리 대부분에게 낯설게 느껴지기 때문에, 이를 설명할 때마다 종교적 · 영적 언어를 쓴다는 느낌이 들 때가 있다.

'와우'는 1960년대에, 인간을 최초로 달에 착륙시키기 위한 아폴로 계획에 참여했던 사람들과 대화를 나눌 때도 자주 들을 수 있었던 말이다. 부족 구성원들의 과학적 성향이나 준비에 참여했던 기간이 서로 달랐음에도, 부족의 분위기는 늘 똑같았다. "우리는 믿을 수가 없었어요." 이미 은퇴한 지 오래된 사람에게서 들을 수 있는 말이다. "도저히 가능할 것 같지 않았지요." 그리고 이 말도 여러 번 들을 수 있다. "와우."

이 시점에서 간혹 사람들은 우리의 말을 가로막으며 이렇게 묻는다. "만일 그런 게 실존하지 않으면 어떻게 합니까?" 2000년대 초에 우리는 다른 5단계 조직들(닷컴 기업들)의 자료를 수집했는데, 이 기업들 중 다수는 더 이상 존재하지 않는다. 당시만 해도 그곳의 사장들은 자신이 어떻게 소매업의 비즈니스 모델을 바꿀 것이고, 어떻게 비즈니스 서비스의 신세계를 열 것인가에 대해 이야기했다. 우리가 다른 장에서 지적했던 것처럼, 문화와 전략적인 성과는 서로 연계된다. 그럼에도 이 기업들이 두 가지를 온전히 관철하지 않았을 때, 그들의 문화는 한 단계씩 강등되었다. 4단계에서 사람들은 이렇게 말했다. "우리는 지난 9개월간 충분한 자금을 보유하고 있었기 때문에 6개월 내에 파산할 다른 경쟁사들보다 나아요." 3단계에서 사람들은 이렇게 말했다. "나에게는 아직 직장이 있어요. 하지만 당신이 실직해서 참 안타깝군요." 2단계에서 사람은 이렇게 말했다. "난 직장도 미래도 없어요. 앞으로 뭘 해야 할지 모르겠군요." 그들 중 일부는 1단계로 미끄러져, '인생 꼬이네'의 극단적 비극인 자살을 택했다. 부족은 4단계에 안정적으로 머무르면서 이 단계를 유지할 사업 결과를 얻을 때에만 5단계의 성과(갤럽의 세계 여론조사와 같은)에 도전해야 한다.

▌코칭 정보: 5단계 문화로 나아갈 기회를 조성하라.

아이디오의 데이비드 켈리는 그가 '어린이의 마음'이라 부르는 분위기를 조성하고자 노력한다. 그는 5단계의 순간을 회상하며 말했다. "우리가 가장 위대한 신기원을 이룩할 때마다 그런 분위기가 있었습니다." 미국 하키 팀의 경우와 마찬가지로, '와우'의 순간은 안정적인 4단계의 부족이 역사에 기록될 기회를 잡을 때 찾아온다.

4. 공명 가치

5단계 부족은 마치 자석처럼 움직이며 숭고한 대의를 추구하는 다른 집단을 돕는다. 암젠과 갤럽 모두 다른 조직 또는 개인(이들 중 다수와는 가치를 공유하지 않는다)과 뛰어난 파트너십 관계를 맺는 것으로 유명하다. 동시에, 이 두 기업 모두 공유가치에 헌신하는 것으로도 유명하다. 그렇다면 이 같은 괴리에서 갈등이 생겨나지 않을까?

갈등은 없다. 3단계에서의 중점은 '나의' 가치이며, 4단계에서의 중점은 '우리의' 가치이다. 반면 5단계에서의 중점은 '세계적' 또는 '공명하는' 가치이기 때문에, 가치들이 서로 맞물려 돌아갈 수 있느냐는 가장 중요한 요소이다. 아이디오의 가치는 '협업'과 데이비드 켈리가 "어린이의 마음"이라고 부르는 것이다. 애플의 가치는 '우아한 디자인'이다. 암젠의 가치 가운데 가장 중요한 것은 '윤리적 행동'이다. 이 가치들은 서로 다르지만 서로 공명을 일으키며, 이 때문에 조직들은 함께 일할 수 있다. 부패한 정부나 고든 바인더가 사기꾼이라 부르는 사람들이 운영하는 조직과는 누구도 파트너 관계를 맺을 수 없을 것이다.

5단계 부족은 다른 집단의 가치가 자신들의 가치와 다르더라도, 그 집단이 헌신하는 가치가 모든 사람에게 적용되는 핵심적인 것이라면 함께 일할 수 있다. 5단계에 해당하는 이들 세 조직(아이디오, 애플, 암젠)은 서로 연결되어 하나의 기업이 홀로 추구하는 것보다 더 큰 숭고한 대의에 몸을 던질 수 있다.

5. 부족 원로들의 부상

5단계를 연구해보면, 부족 리더들은 더 이상 부족 간의 '조약'을 중개하지 않는다는 사실을 알 수 있다. 빌 게이츠Bill Gates, 워런 버핏Warren Buffett, 록밴드 'U2'의 보노Bono, 지미 카터Jimmy Carter, 넬슨 만델라, 데스몬드 투투, 기타 이들과 동류의 사람들은 자신의 부족만이 아닌 전 세계를 위한 대의에 기여한다. 그들이 이럴 때마다 과거에 이 사람들을 따랐던 부족들은 그들이 계속 자신들의 부족에 머물러주기를 원하며, 심지어 몇몇 사람들은 그들을 반역자라고 비난하기까지 한다.

그러나 우리가 좀 더 자세히 관찰한다면, 이들 부족 리더들은 가치에 대한 자신의 헌신을 공명 가치로 이동시켰다는(또는 처음부터 공명 가치에 헌신해왔다는) 사실을 알게 될 것이다. 그들은 자신의 기업 부족, 정치 부족, 조직 부족에 대해 말할 때, 마치 우리가 고향에 대해 말할 때와 비슷한 표현을 쓴다. 그곳은 언제나 아늑한 집이지만, 우리는 성장하면서 그곳을 떠나야 한다.

우리는 우리가 만난 5단계 리더들 여럿에게 누구를 존경하는지, 그리고 세계적으로 영향력을 미친 인물들 가운데 누구를 가장 많이 이야기하는지를 물었다. 무어 재단의 프랭크 조던은 가장 전형적인 답변을 했다. 바로 알베르트 슈바이처Albert Schweitzer 박사였다. "그는 모든 것을 가졌습니다(3단계와 4단계에서의 성공을 의미한다). 그리고 그 모든 것을 포기하고 사람들을 돕기 위해 아프리카로 갔지요. 그렇게 해야 한다는 절박한 느낌을 받았기 때문입니다. '나는 사람의 운명이 어떻게 될지는 모르지만, 타인을 위해 봉사하는 방법을 찾아내는 사람이 가장 행복해질 것이라는 사실만큼은 잘 알고 있다.' 그가 우리에게 남긴 교훈입니다."

5단계의 사람들은 오직 자신만의 유일무이한 역할을 찾아낸다. 그들이 4단계와 5단계에서 거둔 성공은 그들을 유명 인사로 만들었지만, 그들 대부분은 사람들의 이목을 피했다. 궁극적으로 5단계 사람들은, 다수의 부족을 한데 묶을 수 있는 숭고한 대의를 위해 일하며 혼자서 할 수 있는 일보다 훨씬 더 대단한 성과를 달성한다.

6. 비즈니스의 미래

5단계 초기의 사례들은 우리가 이제까지 목격했던 문화들 중에 최고의 부족문화라고 말할 수 있다. 그러나 부족을 안정적으로 5단계에 안착시킬 방법이 있다고 말한다면 그것은 순전히 우리의 기대와 믿음(연구 결과에 따른 추론과 전문가의 의견에 토대를 둔)에 지나지 않을 것이다. 이 장에 등장하는 사람, 팀, 조직에 현실성이 없다고 여길 사람은 많을 것이며, 여기에서 소개된 부족 리더들도 다른 사람들(그리고 자신들)이 정한 '가능한 일'의 범주에 도전해왔다.

이 책의 목적은 우리의 연구 결과를 보고하는 데 있기 때문에, 웹사이트(www.triballeadership.net)에 우리가 생각하는 안정적인 5단계의 특징을 상세히 설명해놓았다. 우리는 4단계로 되돌아가지 않고 수년 동안 지속되는 안정적인 5단계 부족을 고대하고 있다.

정리하면, 5단계야말로 비즈니스의 미래이다. 4단계에서 이쪽으로 빈번하게 도약(이 책에 등장한 몇몇 기업들이 시도하는 것처럼)하든 이 단계에 안정적으로 정착할 수 있는 새로운 방법을 찾아내든 말이다. 우리의 기업과 직업적 삶은 모든 사람에게 5단계의 일원이 될 기회를 부여하는 데 헌신하고 있다. 우리는 당신이 언젠가 5단계로 진입하는 쾌거를 이루고 그 사실을 우리에게 알려주기를 바란다. 우리는 당신의 발견으로 도래한 이 부富를 확산시킬 수 있을 것이다.

후기

/

새로운 부족 리더십을 바라며

2007년, 우리는 『부족 리더십Tribal Leadership』의 집필을 마무리했다. 그리고 그때 이후, 최대한 에둘러 표현하자면, 수많은 일들이 일어났다. 이 후기는 비즈니스 세계 속에서 작은 물결로 시작된 부족의 메시지가 거센 파도가 되도록 하기 위해 우리가 지금까지 배운 것들과 앞으로 지속적으로 배워나가야 할 것들에 관한 기록이다.

1. 4단계의 희망에서 3단계의 현실까지

처음 『부족 리더십』의 양장본을 출판[1]하면서, 우리는 그것이 위대한 문화를 창조하는 사람들을 위한 횃불이 되고, 기존 부족 리더들의 커뮤니티에 의미 있는 자각을 불러올 것이라 기대했다. 그리고 우리의 기대는 실현되었다. 우리는 자포스와 같은 기업을 방문하거나 그곳의 리더들을

---

1 이 책의 원서인 *Tribal Leadership: Leveraging Natural Groups to Build a Thriving Organization*은 2007년에 양장본으로 처음 출간되었으며, 이후 2011년에 후기가 추가된 페이퍼백으로 다시 출간되었다. 이 한국어판은 2011년판의 번역서이다. _ 옮긴이

만나는 흥분되는 경험을 할 수 있었고, 또 매일같이 ≪포천≫ 500대 기업에 선정된 기업이나 부족들과도 만났다. 그들은 4단계에 성공적으로 정착했으며, 5단계로의 상승 이동을 위한 도움을 원하고 있었다.

부족 리더를 발견하는 순간은 환희와 기쁨으로 가득하지만, 이 세계가 3단계에 의해 흔들리는 것을 볼 때마다 그 기쁨은 안타까움과 아쉬움으로 바뀐다.

경제 위기를 다룬 수많은 책들이 시장에 나와 마치 자동소총에서 연사되는 총알 같은 비난을 쏟아냈다. 우리는 경제 위기의 원인이 지나친 규제 완화, 또는 강제성 없는 규제라는 이야기를 들었다. 우리는 증권거래위원회, 연방준비제도, 부시와 오바마 대통령을 공격하는 말들도 들었다.

반면 3단계 문화 속에서 사업을 시작하고, 유지하며, 보상까지 하는 사람들에 대해 분노하는 목소리는 들을 수 없었다. 부족 리더십의 관점에서 보았을 때 가장 나쁜 점은 이 같은 상황을 언론인, 정치인, 전문가, 블로거, 경영학 교수들이 제대로 파악하지 못한다는 사실이었다.

그래서 우리는 양장본이 나온 2007년부터 이 페이퍼백이 나올 때까지의 수년 동안 우리가 배웠던 것, 즉 왜 기업이 제대로 돌아가지 않고 왜 학습이 불가능한지, 또 상황을 바꾸기 위해 사람들이 하는 일은 무엇인지를 이 책에 담아냈다.

2. 널리 퍼져 있는 3단계

선거운동에서부터 대부분의 경영학 서적에 이르기까지, 조직이 어떻게 운영되어야 하는가에 대한 불문율을 만드는 3단계의 문화는 전 세계에 만연해 있다.

구직 과정부터 살펴보자. 지원자들은 3단계에 맞추어진 대본을 사용해 다음과 같이 말한다. "나는 꼭 채용해야 할 인재입니다. 나는 'x'라는 상황에서 'y'라는 행동을 했고, 그 결과 'z'가 일어났거든요." 이런 말을 덧붙일 수도 있다. "이 회사에 지원한 내게 감사하셔야 할 겁니다. 나는 그만큼 뛰어난 인재니까요." 〈딜버트〉에 나와도 이상할 것이 없는 장면이다. 그러나 덧붙이는 말을 삭제할 경우, 이 대본은 사람들이 (이 글을 쓰는 시점에서는 정말 찾기 어려워진) 직업을 구할 때 사용하는 교본 그 자체이다.

운 좋은 소수의 사람들이 어찌어찌 기업에 채용되어 신입사원 교육을 받는다고 해보자. 그들은 자리에 앉아 허풍쟁이 임원들이 들려주는 이야기(그들의 임기 중에 회사는 어떻게 위대한 업적을 이룰 수 있었는지, 그럼에도 왜 이 운 좋은 신입사원들이 입사하는 시점에서는 그런 일을 할 수 없는지)를 경청해야 한다. 당연하지만 현재의 기업 사정이 어려운 것은 경영권을 잡은 이 일군의 '리더들'이 어리석은 결정을 내린 덕분이다. 여하튼 신입사원 교육은 가장 모순되는 말로 마무리된다. "여기에 우리 기업의 전략이 담겨 있습니다(그러면서 수십 장의 파워포인트 슬라이드를 보여주지만 아무도 그 내용을 제대로 이해할 수 없다). 나는 여러분이 이 내용들을 자신의 것으로 잘 소화해내길 바랍니다."

그 뒤에는 직무 배치가 이루어진다. 신입사원은 신임 보스와 같이 앉아 일하게 된다. 가끔 그 사람이 보스라는 사실을 눈치채지 못할 때도 있지만, 그 사람은 보스가 맞다. 아마도 더 총명하고, 요령도 좋으며, 다른 사람보다 인맥이 넓어서 그 직책을 맡았을 것이다. 그는 신입사원에게 이렇게 말한다. "이 10가지 일을 하셔야 합니다. 물론 그동안 다른 89가지 일에서도 눈을 떼시면 안 되고요. 만일 당신이 돈을 왕창 벌어들이신다면 케이크 한 조각 정도는 떼어 드릴게요."

회사가 제시한 기준에 미달한 사람들을 해고하는 시간이 왔다. 직원들은 공포에 떤다. 대부분의 사람들은 자신의 부족이 2단계와 3단계 사이에서 왔다 갔다 하는 모습을 보게 된다. 그 누구도 기업이 원하는 것을 조리 있게 설명해내지 못한다. 그래서 사람들은 자신의 가치를 증명하는 동시에 다른 사람을 깎아내리는 독자적인 생존법을 찾아 표류한다. 만약 무분별한 개인주의가 만연하게 될 경우, 직원들은 연수원으로 보내진다. 그곳의 교관들은 그들이 어떻게 해야 한 팀이 될 수 있는지를 설명하고, 직원들은 아무 생각도 없이 전혀 도움이 되지 않는 훈련을 받는다. 교관들의 말에는 신입사원 교육 때의 임원 혹은 업무 배치 때의 보스가 한 말과 비슷한 울림이 있다. "나는 대단합니다. 그러니 당신들은 내 말을 따라야 합니다."

시간이 흐른다. 그 시간을 잘 버텨낸 신입사원은 승진해 임원 교육을 받고, 그동안의 경험을 토대로 책을 집필하며, 대학에서 추가로 학위를 취득하고, 관련 분야에서 수료증을 받는다. 그가 만나는 위대한 개인들은 신입사원에게 무엇이 그들을 성공에 이르게 했는지를 알려주며 충분한 능력과 인내심이 있다면 자신들과 같아질 수 있다고 말해줄 것이다. 물론, '당신하기 나름'이라는 말을 덧붙이며 말이다.

이 모든 것은 코미디 소재로나 쓰일 법하다. 물론 실제로 이런 시스템에 속한 이들, 전국 방방곡곡을 누비며 사람들에게 팔리지도 않는 대출 상품을 소개하는 직원들에게는 별개의 이야기겠지만 말이다. 은행가는 미래의 세대에게 닥칠 위험을 포장해 단기적인 보상을 받고, 물리학자는 재무 전문가로 변신해 은행의 매출을 증가시키는 수익 모델을 개발한다. 경영학 서적의 저자들은 이런 혼란 상태에서 교훈을 얻어 책을 쓴 뒤 그것을 마치 '진리'인 양 꾸며 팔아먹는다. 이 같은 행태들이 결국 문제를 일으키게 되면, 정치인은 벌떡 일어나 이렇게 말한다. "나는 이것을 해결할 수 있습니다." 이후 상황은 더욱 악화되고, 그는 선거에서 낙선한다.

이렇게 끝이 안 보이는 전력 질주 마라톤에서 경쟁자를 능가하고 싶어

하는 사람이 수백만 명이나 있다는 사실을 알면 버니 매도프Bernie Madoff[2]나 존 테인John Thain(메릴린치Merrill Lynch의 전 CEO. 120만 달러를 들여 자신의 사무실을 리모델링한 것으로 유명하다) 같은 사람들은 몹시 기뻐할 것이다.

이 글을 쓰는 시점에서 재정 상황은 점차 나아지는 것처럼 보인다. 하지만 실상은 이미 만연해 있는 3단계 사고가 더욱 확장되고 있을 뿐이다. 만일 리더가 3단계 사고를 제거하려 들지 않는다면, 그것은 최종적으로 진실을 조작하고, 윤리적 규범을 곡해하며, 부정 이득을 취하는 형태로밖에 기능하지 못할 것이다.

우리의 희망은 이 모든 상황을 거부하려 드는 미래 세대에 달려 있다. 그들은 집단으로 뭉쳐 팀워크를 형성하고, 기업의 횡포나 기만적인 말을 묵과하지 않으며, 진정성 없는 광고를 외면한다. 그들은 또한 자기 세대의 사람들 또는 '통달한' 기성세대와 네트워킹을 형성해서 새로운 일에 도전하다. 그들이 이렇게 만든 기업은 20세기의 초대형 기업과 전혀 닮지 않았다. 이 기업들은 리더를 자칭하는 관리자가 아니라 진정한 리더들이 이끈다.

이 새로운 집단은 결정을 내릴 때 무엇이 자신들에게 최대의 이득인지를 따지지 않는다. 회사 이곳저곳에 표어로 붙어 있을 법한 지루한 금언 따위도 고려하지 않는다. 판단의 기준은 부족의 가치이다. 그들은 3단계 기업 안에서 4단계 부족을 만들고, 주목할 만한 성과를 낼 수 있는 방법을 찾는다. 그들은 소셜 미디어와 소수의 일대일 대화를 통해 쌍방 네트워크를 형성한다. 그들은 3단계 사람들에게 '절대 안 됩니다!'라고 말할 줄 안다. 기존의 낡은 시스템에서 일하며 시간을 낭비하려 들지도, 팀워크를

2 희대의 금융 사기로 650억 달러에 이르는 돈을 횡령한 사기꾼. 그의 두 아들은 아버지가 저지른 범죄에 대한 죄책감으로 자살했다. _ 옮긴이

강조하는 척하며 공적을 가로채려는 사람을 위해 일하지도 않는다.

우리는 이 집단이 MBA 과정이나 경영학계의 대가들이 추천하는 20세기의 성공을 답습하며 표류하는 대신, 진정한 선을 위해 리더십을 재정의하기를 희망한다.

우리가 2011년 초 이 책을 집필할 때만 해도 3단계의 관리자와 4단계의 리더 간에 치열한 싸움이 벌어지고 있었다. 우리는 역사가 4단계의 편이라고 믿는다.

우리는 4단계의 여러 리더들을 성장 중인 우리 부족의 구성원으로 받아들이게 된 것을 매우 기쁘게 생각한다. 그들로부터 무엇인가를 배울 때마다, 우리의 웹사이트(www.triballeadership.net)에 그 이야기들을 올려두고 있다. 이곳에서 제공하는 주제와 도구들은 저작물사용 허가표시creative commons license를 따르며, 그중 대부분은 무상으로 제공된다. 우리는 당신도 이 활동을 통해 뭔가를 배우고 여기에 기여하길 바란다. 이런 작은 움직임이 모여 이 세상에 만연한 3단계로부터 회복되는 희망의 불빛이 된다.

3. 2단계를 위한 변명과 희망

3단계가 지나간 자리에는 자연스럽게 2단계가 남기 때문에, '내 인생 꼬이네'라고 말하는 사람들이 증가하는 것은 결코 놀랄 일이 아니다. 부족한 직장, 경제적 불안정, 투자로 인한 손실, 스트레스, 주택 압류, 희망 없는 지역사회 등 2단계의 원인은 많다. 경기 침체는 산업 전반에 큰 타격을 주고, 지역사회는 느린 경기회복으로 인해 활력을 잃는다. 이 때문에 자신이 기업과 정부로부터 버림받았거나 학대당한다고 믿는 사람들을 다시 고용하는 것은 부족 리더들이 직면한 큰 도전이다. 이 사람들은 기회가 항상 저 멀리 있고, 아무리 노력한들 결코 성취로 이어지지 않는다고 믿는다. 그들이 이토록 비관적으로 변한 것은 결코 그들의 탓이 아니지만, 어쨌든 2단계의 사람들에게는 그들을 3단계로 (만일 일이 잘 풀린다면, 4단계로) 복귀시켜줄 리더십이 필요하다.

4. 부족 리더들이 향할 곳

우리는 이 책을 읽은 독자들이 3단계의 시스템과 과정을 거부할 것이라는 희망을 품고 있다. 이를 위해서는 다음에서 제시하는 세 가지 제안이 도움이 될 것이다.

- 이 책의 메시지를 당신 자신의 것으로 만들어라. 4단계를 향한 행보는 이 책이나 저자를 위한 것이 아닌, 당신과 당신 부족을 위한 것이다.
- 공개적으로 당신의 목표가 3단계의 특성에서 벗어나는 것임을 밝혀라.
- 우리는 3단계의 특성에서 벗어나야 하고, 당신 역시 그래야 한다. 당신이 원래의 3단계를 갈망하거나 거기에 압도되는 순간, 당신은 〈딜버트〉에 나오는 얼간이 보스로 되돌아간다는 것을 잊지 말아야 한다.
- 같은 길을 가는 동료들을 찾아 함께 행동하라.
- 4단계 부족을 성공적으로 이끌어가는 사람들의 커뮤니티가 있다. 당신은 이 커뮤니티에 가입해 기여할 방법을 찾아라. 리더십은 당신에 관한 것이 아닌, 당신이 다른 사람을 위해 무엇을 할 것인가에 관한 것이다.

우리는 오랜 친구들과 새 친구들에게 이 책을 배포하려고 한다. 부족에 대한 당신의 지지와 헌신에 감사한다. 당신은 매일 우리에게 영감을 불어넣고 있다.

tribal leadership

부록 A

부족 리더의 매뉴얼

1. 개괄적 질문

가. 부족이란 무엇인가?

- 부족은 서로를 잘 아는 20~150명의 사람들로 구성된 집단이다. 부족에 속한 사람은 길을 걷다 다른 구성원을 보게 되었을 때 멈추어 서서 "안녕하세요!"라고 인사할 것이다.
- 그들은 당신의 휴대폰이나 이메일 주소록에 연락처가 저장된 사람들이다.
- 소기업이 하나의 부족이라면, 대기업은 여러 부족이 한데 모여 구성된 부족이라고 할 수 있다.
- 몇몇 부족이 다른 부족보다 더 효과적인 것은 문화 때문이다. 사람들은 말을 할 때마다 다섯 가지의 부족 단계 중 어느 하나의 특성을 나타내게 된다. 2단계는 1단계보다, 3단계는 2단계보다, 4단계는 3단계보다, 5단계는 4단계보다 더 높은 성과를 달성한다.
- 대개, 중간 규모와 대규모 부족(50~150명)에서는 동시에 몇 개의 문화

단계가 작동된다.

나. 부족 리더십이란 무엇인가?

- 부족 리더십은 문화 속에 자리 잡은 언어와 행동에 초점을 맞춘다.
- 부족 리더십은 우리가 직접 관찰할 수 없는 인지, 신념, 태도, 기타 요소들에 대해서는 다루지 않는다.
- 각 문화 단계는 독특한 표현 방식, 행동 유형, 그리고 관계 구조를 가지고 있다.
- 조직에서 부족 리더는 두 가지 역할을 수행해야 한다. 하나는 그들의 부족에 존재하는 문화를 경청하는 것이고, 다른 하나는 특정한 핵심 지렛대를 사용해 부족의 단계를 상승 이동시키는 것이다.

2. 다섯 가지 부족문화의 요약

가. 1단계의 요약

- 1단계의 사람들은 다른 사람들로부터 소외되며, '인생 꼬이네'라는 관점을 갖고 있다.
- 1단계 사람들이 모일 경우, 그들은 폭력 조직을 만드는 등의 형태로 자신의 극단적인 적대감을 표현하는 행동을 한다.

나. 2단계의 요약

- 1단계와 구별되기는 하지만, 2단계 사람들 역시 자신에게는 없는 힘을 가진 것처럼 보이는 사람들에게 둘러싸여 있다는 점에서 주변과 단절되어 있다. 그 결과 그들은 '내 인생이 꼬이네'라는 언어를 사용한다. 1단계와 달리 2단계는 자신이 아닌 다른 사람의 인생에만 운이 따른다

는 믿음을 갖는다.

- 2단계 사람들이 한자리에 모일 경우, 그들의 행동은 무심한 희생자의 특징을 보이게 된다.

다. 3단계의 요약

- 3단계 사람은 양자관계를 통해 다른 사람과 연결된다. 3단계 사람들은 '나는 대단해'라는 언어를 사용하는데, 여기에서 입 밖으로 내지 않는 말은 '너는 아니지만'이다.
- 3단계 사람들이 한자리에 모이면, 그들은 (개인 단위로) 뛰어난 성과를 내려하면서 상대방을 깎아내린다. 이런 심리는 종종 유머로 은유되기도 하지만, 어쨌든 결과는 같다. 각 개인이 지배적인 위치를 차지하려 드는 것이다. 개인들의 행동은 '외로운 전사'에 비유되며, 이들이 모여 이루어진 문화는 '서부극'이 된다.

라. 4단계의 요약

- 4단계 사람들은 삼자관계를 형성하는데, 이를 통해 그들은 다른 사람과 가치에 기반을 둔 관계를 맺는다. 4단계 사람들이 사용하는 언어는 '우리는 대단해'인데, 그 뒤에 숨겨진 말은 '저들은 그렇지 않지만'이다. 여기에서 '저들'이 가리키는 것은 같은 기업 또는 다른 기업에 있는 다른 부족이다.
- 4단계 사람들이 한자리에 모이면, 그들은 부족에 대한 자부심을 나타낸다.

마. 5단계의 요약

- 5단계 사람들은 '인생은 위대해'라는 언어를 사용한다. 5단계는 '저들'

이라는 말이 빠진 것만 빼면 4단계와 같은 특성을 공유한다. 결과적으로 그들은 자신들과 공명하는 가치를 가진 그 누구와도 지속적으로 네트워크를 형성한다. 우리가 관찰했던 (기업 환경에서의) 5단계 문화는 오직 역사에 길이 남을 만한 프로젝트가 지속되거나, 다른 부족이 쉽게 넘보지 못할 정도의 우위에 있을 때에만 존재할 수 있었다.

- 만일 상황이 바뀌면, 문화는 4단계로 퇴보한다(새로운 기회가 생기거나 직접 기회를 만들어낸다면 다시 앞으로 나아갈 수는 있다). 5단계에서는 '순수한 경이'를 표현한다.

부족 리더십의 언어와 구조 요약

부족 단계	관계 유형	자주 사용하는 말	관계 구조
5단계	팀	"인생은 위대해"	
4단계	파트너십	"우리는 대단해"	
3단계	개인	"나는 대단해"	
2단계	격리	"내 인생 꼬이네"	
1단계	소외	"인생 꼬이네"	

※ 문제의 인물은 오른쪽 칸의 흰색 동그라미로, 1단계의 소외부터 5단계의 지속적인 네트워크까지 순차적으로 올라가고 있다.

3. 부족문화를 업그레이드하기 위한 핵심 지렛대와 성공 지표

가. 1단계 사람의 경우

- 사람들을 다음 단계로 상승 이동시키려면 그 단계에 걸맞은 행동을 하도록 독려하라. 이것은 공동 작업자와 점심을 먹고, 사회적 활동에 참여하며, 회의에 참석하는 것을 의미한다.
- 나아가 인생 자체가 나쁜 것이 아니라는 사실을 깨닫도록 독려하라. 가령 1단계 사람이 당신의 인생이 썩 괜찮은 것을 보게 되면 그 자신의 인생도 나아질 수 있다.
- '인생 꼬이네'라는 언어를 공유하는 사람들과의 관계를 끊을 수 있도록 독려하라.

▣ 성공 지표

- 2단계 사람은 1단계 사람이 사용하는 '인생 꼬이네'라는 언어를 사용하는 대신, '내 인생 꼬이네'라는 언어를 사용할 것이다. 즉, 그의 관심은 일반화된 불평에서 자신의 인생이 제대로 기능하는 것을 가로막는 구체적인 이유들로 이동한다. 특히 그는 타인의 능력, 사회적 장점, 대인관계와 자신의 그것을 비교할 것이다.
- 그는 1단계의 극단적인 적개심을 나타내는 대신 2단계의 수동적인 무심함을 보일 것이다. 이러한 변화는 부족 리더십에 익숙하지 않은 사람의 눈에는 후퇴로 비칠 수도 있지만, 사실 이것은 그에게 중요한 진전이다.
- 그는 1단계 사람들과의 사회적 관계를 단절할 것이다.

나. 2단계 사람의 경우

- 우선 그가 친구 한 사람을 사귀도록 돕고, 그 뒤 또 다른 친구를 사귀도록 도와라. 다시 말해, 그가 양자관계를 형성하도록 격려하라.
- 그가 3단계 '후기'의 사람들과 관계를 형성하도록 격려하라. 여기에 속한 사람들은 다른 사람의 멘토로 활약하며 상대방을 자신과 닮은 인간으로 만들고 싶다는 욕구를 품고 있다(다만, 이들은 다른 사람이 자신보다 더 뛰어난 인간이 되는 것을 용납하지는 않을 것이다).
- 일대일로 만나는 자리에서 그가 작업한 내용이 얼마나 대단한 것인지를 보여줘라. 특히 그가 어떤 영역에서 경쟁력이 있고, 어느 분야에 강점이 있는지를 보여줘라. 동일한 자리에서 그가 지니고는 있지만 아직 개발되지 못한 능력을 지적하되, 이때에도 긍정적인 어조를 결코 잃지 말아야 한다.
- 그가 단시간에 잘 해낼 수 있는 프로젝트를 배당하라. 주의할 것은, 이때 배당하는 프로젝트는 과도한 후속 작업이나 번거로운 일을 요구하지 않아야 한다는 사실이다. 그렇지 않으면 자칫 그가 사용하는 '내 인생이 꼬이네'라는 언어가 더욱 강화될 것이다.

■ 성공 지표

- 그 사람은 '내 인생 꼬이네' 대신 '나는 대단해'라는 언어를 사용할 것이다. 그는 유명 인사의 이름을 들먹이고, 자신의 성취를 강조하는가 하면, 허풍을 떨기도 할 것이다. 특히 그는 '나'나 '내'로 시작하는 말을 많이 하게 될 것이다.
- 그 사람은 자주 자신을 동료들과 비교하면서 깔보는 듯한 어조로 "저 사람들한테 뭔가 문제가 있는 거 아냐?"나 "저 사람들이 제대로 시도했다면 성공했을지도 모를 텐데"와 같은 말을 쓸 것이다. 이것은 3단계

특징인 외로운 전사의 모습이다.

다. 3단계 사람의 경우

- 그가 삼자관계를 형성하도록 독려하라. 특히 그는 한 사람을 다른 사람에게 소개할 때 첫째, 공유 또는 공명하는 핵심 가치, 둘째, 서로 겹쳐지는 이해관계, 셋째, 각자가 다른 사람의 일에 도움을 줄 수 있는 구체적인 방법 등을 강조해야 한다. 예를 들어 이런 식이다. "나는 오랫동안 당신들을 서로 소개해주고 싶었습니다. 여러분들은 공통점이 참 많습니다. 예술을 사랑한다는 점, 정직하다는 점, 공명정대하다는 점. 그러고 보니 당신들 모두 마케팅 계획을 짜는 일을 하고 계시는군요. 두 분은 서로 다른 접근법을 사용하는 것 같으니 서로의 계획을 비교해보는 건 어떻겠습니까? 이쪽의 잭은 시장 세분화의 전문가이고 이쪽의 캐시는 홍보 계획의 전문가입니다. 내가 보기에는 두 사람이 서로의 시간을 많이 절약해줄 수 있을 것 같군요."
- 혼자 할 수 있는 프로젝트보다 더 큰 규모의 프로젝트에서 그가 일하도록 독려하라. 즉, 그에게 파트너십이 요구되는 일을 부여하라.
- 그의 성공은 그 자신의 노력으로 이루어지지만, 그다음 단계의 성공은 기존의 방식과 완전히 다른 스타일을 요구한다는 사실을 지적하라. 다르게 표현하자면, 그를 이곳까지 이끌어주었던 것들만으로는 부족하다는 사실을 보여줘라.
- 4단계 행동을 보여주는 (가급적 같은 기업에 있는) 롤모델을 정의하라. 당신은 다음 세 가지를 통해 이들을 발견할 수 있다. 첫째, 그들은 '우리'라는 말에 초점을 둔다. 둘째, 그들은 인간관계에서 많은 삼자관계를 맺고 있다. 셋째, 그룹 전체가 합심해 성공을 이루어낸다.
- 그가 시간이 부족하다거나 다른 사람들이 시원찮다고 불평한다면(3단

계의 주된 불평이 이 두 가지이다), 그처럼 공들여 일하는 사람에게는 다른 이들이 변변한 도움을 줄 수 없음을 알게 하라.

- 당신이 3단계에서 4단계로 이동했던 시기에 대해 이야기를 해줘라.
- 진정한 힘은 지식이 아니라 인간관계에서 비롯되며, 정보보다는 지혜가 더 큰 역량을 발휘한다고 조언해줘라. 그의 성공(이런 성공은 대단히 많다)을 칭찬하고, 당신이 그의 편이라는 것을 강조하라. 또 그가 얼마나 영리하고 재능 있든, 그의 목표는 그가 혼자 할 수 있는 일보다 훨씬 더 많은 것을 요구한다는 점을 인지시켜라.
- 기업 정책이 허용하는 범위 내에서 가능한 한 투명하게 정보를 공개하라고 독려하라. 사람들이 알아야 할 것만 말하는 3단계의 경향성을 따르지 말라고 지도하라. 차라리 그가 과잉 소통을 하도록 독려하라.

▣ 성공 지표

- 그는 '나' 언어를 '우리' 언어로 대체할 것이다. 사람들이 그에게 성공 비결을 물을 때, 그는 자신이 아닌 자신의 팀에게 공을 돌릴 것이다.
- 그는 능동적으로 삼자관계를 형성하고, 그의 인간관계망은 수십 명에서 수백 명 단위로 확장될 것이다.
- 그는 덜 일하면서도 더 많은 것을 성취하게 될 것이다.
- '시간이 부족하다'와 '제대로 하는 사람이 없다'는 그의 불만은 멈추게 될 것이다.
- 그가 책임져야 할 일이 최소 30% 증가할 것이다.
- 그는 투명하게 소통할 것이다.
- 그는 더 많은 정보를 가지고 더 자주 소통할 것이다.

라. 4단계 사람의 경우

- 그의 삼자관계가 가치, 장점, 그리고 기회에 토대를 둔다는 사실을 확실히 함으로써 그를 4단계에 안착시켜라.
- 그가 11장의 전략 과정을 자신의 팀에 적용할 수 있도록 장려하라. 특히 그가 팀의 핵심 가치, 숭고한 대의, 팀에 열정을 불어넣는 성과, 자산, 행동(누가 무엇을 할 것인가?)을 탐색하는 회의를 주도하도록 장려하라. 한마디로 그가 다른 사람과 더 많은 파트너십을 맺고 일하면서, 더 큰 성과를 지향하고 달성할 수 있는 프로젝트를 선택하도록 격려하라.
- 일단 그가 4단계(이것은 그가 '우리는 대단해'라는 언어를 쓰고 삼자관계로 엮인 인간관계를 형성하고 있는지로 판단할 수 있다)에 완전히 정착하면, 그의 팀이 시장 상황을 이용해 역사에 남을 수 있는 일을 하도록 격려하라.
- 시장의 상황이 여의치 않다면, 기회를 만들어라.
- 집단 전략의 가치를 공유하는 외부인을 부족의 일원으로 채용하라.
- 팀이 난관에 부딪힐 때 이를 해결할 사람을 지목하라. 이때 그에게 '나는 대단해(너는 아니지만)'라는 태도로 임한다면 문제를 해결할 수 없다는 사실을 지적하라.
- 팀과 함께 정규적으로 '오일 교환'을 하라. 이 과정에서 그는 세 가지 질문을 두고 논의를 이끌어야 한다. ① 어떤 일이 잘되고 있는가? ② 어떤 일이 안되고 있는가? ③ 안되는 일을 잘되게 하기 위해 팀이 할 수 있는 일은 무엇인가?

■ 성공 지표

- 그는 '우리는 대단해(저들은 그렇지 않지만)'라는 언어 대신 '인생은 위대해'라는 언어를 사용할 것이다.

- 그는 훨씬 더 도전적인 프로젝트를 추구할 것이고, 그의 네트워크는 놀라울 정도로 다양한 사람들(그와 마찬가지로 3단계를 온전히 경험하고 졸업한 이들)로 구성될 것이다.
- 그는 부족의 핵심 가치와 숭고한 대의에 기초해 어떻게 시간을 사용할 것인가를 결정할 것이다.
- 그는 부족의 전략, 특히 부족의 가치를 체현하게 될 것이다.

4. 부족 리더십의 목표

- 부족 리더십은 의지가 있고, 또 그럴 능력을 갖춘 많은 사람들을 부족적 자부심의 영역인 4단계로 업그레이드한다.
- 〈그림 A-1〉은 기업 부족의 부족 리더가 핵심 지렛대를 사용하기 전의 모습을 나타낸 것이다.
- 〈그림 A-2〉은 그 부족의 9개월 뒤 모습이다. 업무 효율성의 주요 지표들이 전보다 약 30%가량 향상되었다. 누구도 부정할 수 없는 성과를 이룬 것이다. 업무와 관련된 기타 수치, 직무 만족도, 미래의 성공에 대한 기대감 모두 향상되었다. 또한 그 부족은 일시적으로 5단계 문화를 형성함으로써 업계 역사에 길이 남을 만한 업적을 남기기 유리한 조건을 갖추게 되었다.
- 비록 부족 리더들은 자신의 이익을 위해서가 아닌 집단의 이익을 위해 일하지만, 그들은 충성, 근면, 혁신, 협업이라는 보상을 받게 된다. 그 부족은 더 적은 시간을 들여 더 높은 수준의 업무를 할 수 있게 되었다. 많은 경우 이런 사람들은 기업의 최고 자리 또는 정부 관리의 후보자로 간주된다.

〈그림 A-1〉 부족 리더십 형성 이전의 실제 부족

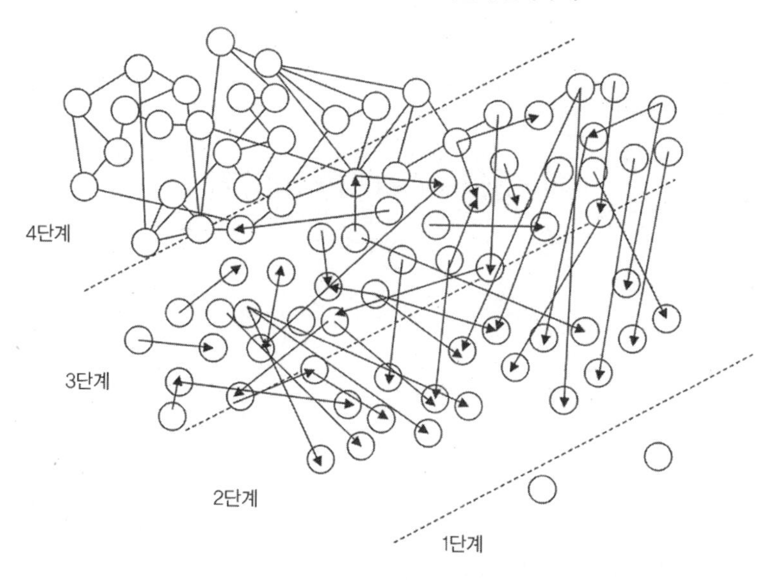

〈그림 A-2〉 부족 리더십 형성 이후의 부족

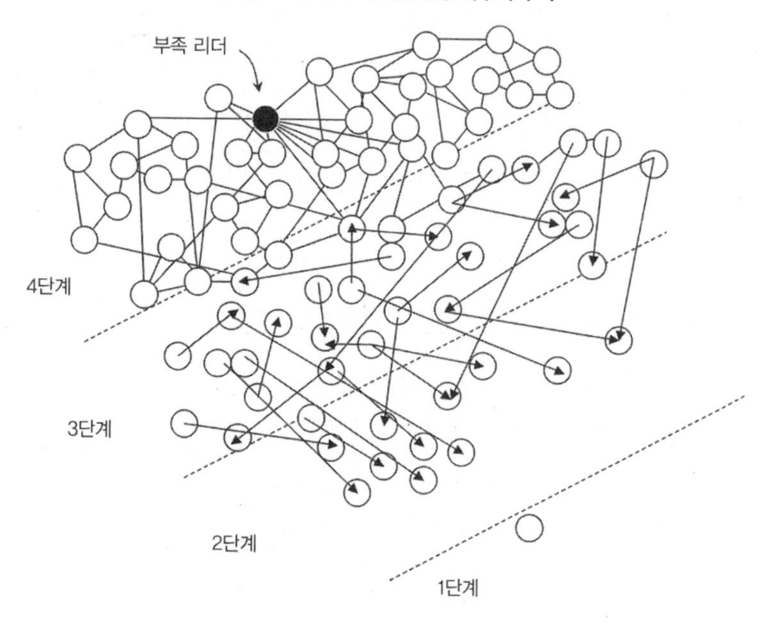

부록 B

우리 연구에 대한 이야기

역사적인 사례를 볼 때 위대한 아이디어는 통합, 즉 서로 분리되어 있다고 여겨지던 영역들을 하나로 합침으로써 탄생한다. 가령 알버트 아인슈타인, 지그문트 프로이트Sigmund Freud, 에이브러햄 매슬로는 다양한 영역을 조합해 새로운 원리를 도출해냈다. 비록 우리는 이런 위인들에 비할 바가 못 되지만, 우리의 연구 역시 통합 작업에서 시작되었다. 체육학, 코칭, 카오스 이론[1] 같은 존 킹의 학문적 배경은 데이브 로건의 학문적 배경인 수사학과 조직이론[2]과 통합되었다. 우리를 한데 모아준 위대한 아이디어는 문화가 언어의 자체 정정 시스템self-correcting system의 일종일 수 있

---

1 마가렛 휘틀리, 『현대과학과 리더십 : 뉴턴식 사고를 뛰어넘는 리더십의 새로운 패러다임』, 한국리더십학회 옮김(서울: 북이십일, 2001) 참조.

2 그는 특히 박사 학위 지도교수 퍼트리샤 라일리(Patricia Riley)와 구조이론과 기업 문화에 관한 그녀의 연구로부터 큰 도움을 얻었다. 또한 USC에 부임한 첫해에, 조정과 창의성 사이의 갈등에 대해 에릭 아이젠버그(Eric Eisenberg)와 나눈 대화도 큰 도움이 되었다. 우리가 신세를 졌던 조직 의사소통의 연구자들(의사소통 변수라는 렌즈를 통해 조직을 이해하려 시도했던 사람들)은 너무 많아 이 자리에서 다 언급할 수 없을 정도다. 로건이 케네스 버크(Kenneth Burke)를 이해하는 데 가장 많은 도움을 준 두 사람은 피터 마스턴(Peter Marston)과 토머스 홀리핸(Thomas Hollihan)이다.

다는 발상이었다. 우리는 이 관점이 기존의 보편적인 문화 탐구 방식을 인류학적·심리학적·사회학적(사회학적 관점은 연구를 시작하고 우리의 의사소통 체계가 자리를 잡았을 때 추가된 것이다) 관점들로 보충할 수 있으리라 생각했다. 우리의 발상이 어디에서 시작되었는지를 설명하지 않는다면, 어떻게 우리의 연구 방법론을 개발했는지도 설명할 수 없을 것이다.

1. 수사학과 조직문화의 관계

10년 이상 수행된 우리 연구의 토대는 수사학, 특히 케네스 버크Kenneth Burke의 연구에 기반을 두고 있음을 밝히고자 한다. 버크의 '용어의 스크린terministic screens'이라는 아이디어는 우리 연구의 키워드였다. 버크는 모든 사람의 마음에 '말의 그물web of words'(용어의 스크린을 우리 식으로 표현한 것이다)이 존재한다고 주장했다. 그는 이렇게 말한다. "비록 용어의 스크린이 현실의 반영일지라도, 그 본질적 성격으로 인해 …… 현실의 선별이 될 수밖에 없으며, 나아가 그것은 현실의 왜곡으로서 기능하기도 한다."[3]

이 지적은 문화가 어떻게 작동하는지를 많은 부분 설명해준다. 사용하는 말이 변하면(더 정확히 표현하면, 말들 사이의 관계가 변하면), 현실에 대한 인식도 바뀐다는 버크의 획기적인 주장은 굉장히 그럴듯하다. 현실이 바뀌면 행동은 자동으로 바뀐다. 사람이 언어를 사용하는 것이 아니라 언어가 사람을 사용하는 것인데, 많은 이들이 이 사실을 모르고 있다.

이 기본 골격으로 무장한 우리는 언어 체계가 어떻게 스스로 분화分化되는지 연구했다. 수사학과 관련된 가장 오래된 논의(특히 아리스토텔레스

---

3 Kenneth Burke, *Language as Symbolic Action Essays on Life, Literature, and Method* (Berkeley: University of California Press, 1968), p.3.

의 수사학적 가치관)로까지 거슬러 올라간 우리는, 네 가지 보편적 문화가 존재한다는 가설을 세웠다. ① 개인에 초점을 둔 부정적인 분위기, ② 집단에 초점을 둔 부정적인 분위기, ③ 개인에 초점을 둔 긍정적인 분위기, ④ 집단에 초점을 둔 긍정적인 분위기가 그것이다. 우리는 각각의 문화로부터 문화의 토대이자 현실의 토대인 '말의 그물'을 찾으려 했다.

우리의 첫 번째 연구 대상은 서부 해안에 위치한 유명 병원이었다. 우리는 마흔다섯 명의 사람들로 구성된 부족과 함께 일하면서, 그들에게 각 단계의 원리를 가르치는 동시에 '우리는 대단해'라는 언어를 사용하도록 코치했다. 이 무렵의 우리는 양자관계와 삼자관계 같은 관계 구조에 대해서는 아직 알지 못했다. 우리는 이 집단을 진단하기 위해 USC의 '효율적인 조직을 위한 센터Center for Effective Organization'에서 제작한 표준 질문을 수정한 다음 네 가지 문화 단계의 요소를 측정했다. 특히 네 가지 요인(경청하는 환경, 문제 해결, 업무에 대한 지속적인 지지, 작업 프로젝트의 참여와 개입)에 중점을 두었다. 우리는 각 문화 단계를 1점에서 4점의 척도로 표시할 수 있다고 정의했다. 우리가 쓴 도구에 관심이 있는 사람은 웹사이트(www.triballeadership.net)에서 더 상세한 설명을 들을 수 있다.

우리는 마흔다섯 명을 대상으로 초기 예비 검증을 실시했는데, 우리가 연구를 막 시작했을 무렵 그들 중 많은 이들이 다른 부서로 이동하는 과정에 있었다. 우리는 16개월간 이 책에서 언급한 핵심 지렛대를 토대로 교육, 훈련, 코칭을 진행했는데, 집단의 경우에는 매일 6회, 소규모 부서 단위의 경우에는 1주일에 1회씩 60~90분 동안 코칭을 했다. 우리는 9개월 동안 비공식적인 사교 모임 외에는 실험 집단과 어떤 접촉도 하지 않았다. 이후 우리는 같은 도구를 사용해 사후 검증을 실시했는데, 직원 배치가 바뀐 후 실험 집단을 스물다섯 명으로 줄였다. 결과는 다음과 같다.

요인	실험 전	실험 후
경청하는 환경	3.17	4.38
문제 해결	3.79	4.54
업무에 대한 지속적인 지지	2.92	3.72
작업 프로젝트의 참여와 개입	3.83	4.58

※ 모든 변화는 통계적으로 $p < 0.05$에서 유의미함.

조직 수사학의 이론을 근거로 할 경우, 3.5는 안정적인 3단계 부족을 나타내며 4.5는 안정적인 4단계 부족을 나타낸다. 이 첫 번째 연구에서 주목할 점은 이 병원의 문화에서 네 가지 측정 요인 중 세 가지가 안정적인 4단계로 이동했다는 점이다. 이는 부족이 사용하는 언어가 바뀔 경우, 그 부족의 문화 단계도 바뀐다는 사실을 보여준다.

우리는 1997년에서 2000년까지 여섯 개 조직에서 이 실험을 반복해서 수행하며 472명에 대한 데이터베이스를 축적했다. 모든 연구는 유사한 결과를 보여주었다. 즉, 9개월에서 16개월 동안의 개입만으로도 확실히 문화를 한 단계 더 상승시킬 수 있었으며, 그 변화는 지속되었다.

우리는 이런 결과를 확인하기 위해 기업을 상대로 컨설팅을 시작했으며, 컨설팅을 하지 않은 기업에서도 데이터를 수집했다. 비록 이들 기업에 대한 우리의 접근은 제한적일 수밖에 없었지만 말이다. 우리는 이 네 가지 문화 단계를 반복적으로 확인했다. 우리는 또한 우리의 도구를 한층 폭넓게 사용했는데, 부족 구성원을 상대로 개방형 인터뷰 및 그와 유사한 개방형 질문을 하며 이때 나온 내용을 기록했다. 모든 연구가 그렇듯, 시간이 지나면서 우리의 연구 방법은 더욱 정교해졌다. 1999년에서 2006년까지 우리는 여섯 개의 기업에서 개인 또는 집단을 상대로 1000번 이상 인터뷰를 했다. 우리는 버크의 군집 분석 방법을 이용해 어떤 말이 가장 자주 사용되었는지를 조사했다.

단계	가장 빈번하게 사용되는 말
1	인생, 꼬인다, 젠장, 부수다, 못한다, 자르다, 좌우지간
2	보스, 인생, 해보다, 못한다, 포기, 그만두다, 꼬인다
3	나, 나를, 나의, 직장, 했다, 한다, 가지다, 갔다
4	우리, 우리의, 팀, 하다, 그들, 가지다, 해냈다, 헌신, 가치

그러나 이 같은 데이터를 수집하는 과정은 생각보다 쉬운 작업이 아니었다. 기존의 이론과 접목하는 과정에서 막히는 상황이 반복적으로 나타났던 것이다. 우리가 이해할 수 없는 데이터를 발견했을 때, 우리는 연구를 즉각 중단하고 그 이유가 무엇인가에 대해 고민하고는 했다.

가령 개인과 집단의 관계는 우리가 예상했던 것보다 훨씬 더 복잡한 것으로 밝혀졌다. 특히 우리 연구에서 많은 직장들이 회의를 할 때는 집단적-부정적(훗날 2단계로 명명되었다)인 언어를 사용했지만, 정작 책임자는 개인적-긍정적(훗날 3단계로 명명되었다)인 일련의 언어를 사용했다. 우리는 데이터 수집을 중지하고 철저히 검증된 이론, 특히 시스템 이론과 발달을 중심으로 이 역동성을 파악하려고 노력했다.

2. 시스템 이론과 발달

우리는 특히 전진하는 동시에 퇴보하는 집단의 일반적인 경향에 대해 의문을 가졌다. 왜 그런 일이 일어날까? 우리가 읽었던 발달이론에 따르면 퇴보는 결코 일어날 수 없다. 그래서 우리는 발달심리와 시스템 이론의 '단계성'에 관심을 갖게 되었다. 나중에 우리는 이들 분야를 '소용돌이 역학'[4]과 켄 윌버의 '홀론holon'[5]과 같은 더욱 새로운 접근 방법과 조합했

4 Don E. Beck and Christopher C. Cowan, *Spiral Dynamics: Mastering Values, Leadership,*

다. 이 연구를 통해 우리가 발견한 것은 의사소통의 문화가 단계적으로 배열된다는 점과 (인간의 연대기 전체에서 비추어볼 때) 사회가 진화하는 것처럼 보인다는 사실이었다. 그러나 여전히 풀리지 않는 의문이 있었다. 4단계에서 3단계로 퇴보하는 이유는 무엇인가? 가령 윌버는 단계 모형이 유효하다면 어떤 퇴보도 일어나지 않을 것이라고 주장한다. 우리는 그의 저술들이 이 의문을 해결하기 위한 통찰을 제공할 수 있다고 생각했다. 마침내 어렵게 성사된 그와의 만남에서, 문제 해결의 단초를 찾았다. 그는 이렇게 말했다. "인지적 발달은 퇴보하지 않습니다. 그러나 자아의 중력의 중심은 이리저리 움직일 수 있지요." 간단하게 말하면, 인간은 자신의 발달 수준보다 더 높은 수준을 생각할 수 없다는 뜻이다. 어린이는 어른처럼 생각할 수 없다. 그러나 어른의 자의식은 어린애 같은 상태로 퇴보할 수 있다. 이것을 우리의 언어 텍스트로 표현하면, 사람은 저차원의 발달단계에 해당하는 언어를 사용할 수 있다. 따라서 세계적인 리더도 2단계로 퇴보할 수 있고, 2단계 언어를 말하는 법을 배울 수 있다. 그렇다고 해서 인지적으로 그 사람이 퇴보하는 것은 아니다. 윌버가 우리에게 말했던 것처럼, "당신은 상당히 많은 언어적 퇴보를 발견할 수 있지만, 당신이 인지적으로 두 단계 아래로 떨어지는 것은 뇌손상을 입었을 때나 가능한 일입니다". 의문은 이렇게 풀렸다. 리더들은 자신의 발달단계를 유지하면서 다섯 단계의 모든 언어를 말할 수 있다. 사실 그렇게 하는 것이 효과적인 리더십의 핵심이다.

더구나 윌버와 우리는 개인과 집단 간의 관계에 대해 똑같은 결론에 도달했다. 그는 우리에게 이렇게 설명했다. "당신이 여섯 명과 포커 게임을

---

and Change (Malden, MA: Blackwell Business, 1996).

5 Ken Wilber, *Sex, Ecology, Spirituality: The Spirit of Evolution* (Boston, MA: Shambhala Publication, 1995).

한다고 가정해봅시다. 다섯 명은 5단계이고, 한 명은 3단계에 있지요. 당신은 이 같은 집단을 뭐라고 부르겠습니까? 또 집단의 반 정도가 3단계이고 반 정도가 1단계라면, 뭐라고 부르겠습니까? 앨프리드 노스 화이트헤드Alfred North Whitehead는 개인이 지배적인, 무엇으로도 나눌 수 없는 궁극적인 실체인 반면 집단은 그렇지 않다는 말로 그 둘을 구분했지요. …… 집단은 궁극적 실체라 부를 만한 그 어떤 것도 가지고 있지 않습니다. 집단에는 담화의 지배적인 형식이 있고, 사람들은 파장이 맞는 사람들끼리 함께하려 하기 때문에 담화는 주어진 단계에 꼭 들어맞는 경향이 있습니다. 리더가 사용하는 담화의 지배적인 형식은 집단 전체의 지배적인 담화 형식이 되고는 합니다." 다만 우리가 지적하고 싶은 것은 새로운 집단에는 윌버의 주장이 적용될지 모르지만, 시간이 흐르며 형성된 작업 집단에서는 리더의 목소리 역시 다른 여러 목소리 중 하나일 뿐이라는 점이다.

이 모든 이론과 시각을 종합해 우리는 일련의 가정을 세웠다. 즉, ① 각기 다른 용어의 스크린을 통해 언어를 네 가지 독특한 묶음으로 구분할 수 있다. ② 일반화된 용어의 스크린은 1점에서 4점까지의 척도에 존재한다. ③ 일반적으로 집단은 단계를 통해 전진한다. 물론 그 과정에서 장애물을 만날 수도 있다. ④ 사람들은 사회적 집단 안에서 그들의 성격의 갑옷과 지배적인 용어의 스크린 사이의 관계로 구성된 독자적인 역할을 형성하는데, 그 결과 동일한 사회집단 내에 몇 개의 문화를 만들어낸다.

마지막 요점은 특히 중요하다. 사회집단과 특정 개인의 관계는 그 사람을 이해하는 데 절대적이다. 사회집단을 걷어내면 그 개인은 자신이 가진 성격의 갑옷을 누구에게도 승인받을 수 없다. 우리는 우리의 분석 단위가 개인에서 몇몇 사회집단으로 옮겨가야 한다는 것을 깨달았다. 따라서 부족문화와 특정 개인의 자의식은 불가분하게 엮여 있다. 한 사람은 또 다른 사람 없이는 이해될 수 없다.

이 발상은 많은 문제를 해결했다. '영웅 CEO'[6]는 허구에 지나지 않는다는 피터 센게의 주장을 생각해보자. 부족과 리더는 '상호 성장'의 관계 안에서 서로를 만든다. 또한 스스로를 재정의하고자 노력했던 우리 대부분은 사회집단이 우리의 노력을 끌어낸다는 것을 안다. 이 부족의 골격을 통해 우리는 부족이 문자 그대로 우리가 누구인가를 알려주는 것을 보았다. 이때 사람들은 다섯 가지 수사 원칙을 이용할 수도 있다. 이 원칙을 통해 자신뿐 아니라 전체 부족의 문화 단계도 변화시킬 수 있다. 우리는 이 목표에 초점을 맞추었다. 네 가지 문화 단계 중 어떤 단계가 효과가 있을지는 모르지만, 부족을 업그레이드할 일련의 핵심 지렛대를 만드는 것이다(이 시점에서 우리는 5단계를 발견하지 못한 상태였다).

최근에 짐 콜린스Jim Collins의 『좋은 기업을 넘어 위대한 기업으로Good to Great』[7]가 출판되고 나서, 그의 5단계 리더십[8]과 우리의 계획에 어떤 공통점과 차이점이 있냐는 질문을 자주 받았다. 켄 윌버는 그 차이를 사분면 모형을 이용해 설명한다. 이 그림은 웹사이트에서 볼 수 있다. 사분면의

---

6 Peter Senge, Art Kleiner, Charlotte Roberts and Rick Ross, *The Dance of Change: The Challenges of Sustaining Momentum in Learning Organization* (New York: Currency, 1999), pp.10~15.

7 짐 콜린스, 『좋은 기업을 넘어 위대한 기업으로』, 이무열 옮김(서울: 김영사, 2002).

8 짐 콜린스가 정리한 리더십의 다섯 단계는 다음과 같다. 1단계는 능력이 뛰어난 개인(Highly Capable Individual)으로 재능과 지식, 기술, 좋은 작업 습관을 통해 생산적인 기여를 한다. 2단계는 합심하는 팀원(Contributing Team Member)으로 집단의 목표 달성에 기여하며, 집단 내의 다른 구성원과 효율적으로 작업한다. 3단계는 역량 있는 관리자(Competent Manager)로 정해진 목표를 효율적 · 능률적으로 추구하기 위해 인력과 자원을 조직한다. 4단계는 유능한 리더(Effective Leader)로 사람들이 업무에 헌신할 수 있도록 촉진하며, 그들이 명확하면서도 강렬한 비전을 추구하도록 활기를 불어넣어준다. 이를 통해 집단이 높은 성과를 달성할 수 있도록 독려한다. 5단계는 5단계 경영자(Level 5 Executive)로 개인적 겸양과 직업적 의지를 역설적으로 조합해 오랜 시간 기억되는 위대함을 달성한다. 같은 책, 47쪽. _ 옮긴이

위 오른쪽 영역은 관찰 가능한 개인의 행동 영역이다. 대부분의 경영(과정, 규칙, 정보, 절차) 서적은 이 행동 영역을 핵심으로 다루고 있는데, 이는 결국 '내가 무엇을 해야 하는가'로 귀결된다.

사분면의 아래 오른쪽에 있는 영역은 집단행동으로 기업의 시스템, 과정, 구조를 포함한다. 과정은 다시 디자인되고, 질 관리는 기업 활동의 본보기가 된다.

사분면의 위 왼쪽에 있는 영역은 콜린스의 5단계 리더십에 해당하는 것으로 개인적 의도, 동기, 감정의 영역에 해당하는데, 대부분의 리더십(아이디어, 가치, 태도, 변혁적 사고)에 관한 책이 이 영역에 초점을 맞춘다. 5단계의 리더가 '의지와 비전의 역설적 조합'을 보여준다는 콜린스의 주장은 완전한 개인적 내향성, 즉 리더의 마음에 있는 것을 가리킨다.

우리는 콜린스의 열렬한 팬이다. 그러나 일부 사람들은 이들 특별한 리더들이 어디에서 나타나는지에 의문을 제기한다. 어떤 사람들에게 그 리더는 하늘에서 내려오는 것처럼 보인다(공정함을 위해 말하자면, 5단계 리더의 근원은 콜린스의 연구의 핵심이 아니다. 비록 그의 기념비적인 책이 출판된 이후 이 질문에 대해 많은 고민을 하긴 했지만 말이다). 우리 연구진은 이 질문에 대한 근본적인 답을 부족 체계에서 찾을 수 있었다. 즉, 그들의 리더십은 부족이 설정하고 강화하는 언어와 문화에서 비롯된다. 5단계의 리더들은 사람들이 문화 단계를 통해 앞으로 나아갈 때 부족의 역동성, 용어의 스크린, 그리고 성격의 갑옷으로부터 태어난다.

우리의 연구는 윌버의 사분면 중 아래 왼쪽의 집단 내부 영역(언어와 문화)에서 시작했고, 본격적인 연구를 시작하면서 사분면의 아래 오른쪽에 있는 사람들의 관계 구조(양자관계와 삼자관계)를 관찰했다. 마침내 우리는 이 모든 것을 개인이 무엇을 하는가(사분면의 위 오른쪽 영역)와 관련시켰다. 관심을 두지 않았던 유일한 영역은 위 왼쪽 영역(개인 심리학)이다.[9]

우리는 윌버의 사분면 연구 결과에 대한 우리의 접근 방식을 '통합적인 사고를 위한 핵심적인 연결 고리'로 삼았다. 심리학, 계통학, 사회학, 그리고 영성에 토대를 둔 윌버의 연구는 모든 사분면의 영역 간에 상관을 보인다. 5단계의 리더들과 4단계 후기 문화는 상호보완적이며, 비즈니스계에서 이제 막 인정하기 시작한 5단계 문화(아직 명확히 밝혀지지는 않았다)는 5단계 이상의 리더십 수준을 만들 수 있다.

3. 데이터 수집으로 복귀

그런 다음 우리는 다시 데이터 수집으로 복귀했는데, 이 무렵 우리가 기대한 네 가지 문화에 맞지 않는 문화도 발견하게 되었다(그 첫 번째가 암젠이었다). 이 점에 대해서는 데이브 로건과 존 킹이 수년 동안 논쟁을 지속했다. 존은 타 기업과의 경쟁 자체에 의미를 두지 않으며, 타 기업을 '이기는' 것에 초점을 둔 문화보다 월등한 비즈니스 문화가 가능하다고 주장했다. 경영학 교수인 데이브는 존과 생각이 달랐다. 데이브는 경쟁자를 무시한 문화는 실패할 수밖에 없다고 주장했다.

결국 데이브는 워런 베니스와 퍼트리샤 워드 비더만Patricia Ward Biederman이 『조직 천재Organizing Genius』[10]에서 비슷한 발견을 했을 때 존이 옳았음

9 윌버는 우리의 다섯 가지 모델에 대해 두 가지 주장을 했다. 첫째, 그는 1단계와 2단계는 3단계의 병리적인 버전이라고 주장했다. 그러나 수집한 데이터를 다시 검토한 우리는 조직문화가 3단계에서 4단계로 나아가듯 2단계에서 3단계로 '전진'하는 것이 맞다고 판단했다. 우리는 이 현상이 직장 문화에서도 독특한 부분임을 인정하지만, 그럼에도 우리가 수집한 데이터를 믿는다. 둘째, 윌버는 우리가 주장하는 5단계 문화에 그가 설명한 의식의 더 높은 단계와 관련되는 6단계와 7단계를 더해야 한다고 주장했다. 우리는 그의 관심을 11장에서 소개했다.

10 Warren Bennis and Patricia Ward Biederman, *Organizing Genius: The Secrets of Creative Collaboration* (New York: Perseus, 1997).

을 알게 되었다. 워런과 퍼트리샤는 오랜 시간 동안 여러 위대한 그룹들을 관찰했는데, 이들은 우리 연구에서 4단계 후기나 5단계 초기에 해당하는 부족들이었다.

데이터 역시 존의 주장을 뒷받침했다. 1990년대 말 우리는 5단계의 문화('순수한 경이'의 분위기를 갖고 역사에 남을 만한 성과를 이룩한)를 점점 더 많이 보게 되었다.

우리는 기록들을 검토하면서 점차 5단계의 '용어의 스크린'을 볼 수 있게 되었다. 5단계 사람들이 자주 사용하는 언어는 '와우!', '기적', '행운', '비전', '가치', 그리고 '우리'이다. 우리는 목소리 톤을 공식적인 자료에 포함시키지는 않았지만, 일상적인 관찰을 통해 볼 때 5단계 조직의 사람들은 더 부드러우며 상대를 존중하는 언어를 사용했다. 반면 그들이 4단계에 있을 때에는 더 떠들썩했다.

우리는 그때까지 수행한 여러 인터뷰(우리는 이들 대부분은 기록했다)를 상세하게 검토하면서 네 가지 문화를 밝혀냈고, 이들을 우리의 연구 결과로 삼았다. 그런데 문제에 봉착했다. 2000년대 초에 예외적인 사례, 뭐라 형언할 수 없는 형태의 비즈니스 전문성을 띤 5단계 문화를 보게 된 것이다. 이들 중 다수는 돈을 벌지 않지만, 대규모 자본을 투자했다. 더 당혹스러운 것은 이들 기업들 중 많은 수가 공개적으로 트레이드를 했으며, 세계 일류의 기업이라는 평가를 받았다는 점이었다. 이들 기업에서는 무슨 일이 일어났던 것인가? 닷컴 기업의 거품이 걷히면서 답을 얻게 되었다. 장기적으로 볼 때는 문화와 전략적 성과는 상호 연관되어 있다. 이것은 둘 중 높은 쪽이 낮은 쪽에 맞추어지는 식으로 작동한다. 따라서 위대한 문화와 낮은 전략적 성과를 모두 가진 기업은 시간이 지나면서 그 기업의 문화가 침식된다는 것을 알게 된다. 이때 인재들은 떠나고, '내 인생 꼬이네'라는 언어가 기업을 지배하기 시작한다.

우리는 다섯 가지 유형의 문화 단계를 밝혀냈을 뿐 아니라 그 문화들을 요약하는 단순한 방법들을 찾았다. 이 방법은 비공식적인 것이었지만, 약간 시간이 흐르자 우리는 그것이 포커스 그룹의 협력자들이 사용하는 방법과 동일하다는 것을 알게 되었다. 우리는 특정한 문화 속으로 걸어 들어간 다음 그것을 우리의 언어로 요약하고 반응을 기록했다. 그리고 시간이 지나면서 '인생 꼬이네', '내 인생 꼬이네', '나는 대단해', '우리는 대단해', 그리고 '인생은 위대해'라는 언어를 빈번히 사용하게 되었다. 우리가 문화에 관한 데이터를 수집한 후, 그 데이터를 통해 특정 문화 단계에 있는 사람과 그의 직위가 잘 맞는지를 알아보았다. 우리가 알아본 결과 사람과 직위가 맞지 않는 경우는 둘 중 하나였다. 하나는 리더가 불치병에 걸린 경우였고, 다른 하나는 실질적인 리더가 따로 존재하는 경우였다.

우리 연구의 또 다른 핵심적인 돌파구는 관계 구조에서 발견되었다. 수년 동안 우리는 비공식적 네트워크를 연구했는데, 대부분은 2차 자료였다. 이후 우리는 개인의 문화 단계를 평가하고자 할 때 워크숍 참석자들에게 그들 주변의 관계 구조를 그리게 했다. 관계 구조와 문화 단계는 놀라울 정도(90% 이상)의 상관관계를 보여주었다. 관계 구조는 커뮤니케이션학에서 광범위하게 연구된 영역으로 개인과 집단 커뮤니케이션으로 구분되는 경우가 많다. 10장에서 설명한 양자관계는 이들 두 영역 사이에서 높은 상관관계를 보여주었음에도 많은 주목을 받지 못했다. 우리는 몇 주 동안 수백 편의 논문을 읽으며 '3인조', '삼위일체', '3인' 등이 언급된 연구에 대해 공부했지만, 누구도 10장에서 세웠던 통찰(한 사람이 가치에 기반해 다른 두 사람 간의 관계 수준을 결정한다)을 포착하지 못했다. 그러나 일단 그 통찰이 생겨나고 분명해졌을 때, 우리는 먼저 연구한 대가들과 같은 결론에 도달하게 될 것임을 꽤 확신하게 되었다.

2001년, 우리는 사용되는 언어를 가지고 특정 기업의 문화가 1점에서

5점까지의 척도 중 어디에 있는지를 매우 신속하게(종종 1분 내에) 알아낼 수 있었다. 이런 식으로 우리가 예측한 내용은 실제 그 조직을 분석했을 때 나온 결과와 90% 이상 일치했다. 이 때문에 우리는 분석 과정을 생략하고 전문가 평가를 도입했다. 우리는 데이브가 지도하는 USC 대학원생의 도움을 받아 신뢰도 연구를 시작했고, 이를 통해 조직 내부 사람들이 외부 관찰자 못지않게 동료들의 문화 단계를 정확히 범주화할 수 있음을 알게 되었다(일치도는 90% 이상이었다). 또한 그들이 정작 자신의 문화 단계는 정확하게 파악하지 못한다는 것도 알게 되었다. 3단계 사람들은 자주 자신이 5단계라고 주장했고, 2단계 사람들은 스스로를 4단계로 평가하고는 했다. 이처럼 스스로를 두 단계 높여 평가하는 부분만 빼면, 사람들은 대체적으로 자기 주변의 문화를 평가하는 데 뛰어났다. 즉, 그들이 자신의 직장 문화가 3단계라고 말한다면 이는 신뢰할 수 있지만, 스스로를 5단계 리더라고 주장하는 것은 걸러들어야 한다는 말이다.

우리는 사람들로 하여금 다른 사람을 분류하도록(물론 비밀 · 익명으로) 하기 위해 워크숍과 코칭의 명목으로 집단을 훈련했다. 우리는 다섯 가지의 별도 데이터베이스를 가졌는데, 각 단계마다 다른 측정 시스템을 반영했으며 노동인구의 비율은 이 자료를 통해 추출했다. 이 데이터를 무작위 샘플이라 할 수는 없다. 모집단은 교육받았고, 부유하며, 도시에 사는 사람들로 편향되었기 때문이다. 이후 조사를 확장해 2만 4200명이 약간 안 되는 사람들에게 그들 자신과 그들의 작업장, 그들 조직의 '중력의 중심'을 평가해달라고 요청했다. 우리는 이미 조직의 사람들이 자신들의 문화를 정확히 평가한다는 것을 알았기 때문에 이런 방식의 데이터 수집이 유용하다는 자신감을 갖고 있었다(우리는 사람들이 타인에 대해 내린 평가를 우리 연구의 평가 기준으로 삼았다. 물론 그들이 자신에 대해 내린 평가는 뺐다).[11]

연구를 종료할 시점에 우리는 2만 4000명 이상의 데이터를 축적할 수 있었다. 이 연구가 여러 부족들을 아우르는 데이터로 발전했다는 사실에 주목하라. 물론 사람들이 관찰해서 우리에게 보고한 내용의 질을 보장할 수는 없지만, 우리는 이 자료가 1997년 이후 스물네 개 조직에서 7000여 명을 대상으로 수집했던 데이터보다는 훨씬 낫다는 확신을 가지고 있다.

연구 도구의 요약

시점	도구와 대상 인원의 수	결과
1997~현재	기존 조직 개발 요인을 토대로 삼아 실시한 조사(472명)	문화가 문화 요인을 넘어 지속적인 차원에서 작용한다는 개념을 증명했다(예를 들어 3단계 문화는 경청, 문제 해결, 업무에 대한 지속적인 지지, 참여와 개입 등을 넘어 일관되게 나타난다). 또한 문화가 바뀔 경우, 그것은 원상복구 되지 않고 변화된 상태 그대로 남는다.
1999~현재	훗날 '네 가지 중대 질문'(9장 참조)으로 발전하게 되는 기록식 인터뷰, 버크의 군집 분석과 표준 내용 분석 기법을 통한 해석(1,061명)	'용어의 스크린', 즉 말이란 다른 말과의 관계에서 만들어진다는 사실을 일반화시켰다. 용어의 스크린이 실제 조사 결과로 입증되는 것을 확인한 우리는 각 단계마다 표준적인 대화법이 있음을 알게 되었다. 그 구성원들의 기술이나 교육 수준과 관계없이 말이다. 이는 우리가 각 문화 단계에 속하는 사람들의 세계관을 관찰하는 계기를 제공했다.
2004~현재	소시오그램(사람들 간의 직무 관계 도표)(241명)	부족의 언어(예를 들어, '나는 위대해')와 구조(예를 들어, 양자관계) 간의 상관성이 90%에 이른다는 것을 발견했다.
2003~현재	단계별 훈련 후 부서, 과, 조직문화에 대한 비밀·익명 방식의 자체 평가(22,418명) (주: 우리는 조직 내의 사람들이 훈련을 받는 한편으로 자료를 수집하도록 이끌었는데, 이때 수집된 자료의 수는 15,420개에 달한다)	문화가 성행하는 현상을 이해했다. 또 이것이 훈련, 컨설팅과 조합될 경우, 핵심 지렛대로 변할 수 있음을 증명했다.

11 우리는 다른 발달단계 이론가로부터 이 경향의 검증을 시도했다. 『소용돌이 역학』의 저자 돈 벡 역시 이와 동일한 경향을 발견했으며, 거기에 '열망적인 오류'라는 이름을 붙였다. 그는 우리에게 그 현상을 이렇게 설명했다. "나에게는 그 단계로 가고 싶다는 열망이 있다. 고로 내가 그 단계이다."

4. 심층 연구

우리가 수행한 연구의 최종 단계는 하나의 기업(1997년 첫 연구를 시작한 이래 수년 동안 참가해온 기업)만을 대상으로 한 '심층 연구'였다. 더 쉽게 결과를 측정할 수 있으리라 판단했기 때문이다. 2001년 우리는 세계 최대 규모의 상업용 부동산 서비스 업체인 CB 리처드 엘리스를 연구 대상으로 선택했다. 이 회사를 선택한 것은 기업의 성격상 팀의 효율성이 수익으로 측정될 수 있기 때문이었다. 우리는 동시에 두 가지의 접근 방식을 적용했다. 첫째, 우리는 '생산자 팀'과 함께 일했다. 경영자는 평소 이 팀을 문제시하고 있었다. 그러나 최종 성과를 공개하는 시점(2005년 3월)에서 전국적으로 분포된 일흔다섯 개의 주요 팀 가운데 우리의 연구 대상인 여섯 개 팀이 상위 15위에 올랐다(이 성과의 대부분은 연구 대상이었던 우리의 동업자들 덕택이다. 그들 대부분은 우리와 함께 일을 시작하기 이전에 이미 특별한 성취자였다). 둘째, 우리는 CB 리처드 엘리스의 신설 부서인 PCG와 함께 일했다. 이 부서는 기본적으로 한 푼의 자본도 없이 시작해 36개월 만에 놀라운 수익을 창출했다.[12]

5. 또 다른 결론

흥미롭게도 우리가 컨설팅을 하고 데이터를 수집했던 기업들에서 일하는 사람들이 각자의 인간관계(부부, 가족, 이웃)에서 부족 리더십을 활용한다는 보고를 받았다. 부족 리더십의 시스템은 이처럼 비즈니스가 아닌 관계에서도 동일한 방식으로 작동하지만, 그 관계에 대한 연구는 우리의

12 정확한 수익은 비밀이다.

연구 범위 밖이라는 것을 기억하기 바란다. 따라서 우리는 더 광범위한 관계를 사람들의 지혜의 영역에 남겨놓아야 한다고 생각하지만, 이 책의 내용을 일반적인 인간관계에 적용한다고 해도 큰 무리는 없어 보인다.

대학에서 연구하는 교수의 관점에서는 우리의 연구 방식이 부정확하게 보일 수도 있을 것이다. 그러나 문화 단계는 그 자체가 독자적인 세계라는 점을 고려했으면 한다. 각각의 문화 단계도 마치 독일이 미주리 주와 다른 것만큼이나 다르다. 사람들이 어떤 문화 단계에 위치하는지를 판별하는 것은 그리 어려운 일이 아니다. 최소한의 훈련만 받아도 사람들의 평정 신뢰도interrated reliability는 0.85 이상을 나타낸다.

6. 최종 결론

이 책에서 가장 중요한 것은 우리가 내린 최종 결론이다. 이 책은 특정 부족을 모델로 해 그 사례를 정리한 것이다. 우리는 글을 썼을 뿐이지만, 아이디어는 우리 주변의 모든 사람들(고객, 연구 대상, 대학원생, 세계 일류 학자, CEO, 노조 지도자, 정부 관리, 친구, 그리고 가족)에게서 나온 것이다. 우리의 역할은 정말 단순했다. 질문을 하고, 돌아온 대답이 무슨 의미인가에 대해 다른 분야의 전문가들과 함께 이야기를 나누며, 또 궁금한 점이 있으면 질문을 반복하는 식이었다. 우리가 이 책을 펴내면서 감사해야 할 사람은 바로 우리의 부족이다. 우리는 당신이 이 책을 읽고 당신의 경험과 이야기를 우리와 나누면서 최고의 부족을 만들길 기대한다.

부록 C

컬처싱크 소개

우리는 이 책을 집필한 목적은 2만 4000명의 사람들과 했던 인터뷰로부터 우리가 배운 매우 소중하고 중요한 정보들을 정리하고, 이것을 여러분이 기업 부족을 업그레이드하는 데 사용할 수 있도록 한 권의 책으로 엮는 것이었다.

컬처싱크에 대해

'컬처싱크CultureSync'는 경영 컨설팅 회사로 이 책에 실린 부족 리더십의 원칙들로 도출해낸 '문화 변화와 전략'을 전문 분야로 한다. 컬처싱크의 주 고객들은 ≪포천≫ 500대 기업에 선정된 바 있는 수십 개의 기업, 전 세계의 정부, 그리고 다양한 규모의 비영리 조직이다. 이 회사는 부족 리더십의 방법론에서 도출된 전문화된 코칭도 제공한다.

찾아보기

/

마

바

사

아

자

차

카

지은이

데이브 로건 Dave Logan

데이브 로건은 컬처싱크의 공동 창업자이자 사장으로, 주요 관심 분야는 의료 서비스, 정부, 부동산, 첨단기술 등이다.

그는 USC 마셜 경영대학원 교수로 재직 중이며, 2001년에서 2004년까지는 최고 교육자 및 기업가 프로그램의 책임자 겸 부원장으로 근무했다. 당시 그는 의료계의 중간관리자를 대상으로 하는 의료경영학 석사Master of Medical Management 과정을 개설했다. 또한 그는 항공우주 산업에서 첨단기술과 재무 서비스 분야에 이르기까지 수십 개의 조직들과 함께 최고 교육 프로그램을 신설했다. 그는 USC 아넨버그 대학원에서 조직 커뮤니케이션 전공으로 박사 학위를 취득했고, 1996년부터는 마셜 경영대학원에서 주로 경영 컨설팅, 조직설계, 협상, 경영학 원론, 리더십을 가르쳤다.

가족으로는 LA에서 함께 사는 아내 하트와 딸이 있다.

e-mail: dave.logan@culturesync.net

존 킹 John King

존 킹 역시 컬처싱크의 공동 창업자 겸 사장이다. 기조연설가로 활약하고 있는 그는 원로 교사, 코치, 프로그램 리더로서도 높은 평판을 받고 있다. 그의 주요 관심 분야는 신생 테크놀로지, 정부, 부동산 등이다. 또한 그는 컬처싱크의 코칭과 R&D를 주도하고 있다.

그의 코칭 실무 과정과 훈련 프로그램의 수료자들(2만 5000명 이상)은 주요 텔레비전 네트워크와 ≪월스트리트 저널≫에 자주 등장한다.

뉴멕시코 주 시더 크레스트에 거주하고 있다.

e-mail: john.king@culturesync.net

헤일리 피셔-라이트 Halee Fischer-Wright

헤일리 피셔-라이트 박사는 컬처싱크의 핵심 인사이다. 소아과 의사로 경력을 쌓기 시작한 그녀는 의료 서비스는 물론 비즈니스와 경영의 전 분야에서 일류 전문가로서 명성을 쌓았다. 2005년 컬처싱크에 참여(주요 관심 분야는 재무 서비스, 교육, 첨단기술, 의료 서비스, 기업 벤처)하기 전에는 콜로라도 주 덴버의 풋힐스 소아 청소년 병원의 오너, 관리자, 의사로서 다양한 역할을 담당하기도 했다. 그녀는 여러 곳의 병원 이사회에서 활동했으며, 현재는 덴버에서 400명의 의사들을 회원으로 둔 그룹의 대표로 있다. 2010년 전업 소아과 의사로 복귀했다.

그녀는 조지타운 대학교에서 최고 코칭 리더십 과정을 수료했으며, USC에서 의료경영학 석사 학위를, 콜로라도 대학교에서 의학 박사 학위를 취득했다. 의학과 비즈니스에 대해 엄청난 열정을 가진 그녀는 콜로라도 대학교 임상학과와 USC 최고경영자 프로그램에서 후학들을 가르치고 있다.

그녀는 남편 마이클과 덴버에서 거주하고 있다.

e-mail: hfischerwright@culturesync.net

옮긴이

염 철 현

고려대학교에서 교육학 박사 학위를 받았다. 주된 학문적 관심 분야는 교육의 사회통합적 역할과 차별로 문제로, 이에 대한 연구 활동을 해오며 다수의 논문을 발표하고 저·역서를 출간했다. 대표적인 저·역서로는 『교사와 법』(2001), 『교사의 리더십』(2004), 『차별철폐정책의 기원과 발자취』(2006), 『미국 교육개혁의 이해』(2009), 『다문화교육개론』(2012), 『괴롭히는 아이, 당하는 아이, 구경하는 아이』(2013) 등이 있다. 현재 고려사이버대학교 평생·직업교육학과 교수로 재직하고 있다.

e-mail: hyunkor@cuk.edu

한 선 미

인증전문퍼실리테이터(CPF)와 인증전문코치(KPC) 자격을 겸비하였으며, 정부 부처, 공공기관, 기업, 교육기관, 시민단체를 대상으로 문제 해결 및 갈등 조정을 위한 세미나와 워크숍을 이끄는 회의 진행 전문가이다. 퍼실리테이션과 코칭의 철학과 원리를 기업 내 학습조직에 효과적으로 접목시켜 개인은 물론 기업의 역량을 극대화하는 데 노력하고 있다. 중앙대학교 대학원 박사과정(평생교육전공)을 수료하였으며, 현재 『HG 인재개발센터』를 운영하고 있다.

e-mail: e-starsen@hanmail.net

한울아카데미 1841
부족 리더십
조직의 미래는 문화에 달려 있다

지은이 | 데이브 로건 · 존 킹 · 헤일리 피셔-라이트
옮긴이 | 염철현 · 한선미
펴낸이 | 김종수
펴낸곳 | 한울엠플러스(주)

초판 1쇄 발행 | 2015년 10월 30일
초판 3쇄 발행 | 2020년 3월 30일

주소 | 10881 경기도 파주시 광인사길 153 한울시소빌딩 3층
전화 | 031-955-0655
팩스 | 031-955-0656
홈페이지 | www.hanulmplus.kr
등록번호 | 제406-2015-000143호

Printed in Korea.
ISBN 978-89-460-6885-8 03320

* 책값은 겉표지에 표시되어 있습니다.